(三國吴)韋昭 注

宋本國語

第三册

國家圖書館出版社

第三册目録

晉語第十二　國語　韋氏解

趙文子冠文子趙盾之孫趙朔之子趙武也冠謂以士禮始冠見欒武子武子曰美哉武子欒書也禮既冠奠贄見於卿大夫先生美美成人也昔吾逮事莊主莊主趙朔莊子趙朔之謚也大夫稱主趙朔嘗將下軍欒書佐之華則榮矣實之不知請務實乎榮者有色皃也實之不知華而不實也見中行宣子宣子曰美哉宣子晉大夫中行栢子之子荀庚也惜也吾老矣惜已年老不見文子德所至也見范文子文子范燮也文子曰而今可以戒矣夫賢者寵至而益戒不足者為寵驕知不足者得寵而驕故興王賞諫臣逸王罰之吾聞古之王者政德既成又聽於民詢于芻蕘聽謗譽也於是乎使工誦諫於朝工矇瞍也誦誦讀前世箴諫之語

在列者獻詩使勿兜（列位也謂公卿至於列上獻詩以風也兜惑也）風聽臚言於市（風采也臚傳也采聽商旅所傳善惡之言）辨妖祥於謠（辨別也妖惡也祥善也行歌曰謠丙之辰靡弧箕服之類是也）考百事於朝（百官職事）問謗譽於路有邪而正之盡戒之術也（術道也）先王疾是驕也見郤駒伯駒伯曰美哉（駒伯晉卿郤錡也）然而壯不若老者多矣（恃年自矜）見韓獻子（獻子晉卿韓厥也）獻子曰戒之此謂成人成人在始與善始與善善進善不善蔑由至矣（蔑無也）始與不善不善進不善善亦蔑由至矣如草木之產也各以其物（物類也）人之有冠猶宮室之有牆屋也糞除而已何又加焉（糞除諭自脩潔）見知武子武子曰吾子勉之

武子晉卿荀首之子荀罃也成宣之後而老為大夫非恥乎成成子文
子曾祖趙衰也宣宣子文子祖父趙盾也言文子二賢之後長老乃爲大夫非恥乎欲其脩德蚤爲卿也
成子之文宣子之忠其可忘乎夫成子道前志以佐
先君道法而卒以政可不謂文乎道達也志記也佐助也先君文公也
以政得政也夫宣子盡諫於襄靈襄襄公文公子靈靈公父也以諫取惡
不憚死進也可不謂忠乎吾子勉之有宣子之忠而
納之以成子之文事君必濟濟成也見苦成叔子苦成叔子
郤犨也叔子曰抑年少而執官者衆執官爲夫大也吾安容子
見溫季子溫季子郤至也季子曰誰之不如可以求之言彼不如
誰可以求其次不欲其高遠也見張老而語之張老晉大夫張孟也張老曰善

矣從欒伯之言可以滋也（滋益）范叔之教可以大韓子之戒可以成物備矣志在子（物事也人事以備能行與否在子之志也）若夫三郤亡人之言也何稱述焉（不足稱述）知子之道善矣（道訓也）是先主覆露子也（先主謂成宣也露潤也）

厲公將伐鄭（厲公晉景公之子州蒲也伐鄭鄭從楚故也在魯成十六年）范文子不欲曰若以吾意諸侯皆畔則晉可爲也（爲治也）唯有諸侯故擾擾焉凡諸侯難之本也（畔輒伐之故爲難本）得鄭憂滋長安用鄭（楚必救之故憂益長）郤至曰然則王者多憂乎文子曰我王者也乎哉（言俱諸侯也）夫王者成其德而遠人以其方賄歸之故無憂（方所在之方賄財也）今我寡德而求王

者之功故多憂也我晉子見無土而欲富者樂乎哉求富行不得息

厲公六年伐鄭六年魯成十六年且使苦成叔及欒黶興齊魯之師苦成叔郤犨欒黶欒書之子桓子也郤犨如齊欒黶如魯皆乞師楚恭王帥東夷救鄭恭王莊王之子葴也或作審東夷楚東之夷也楚半陳公令擊之欒書曰君使黶也興齊魯之師請俟之郤至曰不可楚師將退我擊之必以勝歸將退無鬬心故可勝也夫陳不違忌一間也違避也忌謂晦也間隙也晦陰氣盡兵亦陰故忌之經書六月甲午晦晉侯及楚子鄭伯戰于鄢陵夫南夷與楚來而弗與陳二間也南夷據在晉南也不與陳不欲戰也夫楚與鄭陳而不與整三間也雖俱陳不整齊也且

其士卒在陳而譁四間也譁嚻也夫衆聞譁則必懼五間也鄭將顧楚楚將顧夷莫有鬬心不可失也公說於是敗楚師於鄢陵欒書是以怨郤至怨其反己專其美也

鄢之戰郤至以韎韋之跗注三逐楚平王卒三君云一染曰韎鄭後司農說以爲韎茅蒐染也韎聲也昭謂茅蒐今絳草也急疾呼茅蒐成韎也凡染一入爲縓跗注兵服自要以下注於跗見王必下奔下下車奔走也退戰王使工尹襄問之以弓工尹楚官襄其名問遺也曰方事之殷事戎事也殷盛也有韎韋之跗注君子也屬見不穀而下無乃傷乎屬適也傷恐其傷也郤至甲冑而見客免冑而聽命免脫也脫之爲障耳曰君之外臣至以寡君之靈間蒙甲冑蒙被也被介在甲冑之間不敢當

拜君命之辱為使者故敢三肅之禮軍事肅拜肅拜下手至地也君子曰勇以知禮禮軍禮也

鄢陵之役大夫欲爭鄭與楚爭鄭范文子不欲曰吾聞人臣者能內睦而後圖外睦親也不睦內而圖外必有內爭盍姑謀睦乎姑且也考訊其阜以出則怨靖訊問也阜衆也靖安也言內且謀相親愛乃考問百姓知其虛實然後出軍用師則怨惡自安息也

鄢陵之役晉伐鄭荊救之荊楚也大夫欲戰范文子不欲曰吾聞君人者刑其民以刑正其民成而後振武於外成平也是以內龢而外威威畏也今吾司寇之刀鋸日弊刀鋸小人之刑也弊敗也日敗用之數也而斧鉞不行斧鉞大刑也不行不行於大臣內

猶有不刑而況外乎夫戰刑也言用兵猶用刑也刑之過也刑殺有過者過由大由大臣也而怨由細怨望者由小細民也故以惠誅怨誅除也以忍去過忍以義斷也細無怨而大不過而後可以武刑外之不服者今吾刑外乎大人外者刑不及也而忍於小民忍行刑於小民將誰行武武不行而勝幸也幸僥幸也幸以為政必有內憂且唯聖人能無外患又無內憂詎非聖人必偏而後可距猶自也偏偏有一也偏而在外猶可救也在外外有患也疾自中起是難盍姑釋荆與鄭以為外患乎釋置也

鄢陵之役晉伐鄭荆救之欒武子將上軍范文子將

下軍上下中軍之上下也傳曰欒書將中軍士燮佐之又曰欒黡以其族夾公行欒武子
欲戰范文子不欲曰吾聞之唯厚德者能受多福無
德而服者衆必自傷也不義而彊其弊必速稱晉之德諸侯皆
叛國可以少安稱副也副晉之德而爲之宜諸侯皆畔不復征伐還自整脩則國可以少
安唯有諸侯故擾擾焉凡諸侯難之本也且唯聖人
能無外患又無內憂詎非聖人不有外患必有內憂
盍姑釋荆與鄭以爲外患乎諸臣之內相與必將輯
睦不復征伐無所爭也今我戰又勝荆與鄭吾君將伐知而多
力伐功也將自伐其知自多其功也怠教而重斂大其私暱而益婦
人田暱近也私近謂嬖臣也大謂增其祿也婦人愛妾也不奪諸大夫田則焉

取以益此諸臣之委室而徒退者將與幾人（徒空也與辭也幾人言必多也）戰若不勝則晉國之福也戰若勝亂地之秩者也（亂地亂故也秩常也）其產將害大盍姑無戰乎（產生也言其生變將害大臣）欒武子曰昔韓之役惠公不復舍（韓之役秦獲惠公在魯僖十五年）邲之役三軍不振旅（楚敗晉師於邲在魯宣十二年師敗衆散故不能振旅）箕之役先軫不復命（晉人敗翟于箕先軫死之故不反命於君在魯僖三十三年）晉國固有大恥三令我任晉國之政（任當也武子時爲上卿）不損晉恥又以違蠻夷以重之（違避也蠻夷楚也）雖有後患非吾所知也（不能慮遠）范文子曰擇福莫若重擇禍莫若輕（有二福擇取其重有二禍擇就其輕）福無所用輕禍無所用重

晉國固有大恥與其君臣不相聽以爲諸侯笑也韓謂惠公不與慶鄭相聽以殞於韓先縠不與林父相聽以敗於邲先軫不與襄公相聽以亡於箕盍姑以違蠻夷爲恥乎欒武子不聽遂與荆人戰於鄢陵大勝之鄢陵鄭地於是乎君伐知而多力怠教而重斂大其私暱殺三郤而尸諸朝三郤錡犨至也尸陳也產將害大是也納其室以分婦人納取也室妻妾貨賄也於是乎國人弗蠲蠲絜也不絜公所爲遂殺諸翼葬之翼東門之外以車一乘翼故晉都匠麗氏也厲公侈多外嬖反自鄢陵欲盡去羣大夫而立其左右欲以胥童夷羊午長魚蟜爲卿故殺三郤長魚蟜又以兵劫欒書中行偃將殺之公不忍而復其位魯成十七年冬厲公游于匠麗氏欒書中行偃執公十八年正月使程滑殺公葬之以車一乘不成喪厲公之所以死者唯無德

而功烈多服者衆也烈業也服者衆謂魯成十二年會于瑣澤敗狄于交剛十三年
敗秦于麻隧十五年盟于戚會吴于鍾離十六年敗楚于鄢陵會于柯陵伐鄭十七年同盟于柯陵
鄢陵之役荊壓晉軍壓謂掩其不備也傳曰甲午晦楚晨壓晉軍而陳軍吏
患之將謀謀所以距扞范匄自公族趨過之匄范文子之子宣子也自
公族族爲公大夫曰夷竈堙井非退而何夷平也堙塞也使晉軍平塞井竈示
必死不復飲食非退而何言楚必退也傳曰塞井夷竈陳於軍中而跡行首是也范文子執
戈逐之曰國之存亡天命也童子何知焉且不及而
言姦也必爲戮言義不及匄而匄言之是爲有姦故必爲戮苗棼皇曰善
逃難哉文子欲匄讓大臣不蓋掩人是爲避難既退荊師於鄢陵將穀
穀處其館食其穀也傳曰晉師三日館穀范文子立於戎馬之前公戎車馬前也

曰君幼弱諸臣不佞 佞才也 吾何福以及此吾聞之天道
無親唯德是授吾庸知天之不授晉且以勸荆乎 庸用
也焉用知天不先授晉以福使勝楚而以勸楚脩德以報晉乎 君與二三臣其戒之
戒備也 夫德福之基也無德而福隆猶無基而厚墉也
其壞也無日矣 隆盛也墉牆也
反自鄢范文子謂其宗祝 宗宗人祝祝史也 曰君驕泰而有
烈 烈功也 夫以德勝者猶懼失之而況驕泰乎君多私
今以勝歸私必昭 私嬖臣妾也昭顯也 昭私難必作 寵私必去舊去舊必
作難 吾恐及焉凡吾宗祝爲我祈死 祈求也 先難爲免 免免
於亂 七年夏范文子卒 晉厲公七年魯成十七年 冬難作始於三郤

卒於公公殺三郤欒中行畏誅乃殺公既戰獲王子發鉤發鉤楚公子茷也傳曰因楚公子茷欒書謂王子發鉤曰子告君使告晉君曰郤至使人勸王戰及齊魯之未至也言勸楚王使與晉戰也晉乞師於齊魯時尚未至言晉可敗也且夫戰也微郤至王必不免微無也言郤至見王必下趨故王得免吾歸子子告晉君如此吾令子歸楚也發鉤告公公告欒書欒書曰臣固聞之固久也郤至欲爲難使苦成叔緩齊魯之師己勸君戰已郤至也戰敗將納孫周孫周悼公周也事不成故免楚王然戰而擅舍國君而受其問不亦大罪乎問謂引也且今君若使之於周必見孫周公曰諾欒書使人謂孫周曰郤至將往必見之郤至聘於周公使覘

之見孫周（覘微視之）是故使胥之昧與夷陽午刺郤至若成叔及郤錡（胥之昧胥童也及夷陽午皆厲公嬖臣）郤錡謂郤至曰君不道於我我欲以吾宗與吾黨夾而攻之雖死必敗國國敗君必危其可乎郤至曰不可至聞之武人不亂（勇而不義則不爲武）知人不詐（爲詐則不爲知）仁人不黨（不羣黨也）夫利君之富富以聚黨（利君寵祿以得富得富故有徒黨）利黨以危君君之殺我也後矣（後晚也）且衆何罪鈞之死不若聽君之命（鈞等也等一死不欲爲亂也）是故皆自殺（傳曰三郤將謀於榭長魚蟜以戈殺之言自殺取共不殺自殺之道）既刺三郤欒書殺厲公乃納孫周而立之是爲悼公

長魚蟜既殺三郤乃脅欒中行（謂與胥童共脅之也脅劫也欒欒書中行中行偃）而言於公曰不殺此二子者憂必及君（言二子懼誅必將圖君）公曰一旦而尸三卿不可益也對曰臣聞之亂在內為軌在外為姦御軌以德御姦以刑（禦止也以德以德綏之以刑謂誅除也）今治政而內亂不可謂德除鯁而避強不可謂刑（鯁害也）德刑不立姦軌並至臣脆弱弗能忍俟也乃奔翟三月厲公殺（魯成十七年十二月長魚蟜奔翟閏月欒中行殺胥童十八年正月厲公弒）欒武子中行獻子圍公於匠麗氏（匠麗氏晉嬖大夫也）乃召韓獻子獻子辭曰殺君以求威非吾所能為也（求威求立威也）威行為不仁事廢為不知（威行於君為不仁事廢不成）

不知享一利亦得一惡非所務也昔者吾畜於趙氏畜養也韓獻子見成養於趙盾孟姬之讒吾能違兵孟姬趙盾之子趙朔之妻晉景公姊也與盾之弟樓嬰通嬰兄趙同括放之姬譖同括於景公景公殺之時獻子能違其兵難卒存趙氏未可脅與殺君也在魯成十八年人有言曰殺老牛莫之敢尸而況君乎尸主也二三子不能事君安用厥也中行偃欲伐之欒書曰不可其身果而辭順果謂敢行其志也順無不行果無不徹順者人從之故無不行果者志不疑故無不徹徹達也犯順不祥伐果不克克勝也夫以果戾順行民不犯也戾帥也以果敢帥順道而行之故民不犯吾雖欲攻之其能乎乃止

晉語第十二　國語

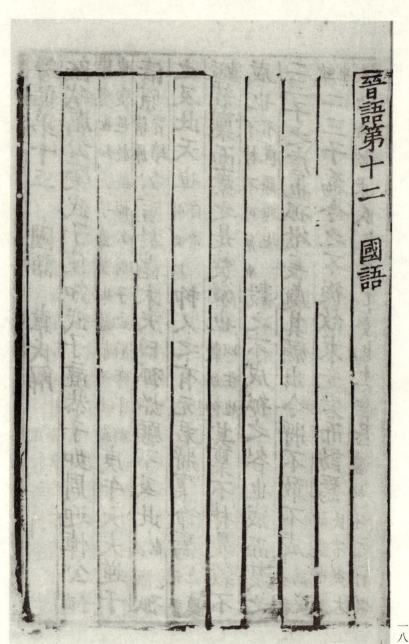

晉語第十三　國語　韋氏解

既弑厲公欒武子使知武子彘恭子如周迎悼公武子欒書也知武子荀罃也彘恭子士魴也食邑於彘悼公周子也時年十四庚午大夫逆子清原清原晉境公言於諸大夫曰孤始願不及此及至也孤之及此天也引天以自重抑人之有元君將稟命焉元善也稟受也若稟而棄之是焚穀也穀所仰以生也其稟不材是穀不成也不材不可用也不成謂秕也穀之不成孤之咎也成而焚之二三子之虐也孤欲長處其願出令將不敢不成不敢爲君政也二三子爲令之不從故求元君而訪焉訪謀也爲民不從大夫之命故求善君而謀之孤之不元廢也其誰怨廢以不善見廢元而以

虐奉之二三子之制也制專制也若欲奉元以濟大義將在今日若欲暴虐以離百姓反易民常亦在今日反易民常下不事上也圖之進退願由今日悼公承篡殺之後懼臣下不從故以此約厲焉大夫對曰君鎮撫羣臣而大庇蔭之無乃不堪君訓而陷於大戮以煩刑史刑刑官司寇也史太史掌書法也辱君之允令允信也敢不承業乃盟而入承奉也業事也辛巳朝于武宮武宮武公廟定百事立百官議定百事而立其官使主之謂改其舊時之非者育門子選賢良門子大夫適子周禮曰其正室皆謂之門子育長也長育其材選用賢良也興舊族出滯賞舊族舊臣之子孫滯賞謂有功於先君未賞者謂呂相之屬也畢故刑赦囚繫故刑若今被刑居作者畢之不復作也囚繫者赦之傳曰宥罪戾是也宥

閒罪薦積德閒罪刑罰之疑者宥赦也薦進也積德之士進用之逮鰥寡逮及也惠及之也振廢淹振起也淹久也謂本賢人以小罪人見廢起用之養老幼養有常餼恤孤疾無父曰孤疾廢疾也年過七十者公親見之謂賢知事者稱曰王父王父不敢不承稱曰王父尊而親之所以盡其心也故王父不敢不承命二月乙酉公即位先館於外至此乃就宮朝也傳曰館于伯子同氏是也使呂宣子佐下軍宣子呂錡之子呂相也曰邲之役呂錡佐知莊子於上軍上當爲下字之誤也呂錡廚武子也知莊子荀首也時爲下軍大夫事在魯宣十二年唐尚書云荀首時將上軍誤矣獲楚公子穀臣與連尹襄老以免子羽連尹楚官名子羽知莊子之子罃之字也邲之戰楚人囚知罃莊子以其族反之廚武子御莊子射襄老獲之遂載其尸射公子穀臣囚之以二者歸魯成三年晉人歸楚穀臣與襄老之尸以求知罃楚人

許之故曰以免子羽鄢之役親躲楚王而敗楚師魯成公十六年晉楚戰于
鄢陵呂錡射楚恭王中目楚師敗楚養由基射呂錡中項而死以定晉國而無後無後
子孫無在顯位者其子孫不可不崇也崇高也使彘恭子將新
軍曰武子之季文子之母弟也季少子也武子士會文子士燮也母弟同
母弟也武子宣法以定晉國至於今是用宣明也法執秩之法文
子勤身以定諸侯至於今是賴定諸侯謂爲軍帥能使諸侯事晉也賴蒙
也夫二子之德其可忘乎故以彘季屏其宗屏藩也使
令狐文子佐之文子魏犨之孫魏顆之子魏頡也令狐邑名曰昔克潞之
役秦來圖敗晉功魏顆以其身卻退秦師于輔氏親
止杜回其勳銘于景鐘克勝也魯宣十五年六月癸卯晉荀林父將滅赤翟潞氏

七月秦桓公伐晉次于輔氏欲敗晉功壬午晉景公治兵以略翟士及雒魏顆敗秦師于輔氏獲杜回輔氏晉地杜回秦力士也勳功也景鍾景公之鍾至于今不育其子不可不與也育遂也君知士貞子之帥志博聞而宣惠於教也使爲太傅貞子晉卿士穆子之子士渥濁帥循也宣徧也惠順也知右行辛之能以數宣物定功也使爲司空右行辛晉大夫賈辛也數計也宣明也物事也能以計數明事定功故使爲司空司空掌邦事謂建都邑起宮室經封洫之屬知欒糾之能御以和於政也使爲戎御欒糾晉大夫卞糾也政軍政戎御御公戎車也知荀賓之有力而不暴也使爲戎右荀賓晉大夫戎右公戎車之右有力而不暴故可親近之欒伯請公族大夫欒伯欒武子公族大夫掌公族與卿之子弟公曰荀家惇惠荀家晉大夫荀檜文敏荀檜荀家之族黶也果敢

黶欒書之子栢子也無忌鎮靖（無忌韓厥之子公族穆子也鎮重也靖安也）使茲四人者為之（茲此也）夫膏粱之性難正也（膏肉之肥者粱食之精者言食肥美者率多驕放其性難正也）故使惇惠者教之（教之道蓺）使文敏者道之（道其志也）使果敢者諗之（諗告也告得失也）使鎮靖者脩之（脩治其氣性）惇惠者教之則徧而不倦（倦懈也）文敏者道之則婉而入（婉順也）果敢者諗之則過不隱鎮靖者脩之則壹（壹均一也）使茲四人者為公族大夫公知祁奚之果而不淫也使為元尉（祁奚晉大夫高梁伯之子也元尉中軍尉也）知羊舌職之聰敏肅給也使佐之（羊舌職晉羊舌大夫之子敏達也肅敬也給足也）知魏絳之勇而不亂也使為元司馬（魏絳魏犨之子莊子也元司馬中軍

司馬也 知張老之知而不詐也使爲元候（張老晉大夫張孟也元候）中軍候奄也 知鐸遏寇之恭敬而信彊也使爲輿尉（遏寇晉大夫輿尉上軍尉也）知籍偃之惇率舊職而共給也使爲輿司馬（籍偃晉大夫籍季之子籍游也輿司馬上軍司馬也）知程鄭端而不淫且好諫而不隱也使爲贊僕（程鄭晉大夫荀驩之曾孫程季之子端正也淫邪也贊僕乘馬御也六騶屬焉）始合諸侯於虛朾以救宋（虛朾宋地宋魚石叛宋而之楚楚伐宋取彭城以封之故悼公合諸侯以救宋在魯成十八年）使張老延君譽于四方且觀道逆者（延陳也陳君之稱譽於四方且觀察諸侯之有道德與逆亂者）呂宣子卒（宣子呂相）公以趙文子爲文也（文子趙武也文有文德）而能恤大事使佐新軍（說云新軍中軍也昭謂時但言新軍新軍無中）三年公始合

諸侯悼公三年魯襄之二年也悼公元年始合諸侯于虛朾此復言始合者謂四年將會于雞丘於此始命之四年諸侯會於雞丘雞丘雞澤在魯襄三年於是乎命令結援脩好申盟而還令謂朝聘之數同好惡救災患之屬申尋也令狐文子卒文子魏頡公乃以魏絳爲不犯不犯不可犯以非法也使佐新軍傳曰魏絳多功以趙武爲賢而爲之佐然則讓武使爲將而絳佐之使張老爲司馬代魏絳也使范獻子爲候奄代張老候奄元候也獻子范文子之族昆弟士富也公譽達於戎戎諸戎無終子之屬五年諸戎來請服使魏莊子盟之於是乎始復伯莊子魏絳也繼文公後故曰復霸

四年會諸侯於雞丘述上會時魏絳爲中軍司馬公子揚干亂行於曲梁揚干悼公之弟行行列也曲梁晉地魏絳斬其僕僕僕御也

公謂羊舌赤赤羊舌職之子銅鞮伯華也曰寡人屬諸侯屬會也魏

絳戮寡人之弟爲我勿失戮辱也爲我執之勿失也赤對曰臣聞

絳之志有事不避難有罪不避刑其將來辭辭陳其辭狀也

言終魏絳至授僕人書而伏劍僕人掌傳命聞公怒欲自殺士魴

張老交止之交夾也僕人授公公讀書曰臣誅於揚干

不忘其死誅責也曰君乏使使臣狃中軍之司馬曰前日也

狃正也臣聞師衆以順爲武順順令也軍事有死無犯爲敬

有死死其事無犯犯其令是爲敬命君合諸侯臣敢不敬敢不敬奉其職君不說

請死之請就死公跣而出跣徒跣也曰寡人之言兄弟之禮

也子之誅軍旅之事也請無重寡人之過反役與之

禮食反役自役反也禮食公食大夫之禮令之佐新軍上章以魏絳爲不犯使佐新軍是也

祁奚辭於軍尉辭請老也公問焉曰孰可誰可自代對曰臣之子午可人有言曰擇臣莫若君擇子莫若父午之少也婉以從令少稺也婉順也游有鄉處有所好學而不戲不戲弄也其壯也彊志而用命此壯謂未二十時志識也命父命也守業而不淫業所學事業也其冠也和安而好敬冠二十也柔惠小物柔仁也惠愛也而鎮定大事鎮安也言知思能安定也有直質而無流心流放也非義不變言從義也非上不舉舉動也放上而動若臨大事其可以賢於臣也大事軍事臣請薦所能擇而君比義焉薦進也所

〔能擇父能擇子也比比方也義宜也〕公使祁午爲軍尉沒平公軍無秕政〔沒終也平公悼公之子彪也秕以穀諭也〕

五年無終子嘉父使孟樂因魏莊子納虎豹之皮以請和諸戎〔悼公五年魯襄四年無終山戎之國今爲縣在北平子爵也嘉父名孟樂嘉父之臣莊子魏絳也和諸戎諸戎欲服從於晉也〕公曰戎翟無親而好得不若伐之〔無親無恩親好得貪貨財〕魏絳曰勞師於戎而失諸華〔諸華華夏也用師於戎不得存恤諸侯諸侯必叛故失之〕雖有功猶得獸而失人也安用之且夫戎翟荐處〔荐聚也〕貴貨而易土〔貴重也易輕也〕與之貨而獲其土其利一也邊鄙耕農不儆其利二也戎翟事晉四鄰莫不震動其利三也〔震懼也〕君其圖之公說故

使魏絳撫諸戎於是乎遂伯

韓獻子老韓獻子韓厥也說云爲公族大夫老而辭位昭謂韓厥晉卿也魯成十六年傳曰韓厥將下軍十八年晉悼公卽位傳曰韓獻子爲政使公族穆子受事於朝穆子厥之子無忌也唐尚書云獻子致仕而用其子爲公族大夫昭謂悼公元年使無忌爲公族大夫後十年獻子告老欲使爲卿有廢疾讓其弟起公騶之更使掌公族大夫在魯襄七年辭曰厲公之亂無忌備公族不能死亂謂見殺公族同姓也臣聞之曰無功庸者不敢居高位國功曰功民功曰庸今無忌知不能匡君使至於難仁不能救勇不能死敢辱君朝以忝韓宗請退也固辭不立悼公聞之曰難雖不能死君而能讓不可不賞也使掌公族大夫掌主也初爲公族大夫今使主之以是爲賞

悼公使張老爲卿卿佐新軍也辭曰臣不如魏絳夫絳之知能治大官大官卿也其仁可以利公室不忘不忘利公室也其勇不疚於刑疚病也勇能斷決也其學不廢其先人之職若在卿位外内必平且雞丘之會其官不犯不犯戮楊干也而辭順不可不賞也公五命之固辭乃使爲司馬使魏絳佐新軍事已見上欲見張老之讓故復言之

十二年公伐鄭軍於蕭魚悼公十二年魯襄十一年鄭從楚故伐之軍蕭魚鄭服也鄭伯嘉來納女工妾三十人女樂二八嘉鄭僖公子簡公也女美女工樂師傳曰賂晉以師悝師觸師蠲是也妾給使者工妾凡三十人女樂今伎女也八人爲佾備八音也或云女工有伎巧者也與傳相違失之矣賈侍中云妾女樂也下別有女樂二八則賈君所云似

非也歌鍾二肆歌鐘歌時所奏肆列也凡縣鐘磬全爲肆半爲堵及寶鎛鎛小鐘也
寶鄭所寶輅車十五乘輅廣車也車軘車也十五各十五也傳曰廣車軘車淳十五凡兵車
百乘淳偶也公賜魏絳女樂一八歌鍾一肆曰子教寡人
和戎翟而正諸華於今八年七合諸侯寡人無不得
志請與子共樂之八年和戎翟後八年也七合諸侯一謂魯襄五年會于戚二謂七年
會于鄬三謂八年會于鄬四謂九年同盟于戲五謂十年會于柤六謂十一年會于亳城北七謂會于
蕭魚魏絳辭曰夫和戎翟臣之幸也幸幸而合也八年七合
諸侯君之靈也靈神也二三子之勞也謂諸軍帥臣焉得之
焉得享之公曰微子寡人無以待戎無以濟河微無也濟河南服鄭
二三子何勞焉子其受之君子曰能志善也志識也

悼公與司馬侯升臺而望曰樂夫司馬侯晉大夫汝叔齊樂見士民之朌冨也對曰臨下之樂則樂矣德義之樂則未也善善爲德惡惡爲義公曰何謂德義對曰諸侯之爲日在君側爲行也以其善行以其惡戒可謂德義矣公曰孰能對曰羊舌肸習於春秋肸叔嚮之名春秋紀人事之善惡而目以天時謂之春秋周史之法也時孔子未作春秋乃召叔嚮使傅太子彪彪平公也

晉語第十三　國語

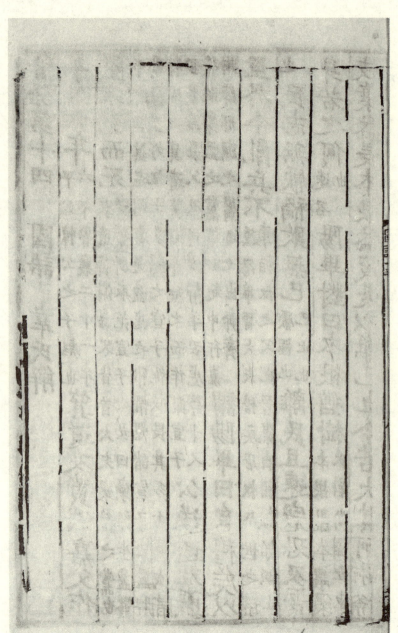

晉語第十四　國語　韋氏解

平公六年平公悼公之子彪也六年魯襄二十一年箕遺及黃淵嘉父作亂不克而死箕遺黃淵嘉父皆晉大夫欒盈之黨也欒黶所取范宣子之女曰欒祁祁生盈黶卒祁與其老州賓通盈患之祁懼愬諸宣子曰盈將爲亂盈好施士多歸之宣子畏其多士使城著將逐之其遺黃淵等知之而作亂宣子殺遺淵嘉父及司空靜羊舌虎等十人公遂逐羣賊羣賊欒盈之黨謂知起中行嘉州綽邢蒯之屬逐之出奔齊謂陽畢曰自穆侯以至於今亂兵不輟陽畢晉大夫穆侯唐叔八世之孫桓叔之父也晉亂自桓[illegible]以始輟止也民志無厭禍敗無已厭極也已止也離民且速寇恐及吾身若之何速召也陽畢對曰本根猶樹本根[illegible]亂本謂欒氏猶尚樹立也枝葉益長本根益茂是以難已也今若大其柯柯斧柄所

操以伐木去其枝葉絶其本根可以少閒閒息也謂叫滅欒氏而去其黨公曰子實圖之陽畢曰圖在明訓訓教也明訓在威權言既有明教當有威權以行之威權在君言不在臣君掄賢人之後有常位於國者而立之掄擇也常位謂世有功烈於國而中微者亦掄逞志虧君以亂國者之後而去之逞快也是遂威而遠權遂申也遠權權及後嗣民畏其威而懷其德莫能勿從言皆從君若從則民心皆可畜皆可畜養而教導之畜其心而知其欲惡孰偷生欲惡情欲好惡也偷苟也若不偷生則莫思亂矣且夫欒氏之誣晉國也久矣誣罔也以惡取善曰誣謂欒書雖殺厲公然人被其德不以爲惡傳曰武子之德在人如周人之思邵公欒書實覆宗殺厲公以厚其家覆敗也宗大宗

也謂殺厲立悼以重於國厚其家也若滅欒氏則民威矣威畏也今吾

若起瑕原韓魏之後而賞立之則民懷矣瑕瑕嘉原原軫韓韓

萬魏十萬之後皆晉賢人有常位於國者威與懷各當其所則國安矣君

治而國安欲作亂者誰與君曰欒書立吾先君先君悼公

欒盈不獲罪如何言盈不得罪於國為其母范祁所譖耳如何可滅陽畢曰

夫正國者不可以暱於權暱近也言當遠權為久長計也行權不可

以隱於私以私恩隱蔽其罪無以正國也暱於權則民不道不可道訓也

行權隱於私則政不行政不行何以道民民之不道

亦無君矣與無君同則其為暱與隱也復產害矣且勤君

身復反也勤勞也反害於國而勞君身君其圖之若愛欒盈則明逐羣

賊而以國倫數而遣之羣賊盈之黨倫理也厚戒箴國以待之箴猶戒也待備也彼若求逞志而報於君罪孰大焉滅之猶少猶少滅之恐少耳彼若不敢而遠逃乃厚其外交而勉之以報其德不亦可乎謂賂其所適之國厚寄託之而勸勉焉公許諾盡逐羣賊而使祁午及陽畢適曲沃逐欒盈祁午中軍尉曲沃欒盈邑欒盈出奔楚遂令於國人曰自文公以來有力於先君而子孫不育者將授立之得之者賞授之爵位而立之居三年後三年欒盈晝入爲賊于絳欒盈在楚一年而奔齊魯襄二十三年齊莊公使析歸父以藩載盈及其士納之曲沃夏尺盈帥曲沃之甲因魏獻子以晝入絳范宣子以公入于襄公之宮襄宮宇固故就之傳曰奉公以如固宮欒盈不

克出奔曲沃傳曰晉人圍曲沃遂刺欒盈滅欒氏刺殺也傳曰晉人克欒盈于曲沃盡殺欒氏之族黨是以沒平公之身無內亂也欒懷子之出懷子盈也出奔楚執政使欒氏之臣勿從執政正卿即范宣子從欒氏者爲大戮施施陳也陳其尸也欒氏之臣辛俞行行從盈也吏執而獻之公公曰國有大令何故犯之對曰臣順之也豈敢犯之執政曰無從欒氏而從君是明令必從君也臣聞之曰三世仕家君之三世爲大夫家臣事之如國君也再世以下主之大夫稱主事君以死事主以勤君之明令也自臣之祖以無大援於晉國世隸欒氏於今三世矣臣故不敢不君今執政曰不從君者爲大戮臣敢

志其死而叛其君以煩司寇敢不敢也言不敢忘死而叛其君煩君司寇以刑臣也公說說其執義固止之不可可肯也厚賂之辭曰臣嘗陳辭矣心以守志辭以行之所以事君也若受君賜是隋其前言隋壞也臣無二君君受君賜是有二心也君問而陳辭未退而逆之何以事君逆反也君知其不可得也乃遣之

叔魚生其母視之叔魚晉大夫叔向母弟羊舌鮒也視猶相察也曰是虎目而豕喙虎視耽耽豕喙長而銳也鳶肩而牛腹鳶肩肩井出牛腹脅張也谿壑可盈是不可饜也水注川曰谿壑溝也必以賄死後為贊理受雍子女而抑邢侯邢侯殺之遂弗視不自養視也

揚食我生揚叔向邑也食我叔向子伯石也其母夏姬之女叔向之母聞之往及堂聞其號也乃還曰

其聲豺狼之聲也終滅羊舌氏之宗者必是子也（同[illegible]宗也食我既長黨於祁盈盈獲罪晉殺盈及食我遂滅祁氏羊舌氏在魯昭二十八年）

魯襄公使叔孫穆子來聘（聘在襄二十四年）范宣子問焉（宣子晉正卿士匄）曰人有言曰死而不朽何謂也（言身死而名不朽滅）穆子未對宣子曰昔匄之祖自虞以上為陶唐氏（言在舜世不改堯號）在夏為御龍氏（夏后孔甲之世也傳曰陶唐氏既衰其後曰劉累學擾龍於豢龍氏以事孔甲能飲食龍夏后嘉之賜氏曰御龍）在商為豕韋氏（商謂武丁之後為豕韋氏初祝融之後彭姓為大彭大彭豕韋二國為商伯其後商滅豕韋劉氏自御龍代豕韋故傳曰以更豕韋之後）在周為唐杜氏（周武王之世唐杜二國名豕韋自商之末改國於唐周成王滅唐而封弟唐叔虞遷唐于杜謂之杜伯）周卑晉繼之為范氏其此之謂

乎卑王室微也晉繼之者謂爲盟主總諸侯也爲范氏者杜伯爲宣王大夫宣王殺之其子隰叔去周
適晉生子輿爲晉理官其孫士會爲晉正卿食邑於范是爲范氏對曰以豹之所聞
此之謂世祿非不朽也世祿世食官邑魯先大夫臧文仲其
身沒矣其言立於後世言有立言可法者謂若教行父事君告糴於齊之屬此
之謂死而不朽
范宣子與龢大夫爭田久而無成成平也龢晉邑之大夫也爭田之疆
界久而不平宣子欲攻之問於伯華伯華羊舌赤也曾[illegible]三年代父職爲中軍
尉之佐伯華曰外有軍內有事赤也外事也言主軍也不敢
侵官非其官與之爲侵官且吾子之心有出焉可徵訊也出以軍旅
出也徵召也訊問也問於孫林父林父衛大夫孫文子曾襄十四年逐衛獻公立公孫剽二

十六年甯喜殺剽而納獻公林父遂以戚叛事晉孫林父曰旅人所以事子也唯事是待旅客也言客寄之人不敢違命問於張老三君云張老中軍司馬也昭謂魯襄三年悼公以張老爲司馬至襄十六年平公即位以其子張君臣代之此時爲上軍將張老曰老也以軍事承子非戎則非吾所知也戎兵也問於祁奚祁奚既老平公元年復爲公族大夫祁奚曰公族之不恭公室之有回也回邪也內事之邪內朝內也大夫之貪是吾罪也大夫公族大夫然則祁奚掌之若以軍官從子之私懼子之應且憎也外應受戎內憎其非問於藉偃藉偃上軍司馬藉游也藉偃曰偃以斧鉞從於張孟孟張老字曰聽命焉若夫子之命也何二之有夫子張孟也釋夫子而舉釋舍也舉動也是反吾子也吾子宣子宣子爲上

卿本使我聽命於張孟今若皆之而從子之私是反子之前令問於叔魚叔魚叔向之弟叔
魚曰待吾為子戮之叔向聞之見宣子曰聞子與鮒
未寧也寧息徧問於大夫又無決盍訪之訾祏訾祏宣子家臣
訾祏實直而博直能端辯之端正也辯別也博能上下比之
且吾子之家老也家臣室老吾聞國家有大事必順於典
刑典常也刑法也而訪咨於耇老而後行之司馬侯見侯汝叔齊
曰聞吾子有鮒之怒吾以為不信諸侯皆有二心是
之不憂二心欲叛晉而怒鮒大夫非子之任也祁午見午中
軍尉曰晉為諸侯盟主子為正卿若能靖端諸侯使服
聽命於晉晉國其誰不為子從何必鮒言皆從子之命何但鮒大

夫平盍密和和和平也和大以平小平勸以大德平小怨宣子問於
訾祏訾祏對曰昔隰叔子違周難於晉國隰叔杜伯之子違避
也宣王殺杜伯隰叔避害適晉生子輿爲理子輿士蔿之字理士官也以正於朝
朝無姦官爲司空以正於國國無敗績績功也世及武
子佐文襄爲諸侯諸侯無二心父子爲世及至也謂士蔿生成伯缺成
伯缺生武子士會文公五年士會攝右爲大夫佐襄公以伯諸侯諸侯無二心者及爲卿以輔
成景軍無敗政文公生成公成公生景公及爲成師居太傅唐尚書云
爲成公軍師兼太傅官昭謂此成當爲景字誤耳魯宣九年晉成公卒至十六年晉景公請于王以黻冕
命士會將中軍且爲太傅端刑法輯訓典輯和也國無姦民士會爲政盜逃
奔秦是也後之人可則是以受隨范隨范晉二邑也及文子成晉

荆之盟文子武子之子燮也晉使士燮盟楚於宋西門之外在魯成十二年豐兄弟之國使無有閒隙豐厚也閒隙瑕釁也兄弟鄭衛之屬晉楚爲好不相加戎所以厚兄弟之國是以受郇櫟郇櫟晉二邑也今吾子嗣位於朝無姦行於國無邪民於是無四方之患而無外內之憂賴三子之功而饗其禄位三子子輿武子文子今既無事矣而非龢非恨也於是加寵將何治爲晉加寵於子將何所爲治乎宣子說乃益龢田而與之和以所爭田益之與之平和訾祏死范宣子謂獻子獻子宣子之子范鞅曰鞅乎昔者吾有訾祏也吾朝夕顧焉顧問也以相晉國且爲吾家今吾觀女也專則不能謀則無與無賢臣也將若之何對曰鞅

也居處恭不敢安易（易簡也不敢自安而爲簡略）敬學而好仁和於政而好其道（言已爲政貴和而好說其道）謀於衆不以賈好（賈求也言心樂咨不以求爲好）私志雖衷不敢謂是也必長者之由（衷善也由從也）宣子曰可以免身

平公說新聲（說樂也新聲者衞靈公將如晉舍于濮水之上聞琴聲焉甚哀使師涓以琴寫之至晉爲平公鼓之師曠撫其手而止之曰止此亡國之音也昔師延爲紂作靡靡之樂後而自沈於濮水之中聞此聲者必於濮水之上乎）師曠曰公室其將卑乎（師曠晉主樂大師子野）君之明兆於衰矣（兆形也）夫樂以開山川之風（開通也故八音以通八風）以耀德於廣遠也（耀明也）風德以廣之（風風宣其德廣之於四方作樂各象其德韶夏濩武是也）風山川以遠之（遠遠其德也周禮每樂一變各

有所致謂鱗介毛羽之物山林川澤天地之神祇也風物以聽之言風化之動物莫不傾耳
而聽脩詩以詠之脩禮以節之夫德廣遠而有時節作之
有時動有禮節是以遠服而邇不遷
平公射鷃不死鷃扈小鳥也使豎襄搏之失豎內豎襄名也公怒
拘將殺之叔向聞之夕夕至於朝君告之叔向曰君必殺
之昔吾先君唐叔射兕于徒林殪以爲大甲兕似牛而青善
觸人徒林林名一發而死曰殪甲鎧也以封于晉言有才蓺以受封爵今君嗣吾
先君唐叔射鷃不死搏之不得是揚吾君之恥者也
君其必速殺之勿令遠聞殺之益聞詭辭以諫君忸怩顏乃趣
赦之忸怩慙皃

叔向見司馬矦之子撫而泣之（撫拊也）曰自此其父之死吾蔑與比而事君矣昔者此其父始之我終之（謂有所建爲及諫爭相爲終始以成其事也）我始之夫子終之無不可（無不可言皆從也）藉偃在側曰君子有比乎（君子周而不比故偃問之）叔向曰君子比而不別比德以贊事比也（贊佐也）引黨以封己（引取也封厚也）利己而忘君別也（別別爲朋黨也）

秦景公使其弟鍼來求成（景公秦穆公之玄孫桓公之子鍼后子伯車也在魯襄二十六年）叔向命召行人子員（行人掌賓客之官員名也）行人子朱曰朱也在此叔向曰召子員子朱曰朱也當御（當直迣御進也言次應直事）叔向曰肸也欲子員之對客也子朱怒曰

皆君之臣也班爵同與貞同也何以黜朱也黜退也撫劒就

之叔向曰秦晉不和久矣今日之事幸而集集成也子

孫饗之饗饗其福也饗或爲類不集三軍之士暴骨必復戰闘也夫

子負道寳主之言無私子常易之易變也姦以事君者

吾所能禦也拂衣從之拂褰也人救之平公聞之曰晉

其庶乎庶幾於興吾臣之所爭者大師曠待曰公室懼卑

其臣不心競而力爭

諸侯之大夫盟于宋盟在魯襄二十七年晉楚始盟以弭諸侯之兵楚令尹

子木欲襲晉軍子木屈到之子屈建也傳曰將盟楚人衷甲襲掩也曰若盡晉

師而殺趙武則晉可弱也趙武晉正卿文子也文子聞之謂叔

白曰若之何叔白曰子何患焉忠不可暴（不可侵暴）信不可犯（犯陵也）忠自中（自中出也）而信自身（身行信也）其爲德也深矣其置本也固矣故不可抈也（抈動也）今我以忠謀諸侯（謀安諸侯）而以信覆之（覆驗其忠）荆之逆諸侯也亦云（亦云欲弭兵爲忠信逆迎也）是以在此若襲我是自背其信而塞其忠也（塞絕也）信反必斃（斃踣也）忠塞無用（無以用諸侯也）安能害我且夫合諸侯以爲不信諸侯何望焉此行也荆敗我諸侯必叛之（以弭兵召諸侯而衷甲以襲晉故諸侯必叛之）子何愛於死死而可以固晉國之盟主何懼焉（言晉有信諸侯必歸之）是行也以藩爲軍（藩籬落也不設壘壁）攀輦即利而舍（攀引也輦輦車也即就也言人

引吏就水草便利之地而舍之候遮扞衛不行候候望遮遮罔也晝則候遮夜則扞衛扞
衛謂羅闉狗附也張羅闉去壘五十步而陳周軍之前後左右彍弩注矢以誰何謂之羅闉又二十人爲
曹輩去壘三百步畜犬其中或視前後或視左右謂之狗附皆昏而設明而罷候遮二十人居狗附處以
視聽候望明而設昏而罷不行者不設之楚人不敢謀畏晉之信也畏晉守信
諸侯與之故不敢謀也自是没平公無楚患矣
宋之盟弭兵之盟也楚人固請先歃楚人子木也歃飲血也叔向謂
趙文子曰夫伯王之勢在德不在先歃子若能以忠
信贊君贊佐也而裨諸侯之闕裨補也闕缺也歃雖後諸侯將
戴之何爭於先若違於德而以賄成事政以賄成今雖先
歃諸侯將棄之何欲於先昔成王盟諸侯于岐陽岐陽

之陽楚爲荆蠻荆州之蠻也置茅蕝設望表與鮮牟守燎故不與盟置立也蕝謂束茅而立之所以縮酒望表謂望祭山川立木以爲表表其位也鮮牟東夷國燎庭燎也今將與狎主諸侯之盟唯有德也狎更也子務德無爭先務德所以服楚也乃先楚人讓使楚先虢之會諸侯之大夫尋宋之盟在魯昭元年魯人食言食僞也言魯使叔孫穆子如會尋宋之盟欲以脩好弭兵尋盟未退而魯伐莒取鄆是爲虛僞其言楚令尹圍將以魯叔孫穆子爲戮令尹圍楚恭王之子樂王鮒求貨焉弗與鮒晉大夫樂桓子也趙文子謂叔孫曰夫楚令尹有欲於楚欲欲得楚國也少懦於諸侯懦弱也以諸侯爲弱諸侯之故求治之不求致也故事也必欲治之非但求致之而已其爲人也剛而尚寵尚好也好自尊寵若

及必弗避也以事及於皋者必加治戮無所避也子盍逃之不幸必及於子對曰豹也受命於君以從諸侯之盟爲社稷也爲欲衛社稷也若魯有罪而受盟者逃魯必不免不免於討是吾出而危之也若爲諸侯戮者魯誅盡矣必不加師請戮也夫戮出於身實難難難居也自它及之何害何害於義苟可以安君利國美惡一也美生惡死文子將請之於楚樂王鮒曰諸侯有盟未退而魯背之安用齊盟齊一也縱不能討又免其受盟者晉何以爲盟主矣言無以復齊一諸侯必殺叔孫豹文子曰有人不難以死安利其國可無惡乎若皆卹國如是則大不喪威而小不見陵矣

若是道也果果必行也可以教訓何敗國之有吾聞之曰善人在患弗救不祥惡人在位弗去亦不祥必免叔孫固請於楚而免之

趙文子爲室室宮也斲其椽而礱之椽榱也礱磨也張老夕焉而見之見見匠人爲之不謁而歸謁告也文子聞之駕而往曰吾不善子亦告我何其速也速去速也對曰天子之室斲其椽而礱之加密石焉密密理石謂砥也先粗礱之加以密砥諸侯礱之無密石也大夫斲之也不礱士首之斲其首也備其物義也物備得宜謂之義從其等禮也從尊卑之等謂之禮今子貴而忘義富而忘禮吾懼不免何敢以告文子歸令之勿礱也匠人

請皆斷之通更斷之文子曰止爲後世之見之也爲使也其斵者仁者之爲也其龔者不仁者之爲也

趙文子與叔向游于九京京當爲原九原晉墓地曰死者若可作也作起也吾誰與歸叔向曰其陽子乎陽子處父文子曰夫陽子行廉直於晉國不免其身廉直剛而無謀爲狐射姑所殺其知不足稱也稱述也叔向曰其舅犯乎文子曰舅犯見利不顧其君其仁不足稱也見利見全身之利謂與晉文避難至將反國無輔佐安國之心援璧請亡故其仁不足稱也鄭後司農以爲詐請亡要君以利也其隨武子乎武子范會納諫不忘其師言聞之於師也言身不失其友身有善行稱友之道事君不援而進進進賢也不阿而退阿隨也退退不肖也言不隨君

必欲進賢退不肖

秦后子來奔[后子景公之弟鍼來奔在魯昭元年]趙文子見之問曰秦君道乎[問有對曰不識難即言之道不對曰不識故曰不識]文子曰公子辱於敝邑必避不道也對曰有焉[有不道事]文子曰猶可以久乎對曰鍼聞之國無道而年穀龢孰[言國無道而年穀和孰天不讓覺必恃而驕也]鮮不五稔[鮮少也稔年也少不至五年而亡]文子視日曰朝夕不相及誰能俟五[言朝恐不至夕]文子出后子謂其徒[徒從者也]曰趙孟將死矣夫君子寬惠以恤後猶恐不濟今趙孟相晉國以主諸侯之盟思長世之德歷遠年之數猶懼不終其身今忨日而激歲[忨偷也激遲也]怠偷甚矣

怠懈也偷苟也非死逮之必有大咎逮及也大咎非常之禍冬趙文子卒

平公有疾秦景公使醫龢視之龢名也出曰疾不可爲也爲治也是謂遠男而近女遠師傅近女色也惑以生蠱惑於女以生蠱疾非鬼非食惑以喪志疾非鬼神亦非飲食生於淫惑以喪其志良臣不生天命不佑佑助也良臣謂趙孟不生將死也若君不死必失諸侯趙文子聞之曰武從二三子二三子晉諸卿以佐君爲諸侯盟主於今八年矣內無苛慝諸侯不二苛煩也慝惡也子胡曰良臣不生天命不佑對曰自今之謂從今以往和聞之曰直不輔曲明不規闇言文子不能以明直規輔平公之闇曲使至經惑也榣木不生危榣木大木危高險也松柏不生埤埤不溼也言文子不

存吾子不能諫惑使至於生疾又不自退而寵其政寵榮也八年之謂多矣已爲多矣何以能久文子曰醫及國家乎對曰上醫醫國止其淫惑是謂醫國其次疾人固醫官也官猶職也文子曰子稱蠱何實生之對曰蠱之慝穀之飛實生之慝惡也言蠱之爲惡害于嘉穀穀爲之飛若是類生蠱疾者物莫伏於蠱莫嘉於穀伏藏也嘉善也穀興蠱伏而章明者也穀氣起則蠱伏藏穀不朽蠹而人食之章明之道也故食穀者晝選男德以象穀明選擇也擇有德者而親近之以象人食穀而有聰明宵靜女德以伏蠱慝靜安也伏去也言夜當安女之有德者以禮自節以去已蠱害之病言蠱害穀猶女害男也今君一之一一晝夜也是不饗穀而食蠱也蠱諭女也是不昭穀明而皿蠱也

皿器也言爲蠱作器而受之夫文蟲皿爲蠱吾是以云文字也文子曰君其幾何對曰若諸侯服不過三年不服不過十年諸侯服則專於色過是晉之殃也過十年荒淫之禍及國也是歲趙文子卒諸侯叛晉叛晉從楚十年平公薨十年後十年也在魯昭十年

秦后子來仕避景公仕於晉其車千乘從車千乘楚公子干來仕其車五乘子干恭王之庶子公子比也魯昭元年楚公子圍殺郟敖子干奔晉叔向爲太傅實賦祿韓宣子問二公子之祿焉宣子韓起也代趙文子爲政對曰大國之卿一旅之田公之孤四命五百人爲旅爲田五百頃上大夫一卒之田上大夫一命百人爲卒爲田百頃夫二公子者上大夫也皆一卒可也宣子曰秦公子富若之何其鈞之

也鈞同也對曰夫爵以建事事職事也祿以食爵隨爵尊卑德以賦之功庸以稱之稱副也若何其以富賦祿也夫絳之富商韋藩木楗以過于朝韋藩蔽前後木楗木檐也唯其功庸少也言無功庸雖富不得服其尊服過於朝無位爵故也而能金玉其車文錯其服文文織錯錯鏤也言富商之財足以金玉其車文錯其服以其無爵位故不得爲耳則上爲韋藩木楗是也能行諸侯之賄言其財賄足以交於諸侯而無尋尺之祿無大績於民故也績功也八尺曰尋且楚秦匹也若之何其回於富也回曲也乃均其祿

鄭簡公使公孫成子來聘簡公僖公之子嘉也成子子産之謚鄭穆公之孫子國之子平公有疾韓宣子贊授客館贊導也客問君疾對

曰寡君之疾久矣上下神祇無不徧諭也諭謂祭祀告謝也而無除今夢黃熊入于寢門夢公夢也能似熊不知人殺乎抑厲鬼邪人殺主殺人鬼厲惡鬼也子產曰以君之明子爲大政其何厲之有大政美大之政僑聞之僑子產名昔者鯀違帝命殛之於羽山帝堯也殛放殛而殺之化爲黃能以入于羽淵羽山之淵鯀既死而神化也實爲夏郊禹有天下而郊祀之三代舉之舉謂不廢其祀夫鬼神之所及吉凶所及非其族類則紹其同位紹繼也殷周祀之是也是故天子祀上帝上帝天也公侯祀百辟以死勤事功施於民者自卿以下不過其族族親族也今周室少卑卑微也晉實繼之謂爲盟主統諸侯也其或者未舉夏郊邪宣子以告祀夏郊

爲周杞也董伯爲尸董伯晉大夫神不歆非類則董伯其姒姓乎尸主也五日公見
子產祭後五日平公有瘳故見之賜之莒鼎莒鼎出於莒也傳曰賜子產莒之二方鼎
方鼎鼎方上也
叔向見韓宣子宣子憂貧叔向賀之宣子曰吾有卿
之名而無其實實財也無以從二三子從隨也隨其賻贈之屬吾
是以憂子賀我何故對曰昔欒武子無一卒之田上大
夫一卒之田欒書爲晉上卿而又不及其官不備其宗器宗宗官器祭器宣其
德行順其憲則使越于諸侯越發聞也諸侯親之戎狄懷
之懷歸也以正晉國行刑不疚疚病也以免於難免殺之難[illegible]
及桓子驕泰奢侈貪欲無藝藝極也桓子欒書之子黶也略則行

志略犯也則法也假貸居賄居蓄也宜及於難而賴武之德以没其身及懷子改桓之行而脩武之德懷子桓子之子盈也可以免於難而離桓之罪以亡于楚亡奔也夫郤昭子昭子郤至也其富半公室其家半三軍恃其富寵以泰于國奢泰於國其身尸於朝其宗滅于絳不然夫八郤五大夫三卿三卿郤錡郤至郤犨又有五人爲大夫其寵大矣一朝而滅莫之哀也唯無德也今吾子有欒武子之貧吾以爲能其德矣能行其德是以賀若不憂德之不建而患貨之不足將弔不暇何賀之有宣子拜稽首焉曰起也將亡賴子存之非起也敢專承之專獨也承受也其自桓叔以下嘉

吾子之賜桓叔韓氏之祖曲沃桓叔也桓叔生子萬受韓以爲大夫是爲韓萬

晉語第十四　國語

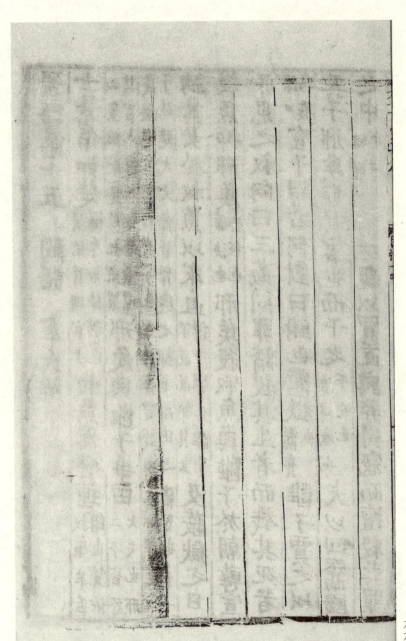

晉語第十五　國語　韋氏解

士景伯如楚景伯晉理官士彌牟如楚聘也叔魚爲贊理叔魚羊舌鮒也贊佐也景伯如楚故叔魚攝其官也傳曰叔魚攝理邢侯與雝子爭田二子皆晉大夫也邢侯楚申公巫臣之子也巫臣奔晉晉與之邢雝子故楚大夫奔晉晉與之鄐爭鄐田之疆界也雝子納其女於叔魚以求直不直故納其女傳曰罪在雝子及蔽獄之日叔魚抑邢侯蔽決也抑枉也邢侯殺叔魚與雝子於朝韓宣子患之叔向曰三姦同罪請殺其生者而戮其死者陳尸爲戮宣子曰若何對曰鮒也鬻獄鬻賣也雝子賈之以其子邢侯非其官也而干之官司寇也干犯也夫以回鬻國之中回邪也中平也與絕親以買直與非司寇而擅殺其罪

一也邢侯聞之逃遂施邢侯氏施施劾捕也而中叔魚與雝子於市死時在朝故尸於市在魯昭十四年中行穆子率師伐翟圍鼓穆子晉卿中行偃之子荀吳中行伯也翟鮮虞也鼓白翟別邑在魯昭十五年鼓人或請以城畔穆子不受軍吏曰可無勞師而得城子何不爲穆子曰非事君之禮也夫以城來者必將求利於我利爵賞也夫守而二心姦之大者也賞善罰姦國之憲法也許而弗予失吾信也若其予之賞大姦也姦而盈祿善將若何盈滿也且夫翟之憾者以城來盈願憾恨也晉豈其無豈無恨也是我以鼓教吾邊鄙貳也貳二心也夫事君者量力而進進進可也不能則

退不以安賈貳賈市也安謂不勞師而得鼓令軍吏呼城儆將攻之未傅而鼓降傅箸也中行伯既克鼓以鼓子宛支來宛支鼓子鳶鞮也穆子既克鼓以鳶鞮歸既獻而反之其後又畔魯昭二十二年荀吳襲鼓滅之以鳶鞮歸使涉佗守之也令鼓人各復其所非寮勿從寮官也鼓子之臣曰夙沙釐以其孥行釐將妻子從鼓子也軍吏執之辭曰我君是事非事土也名曰君臣豈曰土臣今君實遷遷徙也臣何賴於鼓賴利也穆子召之曰鼓有君矣君謂涉佗也爾止事君吾定而祿爵定安也而汝也對曰臣委質於翟之鼓未委質於晉之鼓也質贄也士贄以雉委贄而退臣聞之委質爲臣無有二心委質

而策死古之法也言委質於君書名於策示必死也君有烈名臣無畔質烈明也敢即私利以煩司寇而亂舊法其若不虞何即就也虞度也若就私利是爲畔君畔君有辠故煩司寇舊法策死之法也若臣皆如是是將有不意度而至之患者晉其如之何穆子歎而謂其左右曰吾何德之務而有是臣也吾當脩務何德而得若此之臣乎乃使行既獻獻獻功也言於頃公言鬣之賢於頃公頃公昭公之子去疾也與鼓子田於河陰河陰晉河南之田使君而田之使夙沙釐相之

范獻子聘於魯獻子范宣子之子士鞅也聘在魯昭二十一年問具山敖山魯人以其鄉對言其鄉之山也獻子曰不爲具敖乎對曰先君獻武之諱也獻伯禽之曾孫微公之子獻公具也武獻公之庶子武公敖也獻子

歸徧戒其所知曰人不可以不學吾適魯而名其二諱爲笑焉唯不學也（言學則必知諱不見笑也禮入境而問禁入門而問諱）人之有學也猶木之有枝葉也木有枝葉猶庇蔭人而況君子之學乎

董叔將取於范氏（董叔晉大夫也范氏范宣子之女）叔向曰范氏富盍已乎（言富必驕驕必陵人已止也）曰欲爲繫援焉（欲自繫綴以爲援助）它日董祁愬於范獻子（祁董叔之妻獻子之妹也范姓祁名也）曰不吾敬也獻子執而紡於庭之槐（紡縣也）叔向過之曰子盍爲我請乎叔向曰求繫既繫矣求援既援矣欲而得之又何請焉

趙簡子曰魯孟獻子有鬬臣五人我無一何也簡子晉卿趙文子之孫景子之子趙鞅志父也孟獻子魯大夫仲孫蔑也鬬臣扞難之士叔向曰子不欲也若欲之肸也待交捽可也此言欲勇則勇士至梗陽人有獄將不勝梗陽魏氏之邑獄訟也請納賂於魏獻子獻子將許之獻子晉正卿魏戊之父魏舒也傳曰梗陽人有獄魏戊不能斷以獄上其大宗賂以女樂獻子將受之或云大宗即舒也昭謂大宗訟者之大宗爲訟者納賂閻沒謂叔寬曰與子諫乎閻沒閻明叔寬女齊之子叔褎也皆晉大夫傳曰魏戊使二子諫吾主以不賄聞於諸侯主獻子也不賄不貪財也今以梗陽之賄殃之不可殃猶病也二人朝而不退獻子將食問誰在庭曰閻明叔褎在召之使佐食佐猶勸也比已食三歎既飽獻子

焉曰人有言曰唯食可以忘憂吾子一食之閒而三歎何也同辭對曰吾小人也貪饋之始至懼其不足故歎中食而自咎也曰豈主之食而有不足是以再歎主之既食願以小人之腹爲君子之心屬厭而已是以三歎屬適也厭飽也已止也適小飽足則自節止獻子曰善乃辭梗陽人善二子善諭而不逆獻子能覺改也

下邑之役董安于多下邑晉邑董安于趙簡子家臣多功也周禮曰戰功曰多魯定十三年簡子殺邯鄲大夫趙午午之子稷以邯鄲畔午荀寅之甥也荀寅士吉射之姻也二人作亂攻趙氏之宮簡子奔晉陽晉人圍之時安于力戰有功也趙簡子賞之辭辭不受也固賞之對曰方臣之少也進秉筆贊爲名命稱於前世義

於諸侯言見稱譽於前世而主弗志志識也及臣之壯也耆其股肱以從司馬耆致也司馬掌兵也苛慝不產及臣之長也端委韠帶以隨宰人民無二心端玄端委委皃也韠韋蔽膝帶大帶宰人宰官也今臣一旦爲狂疾而曰必賞女言戰鬭爲凶事猶人有狂易之疾相殺傷也是以狂疾賞也不如亡趨而出乃釋之

趙簡子使尹鐸爲晉陽尹鐸簡子家臣晉陽趙氏邑爲治也請曰以爲繭絲乎抑爲保鄣乎繭絲賦稅保鄣蔽扞也小城曰保禮記曰遇入保者簡子曰保鄣哉尹鐸損其戶數損其戶則民優而稅少簡子誡襄子襄子簡子之子無卹也曰晉國有難而無以尹鐸爲少無以晉陽爲遠必以爲歸所謂保鄣

趙簡子使尹鐸爲晉陽曰必隨其壘培墮壞也壘荀寅古吉射圍
趙氏所作壁壘也吾將往焉若見壘培是見寅與吉射也壘壁
曰培尹鐸往而增之增高其壘因以自備也簡子如晉陽見壘怒
既不隨又增之故怒也曰必殺鐸也而後入大夫辭之辭請也不
可可肯也曰是昭余讎也昭明也明我怨讎以爭我也郵無正進無正
晉大夫郵良伯樂曰昔先主文子少釁於難文子簡子之祖趙武也釁猶離
也難謂莊姬之讒趙氏見討從姬氏於公宮姬氏莊姬趙朔之妻文子之母晉景公之
姊也姬淫於趙嬰嬰凡趙同趙括放之姬讒同括景公殺之文子從莊姬於公宮有孝德以
出在公族爲公族大夫也有恭德以升在位在卿位也有武德以
羞爲正卿正卿上卿羞進也有溫德以成其名譽失趙氏之

典刑典常也刑法也而去其師保在公宮故無師保也基於其身以克復其所基始也始更脩之於身以能復其先也及景子長於公宮景子文子之子簡子之父趙成也從其王母在公宮未及教訓而嗣立矣亦能纂脩其身以受先業無謗於國順德以學子學教也擇言以教子擇師保以相子今吾子嗣位有文之典刑有景之教訓重之以師保加之以父兄同宗之父兄子皆疏之以及此難荀士之難夫尹鐸曰思樂而喜思難而懼人之道也委土可以為師保吾何為不增言見壘培可以戒懼足當師保何為不增是以脩之庶曰可以鑑而鳩趙宗乎鑑鏡也鳩安也若罰之是罰善也罰善必賞惡臣何望矣簡子說曰微

子吾幾不爲人矣微也無以免難之賞賞尹鐸免難之賞軍賞也言見戒而懼懼則有備是爲免難也初伯樂與尹鐸有怨伯樂正字無以其賞如伯樂氏如之也曰子免吾死敢不歸祿祿所得賞也辭曰吾爲主圖非爲子也怨若怨焉若如也怨自如故也

鐵之戰趙簡子曰鄭人擊我吾伏弢衉血鼓音不衰鐵衛地弢弓衣也晉中行寅、范吉射以朝歌畔齊鄭與之魯哀公二年齊人輸范氏粟鄭罕達駟弘送之范吉射逆之簡子禦之遇於戚遂戰於鐵鄭人擊簡子中肩斃于車中伏弢上猶能擊鼓面汙血曰衉今日之事莫我若也衛莊公爲右莊公衛靈公大子蒯聵也圖殺少君不成奔晉簡子許納之時爲簡子車右曰吾九上九下擊人盡殪殪死也九上九下車以救簡子今日之事莫我加也郵無正御無正王良御御簡子

也。曰吾兩鞁將絶，吾能止之。（鞁，靷也。能止馬，徐行故不絶。）今日之

事，我上之次也。（言大蒯聵。）駕而乘材，兩鞁皆絶。（乘，蹸也。材，横木也。）

衛莊公禱（禱，謂將戰時請福也。）曰：曾孫蒯聵以諄趙鞅之故，（諄，佐也。）

敢昭告于皇祖文王，（昭，明也。皇，大也。文王，康叔之父。）烈祖康叔，（烈，顯也。）

文祖襄公，（言文有文德也。襄公，蒯聵之祖父，靈公之考。）昭考靈公，（昭，明也。靈公，蒯聵之父。）

夷請無筋無骨，（夷，傷也。戰鬬不能無傷，無筋絶筋，無骨無折骨也。）無面傷，（傷於面也。）

無敗用，（用兵用也。）無隕懼，（隕，隕越也。）死不敢請。（言不敢請歸之神也。）簡子

曰：志父寄也。（志父，簡子之後名也。春秋書趙鞅入于晉陽以叛，後得反國，故改爲志父。寄，寄禱也。）

趙簡子田于螻，（螻，晉君之囿。）史黯聞之，以犬待于門。（史黯，晉大

夫史墨也，時爲簡子史。犬，田犬也。門，君囿門也。）簡子見之，曰：何爲？曰：吾有所得

大欲試之茲囿茲此也簡子曰何爲不告對曰君行臣不從不順言君從法臣從君也主將適螻而麓不聞麓主君苑囿之官也傳曰山林之木衡麓守之臣敢煩當日當日直日也言上將之君囿不煩麓以告君臣亦不敢煩主之直日以自白也簡子乃還

少室周爲趙簡子右少室周趙簡子臣之姓名也右戎右也聞牛談有力牛談簡子臣請與之戲戲角力也弗勝致右焉致右於談簡子許之使少室周爲宰宰家宰也曰知賢而讓可以訓矣

趙簡子歎曰吾願得范中行之良臣范吉射中行寅史黯侍曰將焉用之簡子曰良臣人之所願也又何問焉對曰臣以爲不良故也夫事君者諫過而賞善諫過匡救其惡

賞善將順其美薦可而替不薦進也替去也傳曰君所謂可而有不焉臣獻其不以成其可君所謂不而有可焉臣獻其可以去其不獻能而進賢擇才而薦之朝夕誦善敗而納之道之以文行之以順勸之以力致之以死死其難也聽則進不則退今范中行氏之臣不能匡相其君使至於難難謂為亂見逐伐君而敗見討伐也事在魯定公十三年君出在外以朝歌畔魯哀五年又奔齊又不能定而棄之則何良之為若弗棄則主焉得之夫二子之良將勤營其君使復立於外死而後止何日以來立於外有爵土於它國也若來乃非良臣也簡子曰善吾言實過矣

趙簡子問於壯馳茲壯馳茲晉大夫蓋吳人也曰東方之士孰為

瘉 瘉賢也 壯馳茲拜曰敢賀簡子曰未應吾問何賀對曰臣聞之國家之將興也君子自以爲不足其亡也若有餘今主任晉國之政而問及小人又求賢人吾是以賀

趙簡子歎曰雀入于海爲蛤雉入于淮爲蜃 小曰蛤大曰蜃皆介物蚌類也 黿鼉魚鼈莫不能化 化謂蛇成鼈黿石首成鵽之類也 唯人不能哀夫竇犨侍 竇犨晉大夫 曰臣聞之君子哀無人 人賢人也 不哀無賄哀無德不哀無寵哀名之不令不哀年之不登 登高也 夫中行范氏不恤庶難而欲擅晉國今其子孫將耕於齊宗廟之犧爲畎畝之勤 純色爲犧論二子皆

名族之後當爲祭主於宗廟今反放逐畎畝之中是亦人之化也人之化也何日之有

趙襄子使新穉穆子伐翟襄子晉正卿簡子之子無卹也新穉穆子晉大夫新穉狗也伐翟在春秋後勝左人中人左人中人翟二邑也遽人來告遽傳也襄子將食尋飯有恐色侍者曰狗之事大矣大謂勝二邑而主色不怡何也怡說也襄子曰吾聞之德不純純壹也而福祿竝至謂之幸夫幸非福德不能服必致寇故非福也非德不當雝當猶任也雝和也言唯有德者任以福祿爲和樂也雝不爲幸能和樂則不爲幸也吾是以懼

知宣子將以瑤爲後知宣子晉卿荀躒之子甲也瑤宣子之子襄子知伯也知果曰不如宵也知果晉大夫知氏之族也宵宣子之庶子也宣子曰宵也

很很很戾不從人對曰宵之很在面瑤之很在心心很敗國面很不害瑤之賢於人者五其不逮者一不仁也美鬢長大則賢鬢鬢髮類也射御足力則賢伎藝畢給則賢給足也巧文辯惠則賢巧文巧於文辭彊毅果敢則賢如是而甚不仁以其五賢陵人而以不仁行之其誰能待之待猶假也若果立瑤也知宗必滅弗聽知果別族于太史為輔氏太史掌氏姓及知氏之亡唯輔果在善其知人

知襄子為室美襄子知伯瑤也美麗好也士茁夕焉士茁知伯家臣夕夕往也知伯曰室美夫對曰美則美矣抑臣亦有懼也知伯曰何懼對曰臣以秉筆事君志有之曰高山峻原不

生草木志記也崄峭也原陸也言其高險不安故不生草木松柏之地其土不肥言上茂盛冬夏有蔭故土不肥今土木勝臣懼其不安人也言不兩興室成三年而知氏亡三年知伯與韓魏伐趙襄子圍晉陽而灌之城不浸者三版知伯行水魏桓子御韓康子驂乘知伯曰吾始知水可以亡人國也汾水可以灌安邑安邑魏也絳水可以灌平陽平陽韓也桓子肘康子康子履桓子之跗趙襄子夜使張孟私於韓魏韓魏與之合遂滅知伯而分其地在春秋後

還自衛三卿宴于藍臺還自衛知襄子伐鄭自衛還也三卿知襄子韓康子魏桓子藍臺地名也知襄子戲韓康子而侮段規康子韓宣子之曾孫莊子之子虎也段規魏桓子之相也知伯國聞之諫伯國晉大夫知氏之族曰主不備難必至矣曰難將由我我不爲難誰敢興之對曰

異於是言所聞與此異夫郤氏有車轅之難郤犨與長魚矯爭田執而梏之
與其父母妻子同一轅既矯變於厲公而滅三郤在魯成十七年趙有孟姬之讒趙趙
同趙括也孟姬趙文子之母莊姬也通於趙嬰兄同括放之孟姬懟怨譖之於景公景公殺之在魯成八
年欒有叔祁之愬欒欒盈也叔祁范宣子之女盈之母也與其老州賓通盈患之祁愬
之於宣子遂滅欒氏范中行有函治之難函治范皐夷之邑也皐夷無寵於范吉射
而欲爲亂於范氏中行寅與范氏相睦故皐夷謀逐二子卒滅之在魯定十三年皆主之所
知也夏書有之曰一人三失三失三失人也怨豈在明明著也
不見是圖不見未形也周書有之曰怨不在大或大而不爲怨亦
不在小禍難或起小怨夫君子能勤小物故無大患物事也今
主一宴而恥人之君相君康子相段規又弗備曰不敢興難

無乃不可乎夫誰不可喜而誰不可懼蜹蛾蠭蠆皆能害人況君相乎弗聽自是五年乃有晉陽之難自藍臺之後五年也叚規反首難而殺知伯于師言叚規首爲策作難反知伯者遂滅知氏

晉陽之圍知襄子圍趙襄子於晉陽也魯悼四年知瑤伐鄭恥襄子襄子怨之知瑤驕泰請地於趙趙弗與瑤帥韓魏攻趙襄子襄子保晉陽三家圍之在春秋後張談曰先主爲重器也爲國家之難也張談趙襄子之宰孟談也重器圭璧鍾鼎之屬盍姑無愛寶於諸侯乎欲令行賂以求助也襄子曰吾無使也張談曰地也可地趙襄子之臣襄子曰吾不幸有疾不夷於先子夷平也夷病也言己行有闕病不及先子也不德而賄言無德而以賄求助也夫地也[illegible]

飲吾欲言地求飲食我以情欲無忠諫也是養吾疾而干吾祿也養長也干求也吾不與皆斃皆俱也斃踣也襄子出曰吾何走乎從者曰長子近且城厚完長子晉別縣也襄子曰罷民力以完之又斃以守之其誰與我斃踣也誰與我誰與我同力也從者曰邯鄲之倉庫實邯鄲晉別縣也襄子曰浚民之膏澤以實之浚煎也讀若醮又因而殺之其誰與我其晉陽乎先主之所屬也先主簡子也謂無以尹鐸爲少晉陽爲遠必以爲歸尹鐸之所寬也民必和矣乃走晉陽晉師圍而灌之晉師三卿之師也灌引汾水以灌之沈竈產鼃民無畔意沈竈縣釜而炊也產鼃鼃生於竈也鼃蝦蟆也

晉語第十五

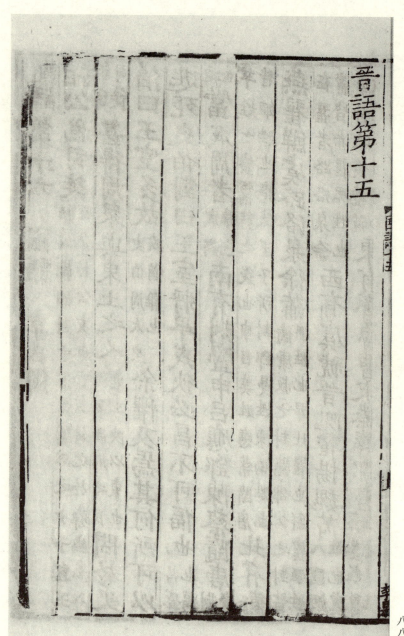

鄭語第十六　國語　韋氏解

桓公爲司徒桓公鄭始封之君周厲王之少子宣王之弟桓公友也宣王封之於鄭幽王八年爲司徒甚得周衆與東土之人周衆西周之民東土陝以東也問於史伯曰王室多故史伯周太史故猶難也余懼及焉其何所可以逃死史伯對曰王室將卑戎狄必昌不可偪也昌盛也偪迫也當成周者成周雒邑南有荊蠻申呂應鄧陳蔡隨唐荊蠻芊姓之蠻鬻熊之後也申呂姜姓應蔡隨唐皆姬姓也應武王子所封鄧曼姓陳嬀姓也北有衛燕翟鮮虞路洛泉徐蒲衛康叔之封燕邵公之封皆姬姓也翟北翟也鮮虞姬姓在翟者路洛泉徐蒲皆赤翟隗姓也西有虞虢晉隗霍楊魏芮八國姬姓也虞虞仲之後虢虢叔之後西虢也東有齊魯曹宋滕薛鄒莒齊姜姓魯曹滕皆姬

姓宋子姓薛任姓鄒曹是非王之支子母弟甥舅也
姓莒己姓東夷之國也
則皆蠻荆戎翟之人也王支子母弟姬姓是也甥舅異姓是也蠻荆楚也戎翟北
翟潞洛泉徐蒲是也戎或爲夷非親則頑不可入也親謂支子甥舅頑謂蠻夷戎翟
也其濟洛河潁之間乎言此四水之間可逃也謂左濟右洛前潁後河是其
子男之國虢鄶爲大是是四水也虢東虢虢仲之後姬姓也鄶妘姓也當幽王時於
子男此二國爲大虢叔恃勢鄶仲恃險此虢叔虢仲之後叔仲皆當時二國君之
字勢地勢阻固也險有險阨皆恃之而不脩德是皆有驕侈怠慢之心而加
之以貪冒君若以周難之故寄孥與賄焉不敢不許
妻子曰孥賄財也周亂而弊是驕而貪必將背君君若以成
周之衆奉辭伐罪無不克矣桓公甚得周衆奉直辭伐有罪故必勝也若

樂物生者也虞幕舜後虞思也協和也言能聽知和風因時順氣以成育萬物使之樂生者也周語曰瞽告有協風至王乃耕耤之類是也夏禹能單平水土以品處庶類者也單盡也庶衆也品高下之品也禹除水災使萬物高下各得其所商契能和合五教以保于百姓者也保養也五教父義母慈兄友弟恭子孝也魯語曰契爲司徒而民輯周棄能播殖百穀疏以衣食民人者也棄后稷也播布也殖長也百穀黍稷稻粱麻麥荏菽雕胡之屬疏草菜之可食者其後皆爲王公侯伯禹身王稷契在子孫公侯伯謂其後杞宋及幕後陳侯也祝融亦能昭顯天地之光明以生柔嘉材者也柔潤也嘉善也善材五穀材木也其後八姓於周未有侯伯八姓祝融之後八姓己董彭秃妘曹斟芈也侯伯諸侯之伯佐制物於前代者佐助也物事也前代夏殷也昆吾爲夏伯矣昆吾

祝融之孫陸終第一子名樊爲己姓封於昆吾昆吾衞是也其後夏衰昆吾爲夏伯遷于舊許傳曰楚之皇祖伯父昆吾舊許是宅大彭豕韋爲商伯矣大彭陸終第三子曰籛爲彭姓封于大彭謂之彭祖彭城是也豕韋彭姓之別封於豕韋者殷衰二國相繼爲商伯當周未有未有矦伯己姓昆吾蘇顧溫董五國皆昆吾之後別封者皆其後董姓鬷夷豢龍則夏滅之矣董姓己姓之別受氏爲國者有[illegible]叔安之裔子曰董父以擾龍鬷事帝舜賜姓曰董氏曰豢龍封之鬷川當夏之興別封鬷夷於孔甲前而滅矣傳曰孔甲不能食龍而未獲豢龍氏劉累學擾龍於豢龍氏以事孔甲彭姓彭祖豕韋諸稽則商滅之矣彭祖大彭也豕韋諸稽其後別封也大彭豕韋爲商伯其後世失道殷復興而滅之秃姓舟人則周滅之矣秃姓彭祖之別舟人國名妘姓鄔鄶路偪陽陸終第四子曰求言爲妘姓封於鄶鄶今新鄭也鄔路偪陽其後別封也曹姓鄒莒陸終第五子曰安爲

克二邑二邑虢鄶鄢蔽補丹依緊歷華君之土也言克虢鄶則此八邑皆可得也若前華後河右洛左濟華華國也主芣騩而食溱洧芣騩山名主爲之神王也孔子曰夫顓臾爲東蒙主食謂居其土食其水也脩典刑以守之唯是可以少固其後卒如史伯之言公曰南方不可乎南方當成周之南申鄧之閒對曰夫荆子熊嚴生子四人伯霜中雪叔熊季紃荆楚也熊嚴楚子鬻熊之後十四世也伯霜楚子熊霜季紃楚子熊紃也仲不立叔在濮耳叔逃難於濮而蠻季紃是立薳氏將起之禍又不克叔叔熊濮蠻邑薳氏楚大夫克能也熊霜之世叔熊逃奔濮而從蠻俗熊霜死國人立季紃薳氏將起叔熊立之又有禍難而不能立也是天啓之心也啓開也天開季紃故叔熊不得立有心字誤又甚聰明和協蓋其先王言季紃又聰明能和協其民臣之心

功德蓋其先王也臣聞之天之所啓十世不替替廢也夫其子
孫必光啓土不可偏也光大也且重黎之後也重黎官名楚語
曰顓頊乃命南正重司天北正黎司地言楚之先為此二官夫黎為高辛氏火正
高辛帝嚳也黎顓頊之後吳回也顓頊生老童老童生重黎及吳回吳回生陸終陸終產六子其季曰季
連為芊姓楚之祖也季連之後為鬻熊事周文王其曾孫熊繹當成王時封於荊蠻為楚子黎當高辛氏
為火正傳曰吳回為黎黎火正也以淳燿惇大天明地德光昭四海
故命之曰祝融其功大矣淳大也燿明也惇厚也言黎為火正能治其職以大
明厚大天明地德故命之為祝融祝始也融明也大明天明若歷象三辰也厚大地德若敬授民時也光
昭四海使上下有章也夫成天地之大功者其子孫未嘗不章
章顯也虞夏商周是也是成天地之功者虞幕能聽協風以成

曹姓封於鄶皆爲采衛皆妘曹也采采服去王城二千五百里衞衞服去王城三千里或在王室或在夷翟莫之數也或或六姓之後也在王室蘇子溫子也在夷翟莒偪陽也而又無令聞必不興矣斟姓無後斟姓曹姓之别也或云夏少康滅之非也傳有斟灌斟尋澆所滅非少康又皆夏同姓非此也融之興者其在芈姓乎芈姓蘷越不足命也蘷越芈姓之别國也楚熊繹六世孫曰熊摯有惡疾楚人廢之立其弟熊延摯自棄於蘷其子孫有功王命爲蘷子蠻芈蠻矣蠻芈謂叔熊在濮從蠻俗也唯荆實有昭德若周衰其必興矣昭明也姜嬴荆芈實與諸姬代相干也姜齊姓嬴秦姓芈楚姓代更也干犯也言其代彊更相犯間也姜伯夷之後也伯夷堯秩宗炎帝之後四岳之族也嬴伯翳之後也伯翳舜虞官少皞之後伯益也伯夷能禮於神以佐堯者也秩宗之官於周

爲宗伯漢爲太常掌國祭祀書曰典朕三禮謂天神人鬼地祇之禮伯翳能議百物以佐舜者也一曰物草木鳥獸也議使各得其宜其後皆不失祀而未有興者興謂爲侯伯也周衰其將至矣至於伯也公曰謝西之九州何如謝宣王之舅申伯之國也今在南陽謝西有九州一千五百家曰州何如問可居不對曰其民沓貪而忍不可因也沓黷也忍忍行不義因就也惟謝郟之閒閒謂郟南謝北虢鄶在焉郟後屬鄭鄭衰楚取之魯昭元年傳曰葬王於郟謂之郟敖是也其冢君侈驕冢大也其民怠沓其君而未及周德怠慢也忠信爲周言民慢黷其君而未及於忠信也若更君而周訓之是易取也更更其君道導之則易取也且可長用也長用久處也公曰周其弊乎弊敗也對曰殆於必弊者殆近也大誓曰民之所欲天必從之

大誓周書言民惡幽王猶惡紂欲令之亡天必從之也今王棄高明昭顯而好
讒慝暗昧言幽王也高明昭顯謂明德之臣暗昧幽暝不見光明之道也惡角犀豐
盈而近頑童窮固角犀謂顏角有伏犀豐盈謂頰輔豐滿皆賢明之相也頑童童昏嚚
陋也謂皆暗昧窮陋不識德義者去和而取同和謂可否以相濟同同欲也君子和而不
同夫和實生物同則不繼陰陽和而萬物生同同氣也以它平它
謂之和謂陰陽相生異味相和也故能豐長而物生之土氣和而物生之國
家和而民附之若以同裨同盡乃棄矣裨益也同者謂若以水益水盡乃棄之無
所成也故先王以土與金木水火雜以成百物雜合也成百物
謂若鑄冶煎亨之屬是以和五味以調口剛四支以衛體剛固也[illegible]
和六律以聰耳聽和則聰也正七體以役心役營也七[illegible]七竅也目[illegible]

心視耳爲心聽口爲心談鼻爲心芳也平八索以成人平正也八索謂八體以應八卦
也謂乾爲首坤爲腹震爲足巽爲股離爲目兌爲口坎爲耳艮爲手建九紀以立純德
建立也純純一不駮也九紀九藏也正藏五又有胃旁胱腸膽也紀所以經紀性命立純德也周禮曰
九藏之動賈唐云九紀九功也合十數以訓百體此所謂近取諸身遠取諸物賈唐云
十數自王以下位有十等王臣公公臣大夫大夫臣士士臣皁皁臣輿輿臣隸隸臣僚僚臣僕僕臣臺百
體百官各有體屬此合此十數之名以訓導百官之體也出千品具萬方百官官有徹品
十於王謂之千品五物之官陪屬萬位謂之萬方方道也計億事材兆物收經入
行姟極計筭也材裁也賈唐說皆以萬萬爲億鄭後司農云十萬曰億十億曰兆從古數也經常
也姟備也數極於姟萬萬曰姟自十等至千品萬方轉相生故有億事兆物王收其常入舉九姟之數也
故王者居九畡之田收經入以食兆民九畡九州之極數也楚[illegible]

日天子之田九畡以食兆民王取經入焉以食萬官周訓而能用之龢樂如一
忠信爲周訓教也言以忠信教導之其民龢樂如一室也夫如是龢之至也至極也
於是乎先王聘后於異姓同則不繼求財於有方使各以其方賄
來方之所無則不貢也擇臣取諫工而講以多物務和同也工官
也講校也多衆也物事也聲一無聽五聲雜然後可聽也物一無文五色雜然後成
文也味一無果五味合然後可食果美也物一不講講論校也王將棄是
類而與剸同類猶和也天奪之明欲無弊得乎夫虢石父
讒諂巧從之人也而立以爲卿士與剸同也石父虢君之名
也巧從巧於媚從也棄聘后而立內妾好窮固也聘后申后內妾褒姒侏
儒戚施寔御在側近頑童也侏儒戚施皆優笑之人御侍也周法不

昭而婦言是行用讒慝也不建立卿士而妖試幸措行暗昧也試用也措置也不建立有德以爲卿士而妖嬖之臣用之於位使幸之人置之於側也是物也不可以久且宣王之時有童謠宣王幽王之父曰檿弧箕服實亡周國山桑曰檿弧弓也箕木名服矢房也於是宣王聞之有夫婦鬻是器者鬻賣也王使執而戮之戮之於路府之小妾生女而非王子也懼而棄之府王內之府藏也此人也收以奔褒此人賣弧服者收取也褒人有獄而以爲入褒人褒君姁也獄罪也入進之於王天之命此久矣其又可爲乎爲治也訓語有之訓語周書曰夏之衰也褒人之神化爲二龍以同于王庭褒人褒君共處曰同而言曰余褒之二君也二先君也夏后卜殺

之與去之與止之莫吉止留也卜請其漦而藏之吉漦龍所吐沫龍之精氣也乃布幣焉而策告之布陳也幣玉帛也陳其玉帛以簡策之書告龍而請其漦龍亡而漦在櫝而藏之櫝匵也傳郊之傳祭於郊及殷周莫之發也及厲王之末發而觀之末末年流彘之歲也漦流於庭不可除也言流於庭前謂取而發之也王使婦人不幃而譟之裳正幅曰幃譟讙呼也化爲玄黿以入于王府黿或爲蚖蚖蜥蜴也象龍府之童妾未既齔而遭之既盡也遭遇也毀齒曰齔未盡齔毀未畢也女七歲而毀齒既筓而孕孕任身也女十五而筓當宣王而生厲王流彘共和十四年死十五年宣王立立四十六年幽王在位十一年而滅不夫而育育生也故懼而棄之爲弧服者方戮在路夫婦哀其夜號也而取

之以逸逃於褒逸亡也褒人褒姁有獄而以爲入于王
褒姁褒君也王遂置之置赦褒姁而嬖是女也使至於爲后而生
伯服以邪僻取愛曰嬖使至有漸之言也天之生此久矣其爲毒也大
矣將俟淫德而加之焉加遺也遺以褒姒也毒之酋腊者其殺
也滋速精孰爲酋腊極也滋益也申繒西戎方强申姜姓幽王前后太子宜咎之
舅也繒姒姓申之與國也西戎亦黨于申周衰故戎翟彊也王室方騷騷擾也將以
縱欲不亦難乎王欲殺太子以成伯服必求之申太子
將奔申申人弗畀必伐之畀與也若伐申而繒與西戎會
以伐周周不守矣言幽王無道無與共守者繒與西戎方將德申
申脩德于二國二國亦欲助正徼其後福申呂方彊呂申同姓其隩愛太子亦

必可知也隩隱也王師若在在在申也其救之亦必然矣王
心怒矣虢公從矣言石父在亦從王而怒凡周存亡不三稔矣
稔年也君若欲避其難速規所矣時至而求用恐無及
也時難也用備也公曰若周衰諸姬其孰興對曰臣聞之武
實昭文之功武武王文文王也文之胙盡武其嗣乎文王子孫魯衛
是也胙盡謂衰也嗣繼也武王子孫當繼之而興武王之子應韓不在三君云不
在時已亡也昭謂若已亡無宜說也近宣王時命韓矦爲矦伯其後爲晉所滅以爲邑以賜桓叔之子萬
是爲韓萬則其亡平王時也應則存焉上史伯云南有應鄧是也不在言不在應韓當在晉也其在
晉乎距險而鄰於小距距守之地險也小小國謂虞虢霍楊韓魏芮之屬若加
之以德可以大啓國既險固若增之以德可以大開土宇後魯閔元年晉滅魏霍僖五

年滅號也虞公曰姜嬴其孰興對曰夫國大而有德者近興秦仲齊侯姜嬴之儁也且大其將興乎秦仲嬴姓附庸秦公伯之子爲宣王大夫詩序云秦仲始大齊侯齊莊公姜姓之有德者此二人爲姜嬴之儁且國大故近興也公說乃東寄帑與賄號鄶受之十邑皆有寄地十邑謂號鄶鄔蔽補丹依㽥歷華也後桓公之子武公竟取十邑之地而居之今河南新鄭是也賈侍中云寄地猶寄止也幽王八年而桓公爲司徒即位八年九年而王室始騷騷謂適庶交爭亂虐滋甚也十一年而斃幽王伐申申繒召西戎以伐周殺幽王於麗山戲水桓公死之及平王末而秦晉齊楚代興代更也平王即位五十一年秦景襄於是乎取周土景當爲莊莊公秦仲之子襄公之父取周土謂莊公有功於周周賜之土也及平王東遷襄公佐之故得西周豐鎬之地始命爲諸侯三君皆云秦景公

宣王季年伐西戎破之遂有其地昭謂幽王爲西戎所殺故史伯云申繒西戎方彊至平王時秦襄公猶征伐之故詩序云襄公備其兵甲以討西戎西戎方彊而征伐不休是也又景公乃襄公十世之孫而云宣王時破之遂有其地誤矣

晉文侯於是乎定天子文侯文侯仇也定謂迎平王定於雒邑齊莊僖於是乎小伯莊齊太公後十二世莊公購也僖莊公之子祿父也小伯小主諸侯盟會楚蚡冒於是乎始啓濮蚡冒楚季紃之孫若敖之子熊率濮南蠻之國叔熊避難處也

鄭語第十六

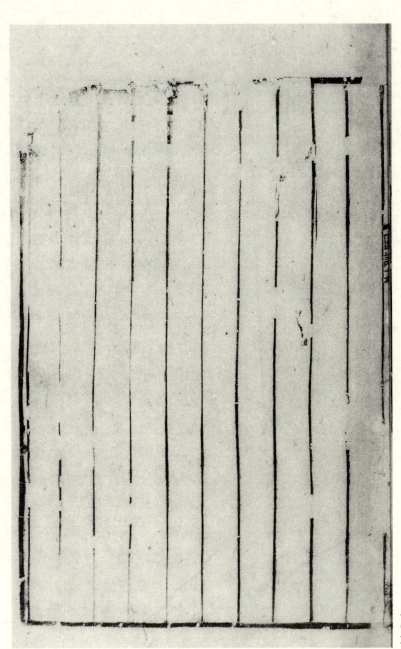

楚語上第十七　國語　韋氏解

莊王使士亹傅太子葴莊王楚成王之孫穆王之子謚也士亹楚大夫葴恭王名辭曰臣不材無能益焉王曰賴子之善善之也賴恃也對曰夫善在太子太子欲善善人將至若不欲善善則不用故堯有丹朱朱堯子封於丹舜有商均均舜子封於商啓有五觀啓禹子也五觀啓子太康昆弟也觀洛汭之地書序曰太康失國昆弟五人須于洛汭傳曰夏有觀扈湯有太甲太甲湯孫太丁之子不遵湯法伊尹不能正放之於桐文王有管蔡管蔡文王子周公兄也是五王者皆元德也而有姦子夫豈不欲其善不能故也若民煩可教訓煩亂也蠻夷戎狄其不賓也久矣賓服也中國所不能用也王卒使傅

之問於申叔時叔時楚賢大夫申公也叔時曰教之春秋而爲之聳善而抑惡焉以戒勸其心以天時紀人事謂之春秋聳奬也抑貶也教之世而爲之昭明德而廢幽昏焉世先王之世繫也昭顯也幽闇也昏亂也爲之陳有明德者世顯而闇亂者世廢也以休懼其動休嘉也動行也使之嘉顯而懼廢也教之詩而爲之道廣顯德以耀明其志道開也顯德謂若成湯文武周召僖公之屬詩所美者教之禮使知上下之則則法也教之樂以疏其穢而鎭其浮疏滌也樂者所以移風易俗盪滌人之邪穢也鎭重也浮輕也教之令使訪物官令先王之官法時令也訪議也物事也使議知百官之事業教之語使明其德而知先王之務用明德於民也語治國之善語教之故志使知廢興者而戒懼焉故志謂所記前世成

敗之書教之訓典使知族類行比義焉訓典五帝之書也族類謂若惇敘九族比義義之與比也若是而不從不見從也動而不悛悛改也則文詠物以行之文文詞也詠風也謂以文詞風託事物以動行之求賢良以翼之翼輔也悛而不攝則身勤之攝固也勤勤身以勖勉也多訓典刑以納之刑法也務慎惇篤以固之攝而不徹徹通也則明施舍以道之忠施已所欲原心舍過謂之忠恕明久長以道之信有信然後可長人明度量以道之義義宜也言度量所宜也明等級以道之禮等級貴賤之品明恭儉以道之孝恭儉所以事親明敬戒以道之事敬戒於事則無敗功明慈愛以道之仁明昭利以道之文昭明也明利言利人及物明除害以道之武除害去暴亂也明精意以道

之罰明盡精意斷之以情明正德以道之賞正德謂不私所愛也明齊肅
以耀之臨齊壹也肅敬也耀明也臨臨事也若是而不濟不可爲也
濟成也爲爲師傅也且夫誦詩以輔相之威儀以先後之體皃
以左右之明行以宣翼之宣徧也制節義以動行之恭
敬以臨監之勤勉以勸之孝順以納之忠信以發之
德音以揚之教備而不從者非人也其可與乎與猶成也
夫子踐位則退夫子太子退退謙退也自退則敬自退則見敬也不則赧
赧懼也不自退則恒憂懼
恭王有疾恭王太子蔵也疾在魯襄十三年召大夫曰不穀不德失
先君之業業伯業也覆楚國之師不穀之辠也覆敗也謂鄢陵之戰

為晉所敗若得保其首領以沒保首領免刑誅也唯是春秋所以從先君者請為靈若厲亂而不損曰靈殺戮不辜曰厲言春秋禘祫當以主謚序昭穆從先君於廟堂也大夫許諾王卒及葬子囊議謚子囊恭王弟令尹公子貞大夫曰君王有命矣子囊曰不可夫事君者先其善不從其過先其善先舉君之善事以為稱不從其過行也赫赫楚國而君臨之赫赫顯盛也撫征南海訓及諸夏其寵大矣撫安也征正也南海羣蠻也訓教也寵榮也教及諸夏謂主盟會領號令也有是寵也而知其過可不謂恭乎謚法既過能改曰恭若先君善先其善事則請為恭大夫從之

屈到嗜芰屈到楚卿屈蕩子子夕也芰蔆也有疾召其宗老而屬之

家臣曰老宗老爲宗人者曰祭我必以芰及祥祥祭也宗老將薦芰屈建命去之建屈到之子子木也宗老曰夫子屬之夫子屈到也子木曰不然夫子承楚國之政承奉也其法刑在民心而藏在王府上之可以比先王下之可以訓後世雖微楚國諸侯莫不譽微無也雖使無楚國之稱諸侯猶皆譽之以爲善也其祭典有之曰國君有牛享諸侯以太牢也大夫有羊饋羊饋少牢也士有豚犬之奠士以特牲庶人有魚炙之薦庶人祀以魚籩豆脯醢則上下共之共之以多少爲差也不羞珍異不陳庶侈著進也庶衆也侈猶多也夫子不以其私欲干國之典遂不用子犯也

湫舉娶於申公子牟湫舉楚大夫伍參之子伍奢之父伍舉也子牟申公王子牟也

子牟有辠而亡亡奔也康王以湫舉爲遣之康王恭王之子康王
昭也湫舉奔鄭將遂奔晉鄭小而近故欲奔晉蔡聲子將如晉蔡聲
子蔡公孫歸生子家也唐云楚滅蔡蔡聲子爲楚大夫昭謂蔡時尚存聲子通使於晉楚耳在魯襄二十
六年遇之於鄭郊饗之以璧侑饗食也璧侑以璧侑食曰子尚良
食尚猶彈也良善也二先子其皆相子相助也二先子謂湫舉之父伍參聲子之
父子朝也傳曰楚伍參與蔡大師子朝友其子伍舉與聲子相善尚能事晉君以爲
諸侯主王盟主也辭曰非所願也若得歸骨於楚死且不
朽自謂不朽聲子曰子尚良食吾歸子使子得歸湫舉降三拜
拜善言也納其乘馬聲子受之四馬曰乘受而不辭定其心也還見令尹
子木子木屈建也傳曰聲子通使於晉還如楚子木與之語曰子雖兄弟

於晉然蔡吾甥也（蔡晉同姓謂吾舅者吾謂之甥）二國孰賢對曰晉卿不若楚（順說之辭也時趙武爲晉正卿不及子木之忠然而有德）其大夫則賢（賢於楚大夫也）其大夫皆卿才也若杞梓皮革焉楚實遺之（杞梓良材也皮革犀兕也）雖楚有材不能用也子木曰彼有公族甥舅若之何其遺之材也對曰昔令尹子元之難（子元楚武王子文王弟王子善也欲蠱文夫人遂處王宮鬬班殺之在魯莊二十八年及三十年）或譖王孫啓於成王（啓子元子也成王文王子也或譖啓與父同皋）王弗是也（是理）王孫啓奔晉晉人用之及城濮之役晉將遁矣（晉楚戰於城濮在魯僖二十八年遁逃退也）王孫啓與於軍事謂先軫（先軫晉中軍帥）曰是師也唯子玉欲之（子玉楚令尹得臣也）與王心違（主不欲戰子玉

固請王怒少與之師故唯東宮與西廣實來東宮西廣楚軍營名諸侯之
從者畔者半矣畔舍子王也若敖氏離矣若敖氏子王同族離謂不欲戰
也楚師必敗何故去之先軫從之大敗楚師則王孫
啓之爲也昔莊王方弱方弱未二十申公子儀父爲師儀父
申公鬬班之子大司馬鬬克也王子燮爲傅燮楚公子使師崇子孔帥師
以伐舒師崇楚大師潘崇也子孔楚令尹成嘉也舒羣舒也燮及儀父施二帥
而分其室施皋於二帥二帥潘崇子孔也室家資也師還至則以王如廬
師子孔潘崇之師也二子懼故以王如廬廬楚邑也傳曰初鬬克因于秦秦有殺之敗而使歸求成成而
不得志公子燮求令尹不得故作亂城郢而使賊殺子孔弗克而還廬戢黎殺二子而
復王戢黎廬大夫也二子燮及儀父也或譖析公臣於王析公臣楚大夫也或

（譖之言與知二子之亂）王弗是，析公奔晉，晉人用之，實讒敗楚，使不規東夏，則析公之爲也。（規猶有也。東夏，蔡、沈也。傳曰：繞角之役，晉將遁矣，析公曰：楚師輕窕，易震蕩也，若多鼓鈞聲以夜軍之，楚師必遁。晉人從之，楚師宵潰。晉遂侵蔡，襲沈，獲其君，鄭於是不敢南面，楚失諸華。繞角之役在魯成六年。）昔雝子之父兄譖雝子於恭王，（雝子，楚大夫。父兄，同宗之父兄也。）王弗是，雝子奔晉，晉人用之。及鄢之役，晉將遁矣，（鄢，鄢陵也。在魯成十六年。）雍子與於軍事，謂欒書曰：楚師可料也，（欒書，晉正卿。料，數也。）在中軍王族而已。（唐云：族，親族，同姓也。昭謂：族，部屬也。傳曰：欒、范以其族夾公行。時二子將中軍，中軍非二子之親也。）若易中下，楚必歆之。（中下，中軍之下也。歆猶貪也。易欒、范之行，示之弱以誘楚也。傳曰：欒、范易行以誘之。鄭司農以爲易行，中軍與上下軍易卒伍也。中軍之卒良，故易之。）

若合而函吾中合合戰也函入也中中軍也吾上下必敗其左右晉上下軍必敗楚之左右軍也則三萃以攻其王族必大敗之萃集也時晉有四軍言三集者中軍先入而上下及新軍乃三集以攻之欒書從之大敗楚師王親面傷則雖子之爲也王楚恭王也面傷謂呂錡射其目昔陳公子夏爲御叔取於鄭穆公公子夏陳宣公之子御叔之父也爲御叔取鄭穆公少妃姚子之女夏姬也生子南子南之母亂陳而亡之子南夏徵舒之字也御叔蚤死陳靈公與孔寧儀行父淫夏姬徵舒殺靈公楚莊王以諸侯討之而滅陳使子南戮於諸侯言爲諸侯所戮在魯宣十一年莊王既以夏氏之室賜申公巫臣則又畀之子反卒於襄老畀予也巫臣楚申公屈巫子靈也子反司馬公子側也襄老楚連尹也初莊王欲納夏姬巫臣諫王曰不可君召諸侯以討辠也今納夏姬貪

徐文

其色也貪色爲淫淫爲大罰王乃止將以賜巫臣則又與子反子反欲取之巫臣又難之卒以與襄老

襄老獲於邲二子爭之未有成晉楚戰於邲在魯宣十二年晉知莊子射襄老獲之以其尸歸二子子反巫臣也爭爭夏姬成定也恭王使巫臣聘於齊以夏姬行巫臣導夏姬使歸託以求襄老之尸恭王遣焉巫臣聘諸鄭鄭伯許之及使適齊至鄭遂以·夏姬行遂奔晉晉人用之實通吳晉使其子狐庸爲行人於吳子反殺巫臣之族巫臣在晉請使於吳吳子壽夢說之乃通吳于晉使其子爲吳行人而教之射御道之伐楚至于今爲患則申公巫臣之爲也今湫舉取於王子牟子牟得罪而亡執政弗是執政卿也謂湫舉曰女實遣之彼懼而奔鄭緬然引領南望緬猶邈也領頸也曰庶幾赦吾罪又弗圖也乃遂奔晉晉

人又用之矣彼若謀楚其亦必有豐敗也哉（豐大也）子木愀然（愀愁皃）曰夫子何如召之其來乎對曰亡人得生又何不來為子木曰不來則若之何對曰夫子不居矣（不居言當奉命於它國）春秋相事以還軫於諸侯（軫車後橫木也言四時相聘問之事同車於諸侯也）若資東陽之盜使殺之其可乎（資賂也東陽楚北邑）不然不來矣子木曰不可我為楚卿而賂盜以賊一夫於晉非義也子為我召之吾倍其室（倍其室益其家也）乃使湫鳴召其父而復之

靈王為章華之臺（靈王楚恭王之庶子靈王熊虔也章華地名吳語曰乃築臺於章華之上）與伍舉升焉曰臺美夫（伍舉湫舉也湫邑也）對曰臣聞國君

服寵以爲美服寵謂以賢受寵服是爲美也安民以爲樂以能安民爲樂聽德以爲聰聽用有德也致遠以爲明能致遠人也不聞其以土木之崇高彤鏤爲美彤謂丹楹鏤謂刻桷而以金石匏竹之昌大囂庶爲樂金鐘也石磬也匏笙也竹簫管也昌盛也囂華也庶衆也不聞其以觀大視侈淫色以爲明而以察清濁爲聰也察審也清濁音羽也先君莊王爲匏居之臺匏居臺名高不過望國氛氛祲氣也大不過容宴豆言宴有折俎籩豆之陳木不妨守備不妨城郭守備之材用不煩官府財用不出府藏民不廢時務官不易朝常問誰宴焉則宋公鄭伯言二國朝事楚問誰相禮則華元駟騑相相導也華元宋卿華御事之子右師元也騑鄭穆公之子子駟也問誰贊事則陳侯蔡

侯許男頓子贊佐也其大夫侍之各侍其君先君是以除亂
克敵而無惡於諸侯今君爲此臺也國民罷焉財用
盡焉年穀敗焉敗廢民之時務百官煩焉爲之徵發舉國留之留治之
數年乃成願得諸侯與始升焉諸侯皆距無有至
者而後使太宰啓疆請於魯侯啓疆楚卿薳子也魯侯昭公也事在昭七年
懼之以蜀之役蜀魯地魯宣公使求好於楚楚莊王卒宣公薨不克作好至成公即位受盟於晉楚子怒使公子嬰齊帥師侵魯至蜀魯人懼使孟孫賂楚以請盟在魯成二年而僅
得以來僅猶劣也使富都那豎贊焉富富於容皃都閑也那美也豎未冠者也
言取美好不尚德也而使長鬣之士相焉長鬣美須顧也臣不知其美
也夫美也者上下外內小大遠邇皆無害焉故曰美

若於目觀則美於目則美德則不也縮於財用則匱縮取也是聚
民利以自封而瘠民也胡美之爲封厚也胡何也何以爲美夫君
國者將民之與處民實瘠矣君安得肥安得獨肥言將有患且
夫私欲弘侈則德義鮮少德義不行則邇者騷離而
遠者距違騷愁也離畔也邇境內遠鄰國也天子之貴也唯其以公
侯爲官正正長也而以伯子男爲師旅帥師旅也其有美名
也唯其施令德於遠近而小大安之也若斂民利以
成其私欲使民蒿焉忘其安樂而有遠心蒿耗也遠心畔離也
其爲惡也甚矣安用目觀故先王之爲臺榭也積土曰臺
無室曰榭榭不過講軍實講習也軍實戎士也臺不過望氛祥四氣爲氛

吉氣為祥故榭度於大卒之居大卒王士卒也度謂足以臨見之臺度於臨觀之高足以臨下觀上使屋榭不蔽目明而已其所不奪穡地稼穡之地其為不匱財用為作也其事不煩官業業事也其日不廢時務以農隙也瘠磽之地於是乎為之不害穀土也磽确也城守之木於是乎用之城守之餘然後用之官寮之暇於是乎臨之暇閒也四時之隙於是乎成之隙空閒時也故周詩曰經始靈臺經謂經度之立其基址也天子曰靈臺經之營之庶民攻之不日成之攻治也不日不程課以時日也經始勿亟庶民子來亟疾也子來如子為父也王在靈囿麀鹿攸伏囿域也麀牝鹿也攸所也視牝鹿所伏息愛牸任之類也夫為臺榭將以教民利也臺所以望氛祥而備災害榭所以講軍實而禦寇亂皆所

以利民也不知其以匱之也知聞也若君謂此臺美而爲之正以爲得事之正楚其殆矣殆危也靈王城陳蔡不羮三國楚別都也魯昭八年楚滅陳使穿封戌爲陳公十一年滅蔡使公子棄疾爲蔡公今潁川定陵有東不羮城襄城有西不羮亭使僕夫子晳問於范無宇子晳楚大夫僕晳父也范無宇楚大夫芊尹申無宇也曰吾不服諸夏而獨事晉何也不服心不服也唯晉近我遠也今吾城三國賦皆千乘亦當晉矣禮地方十里爲成出長轂一乘馬四匹牛十二頭步卒七十二人甲士三人三國各千乘其地三千成也又加之以楚諸侯其來乎對曰其在志也國爲大城未有利者志記也言在書籍所記國作大城未有利者昔鄭有京櫟京嚴公弟叔段之邑櫟鄭子元之邑魯桓十五年鄭厲公因櫟人殺檀伯而遂

居櫟檀伯子元也 衛有蒲戚 蒲甯殖之邑戚孫林父之邑 宋有蕭蒙 蕭蒙宋公子鮑之邑 魯有弁費 弁費季氏之邑 齊有渠丘 渠丘齊大夫雝廩之邑 晉有曲沃 曲沃欒盈之邑 秦有徵衙 徵衙秦桓公之子景公之弟公子鍼之邑 叔段以京患嚴公 鄭幾不封 叔段圖篡嚴公不克出奔在魯隱元年封國也 櫟人實使鄭子不得其位 魯嚴公十四年厲公自櫟侵鄭獲大夫傅瑕與之盟而赦之使殺鄭子而納厲公鄭子嚴公子子儀也 衛蒲戚實出獻公 甯殖孫林父逐衛獻公獻公奔齊在魯襄十四年 宋蕭蒙實殺昭公 昭公兄鮑殺昭公而立在魯文十六年 魯弁費實弱襄公 襄公十年季武子卑公室作三軍而自征之二十九年又取弁以自子 齊渠丘實殺無知 魯嚴公八年無知殺襄公而立九年雝廩殺之 晉曲沃實納齊師 欒盈奔齊齊嚴公納之盈以曲沃之甲晝入爲賊於絳在魯襄二十三年 秦徵衙

實難桓景公子鍼有寵於栢如二君於景難謂侵逼也魯昭元年鍼奔晉其車千乘皆志於諸侯此其不利者也皆見記録於諸侯且夫制城邑若體性焉有首領股肱至于手拇毛脉拇大指也毛須髪也大能掉小故變而不勤掉作也變動也勤勞也地有高下天有晦明民有君臣國有都鄙古之制也先王懼其不帥帥循也故制之以義旌之以服行之以禮謂名位不同禮亦異數辨之以名名號也書之以文書其名位及其所掌主道之以言既其失也易物之由易物易其尊卑服物之宜也夫邊境者國之尾也譬之如牛馬處暑之既至處暑在七月節處止也䖟䗬之既多而不能掉其尾臣亦懼之大曰䖟小曰䗬不能掉尾益重也以言三國亦將然也不

然是三城也豈不使諸侯之心惕惕焉惕惕懼也子皙復命王曰是知天咫安知民則咫言少也言少知天道耳何知治民之法是言誕也誕虛也右尹子革侍子革楚大夫字故鄭大夫子然之子然丹也曰民天之生也知天必知民矣是其言可以懼哉三年陳蔡及不羹人納棄疾而殺靈王城後二年也在魯昭十三年棄疾恭王之子靈王之弟平王也靈王為無道棄疾入國為亂三軍畔之於乾谿王自殺言殺者王之死由三國也左史倚相廷見申公子亹倚相楚左史也子亹楚申公史老也廷見於廷見之子亹不出左史謗之舉伯以告舉伯楚大夫也子亹怒而出曰女無亦謂我老耄而舍我而又謗我八十曰耄舍棄也左史曰唯子老耄故欲見以交儆子交交也若子方壯能

經營百事倚相將奔走承序承受事業次序也於是不給而
何暇得見給供也昔衛武公年數九十有五矣武公衛僖公之
子共伯之弟武公和也猶箴儆於國箴刺也儆戒也曰自卿以下至于
師長士師長大夫士衆士也苟在朝者無謂我老耄而舍我舍謂
不諫戒也必恭恪於朝朝夕以交戒我聞一二之言必誦
志而納之以訓道我言謗譽之言也志記也在輿有旅賁之規
規規諫也旅賁勇力之士掌執戈楯夾車而趨車止則持輪位宁有官師之典中庭
之左右謂之位門屏之閒謂之宁師長也典常也倚几有誦訓之諫誦訓工師所誦
之諫書之於几也居寢有褻御之箴褻近也臨事有瞽史之道
事戎祀也瞽樂太師掌詔吉凶史太史也掌詔禮事宴居有師工之誦師樂師工瞽矇

也誦謂箴諫也史不失書矇不失誦以訓御之御進也於是乎作懿戒以自儆也三君云懿戒書也昭謂懿詩大疋抑之篇也懿讀曰抑毛詩敘曰抑衞武公刺厲王亦以自儆也及其沒也謂之睿聖武公睿明也書曰睿作聖謚法威強睿德曰武子實不睿聖於倚相何害害傷也周書曰文王至于日中昃不皇暇食日昳曰昃易曰日中則昃惠于小民唯政之恭文王猶不敢憍今子老楚國而欲自安也老老恃楚國也以禦數者王將何爲禦止也數者謂箴戒誹謗也爲人臣尚如此王將復何爲若常如此楚其難哉難以爲治子亹懼曰老之過也老子亹名也乃驟見左史

靈王虐白公子張驟諫子張楚大夫白公也王患之謂史老曰

吾欲已子張之諫若何（史老子亹已止也）對曰用之實難已之易矣若諫君則曰余左執鬼中右執殤宮（中身也禮曰其中退然夭死曰殤殤宮殤之居也執謂把其録籍制服其身知其居處若今世云能使殤也）凡百箴諫吾盡聞之矣寧聞它言（不欲聞諱也）白公又諫王如史老之言對曰昔殷武丁能聳其德至于神明（武丁高宗也聳敬也至通明也通于神明謂夢見傅說）以入于河（遷于河內）自河徂亳（從河內往都亳也）於是乎三年默以思道（默諒闇也思道思君人之道也書曰高宗諒闇三年不言乃雝）卿士患之（患其不言）曰王言以出令也若不言是無所稟令也（令命也稟受也）武丁於是作書（以書解卿士也賈唐云書說命也昭曰非也其時未得傅說）曰以余正四方余恐德之

不類茲故不言類善也茲此也如是而又使以象夢求四方之賢聖思賢而夢見之識其容狀故作其象而使求之得傅說以來升以爲公公上公也書序曰高宗夢得說使百工營求諸野得之傅巖作說命而使朝夕規諫曰若金用女作礪使磨礪己也若津水用女作舟喻遭津水若天旱用女作霖雨天旱自比苗稼也三日以上爲霖啓乃心沃朕心啓開也以賢者之心比霖雨也若藥不瞑眩厥疾不瘳以藥諭忠言也瞑眩頓亂攻己急也瘳愈也若跣不視地厥足用傷以失道比徒跣而不視地必傷也若武丁之神明也通於神明其聖之叡廣也其知之不疚也猶自謂未乂乂治也故三年默以思道既得道猶不敢專制使以象旁求聖人既得以爲輔又恐其荒失

遺忘故使朝夕規誨箴諫曰必交脩余無余棄也今君或者未及武丁而惡規諫者不亦難乎（難以保國）齊桓晉文皆非嗣也（非嫡嗣也）還軫諸侯不敢淫逸（還軫謂出奔也）心類德音以得有國（類善也）近臣諫遠臣謗輿人誦以自誥也（輿衆也誦誦善敗也誥告也）是以其入也四封不備一同（備滿也地方百里曰同方欲美之故尤小焉）而至於有畿田（方千里曰畿）以屬諸侯（屬會也）至于今爲令君桓文皆然君不度憂於二令君而欲自逸也無乃不可乎周詩有之曰弗躬弗親庶民弗信（言爲政不躬親之則衆民不信也）臣懼民之不信君也故不敢不言不然何急其以言取辠也王病之曰子復

語病不能然故復使語不穀雖不能用吾憖寘之於耳憖猶願也寘置也對曰賴君之用也故言賴恃也不然巴浦之犀犛兕象其可盡乎其又以規為瑱也犛犛牛也規諫也瑱所以塞耳也言四獸之牙角可以為瑱難盡也而又以規諫為之乎今象出徼外其三獸則荆交有焉巴浦地名或曰巴郡浦合浦遂趨而退歸杜門不出七月乃有乾谿之亂靈王死之乾谿楚東地也

司馬子期欲以其妾為內子子期楚平王之子子西之弟公子結也為大司馬卿之適妻曰內子訪之左史倚相曰吾有妾而愿欲笄之其可乎愿愨也笄內子首服衡笄也對曰昔先大夫子囊違王之命謚違厲以為恭子夕嗜芰子木有羊饋而無芰薦子木違父命以

羊饋易芰薦君子曰違而道違命合道穀陽豎愛子反之勞也

而獻飲焉以斃於鄢穀陽豎子反之內豎也斃踣也魯成十六年晉楚戰於鄢陵楚

師敗恭王傷目明日將復戰王召子反穀陽豎獻飲於子反子反醉不能見王王曰天敗楚也乃宵遁子反

自殺芋尹申亥從靈王之欲以隕於乾谿芋尹申亥申無宇之子也

乾谿之役申亥曰吾父再奸王命王不誅惠孰大焉乃求王遇諸棘闈以王歸王縊申亥以其二女殉而

葬之君子曰從而逆從從欲也君子之行欲其道也欲得其道故

進退周旋唯道之從夫子木能違若敖之欲若敖子夕以

之道而去芰薦吾子經楚國經經緯也而欲薦芰以干之

干犯也以妾爲妻猶以芰當祭也其可乎子期乃止

楚語上第十七

楚語下第十八　國語　韋氏解

昭王問於觀射父昭王楚平王之子昭王熊軫也觀射父楚大夫也曰周書所謂重黎實使天地不通者何也周書謂周穆王之相甫侯所作呂刑也重黎顓頊掌天地之臣也呂刑曰乃命重黎絕地天通謂少皞之末民神雜糅不可方物顓頊受之乃命南正重司天以屬神火正黎司地以屬民謂絕地與天相通之道也若無然民將能登天乎若重黎不絕天地民豈能上天乎對曰非此之謂也古者民神不雜雜會也謂司民司神之官各異民之精爽不攜貳者而又能齊肅衷正爽明也攜離也貳二也齊一也肅敬也衷中也其知能上下比義義宜也其聖能光遠宣朗聖通也朗明也其明能光照之其聰能聽徹之徹達也如是則明神降之降下也在男曰覡在

女曰巫巫覡見鬼者周禮男亦曰巫是使制神之處位次主處居也位
祭位也次主次其尊卑先後也而爲之牲器時服牲牲之毛色小大也器所當用也時
服四時服色所宜也而後使先聖之後之有光烈烈明也而能知
山川之號號名位也高祖之主高祖廟之先也宗廟之事昭穆之
世父昭子穆先後之次也春秋躋僖公謂之逆祀齊敬之勤齊莊也禮節之宜
威儀之則容皃之崇崇飾也忠信之質質誠也禋潔之服
潔祀曰禋而敬恭明神者以爲之祝祝太祝也掌祈福祥使名姓之
後能知四時之生名姓謂舊族若伯夷炎帝之後爲堯秩宗生嘉穀韭卵之屬犧
牲之物玉帛之類采服之儀彝器之量彝六彝器俎豆量大小也
次主之度跡數之度屏攝之位周氏云屏者并攝主人之位昭謂屏屏風也攝形如

（今要扇皆所以分別尊卑爲祭祀之位近漢亦然）壇場之所（除地曰場）上下之神氏姓之出（所自出也）而心率舊典者爲之宗（宗宗伯也掌祭祀之禮）於是乎有天地神民類物之官謂之五官（類物謂別善惡利器用之官）各司其序不相亂也民是以能有忠信神是以能有明德（明德謂降福祥不爲灾孽也）民神異業（業事也）敬而不瀆故神降之嘉生（嘉生善物也）民以物享禍灾不至求用不匱及少皥之衰也九黎亂德（少皥黄帝之子金天氏也九黎黎氏九人也）民神雜糅不可方物（同位故雜糅方猶別也物名也）夫人作享家爲巫史（夫人人人也享祀也巫主接神史次位序言人人自爲之）無有要質（質誠也）民匱于祀而不知其福（言民困匱於祭祀而不獲其福）烝享無度民神

同位民瀆齊盟無有嚴威（齊同也嚴也威畏也）神狎民則不蠲其爲（狎習也則法也蠲潔也其爲所爲也）嘉生不降無物以享禍災荐臻莫盡其氣（荐重也臻至也氣受命之氣）顓頊受之（少皞氏沒顓頊氏作受承也）乃命南正重司天以屬神（南陽位正長也司主也屬會也所以會羣神使各有分序不相干亂也周禮則宗伯掌祭祀）命火正黎司地以屬民（唐尚書云火當爲北北陰位也周禮則司徒掌土地人民也）使復舊常無相侵瀆（侵犯也）是謂絕地天通（絕地民與天神相通之道）其後三苗復九黎之德（其後高辛氏之季年也三苗九黎之後也高辛氏衰三苗爲亂行其凶德如九黎之爲也堯興而誅之）堯復育重黎之後不忘舊者使復典之（育長也堯繼高辛氏平三苗之亂繼育重黎之後使復典天地之官羲氏和氏是也）以至于夏商故重黎

氏世敘天地而別其分主者也敘次也分位也其在周程伯

休父其後也當宣王時失其官守而爲司馬氏程國也伯

爵也休父名也失官守謂失天地之官而以諸侯爲大司馬詩曰王謂尹氏命程伯休父是也寵神

其祖以取威于民曰重實上天黎實下地寵尊也言休父之後

世尊神其祖以威燿其民言重能舉上天黎能抑下地令相遠故不復通也遭世之亂而

莫之能禦也亂謂幽平以下也禦止也不然夫天地成而不變言天

地體成不復改變也何比之有言不相比近也

子期祀平王子期楚平王之子結也平王恭王子昭王父也祭以牛俎於王

致牛俎於昭王王問於觀射父曰祀牲何及王感俎肉而問牲用所及對

曰祀加於舉加增也舉人君朔望之盛饌天子舉以大牢祀以會

大牢牛羊豕也會會三大牢舉四方之貢諸侯舉以特牛祀以大牢特一也
卿舉以少牢祀以特牛少牢羊豕大夫舉以特牲祀以少
牢特牲豕也士食魚炙祀以特牲庶人食菜祀以魚上下
有序民則不慢王曰其小大何如對曰郊禘不過繭
栗角如繭栗郊禘祭天也烝嘗不過把握握長不出把者王曰何其小
也對曰夫神以精明臨民者也故求備物不求豐大
備物體具而精潔者是以先王之祀也以一純二精一純心純一而潔二
精玉帛也三牲四時五色六律七事八種七事天地民四時之務也八種
八音也九祭十日十二辰以致之九祭九州助祭也十日甲至癸也十二辰
子至亥也擇其吉日令辰以致神百姓千品萬官億醜兆民經入畡

數以奉之百姓百官受氏姓也千品姓有徹品十爲千品五物之官陪屬萬爲萬官官有十醜爲億醜天子之田九畡以食兆民王取經入以食萬官也明德以昭之昭昭孝敬也龢聲以聽之中和之聲使神聽之以告徧至則無不受休至神至也休慶也毛以示物物色也血以告殺明不因故也接誠拔取以獻具爲齊敬也接誠於神也拔毛取血獻其備物也齊潔也詩曰執其鸞刀以啓其毛取其血膋敬不可久民力不堪故齊肅以承之肅疾也承奉也王曰芻豢幾何草食曰芻穀食曰豢對曰遠不過三月近不過浹日遠謂三牲近謂雞鶩之屬浹日十日也王曰祀不可以已乎已止也對曰祀所以昭孝息民昭孝養使民蕃息也撫國家定百姓也不可以已夫民氣縱則底氣志氣也縱放也底箸也底則滯滯久不震

滯發也震懼也言無祭祀則民無所畏忌無所畏忌則志放放縱志放放縱則遂廢滯難復恐懼也生乃
不殖生人物也殖長也不長神不降以福也是用不從不從上令其生不殖
不可以封封國也是以古者先王日祭月享時類歲祀
以事類曰類日祭於祖考月薦於曾高時類及二祧歲祀於壇墠諸侯舍日有月享也卿
大夫舍月有時祭也士庶人舍時歲乃祭也天子徧祀羣神品
物品物謂若八蜡所祭猫虎昆蟲之類也諸侯祀天地三辰及其土之
山川三辰日月星也祀天地謂二王後也非二王後祭分野星山川而已卿大夫祀其
禮禮謂五祀及祖所自出也士庶人不過其祖祖王父也日月會于龍
䶂䶂龍尾也謂周十二月夏十月也日月合辰於尾上月令曰孟冬日在尾土氣含收含收
[illegible]縱萬物[illegible]也天明昌作昌盛也作起也謂天氣上也是月純坤用事百嘉備

舍（嘉善也時物畢成舍入室也）羣神頻行（頻並也並行欲求食也）國於是乎烝嘗家於是乎嘗祀（烝冬祭也嘗嘗百物也月令孟冬大飲烝傳曰閉蟄而烝）百姓夫婦擇其令辰（辰十二辰也）奉其犧牲敬其齍盛潔其糞除慎其采服禋其酒醴帥其子姓（禋潔也子衆子姓同姓也）從其時享虔其宗祝（宗主祭祀祝主祝祈也）道其順辭以昭祀其先祖肅肅濟濟如或臨之於是乎合其州鄉朋友婚姻比爾兄弟親戚（合會也比親也）於是乎弭其百苛殄其讒慝（弭止也苛虐也殄覆也止覆謂解怨除恨之辭）合其嘉好結其親暱（合結也謂於此更申固之）億其上下（億安也）以申固其姓上所以教民虔也下所以昭事上也天子禘郊之事必自射其牲（牲牛也）

王后必自舂其粢器實曰粢諸侯宗廟之事必自射其牛刲羊擊豕刲刺也擊殺也夫人必自舂其盛在器曰盛上言粢下言盛互其文也況其下之人其誰敢不戰戰兢兢以事百神天子親舂禘郊之盛帥后舂之王后親繰其服服祭服也祭義云夫人繰三盆則王后其一盆與周語曰王耕一撥班三之自公以下至於庶人其誰敢不齊肅恭敬致力于神民所以攝固者也若之何其舍之也攝持也舍廢也王曰所謂一純二精七事者何也對曰聖王正端冕以其不違心帥其羣臣精物以臨監享祀無有苛慝於神者謂之一純端玄端之服也冕大冠也監視也不違心謂心思端正服則端冕玉帛爲二精明潔爲精天地民及四時之

務爲七事王曰三事者何也對曰天事武乾稱剛健故武地事文地質柔順故文易曰坤爲文民事忠信以忠信爲行王曰所謂百姓千品萬官億醜兆民經入晐數者何也對曰民之徹官百徹達也自以名達於上者有百官也王公之子弟之質能言能聽徹其官者質有賢質也能言能言其官職也而物賜之姓以監其官是爲百姓物事也以功事賜之姓官有世功則有官族若司馬太史之屬是也姓有徹品十於王謂之千品謂一官之職其寮屬徹於王者有十品百官故有千品也五物之官陪屬萬爲萬官五物謂天地神民類物之官也臣之臣爲陪屬謂有寮屬轉陪貳相佐助復有十等千品故萬官也官有十醜爲億醜醜類也以十醜承萬爲十萬十萬曰億古數也今人乃以萬萬爲億天子之田九畡以食兆民九晐

九州之内有畡數也食兆民耕而食其中也天子曰兆民王取經入焉以食萬官經常也常入征稅也

闘且廷見令尹子常闘且楚大夫子常子囊之孫囊瓦也子常與之語問蓄貨聚馬歸以語其弟曰楚其亡乎不然令尹其不免乎吾見令尹令尹問蓄聚積實如餓豺狼焉實財也殆必亡者也夫古者聚貨不妨民衣食之利聚馬不害民之財用貨珠玉之屬自然物也貨馬多則養求者衆妨財力也國馬足以行軍國馬民馬也十六井爲丘有戎馬一疋牛三頭足以行軍也公馬足以稱賦公馬公之戎馬也稱舉也賦兵賦也不是過也公貨足以賓獻賓饗贈也獻貢也家貨足以共用家大夫也不是過也夫貨馬郵則闕

於民（郵過也闕缺也）民多闕則有離畔之心將何以封矣（封封

國也）昔鬬子文三舍令尹（子文鬬伯比之子於菟也舍去也）無一日之積恤民之故也（積儲也）成王聞子文之朝不及夕也（成王

楚文王之子顒也）於是乎每朝設脯一束糗一筐以羞子文（糗寒粥也筐器名也羞進也）至于今令尹秩之（秩常也）成王每出子文之祿必逃王止而後復（祿奉也復反也）人謂子文曰人生求富而子逃之何也對曰夫從政者以庇民也（庇覆也）民多曠者而我取富焉（曠空也）是勤民以自封也（勤勞也封厚也）死無日矣我逃死非逃富也故莊王之世滅若敖氏唯子文之後在至于今處鄖爲楚良臣（莊王成王孫也若敖

氏子文之族也魯宣四年子文之弟子鬬椒為亂莊王滅若敖氏之族子文之孫箴尹克黄使於齊還而自拘於司敗王思子文之治楚也曰子文無後是不何以勸善使復其所其子孫當昭王時為郎公

先恤民而後已之富乎今子常先大夫之後也先大夫子囊也而相楚君無令名於四方民之羸餒日日已甚羸瘠也言日日又甚四境盈壘盈滿也壘壁也言壘壁滿於四境之內道殣相望道冢曰殣詩云行有死人尚或殣之盜賊司目民無所放放依也是之不恤而蓄聚不厭其速怨於民多矣速召也積貨滋多蓄怨滋厚不亡何待夫民心之慍也慍怒也若防大川焉潰而所犯必大矣犯敗也子常其能賢於成靈乎成不禮於穆願食熊蹯不獲而死成成王穆王商臣之父也欲黜商臣而立其弟職商

圍成王王請食熊蹯而死不聽遂自殺蹯掌也靈王不顧於民一國棄之如遺迹焉靈王不君罷獘楚國三軍叛之如行人之遺棄其迹也子常爲政而無禮不顧甚於成靈其獨何力以待之待猶禦也期年乃有柏舉之戰子常奔鄭昭王奔隨柏舉楚地隨漢東國也初蔡昭侯朝於楚子常欲其佩唐成公亦朝焉子常欲其驌驦馬二君不予而留之三年後予之乃得歸歸與吳伐楚大敗之在魯定四年奔隨自鄖奔隨也吳人入楚昭王出奔濟於成臼吳人闔閭也出奔隨也濟渡也成臼津名見藍尹亹載其孥藍尹亹楚大夫也妻子曰孥王曰載予對曰自先王莫隊其國隊失也當君之世而亡之君之過也遂去王王歸又求見王王欲執之子西曰請聽其辭夫

其有故子西平王之子昭王之庶兄令尹公子申也故猶意也王使謂之曰成
曰之役而棄不穀今而敢來何也而汝也對曰昔瓦唯
長舊怨以敗於柏舉故君及此瓦子常名也長猶積也今又效
之無乃不可乎臣避於成曰以儆君也庶悛而更乎
悛改也今之敢見觀君之德也曰庶懼而鑒前惡乎鑒鏡也
君若不鑒而長之君實有國而不愛臣何有於死何惜於死
死在司敗矣楚謂司寇爲司敗唯君圖之子西曰使復其
位以無忘前敗言見璽則念前敗也王乃見之
吳人之入楚楚昭王奔鄖鄖楚邑也鄖公之弟懷將殺王
鄖公令尹子文玄孫之孫蔓成然之子鬭辛也鄖公辛止之懷曰平王殺吾

父平王昭王考也父蔓成然也成然立平王貪求無厭平王殺之在國則君在外則

讎也見讎弗殺非人也鄖公曰夫事君者不爲外内

行不爲外内易行不爲豐約舉豐盛也約衰也舉動也苟君之尊卑一

也且夫自敵以下則有讎敵敵體也非是不讎下虐上爲

弑上虐下爲討而況君乎君而討臣何讎之爲若皆

讎君則何上下之有乎吾先人以善事君成名於諸

侯自鬬伯比以來未之失也今爾以是殃之不可殃病害也

懷弗聽曰吾思吾父不能顧矣鄖公以王奔隨避懷也

王歸而賞及鄖懷子西諫曰君有二臣或可賞也

或可戮也君王均之羣臣懼矣均同也賞罰無別故懼也王曰夫

子期之二子邪吾知之矣（子期蔓成然字）或禮於君或禮於父均之不亦可乎

子西歎於朝藍尹亹曰吾聞君子唯獨居思念前世之崇替（崇終也替廢也詩云曾不崇朝）與哀殯喪（塗木曰殯）於是有歎其餘則不君子臨政思義（思公義也）飲食思禮同宴思樂在樂思善無有歎焉今吾子臨政而歎何也子西曰闔閭能敗吾師（柏舉之戰）闔閭即世吾聞其嗣又甚焉（嗣嗣子夫差也甚謂政德過於父也）吾是以歎對曰子患政德之不脩無患吳矣夫闔閭口不貪嘉味耳不樂逸聲（逸淫也）目不淫於色身不懷於安朝夕勤志恤民之羸（羸病也）聞一善若驚

得一士若賞若受賞也有過必悛悛故也有不善必懼是故得民以濟其志濟成也志戰克也今吾聞夫差好罷民力以成私好縱過而翳諫翳鄣也一夕之宿臺榭陂池必成六畜玩好必從夫先自敗也已焉能敗人子脩德以待吳吳將斃矣

王孫圉聘於晉王孫圉楚大夫也定公饗之趙簡子鳴玉以相定公晉頃公之子午也簡子趙鞅也鳴玉鳴其佩玉以相禮問於王孫圉曰楚之白珩猶在乎珩佩上之橫者對曰然簡子曰其爲寶也幾何矣幾何世也曰未嘗爲寶楚之所寶者曰觀射父言以賢爲寶不以寶爲寶能作訓辭以行事於諸侯言以訓辭交結諸侯使無以

寡君爲口實口實毀弄也又有左史倚相能道訓典以敘百物敘次也物事也以朝夕獻善敗于寡君使寡君無忘先王之業又能上下說乎鬼神順道其欲惡說媚也使神無有怨痛于楚國痛疾也又有藪曰雲連徒洲金木竹箭之所生也楚有雲夢藪澤也連屬也水中之可居曰洲徒其名也龜珠齒角皮革羽毛所以備賦用以戒不虞者也龜所以備吉凶珠所以禦火災角所以爲弓弩齒象齒所以爲弭皮虎豹皮也所以爲菌鞬革犀兕也所以爲甲胄羽鳥羽也所以爲旌毛旄牛尾所以注竿首賦兵賦虞度也所以共幣帛以賓享於諸侯者也享獻也若諸侯之好幣具而導之以訓辭導行也有不虞之備而皇神相之能媚於神故皇神相之皇大也相助也寡君其

可以免罪於諸侯而國民保焉保安也此楚國之寶也
若夫白珩先王之玩也何寶焉玩玩弄之物圉聞國之寶
六而已聖能制議百物以輔相國家則寶之玉足以
庇廕嘉穀使無水旱之災則寶之玉祭祀之玉也龜足以憲
臧否則寶之憲法也取善惡之法珠足以禦火災則寶之珠水精故
以禦火災金足以禦兵亂則寶之金所以為兵也山林藪澤足以
備財用則寶之若夫譁囂之美譁囂猶讙譊謂若鳴玉以相楚雖
蠻夷不能寶也微刺簡子
惠王以梁與魯陽文子惠王昭王子越女之子章也梁楚北境也文子平王之孫
司馬子期子魯陽公也文子辭曰梁險而在北境懼子孫之有

貳者也貳二心也夫事君無憾憾則懼偪憾恨也無恨謂得志也偪偪上也偪則懼貳偪則懼誅故貳也夫盈而不偪盈志滿也憾而不貳者臣能自壽也壽保也不知其宅宅子孫也縱臣而得以其首領以歿懼子孫之以梁之險而乏臣之祀也恃險而貳將見誅絕王曰子之仁不忘子孫施及楚國敢不從子與之魯陽子西使人召王孫勝王孫勝故平王太子建之子白公勝也初費無極爲太子少師無寵太子取於秦而美勸王納之遂譖太子曰建將叛太子奔鄭又與晉謀鄭鄭人殺之勝奔吳在魯哀十六年沈諸梁聞之沈諸梁楚左司馬沈尹戌之子葉公子高也見子西曰聞子召王孫勝信乎曰然子高曰將焉用之曰吾聞之勝直而剛欲寘之境寘置也傳曰召之使處吳境爲白公子高曰不

可其爲人也展而不信（展誠也誠謂復言非忠信之道）愛而不仁（外愛人內無仁心也）詐而不知（以詐行謀而非知道也知人不詐）毅而不勇（毅果也）直而不衷（衷中也君子惡訐以爲直者）周而不淑（周密也淑善也）復言而不謀身展也（復言言可復不欺人也不謀身不計身害也）愛而不謀長不仁也（外愛人不計終身也）以謀蓋人詐也（蓋掩也）彊忍犯義毅也（彊彊力也忍忍犯義也）直而不顧不衷也（不顧隱諱）周言棄德不淑也（承周其言而不以德）是六德者皆有其華而不實者將焉用之彼其父爲戮於楚其心又猶而不潔（猶者直己之志不從人也）（不潔非潔行也）若其猶也不忘舊怨而不以潔悛德（悛改也）思報怨而已則其愛也足以得人其展也足以復之（復復）

其前言也其詐也足以謀之其直也足以帥之帥帥衆也其周也足以蓋之言其周密足以覆蓋其惡也其不潔也足以行之而加之以不仁奉之以不義蔑不克矣夫造勝之怨者皆不在矣怨謂譖太子費無極之徒若來而無寵速其怒也速疾也若其寵之毅貪而無厭既而得入而曜之以大利曜示也不仁以長之長其利欲思舊怨以脩其心脩其報讎之心苟國有釁必不居矣釁隙也非子職之其誰乎職主也言子西將主此禍彼將思舊怨而欲大寵大寵令尹司馬也動而得人愛故得人怨而有術父死而怨故有術也若果用之害可待也余愛子與司馬故不敢不言司馬子西之弟子期也子西曰德其忘怨乎言綏

之以德忘怨也必余善之夫乃其寧寧安也子高曰不然吾聞之曰唯仁者可好也可惡也可高也可下也好之不偪惡之不怨高之不驕下之不懼不仁者則不然人好之則偪惡之則怨高之則驕下之則懼驕有欲焉欲專寵也懼有惡焉惡其上也欲惡怨偪所以生詐謀也子將若何若召而下之將戚而懼爲之上者將怒而怨詐謀之心無所靖矣靖安也有一不義猶敗國家今壹五六而必欲用之不亦難乎吾聞國家將敗必用姦人而嗜其疾味其子之謂乎嗜貪也疾味味爲巳生疾害諭好不善也夫誰無疾眚眚猶災也能者蚤除之舊怨滅宗國之疾眚也爲之關

藩蕃籬而遠備閑之猶恐其至也（蕃籬壁落也閑闌也）是之爲日惕（惕懼也）若召而近之死無日矣人有言曰狼子野心怨賊之人其又可善乎若子不我信盍求若敖氏與子干子晳之族而近之（若敖氏莊王所滅鬭椒也子干子晳恭王庶子公子比公子黑肱也平王所殺而代之何獨不召而近也）寔用勝也其能幾何（言危不久）

昔齊騶馬繻以胡公入於貝水（騶馬繻齊大夫也胡公齊太公玄孫之子胡公靖也貝水水名胡公虐馬繻馬繻殺胡公內之貝水）邴歜閻職戕懿公於囿竹（戕殘也歜職皆齊臣懿公齊桓公之子商人也爲公子時與邴歜之父爭田弗勝及即位乃掘而刖之而使歜僕納閻職之妻而使職驂乘魯文十八年懿公游于申池二人殺公而內之竹中）晉長魚蟜殺三郤於榭（長魚蟜晉大夫也殺三郤錡犨至也犨與蟜爭田執而梏之與其父）

毋妻子同一轅既嚮變於厲公讚而殺三郤於榭魯圉人犖殺子般於次圉人養馬者子般魯莊公太子女舍也雩講于梁氏女公子觀之犖自牆外與之戲子般鞭之莊公薨子般即位次于黨氏公子慶父通於夫人夫人欲立之慶父使犖賊子般於黨氏在魯莊三十二年夫是誰之故也非唯舊怨乎故事也是皆子所聞也人之求多聞善敗以鑑戒也今子聞而棄之猶蒙耳也蒙覆也吾語子何益吾知逃而已逃勝之難也子西笑曰子之尚勝也言子論議好尚勝人也不從遂使爲白公子高以疾閒居于蔡蔡故蔡國楚滅之葉公兼而治焉及白公之亂子西子期死白公請伐鄭以報父讎子西既許之未起師晉伐鄭楚又救之與之盟白公怒遂作亂殺二子於朝在魯哀十六年葉公聞之曰吾怨其棄吾言而德其治楚國楚國

之能平均以復先王之業者夫子也夫子子西也以小怨寘大德吾不義也將入殺之殺白公也帥方城之外以入殺白公而定王室定王室謂兼令尹司馬以平楚國也既定乃使子西之子寗爲令尹子期之子寬爲司馬而老於葉葬二子之族夫子西子期之族多見害故皆爲葬之

楚語下第十八

吳語第十九　國語　韋氏解

吳王夫差起師伐越越王句踐起師逆之江夫差泰伯之後闔廬之子姬姓也句踐祝融之後允常之子芈姓也鄭語曰芈姓夔越世本亦云越芈姓也魯定十四年吳伐越越敗之于檇李闔廬傷而死後三年夫差伐越報檇李也越逆之江至于五湖吳人大敗之於夫椒遂入越越子以甲楯五千保于會稽在魯哀元年大夫種乃獻謀種越大夫也獻進也曰夫吳之與越唯天所授王其無庸戰庸用也夫申胥華登簡服吳國之士於甲兵而未嘗有所挫也申胥楚大夫伍奢之子子胥也名員魯昭二十年奢誅于楚員奔吳吳子與之申地故曰申胥華登宋司馬華費遂之子也華氏作亂於宋而敗登奔吳吳爲大夫簡習也挫毁折也夫一人善射百夫決拾決鉤弦也拾捍也言申胥華登善用員衆必化之猶一人善射而百夫競著決拾而放之勝未可

成成猶必也夫謀必素見成事焉而後履之素猶豫也履行也不
可以授命授命猶屬命也王不如設戎約辭行成以喜其民
戎兵也約卑也成平也言不如設兵自守卑約其辭以求平於吳吳民必喜以廣侈吳王
之心侈大也吾以卜之於天天若棄吳必許吾成而不
吾足也言越不足畏也將必寬然有伯諸侯之心焉寬緩也既
罷弊其民而天奪之食安受其燼奪之食稻蟹之屬也燼餘也乃
無有命矣吳無復有天命矣越王許諾乃命諸稽郢行成於
吳諸稽郢越大夫曰寡君句踐使下臣郢不敢顯然布幣行
禮布陳也幣玉帛也顯猶公露也敢私告於下執事曰昔者越國見
禍得罪於天王見禍於天得罪謂傷闔廬也言天王尊之以名天王親趨玉

趾以心孤句踐趾足也孤棄也而又宥赦之宥寬也君王之於越也繄起死人而肉白骨也繄是也使白骨生肉德至厚也孤不敢忘天災其敢忘君王之大賜乎今句踐申禍無良申重也良善也草鄙之人敢忘天王之大德而思邊垂之小怨遠邑稱鄙言吳侵越之邊邊垂心懷怨恨也以重得罪於下執事重得罪謂報見侵也句踐用帥二三之老家臣稱老言此謙也親委重罪頓顙於邊委猶歸也邊邊境也今君王不察盛怒屬兵將殘伐越國察理也屬會也殘伐謂隳會稽也越國固貢獻之邑也君王不以鞭箠使之而辱軍士使寇令焉君禦寇之號令句踐請盟一介嫡女執箕箒以晐姓於王宮一介一人晐備也姓庶姓也曲禮曰納女於天子曰備百

姓一介嫡男奉槃匜以隨諸御槃承盥器也晉語曰奉匜沃盥御近臣官豎之屬春秋貢獻不解於王府大王豈辱裁之豈能辱意裁制之亦征諸侯之禮也征稅也此亦天子征稅諸侯之禮夫諺曰狐埋之而狐搰之是以無成功埋藏也搰發也今天王既封殖越國以明聞於天下封殖以草木諭也殖本曰封殖云也明顯也聞於天下言天下備聞也而又刈亡之是天王之無成勞也芟草曰刈勞功也雖四方之諸侯則何實以事吳實實事也敢使下臣盡辭唯天王秉利度義焉秉執也義宜也

吳王夫差乃告諸大夫曰孤將有大志於齊欲伐齊也吾將許越成而無拂吾慮也拂絕也若越既改吾又何求若其不改反

行吾振旅焉（伐齊反振旅而討之）申胥諫曰不可許也夫越非實忠心好吳也又非懾畏吾甲兵之彊也大夫種勇而善謀將還玩吳國於股掌之上以得其志（還轉也玩弄也脛本曰股）夫固知君王之蓋威以好勝也（蓋猶尚也）故婉約其辭以從逸王志（婉順也約卑也從隨也）使淫樂於諸夏之國以自傷也使吾甲兵鈍弊民人離落而日以憔悴（離畔也落殞也憔悴瘦病也）然後安受吾燼夫越王好信以愛民四方歸之年穀時熟日長炎炎（炎炎進皃）及吾猶可以戰也爲虺弗摧爲蛇將若何（虺小蛇大也傳曰封豕長蛇）吳王曰大夫奚隆於越（奚何也隆盛也）越曾足以爲大虞乎（虞度也）若無越則吾何以春秋曜吾軍士

乃許之成將盟越王又使諸稽郢辭曰以盟爲有益
乎前盟口血未乾未乾猶近也足以結信矣以盟爲無益
乎君王舍甲兵之威以臨使之而胡重於鬼神而自
輕也吴王乃許之荒成不盟荒空也
吴王夫差既許越成乃大戒師徒將以伐齊申胥進諫曰
昔天以越賜吴而王弗受夫天命有反反謂盛者更衰禍者有福今越
王句踐恐懼而改其謀舍其愆令舍廢也愆過也輕其征賦施民所
善去民所惡身自約也裕其衆庶裕饒也其民殷衆殷盛
也以多甲兵譬越之在吴也猶人之有腹心之疾也
夫越王之不忘敗吴於其心也戚然服士以司吾間

戚猶惕也閒隙也今王非越是圖而齊魯以爲憂夫齊魯譬諸疾疥癬也疥癬在外爲害微也豈能涉江淮而與我爭此地哉將必越實有吳土壤地接而越脩德也王盍亦鑑於人無鑑於水鑑鏡也以人爲鏡見成敗以水爲鏡見形而已書曰人無于水鑑當于民鑑昔楚靈王不君不得爲君之道其臣箴諫以不入入受也乃築臺於章華之上章華地名闕爲石郭陂漢以象帝舜闕穿也陂壅也舜葬九嶷其山體水旋其丘下故壅漢水使旋石郭以象之罷弊楚國以間陳蔡閒候也候其隙而取之魯昭八年楚滅陳十一年滅蔡不脩方城之內方城楚北山踰諸夏而圖東國諸夏陳蔡也東國徐夷吳越也三歲於沮汾以服吳越沮汾水名楚東鄙沮汾之閒乾谿也魯昭六年楚令尹子蕩帥師伐吳師于豫章次于乾谿其民

不忍飢勞之殃三軍叛王於乾谿殃害也民罷國亂中外叛潰事在魯昭十三年王親獨行屏營彷徨於山林之中三日乃見其涓人疇涓人今中涓也疇名也王呼之曰余不食三日矣疇趨而進王枕其股以寢於地王寐疇枕王以墣而去之墣塊也王覺而無見也乃匍匐將入棘闈棘闈不納棘楚邑闈門也乃入芋尹申亥氏焉申亥楚大夫芋尹無宇之子也傳曰王沿夏將入鄢芋尹無宇之子申亥曰吾父再奸王命王弗誅惠孰大焉乃求王遇諸棘闈王縊申亥負王以歸而土埋之其室傳曰王縊申亥以其二女殉而葬之此志也豈遽忘於諸侯之耳乎志記也言此事皆見記於諸侯之耳而未忘也今王既變鯀禹之功王夫差也變易也魯語曰禹能以德脩鯀之功而高高下下以

罷民於姑蘇高高起臺榭下下深汙池也姑蘇臺名在吳西近湖天奪鄙荐饑天奪吾食稻蟹也都國也鄙邊邑也荐重也今王將很天很違也夫吳民離矣有離畔也體有所傾譬如羣獸然一个負矢將百羣皆奔傾傷也言衆獸羣聚其中一个被矢則百羣皆走以言吳民臨陳就戰或小有傾傷亦復然也王其無方收也方道也收還也越人必來襲我王雖悔之其猶有及乎王弗聽十二年遂伐齊夫差十二年魯哀十一年齊人與戰於艾陵艾陵齊地齊師敗績吳人有功傳曰獲齊國書革車入伯乘甲首三千

吳王夫差既勝齊人於艾陵乃使行人奚斯釋言於齊奚斯吳大夫釋解也以言辭自解歸非於齊曰寡人帥不腆吳國之役遵汶之

上（俊，兵也。汶，齊水名）不敢左右，唯好之故（不敢左右暴掠齊民，唯有恩好之故也）。今大夫國子興其衆庶，以犯獵吳國之師徒（國子，齊卿國書也。犯，陵也。獵，震也）。天若不知有辠，則何以使下國勝（下國，吳自謂也。言天若不知有辠，何以使吳國勝齊也）？

吳王還自伐齊，乃訊申胥（訊，告讓也），曰：「昔吾先王體德聖明，達於上帝（先王，闔廬也。上帝，天也），譬如農夫作耦，以刈殺四方之蓬蒿（二耜爲耦。言子胥佐先王，其猶耕者之有耦，以成其事也），以立名於荆，此則大夫之力也（立名於荆，謂敗楚於柏舉，昭王奔隨時也）。今大夫老而又不自安恬逸（恬，猶靜也。逸，樂也），而處以念惡（處，居也。居則念爲惡於吳），國出則罪吾衆（罪吾衆，謂吳民離矣，體有所傾之屬），撓亂百度（撓，擾也。度，法也），以妖孽吳國（妄爲妖言，臧當襲吳也）。今天降衷于吳（衷，善也），齊師

受服孤豈敢自多先王之鍾鼓寔式靈之式用也靈神也敢

告於大夫申胥釋劍而對釋解也曰昔吾先王世有輔

弼之臣言闔廬以前以能遂疑計惡遂決也計慮也以不陷於大

難今王播棄黎老播放也黎凍棃壽衜也而孩童焉比謀孩幼也比

合也曰余令而不違不違言莫違也夫不違乃違也乃違道也夫不

違亡之階也夫天之所棄必驟近其小喜小喜勝敵之喜紂有

百克是也而遠其大憂大憂在後故遠也王若不得志於齊而以

覺寤王心吳國猶世世繼世也吾先君之得之也必有以

取之得謂克楚也傳曰闔廬食不二味勤卹其民取之謂此也其亡之也亦有以

棄之亡之謂不正其師以班處宮復爲楚所敗也用能援持盈以沒盈滿也沒

終也而驟救傾以時（以時不失時也）今王無以取之（言無政德）而天祿亟至（亟數也）是吳命之短也員不忍稱疾辟易以見王之親爲越之禽也員請先死（辟易狂疾）將死曰而縣吾目於東門以見越之入吳國之亡也遂自殺王慍曰孤不使大夫得有見也乃使取申胥之尸盛以鴟夷而投之於江（鴟夷革囊）

吳王夫差既殺申胥不稔於歲（稔孰也謂後年不至於孰而北征也夫差以哀十一年殺子胥十二年會魯于橐皋）乃起師北征闕爲深溝於商魯之間（闕穿也商宋也）北屬之沂（沂水名出泰山蓋南至下邳入泗）西屬之濟（濟宋水也）以會晉公午於黃池（黃池地名晉公午晉定公也黃池會在魯哀十三年）於是越王句踐乃命范蠡舌庸

越夫大率師沿海泝淮以絕吳路沿順也逆流而上曰泝循海而逆入於淮以絕吳王還歸之路敗王子友於姑熊夷姑熊夷吳郊也王子友夫差太子也夫差未反越子伐吳吳距之獲大子友越王句踐乃率中軍泝江江吳江也或有淮字誤耳以襲吳入其郛郛郭也焚其姑蘇徙其大舟大舟王舟徙取也吳晉爭長未成長先也成定也邊遽乃至以越亂告遽傳也吳王懼乃合大夫而謀曰越爲不道背其齊盟齊同也今吾道路悠遠悠長也無會而歸與會而先晉孰利先晉令晉先歃王孫雄曰夫危事不齒王孫雄吳大夫也齒年也不以年次對雄敢先對二者莫利無會而歸越聞章矣民懼而走遠無正就正適也齊宋徐夷曰吳既敗矣宋今睢陽徐今大徐夷淮

夷也將夾溝而𢊁我旁擊曰𢊁我無生命矣會而先晉晉既
執諸侯之柄以臨我將成其志以見天子以侯伯之禮見天子
也吾須之不能不能待見天子去之不忍若越聞愈章愈益也
吾民恐叛必會而先之先使吳先歃也王乃步就王孫雄曰
先之圖之將若何王孫雄曰王其無疑吾道路悠遠
必無有二命焉可以濟事欲決一計求先晉也濟成也王孫雄進
顧揖諸大夫曰危事不可以爲安死事不可以爲生
則無爲貴知矣言人不能以危易安以死易生則何貴於知矣民之惡死而
欲貴富以長没也與我同長老也没終也雖然彼近其國有
遷我絶慮無遷遷轉退也絶慮道遠也彼豈能與我行此危事也

哉言晉不能以死與我爭事君勇謀於此用之勇而有謀正謂今時今夕

必挑戰以廣民心挑晉求戰以廣大民心示不懼也請王厲士以奮

其朋勢朋羣也勉厲士卒以奮激其羣黨之勢使有鬬心也勸之以高位重畜

重畜寶財備刑戮以辱其不厲者備具也令各輕其死彼將

不戰而先我推先我也我旣覩諸侯之柄爲盟主故覩柄以歲之

不穫也無有誅焉穫收也誅責也不責諸侯之貢賦而先罷之罷遣諸侯

今先歸也諸侯必說說喜也既而皆入其地入其國境王安挺志

挺寬也一日惕一日留惕疾也留徐也以安步王志步行也必設

以此民也封於江淮之間乃能至於吳設許其勸勉者以此民封

之於江淮間以恐之必速至也吳王許諾

吳王昏乃戒令秣馬食士秣粟也夜中乃令服兵擐甲夜中夜半也服執也擐貫也甲鎧也係馬舌出火竈係縛也縛馬舌恐有聲也出火於竈外以自燭陳士卒百人以爲徹行百行徹通也以百人通爲一行百行爲萬人謂之方陳行頭皆官帥擁鐸拱稽二君皆云官帥大夫也昭謂下言十行一嬖大夫此一行宜爲士周禮百人爲卒卒長皆上士擁抱也拱執也抱鐸者亦恐有聲也唐尚書云稽棨戟也鄭後司農以爲稽計兵名籍也周禮聽師田以簡稽建肥胡奉文犀之渠肥胡幡也文犀之渠謂楯也文犀犀之有文理者十行一嬖大夫十行千人嬖下大夫也子產謂子南曰子晳上大夫汝嬖大夫建旌提鼓析羽爲旌提挈也挾經秉枹在掖曰挾經兵書也秉執也十旌一將軍十旌萬人也將軍命卿也載常建鼓挾經秉枹日月爲常鼓晉鼓也周禮將軍執晉鼓建謂爲之楹而樹之爲萬人以爲方陳百行故曰萬人正四方也皆白常

白旂素甲白羽之矰望之如荼（交龍爲旂素甲白甲也矰矢名以白羽爲衛荼茅秀也）王親秉鉞載白旗以中陳而立（熊虎爲旗比王所帥中軍）左軍亦如之（亦如中軍載常建鼓挾經秉枹之屬）皆赤常赤旟丹甲朱羽之矰望之如火（鳥隼爲旟尚赤左陽也丹彤也朱羽染爲朱也）右軍亦如之皆玄常玄旗黑甲烏羽之矰望之如墨（黑漆甲也尚黑右陰也）爲帶甲三萬（帶甲衿鎧）以勢攻雞鳴乃定既陳去晉軍一里昧明王乃秉枹親就鳴鍾鼓丁寧錞于振鐸（丁寧謂鉦也唐尚書云錞于鐲非也錞于與鐲各異物軍行鳴之與鼓相應也）勇怯盡應三軍皆譁釦以振旅（譁釦讙呼也）其聲動天地晉師大駭不出周軍飭壘（周繞也飭治也）乃令董褐請事（董褐晉大夫司馬演請問也）曰兩君偃兵接

好日中爲期偃匿也接合也今大國越錄錄第也而造於弊邑之軍
壘敢請亂故敢問先期亂次之故吳王親對之曰天子有命周室卑
約貢獻莫入上帝鬼神而不可以告言無以告祭於天神人鬼無姬姓
之振也振救也徒遽來告孤日夜相繼徒步也遽傳車也匍匐就君
君今非王室不安是憂億負晉衆庶不式諸戎翟楚秦
億安也負恃也安恃其衆而不用征伐戎翟楚秦卑周者將不長弟以力征一二
兄弟之國弟言幼也言晉不帥長幼之節而征伐同姓兄弟之國謂魯衛之屬或云謂晉滅虞孤欲守吾先君之班爵
虢韓魏然虞虢韓魏皆在春秋之始非所以責定公也
爵次當爲盟主進則不敢不敢過先君也退則不可亦不可不及也今會日
薄矣薄迫也恐事之不集以爲諸侯笑集成也孤之事君

在今日不得事君亦在今日言欲戰以決之不勝則服事君君勝則爲盟主爲使者之無遠也孤用親聽命於藩籬之外藩籬壁落也董褐將還王稱左畸曰攝少司馬茲與王士五人坐於王前賈唐二君云稱呼也左畸軍左部攝執也少司馬茲與王士五人皆罪人死士乃皆進自剄於客前以酬客賈唐二君云剄刎也酬報也將報客使死士自剄以示王威行軍士用命也昭謂魯定十四年吳伐越越王使罪人自剄以誤吳故夫差効之董褐既致命致命於晉君乃告諸趙鞅趙鞅晉正卿趙簡子也曰臣觀吳王之色類有大憂類似也傳曰肉食者無墨今吳王有墨墨黑氣也小則嬖妾嫡子死不則國有大難大難反畔大則越入吳將毒不可與戰毒猶暴也言君猛獸被毒悖暴也主其許之先無以待危主趙鞅也然

而不可徒許也[徒空也不空許先有辭義]趙鞅許諾晉乃令董褐復命曰寡君未敢觀兵身見[觀示也]使褐復命曰曩君之言[曩向也]周室既卑諸侯失禮於天子[謂不朝貢也]請貞於陽卜收文武之諸侯[貞正也龜曰卜以火發兆故曰陽言吴欲正陽卜收後文王武王之諸侯以奉天子]孤以下密邇於天子無所逃罪[孤以下晉辭也密比也邇近也]訊讓曰至[訊告也]曰昔吴伯父不失春秋必率諸侯以顧在余一人[此晉迷天子告讓之言也同姓元侯曰伯父吴伯父吴先君也不失四時必率諸侯脩朝聘之禮以顧在余一人]今伯父有蠻荊之虞禮世不續[今謂夫差也虞度也言夫差有蠻荊之備廢朝聘之禮不得繼世續前人之職]用命孤禮佐周公以見我一二兄弟之國以休君憂[休息也周公周

之太宰諸侯之師也君有蠻荊之虞故命晉以禮安勗周公與兄弟之國相見令朝聘天子息君憂周之憂也今君掩王東海以淫名聞於天子掩蓋也淫猶僭也名號也君有短垣而自踰之垣者喻禮防雖短不可踰也王室雖卑不可僭也況蠻荊則何有於周室言吳姬姓而自僭號況於蠻荊有何義於周室而不為乎夫命圭有命固曰吳伯不曰吳王命圭受賜圭之策命周禮伯執躬圭吳本稱化故曰吳伯諸侯是以敢辭辭不事吳也夫諸侯無二君而周無二王君若無卑天子以干其不祥干犯也而曰吳公孤敢不順從君命長弟許諾長先也弟後也吳王許諾乃退就幕而會幕帳也吳公先歃晉侯亞之吳王旣會越聞愈章恐齊宋之為己害也乃命王孫雄先與勇獲帥徒師

以爲過賓於宋以焚其北郛焉而過之勇獲吳大夫也徒師步卒
也郛郭也託爲過賓而焚其郭去其宋備使不敢出
吳王夫差既退于黃池乃使王孫苟告勞于周王孫苟吳
大夫勞勇也曰昔者楚人爲不道不承共王事以遠我一
二兄弟之國遠疏也吾先君闔廬不貫不忍貫赦也被甲
帶劒挺鈹搢鐸挺拔也搢振也以與楚昭王毒逐於中原栢
舉栢舉之戰在魯定四年毒暴也中原原中也天舍其衷衷善也言天舍善於吳楚
師敗績王去其國昭王奔隨遂至于郢郢楚都也王總其百執
事賈侍中云王往也百執事百官也昭謂王闔廬也賈君以爲告天子不空稱王故云往也下言夫概
王不避之子故知上王爲闔廬也以奉其社稷之祭言脩楚祭祀也其父子

昆弟不相能夫槩王作亂是以復歸于吳昆兄也夫槩王闔廬之弟也傳曰夫槩王先歸自立故不能定楚而歸今齊侯任不鑒于楚任齊景公孫悼公之子簡公任也不鑒不以楚敗爲鑒戒又不承共王命以遠我一二兄弟之國說云謂齊納欒盈以伐晉昭謂兄弟魯也哀十一年春齊伐魯故其年吳會魯以伐齊夫差不貫不忍被甲帶劍挺鈹搢鐸遵汶伐博博齊別都簦笠相望於艾陵唐尚書云簦笠夫須也昭謂簦笠備雨器也相望言不避暑雨艾陵之戰在上傳曰五月克博至于嬴是也天舍其衷齊師還言敗而還夫差豈敢自多文武實舍其衷文武二后也歸不稔於歲言伐齊之明年不至於穀孰而復出師也余沿江泝淮闕溝深水出於商魯之閒以徹於兄弟之國兄弟諸姬也夫差克有成事敢使苟告

於下執事克能也成事成功也周王答曰苟伯父命女來明紹享余一人若余嘉之周王景王子敬王丐也紹繼也享獻也繼先王之禮獻於一人我心誠嘉之也昔周室逢天之降禍遭民之不祥說云謂民流厲王於彘也昭謂子朝篡立敬王出奔民庶周之民助子朝者余心豈忘憂恤不唯下土之不康靖不但憂四方乃憂王室也今伯父曰戮力同德戮并也伯父若能然余一人兼受而介福而女也介大也伯父多歷年以沒元身元善也伯父秉德已侈大哉侈猶廣也

吳王夫差還自黃池息民不戒戒備也越大夫種乃唱謀發始為倡曰吾謂吳王將遂涉吾地今罷師而不戒以忘我我不可以怠也日臣嘗卜於天日昔日也卜於天天若棄吳必

許吾成既罷弊其民天奪之食安受其燼之言者今吳民既罷罷勞也而大荒薦饑市無赤米赤米米之蕪者今尚無有而囷鹿空虛員曰囷方曰鹿其民必移就蒲嬴於東海之濱蒲深蒲也嬴蚌蛤之屬濱涯也天占既兆兆見也人事又見謂怨誹也我蔑卜筮矣王若今起師以會奪之利無使失悛悛改也夫吳之邊鄙遠者罷而未至罷歸也吳王將恥不戰必不須至之會也不待遠兵而以中國之師與我戰中國國都也若事幸而從我言從我而戰我遂踐其地其至者亦將不能之會也已言吳邊鄙雖來將不能會戰吾用禦兒臨之禦兒越北鄙在今嘉興言吳邊兵若至吾以禦兒之民臨敵之吳王若慍而又戰慍怒也奔遂可出使出奔若不戰而結成

成平也王安厚取名而去之越王曰善哉乃大戒師將伐吳楚申包胥使於越申包胥楚大夫王孫包胥也越王句踐問焉曰吳國為不道求殘我社稷宗廟以為平原弗使血食吾欲與之徼天之衷徼要也唯是車馬兵甲卒伍既具無以行之行猶用也請問戰奚以而可以用也包胥辭曰不知謙也王固問焉乃對曰夫吳良國也良善也能博取於諸侯取貢賦也敢問君王之所以與之戰者問政惠所行也王曰在孤之側者觴酒豆肉簞食未嘗敢不分也觴爵名豆肉器簞飯器飲食不致味致極也不極五味之調聽樂不盡聲不盡五聲之變求以報吳願以此戰包胥曰善則善矣未可以

戰也王曰越國之中疾者吾問之死者吾葬之老其
老敬耆老也慈其幼長其孤問其病求以報吳願以此戰
包胥曰善則善矣未可以戰也此小惠未徧故未可用也王曰越
國之中吾寬民以子之忠惠以善之吾脩令寬刑施
民所欲去民所惡稱其善掩其惡求以報吳願以此
戰包胥曰善則善矣未可以戰也王曰越國之中富
者吾安之不專取也貧者吾予之救其不足裁其有餘裁謂
有餘則稅之使貧富皆利之求以報吳願以此戰包胥曰
善則善矣未可以戰也王曰越國南則楚西則晉北
則齊西南北皆以中國言之春秋皮幣玉帛子女以賓服焉未

嘗敢絶求以報吴願以此戰包胥曰善哉蔑以加焉然猶未可以戰也夫戰知爲始仁次之勇次之不知則不知民之極（極中也）無以銓度天下之衆寡（銓稱也）不仁則不能與三軍共饑勞之殃不勇則不能斷疑以發大計越王曰諾越王句踐乃召五大夫（五大夫舌庸苦成大夫種范蠡臯如之屬）曰吴爲不道求殘吾社稷宗廟以爲平原不使血食吾欲與之徼天之衷唯是車馬兵甲卒伍既具無以行之吾問於王孫包胥既命孤矣（命告之）敢訪諸大夫問戰奚以而可句踐願諸大夫言之皆以情告無阿孤孤將以舉大事（阿曲從也）大夫舌庸乃進對

曰審賞則可以戰乎王曰聖審賞賞不失勞聖通也大夫苦成進對

曰審罰則可以戰乎王曰猛能罰則嚴猛也大夫種進對曰審

物則可以戰乎王曰辯說云別物善惡昭謂物旌旗物色徽識之屬辯別也大夫蠡

進對曰審備則可以戰乎王曰巧備守禦之備巧審察不可攻入也大夫

皐如進對曰審聲則可以戰乎王曰可矣聲謂鍾鼓進退之聲聲不審則

衆惑也王乃命有司大令於國曰苟任戎者皆造於國門之

外國門城門也王乃令於國曰國人欲告者來告三君云告不任兵事也昭

謂告者謂有善計策及職事所當陳白者不任兵事則下所謂眩瞀之疾筋力不足以勝甲兵者告是也告孤

不審將為戮不利不審謂欺詐非實也過及五日必審之使孰思計之也過

五日道將不行道術也過五日則晚矣軍當出也故術將不行王乃入命夫人王

背屏而立夫人向屏屏寢門內屏也王此向夫人南向王曰自今日
以後內政無出外政無入內政婦職外政國事內有辱是子也
外有辱是我也吾見子於此止矣王遂出夫人送王
不出屏婦人禮送迎不出門乃闔左闔塡之以土開陽開陰示幽也去
并側席而坐不埽笄簪也去笄去飾也側猶特也禮憂者側席而坐王背檐
而立大夫向檐說云檐屋外邊壇也唐尚書云屋名也昭謂檐罘罳之滴摘門戶掩陽也
王命大夫曰食土不均地之不脩內有辱於國是子
也均平也脩鑿也軍士不死外有辱是我也自今日以後內
政無出外政無入內國政外軍政也吾見子於此止矣王遂
出大夫送王不出檐示當守備也乃闔左闔塡之以土側

席而坐不埽[示憂戚無節也]王乃之壇列[壇在野所以講士衆誓告之處]鼓而行之至於軍[軍所軍之地也]斬有罪者以徇曰莫如此以環瑱通相問也[環金玉之環瑱塞耳問遺也通行賂以亂軍]明日徙舍斬有罪者以徇曰莫如此不從其伍之令明日徙舍斬有罪者以徇曰莫如此不用王命明日徙舍至於禦兒斬有罪者以徇曰莫如此淫逸不可禁也王乃命有司大徇於軍曰有父母耆老而無昆弟者以告[六十曰耆七十曰老]王親命之曰我有大事子有父母耆老而子爲我死子之父母將轉於溝壑[轉入也]子爲我禮已重矣[重矣去父母而來也]子歸沒而父母之世[沒終也]後若有事

吾與子圖之明日徇於軍曰有兄弟四五人皆在此者以告王親命之曰我有大事子有昆弟四五人皆在此事若不捷則是盡也（捷勝也）擇子之所欲歸者一人明日徇於軍曰有眩瞀之疾者告王親命之曰我有大事子有眩瞀之疾其歸若已（若汝也已止也）後若有事吾與子圖之明日徇於軍曰筋力不足以勝甲兵志行不足以聽命者歸莫告明日遷軍接龢（上下皆龢也）斬有罪者以徇曰莫如此志行不果（果勇決也）於是人有致死之心王乃命有司大徇於軍曰謂二三子歸而不歸處而不處（處止也）進而不進退而不退左而不左右而

六不身斬妻子鬻鬻賣也於是吳王起師軍于江北江北松

江去吳五十里越王軍于江南越王乃中分其師以爲左右

軍傳曰越子伐吳吳子禦之笠澤夾水而陳在魯哀十七年以其私卒君子六千

人爲中軍私卒君子王所親近有志行者猶吳所謂賢良齊所謂士也明日將舟

戰於江及昏乃令左軍銜枚泝江五里以須須須後命也亦令

右軍銜枚踰江五里以須踰度也夜中乃令左軍右軍涉江

鳴鼓中水以須夜中夜半也中水水中央吳師聞之大駭曰越人分爲

二師將以夾攻我師乃不待旦亦中分其師將以禦越

不知越復有中軍故中分其師以禦之越王乃令其中軍銜枚潛涉潛嘿也涉度也

不鼓不譟以襲攻之吳師大北軍敗奔走曰北北古之背字越之左軍

右軍乃遂涉而從之又大敗之於没没地名也又郊敗之郊郭外也三戰三北三戰笠澤也没也郊也乃至于吳越師遂入吳國圍王宮王宮姑蘇吳王懼使人行成曰昔不穀先委制於越君不諱越委制於吳謙而反之也君告孤請成男女服從孤無奈越之先君何言越先君與吳有好畏天之不祥不敢絕祀許君成以至于今今孤不道得罪於君王君王以親辱於孤之弊邑孤敢請成男女服爲臣御越王曰昔天以越賜吳而吳不受今天以吳賜越孤敢不聽天之命而聽君之令乎乃不許成因使人告于吳王曰天以吳賜越孤不敢不受以民生之不長長久也王其無死民生於地

上寓也寓寄也其與幾何言幾何時寡人其達王於甬句東達致也甬句東今句章東海口外洲也夫婦三百唯王所安以沒王年夫婦各三百人以奉之在所安可與居者夫差辭曰天既降禍於吳國不在前後當孤之身實失宗廟社稷凡吳土地人民越既有之矣孤何以視於天下夫差將死使人說於子胥說告也曰使死者無知則已矣若其有知吾何面目以見員也遂自殺越滅吳在魯哀二十二年冬十一月上征上國上國中國也宋鄭魯衛陳蔡執玉之君皆入朝玉珪璧也夫唯能下其君羣臣以集其謀故也集成也言下其羣臣以明吳不用子胥之禍

吳語第十九

（三國吳）韋昭 注

宋本國語

第四册

國家圖書館出版社

第四册目録

越語上第二十　國語　韋氏解

越王句踐棲於會稽之上山處曰棲會稽山名在今山陰南七里吳敗越于夫椒遂入越越子保于會稽在魯哀元年乃號令於三軍號呼也曰凡我父兄昆弟及國子姓號令三軍而言父兄昆弟者方在危阨親而呼之也國子姓年在衆子同姓之列者有能助寡人謀而退吳者吾與之共知越國之政知政謂爲卿大夫種進對曰臣聞之賈人賈人買賤賣貴者夏則資皮資取也冬則資絺絺葛也精曰絺麤曰綌旱則資舟水則資車以待乏也夫雖無四方之憂然謀臣與爪牙之士不可不養而擇也譬如蓑笠時雨既至必求之今君王既棲於會稽之上然後乃求謀臣無乃後乎

後晚也句踐曰苟得聞子大夫之言何後之有執其手而與之謀遂使之行成於吳傳曰使種因吳大宰嚭以求成也曰寡君句踐乏無所使使其下臣種不敢徹聲聞於天王徹達也私於下執事曰寡君之師徒不足以辱君矣不足以屈辱君親來討也願以金玉子女賂君之辱請句踐女女於王進女爲女大夫女女於大夫士女女於士越國之寶器畢從寡君帥越國之衆以從君之師徒唯君左右之左右在君所用也若以越國之罪爲不可赦也將焚宗廟爲將不血食也係妻孥係繫也死生同命不爲吳所禽虜沈金玉於江不欲吳得之有帶甲五千人將以致死乃必有偶偶對也是以帶甲

萬人以事君也言赦越罪是得帶甲萬人事君也無乃即傷君王之
所愛乎與其殺是人也寧其得此國也其孰利乎寧安
也言戰而殺是萬人與安而得越國二者誰為利乎夫差將欲聽與之成子胥
諫曰不可夫吳之與越也仇讎敵戰之國也三江環
之民無所移環繞也三江松江錢塘浦陽江也言此二國之民三江繞之遷徙非吳則越也
有吳則無越有越則無吳言勢不兩立也將不可改於是矣
言滅之之計不可改易也員聞之陸人居陸水人居水夫上黨之
國黨所也上所之國謂中國也我攻而勝之吾不能居其地不能
乘其車言習俗之異也說云吳是時未知以車戰申公巫臣使其子狐庸教之昭謂狐庸教吳魯
成公時也至此哀元年歷五公矣非未知也吳地勢自習水耳夫越國吾攻而勝之

吾能居其地吾能乘其舟此利也不可失也已君必滅之失此利也雖悔之亦無及已越人飾美女八人納之大宰嚭上言請大夫女女於大夫故因此而納美女於大宰嚭以求免也嚭吳王卿故楚大夫伯州黎之子也魯昭元年州黎為楚靈王所殺嚭奔吳唐尚書云平王殺之非也曰子苟赦越國之罪又有美於此者將進之大宰嚭諫曰嚭聞古之伐國者服之而已今已服矣又何求焉夫差與之成而去之成平也句踐說於國人說解也曰寡人不知其力之不足也而又與大國執讎執猶結也以暴露百姓之骨於中原此則寡人之罪也寡人請更更改也於是葬死者問傷者養生者弔有憂賀有喜送往者迎

來者去民之所惡補民之不足然後卑事夫差宦士三百人於吳將三百人以入事吳若宦豎然其身親爲夫差前馬前馬前驅在馬前也句踐之地南至于句無今諸暨有句無亭是也北至于禦兒今嘉興語兒鄉是也東至于鄞今鄞縣是也西至于姑篾姑篾今大湖是也廣運百里言取境内近者百里之中耳東西爲廣南北爲運乃致其父兄昆弟而誓之曰寡人聞古之賢君四方之民歸之若水之歸下也今寡人不能將帥二三子夫婦以蕃蕃息也命壯者無取老婦令老者無取壯妻女子十七不嫁其父母有罪丈夫二十不取其父母有罪禮三十而娶二十而嫁今不待禮者務育民也將免者以告免乳也公令醫守之醫乳醫也生

丈夫二壺酒一犬生女子二壺酒一豚犬陽畜知擇人豚主內陰類也生三人公與之母母乳母也人生三者亦希耳生二人公與之餼餼食也當室者死三年釋其政當室適子也禮父爲適子三年支子死三月釋其政支子庶子必哭泣葬埋之如其子令孤子寡婦疾疹貧病者納宦其子宦仕也仕其子而教之廩以食之也其達士潔其居潔其館舍美其服賜衣服也飽其食稟餼多也而摩厲之於義四方之士來者必廟禮之禮之於廟告先君也句踐載稻與脂於舟以行稻糜脂膏也國之孺子之游者無不餔也無不歠也必問其名爲後將用之非其身之所種則不食非其夫人之所織則不衣十年不收於國民居有三

年之食古者三年耕必餘一年之食國之父兄請曰昔者夫差恥
吾君於諸侯之國今越國亦節矣有節度也請報之句踐
辭曰昔者之戰也非二三子之罪也寡人之罪也如
寡人者安與知恥請姑無庸戰姑且也庸用也父兄又請曰
越四封之內親吾君也猶父母也子而思報父母之
仇臣而思報君之讎其有敢不盡力者乎請復戰句
踐既許之乃致其衆而誓之曰寡人聞古之賢君不
患其衆之不足也而患其志行之少恥也少恥謂進不念功臨
難苟免今夫差衣水犀之甲者億有三千言多也犀形似豕而大今
徼外所送有山犀有水犀水犀之皮有珠甲山犀則無億三千所謂賢良也若今備衞士不患其

志行之少恥也，而患其衆之不足也。今寡人將助天滅之（言夫差天所不與，故曰助天也）。吾不欲匹夫之勇也（匹夫輕儇徼功要利者），欲其旅進旅退也（旅，俱也）。進則思賞，退則思刑，如此則有常賞。進不用命（離伍獨進也），退則無恥（不畏戮辱），如此則有常刑。果行，國人皆勸，父勉其子，兄勉其弟，婦勉其夫（言得一國之歡心），曰：孰是君也，而可無死乎（孰，誰也。誰有恩惠如是君者，可不爲之死乎）。是故敗吳於囿（囿，笠澤也。在魯哀十七年），又敗之於沒（沒，地名。在哀十九年），又郊敗之（在哀二十年十一月，越圍吳）。夫差行成，曰：寡人之師徒不足以辱君矣，請以金玉子女賂君之辱。句踐對曰：昔天以越與吳，而吳不受；今天以吳予越越可以無聽天之命而聽君之令乎吾請達王甬句東甬，甬江；句，句章也。達王出之東境。吾與君爲二君乎待之若二君怨。夫差對曰寡人禮先壹飯矣言巳年長於越王覺差壹飯之間，欲以少長求免也。君若不忘周室而爲弊邑宸宇宸，屋霤；宇，邊也。言越君若以周室之故，以堂宇之餘庇覆吳也。亦寡人之願也君若曰吾將殘女社稷滅女宗廟寡人請死余何面目以視於天下乎越君其次也次，舍也。遂滅吳

越語上第二十　國語

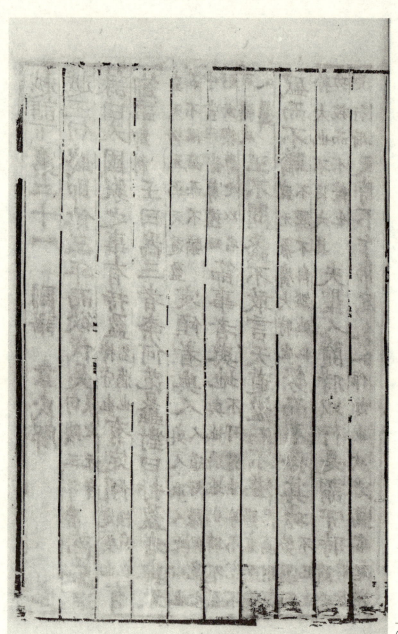

越語下第二十一　國語　韋氏解

越王句踐即位三年而欲伐吴句踐三年魯哀之元年范蠡進諫曰夫國家之事有持盈持守也盈滿也有定傾定安也傾危也有節事節制王曰爲三者柰何范蠡對曰持盈者與天與天法天也天道盈而不溢盛而不驕定傾者與人與人取人之心也人道好謙傾危之中當卑辭尊禮玩好女樂尊之以名節事者與地與地法地也時不至不可彊生事不究不可彊成之屬王不問蠡不敢言天道盈而不溢陽盛則損月滿則虧盛而不驕盛元氣廣大時也不驕不自縱弛也勞而不矜其功勞動而不已也矜大也不自大其功施而不德也夫聖人隨時以行是謂守時隨時時行則行時止則止天時不作弗爲人客作起也攻者爲客起謂天時利害災變之應

人事不起弗爲之始人事謂怨畔逆亂之萌也先動爲始今君王未盈
而溢未盈國未富實而君意溢也未盛而驕道化未盛而自驕泰也不勞而
矜其功未有勤勞而自大其功也天時不作而先爲人客吴未有天灾而
欲伐之人事不起而創爲之始此逆於天而不和於人
天應未至人事不起故逆於天而失人和也王若行之將妨於國家靡王
躬身妨害也靡損也王弗聽范蠡進諫曰夫勇者逆德也德尚
禮讓勇則攻奪兵者凶器也言害人也爭者事之末也言賢者脩其政德而
遠方附事之德不行然後用武故曰爭者事之末也陰謀逆德好用凶器陰謀兵謀
也勇爲逆德也始於人者人之所卒也始以伐人人終害之淫佚之事
上帝之禁也淫佚放濫也先行此者不利王曰無是貳言

也吾已斷之矣（貳二也二言陰謀淫佚也）果興師而伐吴戰於五湖（五湖今太湖也）不勝棲於會稽王召范蠡而問焉曰吾不用子之言以至於此為之柰何范蠡對曰君王其忘之乎持盈者與天定傾者與人節事者與地王曰與人柰何（已在傾危故先問與人）范蠡對曰卑辭尊禮（言當卑約其辭尊重其禮以求平也）玩好女樂（玩好珍寶也女樂謂士女女於士大夫女女於大夫）尊之以名（謂之天王也）如此不已（不已謂吴不釋也）又身與之市（市利也謂委管籥屬國家以身隨之）王曰諾乃令大夫種行成於吴曰請士女女於士大夫女女於大夫隨之以國家之重器（重器寶器也）吴人不許大夫種來而復往曰請委管籥屬國家

以身隨之君王制之委歸也屬付也管籥取鍵器也月令曰脩鍵閉愼管籥吳
人許諾王曰蠡爲我守於國范蠡對曰四封之內百
姓之事蠡不如種也四封之外敵國之制立斷之事
種亦不如蠡也王曰諾令大夫種守於國與范蠡入
官於吳官爲臣隸也三年而吳人遣之句踐以魯哀元年棲會稽吳與之平
而去之句踐改脩國政然後卑事夫差在吳三年而吳人遣之此則魯哀五年也歸反至於
國王問於范蠡曰節事奈何欲更脩政故問節事范蠡對曰節
事者與地唯地能包萬物以爲一其事不失爲一不偏也不
失不失時也生萬物容畜禽獸然後受其名而兼其利受其
名受其功名也利謂萬物終歸於地也美惡皆成以養生物之美惡各有所宜皆成

之以人也養時不至不可彊生物生各有時也事不究不可彊成
究窮也窮則變生可因而成也自若以處若如也自如無妄動也以度天下待
其來者而正之不先唱待其來而就正之因時之所宜而定之同
男女之功功農穡絲枲之功也除民之害以避天殃田野開闢
府倉實貨財曰府米粟曰倉民衆殷殷盛也無曠其衆以為亂梯
曠空也梯階也無令空曰廢業使之困乏以生怨亂為禍階也時將有反事將有間
時天時事人事也反還也間隙也時還則胙在越而吳事有釁隙也必有以知天地之
恒制乃可以有天下之成利恒常也制度也事無間時無反
吳事無釁隙天時未在越則撫民保教以須之保守也王曰不穀之
國家蠡之國家也蠡其圖之范蠡對曰四封之内百

姓之事時節三樂三樂三時之務使之勸事樂業也不亂民功不逆天時從事有業故功不亂因時順氣故不逆也五穀稑孰民乃蕃滋稑和也蕃息也滋益也君臣上下交得其志蠡不如種也交俱也四封之外敵國之制立斷之事因陰陽之恒順天地之常陰陽謂剛柔晦明三光贏縮用兵利鈍之常數也柔而不屈外雖柔順內不可屈彊而不剛內雖彊盛行不以剛德虐之行因以爲常唐尚書云言無德行虐罰以爲常昭謂德有所懷柔及爵賞也虐謂有所斬伐及黜奪也以爲常以爲常法也死生因天地之刑死殺也刑法也殺生必因天地四時之法推亡固存亦是也天因人因人善惡而福禍之聖人因天天垂象聖人則之人自生之天地形之形見也見其吉凶之象聖人因而成之因吉凶以誅賞是故戰勝而不報敵家不能

[illegible]也取地而不反（不復反敵家也）兵勝於外福生於内用力甚少而名聲章明種亦不如蠡也王曰諾令大夫種爲之（爲治國也）

四年王召范蠡而問焉（說云魯哀三年昭謂四年反國四年魯哀九年）曰先人就世不穀即位（先人允常就世終世也）吾年既少未有恒常出則禽荒入則酒荒吾百姓之不圖唯舟與車（好游田畋唯舟與車）上天降禍於越委制於吳（委歸也）吳人之那不穀亦又甚焉（那於也甚焉言見困苦也）吾欲與子謀之其可乎范蠡對曰未可也蠡聞之上帝不考時反是守（考成也言天未成越當守天時天時反乃可以動也）彊索者不祥（索求也）得時不成反受其

殃言得天時而人弗能成則反受其殃夫差克越可取而不取後反見滅是也失德滅名流走死亡有奪有予有不予有奪予而復奪也有予天所授也不予天所去也王無蚤圖夫吳君王之吳也王若蚤圖之其事又將未可知也未可知或時不得也王曰諾

又一年反國五年魯哀十年王召范蠡而問曰吾與子謀吳子曰未可也今吳王淫於樂而忘其百姓樂聲色也亂民功逆天時信讒喜優優謂俳優也憎輔遠弼相道為輔矯過為弼聖人不出聖通也通知之〻皆隱遁也忠臣解骨賈唐二君云解骨子胥伏屬鏤也昭謂是時子胥未死解骨謂忠良之臣見其如此皆骨體解倦不復念忠也皆曲相御莫適相非上下相偷其可乎御猶將也言皆曲意取容轉相將望無復相非以不忠[illegible]

者也偷苟且也范蠡對曰人事至矣天應未也王姑待之王曰諾

又一年反國六年魯哀十一年王召范蠡而問焉曰吾與子謀吳子曰未可也今申胥驟諫其王王怒而殺之其可乎子胥數諫王不聽知吳必亡使於齊屬其子於鮑氏王聞之賜之屬鏤以死在魯哀十一年范蠡對曰逆節萌生害殺忠正故為逆節萌兆也天地未形而先為之征形見也天地之占未見征征伐也其事是以不成雜受其刑雜猶俱也刑害也王姑待之王曰諾

又一年反國七年魯哀十二年王召范蠡而問焉曰吾與子謀吳子曰未可也今其稻蟹不遺種其可乎稻蟹食稻也范

蠡對曰天應至矣人事未盡也謂飢困愁怨之事未盡極也王姑待之王怒曰道固然乎固故也妄其欺不穀邪吾與子言人事子應我以天時今天應至矣子應我以人事何也范蠡對曰王姑勿怪夫人事必將與天地相參然後乃可以成功參三也天地人事三合乃可以成大功今其禍新民恐稻蟹新也其君臣上下皆知其資財之不足以支長久也支猶堪也彼將同其力致其死猶尚殆殆危也言伐吳於事尚危也王其且馳騁弋獵無至禽荒使越王爲此者示吳不以吳爲念也宮中之樂無至酒荒肆與大夫觴飲無忘國常肆放也常舊法也彼其上將薄其德民將盡其力言吳王見越馳騁射獵不以爲意必不脩

德而縱私好以盡民力也又使之望而不得食怨望於上而天又奪之食也乃可以致天地之殛也殛誅也王姑待之且待時也自此後四年乃遂伐吴至於玄月爾雅曰九月爲玄謂魯哀十六年九月至十七年三月越伐吴也王召范蠡而問焉曰諺有之諺俗之善語也曰觥飯不及壺飧觥大也大飯謂盛饌未具不能以虛待之不及壺飧之救飢疾也言已欲滅吴取快意得之而已不能待有餘力也今歲晚矣子將奈何范蠡對曰微君王之言微無也臣固將謁之謁請也請伐吴也臣聞從時者猶救火追亡人也蹶而趨之唯恐弗及蹶走也王曰諾遂興師伐吴至於五湖吴人聞之出挑戰一日五反王弗忍欲許之不忍其忿也范蠡進諫曰謀之廊廟失之中原其可乎王姑

勿許也臣聞之得時無怠時不再來天予不取反爲之災贏縮轉化後將悔之贏縮進退也轉化變易也天節固然固然有轉化也唯謀不遷謀必素定不可遷易也王曰諾弗許范蠡曰臣聞古之善用兵者謂若黃帝湯武也贏縮以爲常四時以爲紀以爲常隨其贏縮紀猶法也四時有轉運用兵有利鈍也周語曰王欲合是五位三所而用之是也無過天極究數而止極至也究窮也無過天道之所至窮其數而止也天道皇皇日月以爲常皇皇著明也常象也明者以爲法微者則是行明謂日月盛滿時也微謂虧損薄食也法其明者以進取行其微時以隱遁陽至而陰陰至而陽至極也日困而還月盈而匡困窮也匡虧也古之善用兵者因天地之常與之俱行隨其運轉虧盈晦明之常也後則

用陰先則用陽（後後動先先動也用陰謂沈重固密用陽謂輕疾猛厲）近則用柔遠則用剛（敵近則用柔順示之以弱遠則抗威厲辭以亢禦）後無陰蔽先無陽察（後動者泰靜爲陰蔽也先動者泰顯露爲陽察也）用人無蓺往從其所（蓺射的也無蓺無常所也行軍用人之道因敵爲制不豫設也故曰往從其所）剛彊以禦陽節不盡不死其野（言敵以剛彊來禦已其陽節未盡尚未可克故曰不死其野）彼來從我固守勿與（勿與之戰也）若將與之必因天地之灾（彼有灾變則可）又觀其民之飢飽勞逸以參之（言雖有灾民尚逸飽則未也）盡其陽節盈吾陰節而奪之（彼陽勢已盡而吾陰節盛蒲則能奪之也）宜爲人客剛彊而力疾陽節不盡輕而不可取（先動爲客於時宜爲人客剛彊力疾陽數未盡雖輕易人猶不可得取也）宜爲人主安徐而

重固陰節不盡柔而不可迫時宜爲主人安徐重固陰數未盡雖柔不可困
迫也凡陳之道設右以爲牝益左以爲牡陳有牝牡使相受也在陰
爲牝在陽爲牡蚤晏無失必順天道晏晚也周旋無究究窮也無窮若
日月然也今其來也剛彊而力疾言吳陽勢未盡未可擊也王姑待之
王曰諾弗與戰居軍三年吳師自潰魯哀二十年冬十一月越圍吳
二十二年冬十一月丁卯滅吳吳王帥其賢良與其重祿以上姑蘇
姑蘇宮之臺也在吳昌門外近湖或云賢賢妃良貨唐尚書云重祿寶璧昭謂賢良親近之士猶越言
君子齊言上也吳語曰越王以其私卒君子六千人爲中軍賈侍中云重祿大臣也使王孫雒
行成於越雒吳大夫王孫姓也曰昔者上天降禍於吳得罪於
會稽使越棲於會稽時也今君王其圖不穀不穀請復會稽之

和王弗忍欲許之范蠡進諫曰臣聞之聖人之功時爲之庸庸用也因天時以爲功用得時弗成天有還形還反也形體也天節不遠五年復反節期也五年再閏天數一終故復反也小凶則近大凶則遠小凶謂危敗大凶謂死滅近五年遠十年或二十年也先人有言曰伐柯者其則不遠先人詩人也執柯以伐柯其法不遠以言吳昔不滅越故有此敗此戒亦不遠也今君王不斷其忘會稽之事乎王曰諾不許使者往而復來辭愈卑禮愈尊愈益也王又欲許之范蠡諫曰孰使我蚤朝而晏罷者非吳乎與我爭三江五湖之利者非吳邪夫十年謀之一朝而棄之其可乎十年不收於國勤身以謀吳也王姑勿許其事將易冀已冀望也易望已不勤

難也王曰吾欲勿許而難對其使者子其對之范蠡乃左提鼓右援枹以應使者提挈也曰昔者上天降禍於越委制於吳而吳不受今將反此義以報此禍吾王敢無聽天之命而聽君王之命乎王孫雄曰子范子先人有言曰無助天爲虐助天爲虐者不祥今吳稻蟹不遺種子將助天爲虐不忌其不祥乎忌惡也范蠡曰王孫子昔吾先君固周室之不成子也子爵也言越本蠻夷小國於周室爵列不能成子周禮諸子之國封疆方二百里故濱於東海之陂濱近也陂崖也黿鼉魚鼈之與處而鼃黽之與同陼鼃黽蝦蟇也水邊亦曰陼余雖靦然而人面哉吾猶禽獸也又安知是諓諓

者乎醜面目之皃也諓諓巧辯之言也方欲拒吳之請故自卑薄以不知禮義也王孫雄曰子范子將助天爲虐助天爲虐不祥雄請反辭於王請以辭告越王范蠡曰君王已委制於執事之人矣執事蠡自謂也子往矣無使執事之人得罪於子無使我爲子得罪也使者辭反反報吳也范蠡不報於王擊鼓興師以隨使者至於姑蘇之宮不傷越民遂滅吳事將易攘攘是也反至五湖范蠡辭於王曰君王勉之臣不復入於越國矣勉王以德欲隱遁也王曰不穀疑子之所謂者何也范蠡對曰臣聞之爲人臣者君憂臣勞君辱臣死昔者君王辱於會稽臣所以不死者爲此事也今事已濟矣蠡請從會稽之

罰王曰所不掩子之惡揚子之美者使其身無終沒於越國子聽吾言與子分國不聽吾言身死妻子爲戮范蠡對曰臣聞命矣君行制臣行意（制法也意志也）遂乘輕舟以浮於五湖莫知其所終極王命工以良金寫范蠡之狀而朝禮之（以善金鑄其形狀而自朝禮之）浹日而令大夫朝之（從甲至甲爲浹浹帀也）環會稽三百里者以爲范蠡地（環周也）曰後世子孫有敢侵蠡之地者使無終沒於越國（誓告也）皇天后土四鄉地主正之（鄉方也天神地祇四方神主當征討之正其封疆也）

越語下第二十一　國語

國語補音敘録

宋庠撰

按班固藝文志種別六經其春秋家有國語二十一篇注左丘明著至漢司馬子長撰史記遂據國語世本戰國策以成其書當漢世左傳祕而未行又不立於學官故此書亦弗顯唯上賢達識之士好而尊之俗儒弗識也逮東漢左傳漸布名儒始悟向來公穀膚近之説而多歸左氏及杜元凱研精訓詁大釋天下古今眞謬之學一旦冰釋雖國語亦從而大行蓋其書並出丘明自魏晉以後書録所題皆曰春秋外

傳國語是則左傳爲內國語爲外二書相副以成大
業凡事詳於內者畧於外備於外者簡於內先儒孔
晁亦以爲然自鄭衆賈逵王肅虞翻唐固韋昭之徒
並治其章句申之注釋爲六經流亞非復諸子之倫
自餘名儒碩生好是學者不可勝紀歷世離亂經籍
亡逸今此書唯韋氏所解傳於世諸家章句遂無存
者然觀韋氏所敘以鄭衆賈逵虞翻唐固爲主而增
損之故其注備而有體可謂一家之名學唯唐文人
柳子厚作非國語二篇攟摭左氏意外微細以爲詆
訾然未足掩其洪美左篇今宇然與經籍並行無損

也庸何傷於道因略記前世名儒傳學姓氏列之左方

後漢大司農鄭衆字仲師作國語章句亡其篇數

漢侍中賈逵字景伯作左氏春秋及國語解詁五十

一篇左傳三十篇國語二十一篇隋志云二十

卷唐已亡

魏中領軍王肅字子雍作春秋外傳國語章句一卷

隋志云梁有二十二卷唐志亦云二十二卷

吳侍御史虞翻字仲翔注春秋外傳國語二十一卷

吳尚書僕射唐固字子正注春秋外傳國語二十一卷

吳中書僕射侍中高陵亭侯韋昭字弘嗣注春秋外

傳國語二十一卷隋志云二十二卷唐志二十
一卷與今見行篇次同
晉五經博士孔晁注春秋外傳國語二十卷唐志二
十一卷

右按古今卷第多不同或云二十一篇或二十二篇或
二十卷然據班志最先出賈逵次之皆云二十一篇
此實舊書之定數其後或有損益蓋諸儒章句煩
簡不同析簡併篇自名其學蓋不足疑也要之執文
志爲審矣又按先儒未有爲國語音者蓋外內傳文
多相涉字音亦通故邪然近世傳舊音一篇不著撰

人名氏尋其說乃唐人也何以證之據解犬戎樹惇引鄯州羌爲說夫改羌爲鄯國爲州自唐始耳然其音簡陋不足名書但其閒時出異聞義均雞肋庳因暇輒記其所闕不覺盈篇今因舊本而廣之凡成三卷其字音反切除存本說外悉以陸德明經傳釋文爲主亦將稽舊學除臆說也唯陸音不載者則以說文字書集韻等附益之號曰國語補音其閒闕疑請俟鴻博非敢傳之達識姑以示兒曹云

目録

周語上第一

周語中第二
周語下第三
魯語上第四
魯語下第五
齊語第六
晉語第七或於國語次行別題晉語一下復目武公按此卷唯載武公一節其餘盡記獻公驪姬事則後人妄加明矣
晉語第八此亦於卷外題晉語二下復標曰獻公諸本不一
晉語第九卷外並題曰晉語三自此以下至第十五皆如此
晉語第十

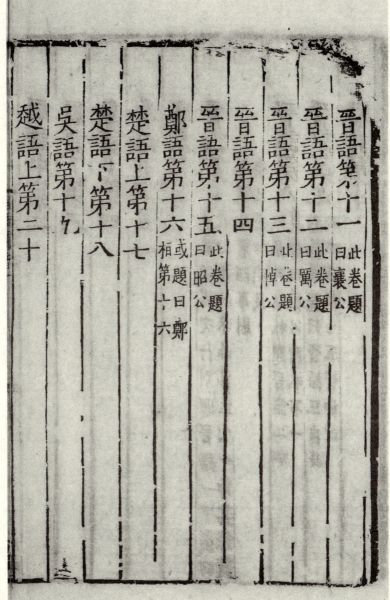

越語下第二十一

補音三卷 庠自撰 附於末

按諸本題卷次叙各異或有先題國語卷第幾作一行次又别題曰某語次下又别題曰某公疑皆後人以意妄自標目然不能得其定本未知孰是庠家舊藏此書亦參差不一天聖初有宗人同年生緘假庠此書最有條例因取官私所藏凡十五六本校緘之□其間雖或魯魚而緘本大體爲詳又題號諸篇較若晝一並不箸卷字但曰某語第幾其間唯一國有三篇或二篇者則加上中下以爲别然不知此目與

自何世及何人論次決非丘明所自造蓋歷世儒者各有章句並擅爲部第莫可知已唯北本題卷不與諸家類今輒據以爲正云

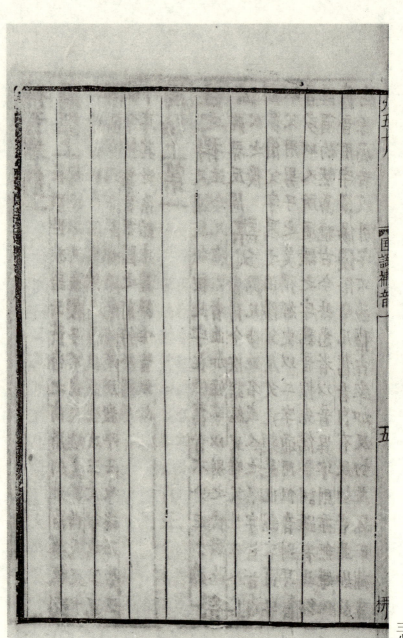

補音卷第一

周語上 杜預世族譜云黄帝之苗裔姬姓后稷之後封於邰及褒稷子不窋失職竄於西戎至十二代孫曰大王爲狄適遷岐至孫文王受命武王克殷而有天下至幽王爲犬戎所殺平王東遷乃居王城今按舊音每國之前特於國名下序其世系始末甚詳它皆倣此

周語上第一

注之稱 尺證反今按此字在注舊音不分正文與注今凡在注者並加注字以別之後倣此

祭公 莊界反　周公之後

謀父 音甫今按諸經史唯父母字外其餘凡涉地名或人之名字皆音甫古多借父字爲之伯陽父尼父之類是也說文甫字以父用男子之美稱經史以二字通用但音別耳舊音多以人所通識之字爲音據先儒音訓雖有此例但須灼然易曉古今共悉者以音異字則亦無嫌但舊音用字多傷淺俗今凡舊音自有反切者並如故自餘漏音及引字不甚稽古率加反切並題曰補音

或於義未了又加今按以爲釋後皆放此注凡蔣補音將丈反注胙音祚補音才故反

注脩補音引信反注罪惡補音如字兵戢莊立反今按下載戢同注玩黷

音讀補音上五亂反下徒木反注伐紂補音直久反注爲作于僞反注巡守

補音手又反注樂歌補音並如字下樂章同載櫜音高補音古刀反注干盾

補音食允反注韜也補音吐刀反注復用補音扶又反時夏戶也反今按下

注並同允王左氏于況反今按詩經無此音若據韋注則當如字爲允茂正補音莫候反通

作懋注鄗擁上之亮反下於勇反注耒耜上力昧反下音似補音詳里反之鄉補音

許亮反注好惡上音耗下音汙補音呼報反下烏路反注不窋中律反今按下同

注洛汭補音如銳反注禘祫上音第下音洽禮緯曰三年一祫五年一禘補音大計反

下戶甲反注不先補音悉薦反注以契小列反商祖也戎翟大的反今按本或作

秋音同注竄匿上七亂反下女力反注於部音胎補音吐來反注郊本[illegible]齒肴

巾反纂脩作管反惇篤丁昆反爾雅云惇厚也大惡一故反注及下並同甸服

補音田徧反下注並同注纖音祈補音勤衣反下注並同注所彌補音防密反注

要服音腰補音於遥反今按說文要即腰字加月者俗相承耳下文注所引要服並同注圻

補音勤衣反通作畿下注同注賓見乎徧反下而見一見來見並同今按注中見字非一不比

舊音所引皆曾以意求之注好信補音呼報反注珤補音通作寶古今字也下注同注

爲摯音至補音眞二反本或作贄同注氐羌補音丁兮反下都良反注曾高蕭音

則登反注二祧土彫反注壇墠上音彈下音善今按彈又有憚音非定訓也補音上

徒丹反下常衍反注讓譴去戰反注辠輕補音即今罪字說文犯法也从自从辛言

辠人蹙鼻苦辛之憂秦以辠似皇字改爲罪罪捕魚竹网也从网从非並徂賄反今作辠得字之正此書

諸篇多作皐不復重解之辟婢亦反文告補音古毒反於遠補音如字下同往

終卒補音遵聿反幾頓補音居衣反犬戎樹惇注云樹立也言戎立性惇樸據

下文云守終純固一也言戎天性專一義與惇樸不殊非本旨也按鄯州界外羌中見有樹惇蓋是犬戎

主名明矣今按舊音輒建此説雖似有理然傳疑失實未足以請先儒且音蠻夷姓名隨世變易殊音詭韻

未始有極矧千歳之外尚襲舊名者邪或戎人姓名偶與舊文相會安可執而爲據又識樹惇與純固同

義便云非本旨也且經史之辭首末重複者不可勝紀今略舉數節詩云昭明有融高朗令終解者曰昭

明也朗亦明也二句之内三字一訓書曰無黨無偏王道便便無偏無黨王道蕩蕩無反無側王道正直

今按偏黨反側皆一義也安可謂辭之重歟經誥大訓但取全義而已寧如末世綴屬之士專爲避忌之

文哉而舊作音者欲以淺近臆說詆前賢篤論過矣能帥補音所類反又所律反據注云循也疑從

率注應也補音應于用對之應公從反注伊扈音戶補音侯古反今按史記罘

王名繫扈世本人物表作伊扈注由媒木回反爲桀七岸反注三驪補音匡愚
反不參七南反注姪娣上大㘝直乙二反下音第補音下大計反歸女音汝今按
經典汝字多借女爲之非徒音也下注況女同注堪任補音而林反小醜補音尺九反
注厲王胡補音胡如字周厲王名按史記及人物表並同今人間俗本於此注多作胡齊非是
胡齊乃釐王名也厲王後凡七世謗補音補浪反注誹補音芳匪反說文即音匪召公
補音上照反或作邵下召公字皆同告王補音古毒反下以告告召注告王並同亦如字監謗
補音古銜反注相眄木見反能弭名氏反是鄗之亮反川壅補音於勇
反下可壅若壅同而潰戶內反注爲治補音直吏反一音雉之反水名也水出東萊曲
城陽丘山南入海注以風方夢反下注風誦同瞽音古獻典補音如字本或作曲非
師箴補音之林反注箴刺補音七賜反本或作刾俗注眸音牟補音亡侯反矇

音蒙注刻桷上音克下音角補音上苦得反下古岳反傳語音禦注音馭補音若從禦即魚
呂反若從馭即㒵據反注驂僕七男反注單襄音善補音常演反注焉知
補音於虔反耆艾上音祁東齊人謂尊爲耆艾補音上巨支反下五蓋反不悖步沒反梁
主以佛有悖音乃改悖爲背今按經典及諸儒悖字多音布內反罕從步沒者諸傳記亦未見梁武改悖
爲背之說將作音者別有所按邪衍沃一毒反注曰隰補音詳立反注有濊
古代反注所惡補音烏路反能幾音譏補音居尾反注同于濊音滯補音直例
反王說古悅字注說好音耗補音呼報反注夷謚補音神至反按字書謚字
當作謚說文云闕芮良夫補音如銳反人姓又國名大難奴汗反今按下大難懼難避難
此難並同注專擅補音市戰反注惡害補音烏路反注放音昉補音方往反
夫王于向反猶曰補音曰如字發語端也李或作日人實反義亦兩通怵惕上音黜下

音遹補音上赦律反下它歷反下注同　蒸民補音之承反　注爾女補音古[illegible]字下女時
同　注施利補音式豉反　歸鮮補音息淺反　注宣王靖補音如字靖宣王名
史記作靜漢書作靖　驟諫仕又反　爲懟音墜補音直類反下同　注愎皮逼反　長
而知丈反　注共和注彘之亂公卿相與共和而脩政事按汲冢書共音恭共伯名和今按舊
音雖出此說然韋氏自依史記周紹爲注則共當如字　不藉補音在亦反按說文帝耤千畝古者
使民如借故謂之耤从耒昔聲令經典通作藉此篇內並同　號文補音瓜百反下注同　注都
鎬音皓補音胡老反　粢盛上音咨下音成補音上即夷反下尚征反今按後又有作齍者音同
字異義則一　蕃庶音煩補音扶袁反　共給補音共通作供假借注同　輯睦集緝二音
補音秦入反通作集又七入反　蕃殖音植注殖長也蕃息也按廣雅云殖積也說文云殖脂膏久也
一音職考工記織爲膱共音職伏以蕃既訓息殖乃無宜又訓長也孔子曰賜不受命而貨殖焉謂蓄藏

積而不用如脂膏久而致膩也孔注尚書弗殖貨利乃以殖爲植訓之爲生特不然矣補音常職反下穀
乃不殖同今按尚書論語注及釋文並音植訓曰長或曰生又史記有貨殖傳諸儒之解不越經典無膏
膩之說作音者獨據說文以建茲義怪矣又按引注云殖長也蕃息也按今本但訓植不訓蕃蓋已於上
民之蕃庶下注之此宜略然作音者欲難其意故復引之庬莫江反大史補音它蓋反下及大
宰大師大保幷注並同時覛音脉補音莫獲反癉憤丁佐反方言楚謂怒爲癉晁云癉起
憤盛也盈滿震動也言陽氣起而盛滿則震動發也補音癉又音得按反俱訓病也底于音旨補音
之履反注冒橛巨月反補音上莫報反注可拔步八反先時補音悉薦反注
及下文同告稷補音古毒反下以告同俱烝補音之承反弗渝以朱反滿眚
色永反史帥補音所類反又所律反距今補音具呂反祇祓音拂補音孚勿反又
音廢監農不易補音監古銜反又古懺反易盈隻反又以赤反注耕耨乃豆反注

田畯音俊補音子峻反齎宮補音側皆反下同注御治補音直吏反淳灌上之純反下音濁補音直角反饗醴補音上許丈反下盧啓反饗終篇同注飲也補音於鴆反鬱人補音於物反薦鬯丑亮反卷內同注祼器補音古亂反下同注共王音恭下掌共同補音通作供假借犧人補音許宜反薦醴音禮今按上有淳灌饗醴是首字舊出音於此失其次祼音灌補音古亂反今按前已有祼器漏音亦失其次畢從補音才用反注為農于僞反稷監補音古銜反下史監師監宰監汜監並同從之補音如字一墢鉢伐二音賈逵曰耜廣五寸二耜為耦一撥深尺今按說文作坺云一臿土也音蒲撥反切韻卽有鉢伐二音又作垡音同注一耜補音詳里反省功小井反下省民省風同歆大補音許金反下它蓋反瞽帥補音所類反又所律反注樂官補音如字稾補音力錦反注同注齍盛上音咨下音成補音上卽夷反下尚征反齍通作粢徧戒古文

遍字今按古文無此遍字說文及諸韻作徧者王作遍者俗注蟄丈立反墾辟上口

很反下婢亦反曰徇似俊反下大徇同注行也補音下孟反下行農同注溝洫

補音呵域反注道氾音汎補音孚鑑反通作泛注曰三公佐王論道氾論道氾監衆官舊音多以上句

相接字爲訓注之治補音直吏反注相王補音息亮反注不與補音羊慮

反注親行補音下孟反耨乃豆反世本云垂作耨釋器曰枸欘謂之定丁脛反廣雅曰定

謂之耨賈逵曰耨鎡錤也呂氏春秋曰耨六寸所以間稼纂文曰耨如鏟柄長三尺刃廣二寸以刺地陰

草釋名曰所謂耨鉏薅禾是也今按舊音前已音耨字至此又廣引衆說先後失其次穫戶郭反

恪恭補音苦各反彊又良反下注並同其鎛音博田器也詩云庤乃錢鎛又曰其鎛斯

趙音掉庤音峙錢音剪補音伯各反不解古買反今按語曰日服其鎛不解于時文意以謂不懈怠

于詩則解當音佳賣反借作此懈字從去聲作古買者從上聲音義俱別矣注鉏屬仕魚反

布施式豉反 優裕以注反 匱神之祀讀者以之爲之然匱是乏之義無安重也

注别種止勇反 裔胄補音上余制反下直又反 以括補音古活反今按韋注云括魯

武公長子伯御也戲弟懿公也下文云魯人殺懿公而立伯御即括也按史記魯世家宣王立戲爲魯太

子戲立是爲懿公九年懿公兄括之子伯御與魯人攻弑懿公而自立據史記則伯御乃括之子明矣又

按班固人物表伯御魯懿公兄子與史記合疑韋注失之 戲見上休安反下戶徧反今按下同 注

長子補音丁丈反下使長事長立長並同 樊仲補音扶袁反 山父音甫按舊音失次今

移 注食采補音七代反 注立少補音詩照反下少少事其少同事 儆音劾補音

胡教反 所壅補音於勇反下注同 注壅塞補音悉則反 王卒補音遵聿反下而卒

同 殺懿補音上申志反 能治補音直吏反下訓治同 注弟稱補音尺證反又如字

耇老音苟補音丁口反 注湅黎補音上丁貢反下力知反 料民補音力弔反下注及

可料不料同大原補音它蓋反注同注料數補音所矩反協孤補音胡頻反下

凡七協字同司寇補音丘候反注犧牲補音許宜反注革更音庚補音古衡

反注委積補音子賜反稾協補音力錦反注藉田補音在亦反下于藉於藉

及注並同注挍狩補音所鳩反下手又反後正文挍于狩於及注並同注懷任補音而林

而鳩二反農隙去逆反隙間音瀾訓空隙音閑則訓防禁也補音古閑反今按隙既訓間則

當音人間之間獮小淺反既烝補音之承反注同民數補音所句反惡事補音

烏路反下并注同注厭惡上一贍反下一故反今按惡字前已有補音注避遠于萬

反而妨音芳補音敷方反卒子聿反注宮涅補音乃結反幽王名也按今官本史

記作宮涅徧檢字書無此字又或作宮湟然並與涅字相亂皆非是據古今人物表亦作宮涅宜從涅

伯陽父補音甫下注虢公林父同而鎮音珍今按史記作塡周禮春官天府掌國之玉鎮音

珍說文亦云璧也注鎮笮莊百反必塞補音悉則反洛碣補音渠列反下河碣必碣川碣並同注則更補音古衡反注釐王音僖今按釐通作禧僖注毋涼音梁賈注無毋字史記作閭補音龍張反今按世本及古今人表並作毋涼石遬桑谷反今按內傳作速注同蒍國韋委反今按下注同子積補音徒回反注王姚補音羊消反注嬖於補音必計反賤而得幸曰嬖注之圃補音必古反又音布注又收補音式周反飲三補音於鴆反注大招音韶今按招即韶字假借非止為音注大濩音護補音胡誤反注厲公突補音徒忽反樂禍音洛今按下同盍戾臘反自圍牛呂反于莘補音所巾反史過音戈補音古禾反下同齊明補音據注並如字注升聞補音問下注同辟邪音璧補音上匹亦反下似嗟反今按辟字凡有數音其音璧者卽皇王后辟君也音闢者大刑之名也音僻者邪辟之謂也音避者避遠之辭也今據正文曰其君貪冒

辟邪即不當音璧字從邪僻之音論語曰師也辟亦音匹亦反注謂子張才過人失在邪辟而文過舊音
曰璧其巨失乎注抵冒補音上丁禮反下莫報反淫泆音逸麤穢補音七奴反腥
臊音騷補音素刀反注同臭惡補音並如字注同矯誣補音上居表反下武夫反攜
貳下圭反或作攜今按攜字俗訛弗蠲補音古玄反遠志補音于萬反苛慝上音
何下音忒補音上胡歌反下它得反注慝惡補音如字聆隧音琴禮傳跡引此文作黔補音
巨今反檮杌上音桃下音兀補音上徒刀反下五忽反丕山匹皮反補音尚書備悲反注
鮌也古本反禹父也或作鯀在牧音术補音莫卜反鸑五角反鷟士角反于
鄗音皓尚書作鎬補音胡老反今按此字又有郝音常山縣漢世祖即位為高邑者非周地也字從鎬
注于囿于目反一音又補音于救反注衣朱補音於既反注操朱七刀反
注射宣補音食亦反注中心補音丁仲反注折脊補音之列反注王

瑕補音戶加反 馮身音憑補音皮冰反注同 帥補音所類反又所律反 狸姓力之反今按下注同 冑見補音上直又反下賢徧反 注數也補音所句反 忌父補音甫
注有瓚補音才旱反 史過補音古禾反下過歸次章並同 從至補音才用反注同
史嚚補音五巾反 告王補音古毒反次章告王同 不禋補音於眞反 注違邪補音似嗟反 召公過補音古禾反按內傳正義曰召武公亦名過具引周語襄王事蓋有內史過故言亦經雖無音據正義則同爲古禾明矣 注飴甥音台補音與之反今按內傳音怡此作台緣台又有胎音非所以曉學者 郤芮上音隙下音汭補音上去逆反下如銳反舊音在後今移 相小亮反 信圭音申今按禮康成注以信爲身則讀作身下同 稽首補音口禮反今按古文尚書幷說文並作䭫經史相承作稽稽自音雞周禮亦作䭫 有皋補音郎罪字解已見上後又注有五皋字並同 般庚音盤補音步干反 之臧子郎反今按善本但作戚 長衆知丈反今按下

十三

同衆濟補音詣反箋被除補音孚勿反又音廢下同度東上大各反下音中補音陟
隆反度下注同以莅音利補音力至反本或作涖竝通注考省悉井反庶乎音數
補音芳夫反音失次今移舊之賂補音盧故反注予秦補音羊汝反下子里同施
其補音始支反所惡補音烏路反下注同以惡補音如字朝日陟遙反今按禮玉藻
朝日於東門之外音直遙反與注意會陟遙失之注同日恪補音苦各反以儆補音京領
反注中廷補音徒徑反又特丁反以共補音供假借注表識補音昌志申志
二反人音志爲摯音至或爲贄補音眞貳反下文注同鎭之補音如字重也注弁下無鎭同
注執鶩務木二音補音莫卜反今按經典罕從務音諸韻有之注琥音虎注璜補音
戶光反注以繅音蚤令聞補音問嘉譽補音如字散遷補音西旦反解
慢補音佳賣反刑辟補音婢亦反注同斧鉞上音甫下音越注顯小兩反注

窒知日反注適嗣補音丁歷反亹亹音尾補音亡偉反今按經典相承作亹亹皆勉也
說文無此字徐鉉深以爲譌云非字也當作娓孜之驚俗怵惕補音上敕律反下它歷反保任
補音而林反又而鴆反注職也下同替其補音它計反下同誣其補音武夫反下同任
重補音而林反又而鴆反而隕補音于敏反注同注青施補音式豉反人殺
補音申志反下注同無胄補音直又反注寺人披匹皮反閹官也一名伯楚文公時爲
勃鞮勃鞮亦官名今按經典釋文寺如字又音侍披音普皮反春秋本或作侍人拔注以告補音
古毒反大宰補音它蓋反下並同注輿父音甫補音下注同注重耳補音直龍
反郊勞來号反今按注同注饔餼上一恭反下休氣反今按餐饔同庭燎力召
反今按又力燒反鄭云在地曰燎執之曰燭又樹之門外曰大燭於內曰庭燎注衣玄補音於既
反注冠委補音古亂反注鷩衣音鷩補音必列反以宴音鷰補音於見反注

同好補音呼報反注同注饔飧音孫補音蘇昆反以告補音古毒反以道
音蹈補音徒到反本或作導以分補音如字下文注同則度補音如字下文注同不攜
補音戶圭反下文注同不齊補音箋諸反不疚補音久又反注同艾人補音魚發
反俗本於艾字下特音乂後人妄加使於補音所吏反之難補音乃旦反注陳嬀
補音居危反注隗氏午罪反注桃子音遙補音徒刀反今按內傳桃如字本或作姚
者然須音桃陸德明說注于汜音己今按經典釋文音凡春秋內傳注汜鄭南汜也在襄城縣
南其音祀者乃成皋汜水耳祀凡文近易訛故特志之朝子補音直遙反下注同衡雍
一用反蹙捷才接反踐土補音似淺反士如字又或音杜注彤大冬反注玈弓音盧補音落胡
反注秬音巨補音其呂反注鬯補音敕亮反注卣由酉二音注虎賁音奔

周語中第二

注泄堵音薛補音下丁古反又音者俞彌補音上羊朱反下亡皮反王使補音所上

反注王使補音所吏反注隗姓補音午罪反下翟隗叔隗並同譊閱火歷反今

按下注同注很補音戶墾反本或作恨者非下注並同外禦牛呂反注常棣第允

二音補音大計反字林大内反今按毛詩常棣篇注常棣棣也此爾雅正文曰唐棣栘也常棣棣也撿經

典釋文唐常俱無音蓋唐常二字世所通識故不復解當各如字讀今人多以常棣詩作唐棣非注意矣

唯毛詩何彼襛矣唐棣之華及論語引逸詩有唐棣之華此二處並正寫唐字非此常棣也注樂

絶補音如字注滑突補音上于八八二反下徒忽反鄭武公名注泄父補音上息

列反下方矩反通作甫注挾輔夾協二音補音古洽反又古協反今按善本但作夾不加手下

注同注祝聃上音粥下音南補音上之六反下乃甘反今按聃字又有它甘反即老子名也注

射王補音食亦反下同注戮音六繇康呂靜音留字林音遼補音力竹反今按注引戮力一

心據字書及經史當用此勠字从力說文从戈者殺也从力者并力也檢此書諸本並用此戮字將傳寫
之誤或古字通用注篡王初患反小忿補音芳粉反注保養補音余兩反
龢篆文和字今按龢和古今字通用耳非專篆文令聞補音問摯疇補音上脂利反下直
留反注任姓補音而林反注仲虺補音許鬼反注大任補音上它蓋反後大
姒大姜大王大姬注並同繒由補音才陵反注大姒音似補音祥里反注陳嬀
九爲反鄢妘上音偃下音云補音上於晚反下于分反下文注同今按鄢字在正文妘字在注舊
音通解之鄢本或作傿古字疑通然說文傿音於建反注烕之火悅反從火戌謂陽氣至戌而
滅諸本或作滅今按舊音所引說文訓也詩音亦同呼悅反伯姞巨七反今按伯姞注一本但言
姞氏所出無它語今本乃有密須之亡不由伯姞據韋氏注方難唐尚書言鄶亡非由仲任鄶滅自因鄭
武而此注乃云不由嫁女似相反背庠以謂注中專引左傳及詩以證密須為文王所滅且百家記述今

存者百一又安知密須亡國不由伯姞邪復疑韋氏自有所解若鄖亡鄶滅之比而傳寫脫漏今無本可校僕博聞者正之鄶古外反聃由補音乃甘反注黷姓補音徒木反本或作瀆

楚曼音萬注淫辟四亦反長老補音丁丈反下不長老同易方補音盈隻反

夫人音扶攜貳補音戶圭反不暨音洎補音其冀反注采地補音七代反

蔑之迷結反今安注同注王它音陀補音徒何反閒舊補音居莧反下注及女閒並同有濟補音箋諧反注同可厭一占反補音又於鹽反爲懟補音直類反于郟補音古洽反請隧補音徐醉反下注同闕音撅補音其月反注虞度補音待洛反

注賴嬴音盈注九嬪補音符眞反周官婦也敢猒一鹽一占二反今按注同臨長補音丁丈反人僅巨吝反注憎惡補音烏路反更姓音庚補音古衡反下注同而縮所六反流辟音避補音毗義反注而王補音于況反而還音旋

倉葛呼火故反故勞補音力報反遠志補音于萬反宗祊入庚反蕘

殺補音亡結反羸者補音劣隨反可覿音敵補音徒歷反可匿補音女力反

而祇補音章移反注或愬音素補音蘇路反注元咺呼遠反注提髮

補音側角反注射而補音食亦反注醫衍補音以善反注酖補音直禁反通

作鳩注十瑴補音古學反雙玉曰瑴免胄補音直又反注兜鍪音矛補音上丁

喉反下士喉反今按二字在免胄而下注中俗本多無此注郤於後三百乘下共爲一注言雖小異義則

大同然此注辭意自足而兩句各有注解市本又於胄下增拜字檢內傳亦止云免胄而下更無拜字俗

注雖云云即不載兜鍪之名而舊音出此二字則知作音時據此注爲訓明矣有讁竹革反今按本

亦作謫注及下文同師輕詰政反今按注同注殽戶交反或爲崤今按內傳作殽注犒

之補音苦報反注公孺補音奴候反注士蔿補音于委反餚烝戶交反或

爲看今按善本多作此殺撿內傳亦然下之承反注同頃音傾揄音渝本或爲渝補音以朱反今
按史記周定王名瑜古今人表作揄从木人間衆本又或作褕然此數字皆點畫相亂不可質正但舊音
從此揄音渝疑近其眞相禮補音息亮反毀折補音之列反舊音失次今移下同以
告補音古毒反禘郊補音大計反注同全烝補音之承反注同立飫一庶反今
按注同注半解古買反下體解同今女補音人渚反下貽女女今同注貽遺
弋季反前好補音呼報反注及後爲好二合好同輕補音遣政反儳仕咸反不治
補音直吏反注柔脆七歲反注糗餌上去九反下人志反簠簋補音上方矩反
下居洧反注同犧象補音上許宜反按注犧尊飾以犧象尊以象骨爲飾鄭康成音息何反飾以翡翠象鳳凰今
據注則許宜是也巾冪音覓補音莫歷反周禮有冪人作此冪冪字後文字相承此作羃冪雖非古字
行之已久祓除補音孚勿反又音廢下如字共飲食補音上如字飲於鴆反下祥吏反通

作飲注芹菹上音勤下側魚反補音上巨斤反楚葵注菟醢補音上通作免下呼在反
子然居熱反注解倦補音佳賣反月會補音古外反日完補音胡官反
注黼黻上音甫下音弗補音上方矩反下分勿反注續繡戶內反注可度補音
如字注樂和補音如字注去否補音方九反將焉補音於虔反而退補音
今相承作退單襄公補音上常衍反注單朝補音張遙反人直瑤反按朝單襄公之名
凡人名多如字下有王子朝亦然存省補音悉井反假道補音古雅反後注同朝覲
上竹遙反下音狄補音徒歷反朝下皆同道茀音拂補音府勿反注塞路補音悉則反下
道路若塞同注夏正補音征見也補音賢徧反在疆補音居良反疆境字通用
不陂補音彼為反又彼僞反又彼義反又甫寄反下文注並同注陂障補音之亮反下文同
注不竇補音田候反庾積補音上俞甫反下子賜反倉無屋曰庾積下同注如坻

補音直基反注如京補音如字場功補音直羊反墾田補音口很反注蒔
補音時吏反說文更種也致餼補音許氣反施舍今按正文縣無施舍注云施舍者所以施
舍賓客負任之處補音施當爲弛傳寫之誤弛音式尔反廢也舍音始夜反居止也弛舍猶言停止也縣
六十里中當有休息居止之處以庇賓客負擔之勞內傳曰弛於負擔施字若從平聲不獨與本注相違
兼亦意義難了注負任補音而林反注觀臺補音古亂反行父補音甫儀行父
陳卿弗見補音賢徧反下角見根見本見駟見火見并注並同注亢氏補音上古郎反又苦
浪反下丁兮反又丁計反下本氐同水涸下各反今按注引月令仲秋水始涸戶各反注及水涸而
成梁同節解補音下買反下同隕霜補音于敏反下隕霜同注便行補音婢面
反下便民同時儆補音京領反下注同收而補音手又反或如字偫音峙補音直里反按
舊音作功偫功字屬上句今削之注同畚挶上音本下九玉反補音畚布袞反注同注囷

去筠反注定謂之營室補音定丁佞反財賄補音呼罪反施德補音式豉
反畺補音居良反即疆埸字前作疆多矣音與此同但傳寫異耳圉補音于六反又于救反今
按經典多從于救縣耜補音上胡蠲反無奧補音郁又一号反賈本作奧冥補音郁於六反奧烏
報反注墾辟補音婢亦反開也不蔑補音亡結反注從事補音才容反不
收補音手又反又如字無罷補音皮下民罷及注並同注從者補音才用反郊勞
補音力報反注同注委積補音子賜反注險易補音以豉反詰姦補音上去
吉反積薪子賜反按前有此字多矣已出補音舊音方於此發訓疑前脱漏監燎補音上古
銜反反下力召反又力燒反下監灌卿監親監同致餐補音孫按此字亦有飧音但注云孰食曰饔則
當音孫矣稟人獻餼補音上力錦反下許旣反注圉人補音牛呂反注展省
補音悉井反王使補音所吏反注正長補音丁丈反巡守補音詩救反諸侯爲

天子守土巡所守也漢置不守同此音朝也補音張遙反單襄公名分族扶問反一爲介
介大也言大族於周過賓補音古禾反注同是蔑補音三結反下蔑其官同造國補音
徂蚤反爲也卽慆音滔補音土刀反伉儷上音元下音隸補音上苦浪反下郎計反說文
力支反注同而帥補音所類反又所律反瀆姓補音徒谷反本或作黷又作嬻說文嬻媟
也然今古字多假借皆通注嬀姓補音居危反注褻音薛注祖妣補音畀履反
袞冕上古本反下音勉補音亡辯反茂帥補音上莫候反下所類反又所律反隕越補音
于敏反殺于補音申志反或作弒下注殺之殺君同注飲酒補音於鴆反注廄
射補音上久又反下食亦反廄說文作廏今作廄者俗然經典相承注復封補音扶又反
發幣補音婢世反注季孫行父補音甫下憂父歸父同注伯歜補音觸補亣
昌欲反此字又有在感反昌蒲菹也非人名音義皆別注蔑也補音三結反注僑如

補音其驕反後凡言僑如者同不再出　敬恪 補音苦各反下恪所以恪守並同　教施 補音式敱反　不徹 補音直列反又敕列反俱訓通　則遠 補音于萬反今按下同　無隙 補音去逆反　注瑕釁 補音許覲反　今聞 補音問　以庇 必利反　注覆 補音芳富反　注說之 補音占悅字下注同　注廕 於禁反　皆蚤 音早　告亂 補音古毒反又古報反下注及且告同　注結好 補音呼報反　先聘 補音悉薦反　王孫說 補音古悅字下及說讓同　言諂 補音敕檢反　注難距 乃汗反補音距通作拒難又如字　施舍 上失移反下音捨今案經典施字多從式豉反得之　注施予 補音羊洳反下注不予又取予同　猛毅 補音牛既反　賄之 補音呼罪反　于鄢 音偃補音於晚反　郤至 補音去逆反　注雝居 補音七約反　飲之 補音於鴆反下注及飲酒同　好貨 補音呼報反　相說 補音古悅字　子譽 音餘　諸朝 補音直遙反下必朝制朝朝並同　召桓 補音上照

反本亦作邵注同必相補音息亮反則強求仰反按舊音失次今移下強之同注華
元補音戶化反三陳弌刃反注書將補音子匠反下及後注將下軍同注士
燮先協反流卻錡牛倚反注知音智補音知義反說文作智云俗作智然經典相承
作此智或借知爲之罃補音於耕反卒伍補音尊忽反下之卒楚卒同治整補音直吏
反下同行列下浪反今按經典多音戶郎反兩通輯睦補音集又七入反注弗翰
音寒補音上府勿反下胡安反又如字內傳弗作茀古字通軍行補音戶郎反注同其頸
補音經郢反說文云頭莖也下同自稱補音如字注舉也同惡其補音烏路反陵上
補音時亮反元在物上下其上同獸惡補音上如字下烏路反下民惡同不可上補音
時掌反自下而上注及下文欲上之同注回邪補音似嗟反下同敖王補音于況反
有惡補音烏路反故微補音京領反說文戒也至能土競反今按下他天爲佻佻也

同注舍之補音捨又音赦果毅補音牛既反求替補音乇計反遠於補音
于萬反違難補音乃旦反下死難同大誓補音它蓋反尚書作泰誓今按國語所引曰民之所欲天必從之韋氏注云今周書大誓無此言其散亡乎檢今所行古文尚書此語甚具蓋當時僞泰
誓尚行於世孔氏古文未出韋故云然

周語下第三

柯陵補音上古何反今本或作加陵按內傳及二傳並作柯又無別音設作加字亦當音柯見
晉補音如字郤錡補音其倚反注同犨見補音上尺周反下賢徧反後至見佐見公見並
同又各如字語迂一于一矩二反今按注同語盡補音津忍反泝同晉難補音乃旦
反下注同之譖補音側鴆反注同注欒黶一減反注公子鉏補音仕居反
注壞隤補音上戶怪反又音懷下徒回反注儆守補音京領反注公爲補音

于偽反 注占之補音章廉反 焉知補音於虔反 無謫補音竹革反字或作讁皆通 日離補音力智反 注庇覆補音芳富反 注聽別補音彼列反 爽二今按注爽當爲喪字之誤也余以謂爽亦喪之意也韋公以上有偏喪故改此字似失之 寔補音時力反 疾顛丁田反或作傎今按善本多作傎傎音方問反韋注云高者近危疾速傎殞也舊音作顚此雖內傳舊語然與本注相違宜從傎讀字雖不同義則一也今俗本就顚字改注以就之非是 注僨殞補音于敏反 注腊亟上音昔下音棘 揜音奄補音於檢反通作掩 與焉音預補音羊慮反 以招音翹今按它書未獲爲翹之意作音者當有所據 君偪補音彼力反通作逼 注于鹹補音戶緘反鹵內傳注衞地 晉侯殺補音申志反下公殺同 注匠麗音離補音列池反今按左傳無音字書有酈姓而加邑音離或出此 注麗姬補音列池反左傳作驪驪戎之女與匠麗不同 注詛補音莊據反 注無畜補音許六反又敕六反 無跛

必寄必我二反今按經典彼義反偏任也又布火反行不正也無還補音旋辯別必列反今
按經典彼列反及龢古和字頊公補音傾注及下同告之補音古毒反任學
覆補音扶又反據注當如此音言可復之復也若以爲庇則音芳富反兩義通之施補音式豉
反之帥補音所類反又所律反下注云帥循也後帥意帥義并注並同注長人補音丁丈
反昭穆音韶補音常遙反今按佋穆自有本字此假借注端慤口角反之相補音
息亮反下同注覆述補音房六反注黒臀徒門反注凥也補音苦刀反
注曾孫補音則登反畀驩補音畀必利反與也驩呼官反下同注畀予補音與
鮮冑補音上息淺反下直又反注同注仍數音朔補音色角反下同注殺也補音
申志反注城郟補音古洽反下注同洛闕補音都豆反注同注兩水格補音
如字或音閣俗本作潞非是注瀍補音直連反欲壅補音於勇反。塌塞也字本作廱今通

作壅加土者俗大子補音佗蓋反凡言大子並同本或作太注早卒補音遵聿反長
民知丈反墮山補音許規反字本作隓說文敗也後又作隓今相承用此墮下墮高同
注防障補音之良反又之亮反陂唐補音上彼爲不說文陂池也唐如字今俗本多加土
於傍與古字通說文無塘字汙庳上音烏下皮彼反今按庳說文音便俾反下埤庳同不阤
直氏反今按注同沈滯補音直林反俗作沉非是札瘥才何反今案注同注虞度
補音待洛反共工補音恭通作供下文注同湛樂音耽今案此字凡有丁南丈心直減三反
甚樂者從丁南深沈音從丈心水名及湛露者從直減堙庳補音上於真反下堙替同有崈
古崈字今案此書崇字多矣唯此用古字經典亦然稱遂補音上如字殛之音棘非度
補音如字制量音亮補音力向反度之補音待洛反度之不度同注掌帥補音所類
反注治水補音直吏反決汨音骨補音古忽反說文筠筆反下汨越同陂障

補音之亮反九隩補音於六反說文作墺四方土可居也尚書作隩玉篇於報反散陽補音西旦
反災燀音闡補音昌善反注焱補音必遙反火飛也說文作熛音同作■此焱者羣犬定貌古
字通閒行補音古莧反逆數補音色句反注蝗黃橫二音補■戶光反又華孟反今案爾
雅釋正訓蝗爲華孟反字林乃音皇耳說文榮庚反范宣音札記作橫声類集韻並音蝗爲橫後儒讀史傳者
一之於皇矣亦不知有華孟之音注螟補音亡丁反帥象補音所類反又所律反注及不帥同
克猒補音於涉反合也唐注亦云合也注不蔽補音必世反姒氏補音詳里反禹姓
注使長補音上所士反下丁丈反心膂補音呂通作呂股肱補音上公戶下
古能反豈緊一兮反注自王補音于況反下伯王同注伯王
補音霸鄫補音才陵反或作繒通受祀補音如字章以祀或作氏慆淫補音
土刀反閒之補音古莧反踣斃音匐補音蒲北反下婢世反或本作獘古字通踣一音敷■

顏師古之音妨付反按經典訓仆字㝉省作蕭盆反者蓋踏仆二字互爲讀堙朁補音定計反
隸圉補音魚呂反省其補音悉井反下注循省同滑夫補音古忽反亂也無過
補音古禾反下可過并注同佐雍一容反或作饔注亭煎上匹庚反下子延反不好
補音呼報反注同四牡木口反今按經典茂后反騤騤求眉反旟旐上音余下音兆
有翩補音芳連反詩本作偏注同不泯補音面忍反又名賓反注同注章箸補音
張慮反下同注沵古流字今按此書流字甚多偶此用古字而舊音特出之知所由來久矣注
巳行補音下孟反懼長補音如字其愈庾裕二音補音以主反注不窋補音
直出反注鞠補音九陸反不窋子名按史記漢書及諸本但云鞠此本作鞠陶今檢陸公古文尚
書釋文注作鞠陶與此本合其必有來矣注差弗補音上楚宜反下如字皇僕子名注毀
隃音踰或作揄今按本有作偽揄者自史記漢書皆作毀隃差弗子名唯世本作偽揄兩通注高

圉補音魚吕反下亞圉同注公祖補音如字本或作公組今韻本或作叔類周本經古今人表皆作公祖史記索隱引世本作太公組諸盩三代世表作叔類凡四名皇甫謐曰公祖一名祖諸盩字叔類号曰太公據此則作組字者從世本作叔類者從三代世表皆通盩直劉反注大王補音它蓋反

注革更補音古衡反注頃補音傾不濟補音箋詣反衛懼補音京領反

黎苗之王補音並如字按黎苗非王今諸本皆作王疑王是主字傳寫訛替一說九黎亂德於少皞之末三苗作叛於高辛之衰或皆号稱王故曰黎苗之王按五帝之世未有稱王者且說非是作主者其近之但無本可據注少皞補音皓胡老反共神補音恭蔑棄補音亡結反

令聞音問今按下篇並同在畎補音公田犬反注廣尺補音古曠反注深尺補音尸鴆反將焉補音於虔反以徼古堯反今按徼字或从人或从彳並音[illegible]堯反皆訓要也經典通用此兩字唯邊徼者但從彳音古弔反度之補音待洛反下丑度同[illegible]

卒補音遵聿反終也注子朝補音如字凡人名字皆張遙反或云鼂錯是子朝之後音潮按錯姓亦有兩音下注同注無適音的補音丁歷反注無伯補音霸又如字肸補音許乙反注叔向補音許亮反去聲又許丈反上聲經典兩從之唯顏師古注漢書一之於上聲注飲食補音上於鴆反下祥吏反燕無一見反今按下宴好同注好補音呼報反下宴好及注並同語說補音古悅字告之補音古毒反注儉易補音以豉反注遠怨補音上于萬反彤鏤徒冬反今按注同注除治補音直吏反不殽下交反今按注同能辟音避補音毗義反下同注郊見補音賢編反注夙蚤古早字今按下注同亶厥補音徒但反下亶厚同注使之補音所上反下句同熙廣補音注讀作光帥歸補音所律反又所類反注同必蕃補音扶袁反下同之壹注許絪蒀口本反今按下同祚胤補音上才路反下羊刃反下同注買物今按注所以貿買物

通財用詳其所解買字殊無意義或當爲貨然無本可證不然衍字歟　注賈重音稼或作價
注十二銖補音市朱反下五銖同　注赧王女限反慙恥之号也謚法無之　注省
之補音悉井反　量資補音上力張反　注量猶度也補音待各反　注權稱
補音尺證反通作秤　注拯蒸之上聲今按字書此字無反音或作拼亦只云蒸之上　重幣補音
上直隴反下婢世反此篇皆同　注堪任補音而林反下同　所乏補音凡法反下注并乏[illegible]
同　遠志補音于萬反注同　離民補音力智反亦如字下離民離之民離并注同　注逋
逃補音布吳反　可先補音悉薦反下可先先之同　召災補音直笑反下召之同　注
未厭補音於鹽反又於豔反　旱鹿補音上戶旦反下如字本或依詩作麓古字通下凡鹿字
並同　榛楛上仕巾側巾二反下音戶補音侯古反　濟濟補音子禮反　愷悌補音上苦
亥反下徒禮反注同　注悌易補音以豉反下易樂同　散亡補音西旦反　甚藏補

〔□□〕淟翳其補音於計反卒鑄補音上遵聿反無射音亦補音盈隻反下注終篇同
注之覆補音芳富反下注比章所引竝同重幣補音上直龍反下婢世反此章皆同鮮
其補音息淺反下注及鮮民財同注合樂補音如字下於樂夫樂聽樂竝同注强之
補音其丈反注有眩音縣補音黃絢反目無常主也察度補音如字下不度制度竝同
所勝補音式陵反注同律度量衡補音度如字下不度制度度量之度并注同量力向
反下注量衡竝同注稱上補音尺證反通作秤注秬黍補音其呂反注一龠
音藥補音餘若反注爲合補音古合反注錙銖補音上側其反下市朱反將焉
補音於虔反於樂補音如字此章言樂竝同有異者別出民歆補音許金反不濟
補音箋詣反下不濟同耳内音納補音奴答反經典多借爲納字下口内同注耳樂補音
盧各反又五教反注長財補音丁丈反氣佚補音逸任悖補音補對反轉

易補音並如字過慝音忒補音它得反注配適補音丁歷反能樂補音盧各
反又如字伶州鳩補音上力丁反內傳作泠一也下凡言伶皆同注樂官補音如字下保
樂樂以注以樂樂器象樂樂從和樂樂極樂正坊於樂樂成樂人並同有異者別出注樂省補音
悉井反注革鼗音兆補音徒刀反疑舊音兆是桃字傳寫訛謬注柷圉補音上尺叔反
下魚呂反經典作敔古字通注為徵補音張里反注大蔟音湊補音七豆反上它蓋
反注姑洗如字或音小典反今按月令音素典反無如字之說舊音失次今移下同道之
音蹈補音從到反或作導匏以補音白交反下越之匏同散陽補音西旦反繁祉補音
上扶表反下救里反不罷音皮有蕃音煩補音扶表反以逞補音敕領反注逞
快補音苦夬反不度補音如字卒補音遵聿反備樂補音盧各反和也曹好
補音呼報反下所好同不濟補音箋諸反曹惡一故反耄矣補音莫報反出

度補音如字注蓺賓補音人誰反下注委蓺同注中呂補音直衆反或作仲或如字下
同注度鍾補音待各反注大子補音上它蓋反下羊汝反注樂正補音如字
下樂祖合樂同注量度補音上力張反下待各反後度律同注量衡補音力向反注
重元補音直龍反宣徧古遍字今按用此徧字得文之正從遍者訛俗下注同交酢
音昨補音才洛反注同注委蓺補音上於危反六閒補音如字又閒廁之閒下自元至六
閒隙閒閒氣等並同有異別出散越補音西旦反注同俾莫音比補音必爾反任肅
補音而林而鴆二反注同注程度補音如字下同不易補音盈隻反注同無鎛音博
補音伯各反終篇同注久樂補音盧各反下則樂故樂同從之音縱補音子用反注
象樂補音如字鶉音淳補音述春反又常倫反注同注周分扶問反在析音錫
補音星歷反天黿音元補音隅袁反注女拐補音許驕反顓頊補音專下許緑反

反帝嚳補音苦毒反注大姜補音它蓋反下大王皆倣此注逄伯自江反今
按下皆同注任氏補音而林反所馮補音皮冰反注是相補音息亮舊本注
引晉語曰農以成善后稷是祖今按晉語曰辰以成善后稷是相是則作農以及是祖者非注元
氏補音苦浪反又古郎反下丁兮反又丁計反夜陳今作陣庠按顏之推云自六韜論語左傳
皆作陳本無陳字其音即假借下皆同注大師補音它蓋反故長補音丁丈反注
使中補音丁仲反底紂音止補音之履反又有脂旨二音注散鹿補音西旦反
嬴內上音嬀下音汭今按本或作嬴非是古文尚書作嬴與嬀同補音上居危反下如銳反注及嬴
亂同施舍補音上式豉反下音捨注無適補音丁歷反注子朝補音張遥反解
巳見上後同自斷補音丁管反憚其補音徒旦反下同其犧補音許宜反後凡言
犧者同遽歸補音其據反告王補音古毒反下告晉司注語王補音魚據反

信畜〔補音許又反下注同〕注爲人〔補音于僞反〕惡爲〔補音烏路反注同〕注猶
治〔補音直吏反〕于鞏〔補音九勇反〕皆從〔補音才用反〕萇弘〔補音直良反〕爲
之〔補音于僞反下爲之曰愓同〕注王匄〔下音蓋補音古害反〕注公卷〔補音巨員反又
券勉反〕儋扁〔補音上丁甘反下芳連反或作翩又必淺反周大夫名〕說萇〔補音古悅字〕
彪傒〔上甫留反下音兮補音胡稽反〕注詩飫〔一去反今按下飫時飫歌爲飫並同〕支拄〔知
主反〕遺後〔補音唯季反〕永監〔補音古懺反後篇長監同〕曲與〔補音並如字本或作
典非〕即慆〔音滔補音吐刀反〕王契〔音薛補音息列反〕大藪〔補音素口反澤也禽之府
也韓詩曰禽獸居之曰藪下晉藪同〕魁陵〔補音苦回反〕有悛〔音銓補音七全反〕而省〔補音
山景反〕以誑〔古放反〕中行〔補音戶郎反〕與之〔補音羊慮反〕注吉射〔補音
食亦反又食夜反〕

魯語上第四

魯 姬姓國也成王封叔父周公之子伯禽於曲阜是爲魯公 長勺 時若反今按注同 嚴公 補音如字按本莊公後避漢明帝諱之曰嚴先儒因而不改終篇同 曹劌 九衞反今按下終篇同 注鮑叔 補音步飽反 注奔莒 補音居呂反國名後稱莒皆同 注殺襄 補音申志反 注召忽 補音上照反 注子糾 補音居黝反下納糾同舊音於納糾下爲訓失其次今移 注既卒 補音遵聿反 注施利 補音式豉反 注降下 補音遐嫁反自上而下 務治 補音直吏反 共祀 補音恭下注同 注享食 古飼字 斷之 補音丁亂反決也 注蒐 補音所求反 帥長 補音上所律反又所類反下丁丈反 注差國 補音初佳反又初宜反 大公 補音它蓋反下注并大師大宰同 收攟 九敏反 而烝 補音之承反 納要 補音於妙反又於遥反 注名榱 所追反 遺後 補音唯季反 令

闇補音問不解補音佳賣反瞽矣補音它計反注及下同注覿見補音賢編
反夏父補音甫夫婦補音如字㮚篆文栗字注執鷙木務二音鴨也補音莫卜
反今按經典罕從務音無別補音彼列反下同之援補音于眷反又于元反注甲
重補音直用反殄病補音徒典反下殄周同誰使補音所士反饑饉補音上居
依反下其客反後同注違很補音胡墾反避難補音乃旦反而惰補音徒臥反
巹圭補音敎皃反注祼補音古亂反注瓚補音才旱反鳴璆音求俗音虯今
按璆球同字諸韻或音虯荐才見反一幾卒上音祈下音子戌反補音上勤衣反不共補音
恭通作供下共職同不腆它典反獘器補音婢世反下獘邑同滯積子義反今案經
典多音子賜反以紓音書百辟補音必亦反予之補音羊汝反通作與几与與予三字
意雖小別經典古今通用注于洮補音吐刀反注于向補音舒亮反一注無駭

補音戶揩反不趨補音七住反又七俱反犒師苦報反注勞也補音力報反

疆場上音姜下音亦補音上居良反下盈隻反今按本亦作疆音同以㬥步木反音㬥今按經典凡言㬥露之意者皆從此音其云暴亂疾虐者別有訓恐乎補音曲勇反下同縣罄補音上胡涓反下讀如鍾磬磬本亦作罄又云罄盡也據注當作罄女股補音汝賜共同下夾輔

補音古洽反又古協反地質竹利反注其約音要補音於妙於遙二反亦使補音所士反不泯補音面忍反而還補音旋亦如字注元咺補音況晚反鴆直禁反今按下注同注飲之補音於鴆反刀鋸補音居庶反下注同注割劓補音鼻魚器反去鼻曰劓注斷截上音短下自結反補音上丁管反注大辟補音婢亦反鑽笮才落壯白二反補音上相官反又祖筭反鞭扑四角反注次處補音昌慮反使者補音所吏反惡殺補音烏路反以惡同注為伯補音霸又如字下篇始伯同

使亦旨曰補音所七反 公說補音古悅字 廿轂音角補音古學反按內傳納王於王及晉侯皆十轂此云二十轂并言之也又按諸本二十字無作廿者舊音獨出廿字如此則當音入顏之推稽聖賦云魏嫗何多一孕四十中山何夥有子百廿此其證又以三十爲卅先合反四十爲卌先入反皆與於秦隸書之後務從簡便因各有音大抵急言之耳今正本作二十得其正因舊音作廿故詳言之

好貨補音呼報反注同 解曹補音佳買反下及注並同 重館補音直龍反 注騂

脅補音薄田反 班長補音丁丈反注同 少安補音詩照反 惡有補音並如字

釁補音許覲反注同 辟境補音婢亦反注同 雜縣音玄補音胡涓反 注越迂

補音羽俱反說文又億俱反 注政要補音於妙反 注殷契補音息列反下及注終篇

同 注殷溟米丁反或作冥今按經典及諸本無從水者舊音其見異本乎下同 夏杼補音

直呂反 能禦補音魚呂反 能扞補音胡旦反 烈山補音如字祭法作厲山左傳作

列山今諸本作烈皆通字歟共工補音恭下共財及注同之伯補音霸祭法正作霸注

戲補音許空反句龍補音上古侯反顓頊補音上音專下許緑反下同帝嚳補音

苦毒反注玄囂補音許驕反又五高反注蟜極補音居表反又音喬注治曆

補音直吏反單均補音上都韓反注放勛補音上方往反亦如字下許云反通作勲堯名

鯀鄣補音古本反下之良反又之亮反而殛音棘補音紀力反民輯補音集又七入

反寬治補音直吏反其邪補音似嗟反禘黃補音大計反注并終篇同注園

丘古圓字能帥補音所律反據注則然下同注亶父補音都但反下方矩反明

質補音如字煗音暖補音乃管反又作暖況爰反三筴補音初革反通作冊策欲弛補音

式尔反下弛卲及注同注表識補音昌志申志二反又音志注別也補音彼列反

不易補音盈隻反下及注同注則治補音直吏反注而女補音汝注違

去補音羌吕反下注云云去伍同注之惡補音如字弛郈補音胡口反注同烝享

補音之承反下烝將並及注同君胙補音才故反有數補音色句反下有數同更次

補音古衡反夏父補音甫下行父同注祫祭補音祫注昭穆補音常遙反自

有俗字昭假借耳下文注同致齊補音側皆反焉在補音於虔反大子補音它蓋

反下大子大史並同僕殺補音申志反下及注同今按莒僕事在宣卽位之年辭理詳略與內傳全

別注季它音陀補音徒何反注公倭一禾反東國名又一皮反詩曰周道倭遲注

命告補音古毒反不憚補音徒旦反注憚難補音乃旦反予之補音羊汝

反注同更其補音古衡反下文注同注之音補音京領反通作境公詰補音去吉

反女亦補音汝奚啻音式鼓反韋作諦諦誤也今按韋注無作諦之意疑作音者自誤舊音

失次今移為臧補音才郎反通為藏不去補音羌呂反不殺補音如字舍之補音

捨又音赦濫於補音盧瞰反濡上及下也注漬罟音古補音上才賜反下公戸反下其罟良
罟司注降下補音遐嫁反自上而下注獺祭補音它達反又它瞎反罛罶上音
孤下音柳補音上攻胡反下力九反注笱補音古后反注鼈蜃音瞥補音上必列反下上
彰反今按周禮以時簎魚鼈龜蜃注蜃大蛤也按蜃亦有愼音見諸韻經典不爾罝羅音嗟補音
咨斜反矠音策或作簎又七亦反與莊子擉鼈于江義同擉音士角反今按周禮鼈人掌邦之簎事
釋文凡有五音一敕角反一倉伯反三倉格反四槍昔反五又角反陸德明從莊子讀然則從又角者得
之又按經典並作簎从手說文別有从矛音士革反矛也今國語從矛古字通耳夏槁補音苦老
反注擉士角士鏃二反賈本作鏃今按鏃字自有捉音又音浞注刺補音七亦反罜
麗上音獨下音鹿小網也今按韋注云罜當作罣則作音者先合寫為罜字然後引注音獨乃允耳舊
昔直改罜作罣則注為虛設今改作罜罣一音之便反穽鄂上音靜賈曰陷也下音愕柞格也所

以誤禽獸補音上疾正反下五各反今按諸韻自有鄂字音韻云柞鄂取獸阱中木也舊音愕恐二字點

畫小異誤爲愕音然本多作鄂今從衆注柞格上士百反下五百反按舊音以柞爲額疑緣上

鄂字誤爲訓耳諸書未見格字爲額者集韻有以柞音助百者云柞鄂捕獸檻中機也畜功依又

反今按經典許又反又敕六反槎櫱補音仕雅反下五達反伐夭音妖孔傳尚書云少長曰

夭今按是注厥草惟夭釋文於驕反注屮補音古草字鯤音昆賈曰魚子也莊子曰大魚之名

鮞音而說文及賈並曰魚子呂氏春秋魚之美者有東海之鮞今按鯤鮞並訓魚子則莊呂之說非此

義也麑麌上音迷下一老反補音莫兮反今按說文及經典麛字乃音迷耳作麑者自音倪說文後

麑也唯諸韻收麑與麛同音迷下麌字諸韻有之音一浩反云鹿子李舟說據注云麑鹿子麌麋子則與

韻說略通矣鷇卵寇確二音補音古候反下力管反今按經史相承多音㲉說文亦然云鳥子生

哺李舟韻及字林音寇又音確然宜從說文蠱舍補音捨法同蚳蝝上音遲下音沿補音

上直基反下悦全反注螘子補音魚倚反今多作蟻說文無爲醯補音呼在反注復
陶上芳目反字林作蝮下音桃補音徒刀反今按爾雅蝮蜪蝗子也此但作復陶古字通音則從雅
蕃廡補音上扶袁反說文但作番魚長補音丁丈反方別補音彼別反注同無
藝音藝又五列反今按說文但作埶後又加草以今藝字爲俗吾諗音審補音式荏反告也
注叔肹補音許乙反注譖補音側鴆反注予之補音羊汝反下同任重
補音上而林反又而鴆反下同注負荷補音何可反又音河易焉補音盈隻反去舊
補音羗呂反注所惡補音烏路反焉能補音於虔反有釁補音許覲反殺
厲補音申志反下同以告補音古毒反其邪補音似嗟反下及注同民旁補音
蒲浪反徬緣之徬有慝補音它得反省之補音悉井反注同能使補音所士反
殄滅補音徒典反紂踣蒲北反又妨付反注斃也補音婢世反厲沴補音

舌流字于戲補音許宜反注美惡補音如字注肥瘠補音在亦反相宣

補音息亮反下相二相人同它諫補音徒何反注愛吝補音力刃反又力慎反汙

蔑也補音云結反馬餼補音許氣反稂莠補音上魯當反或音良注云董梁郎音郎

下羊九反

補音卷第一

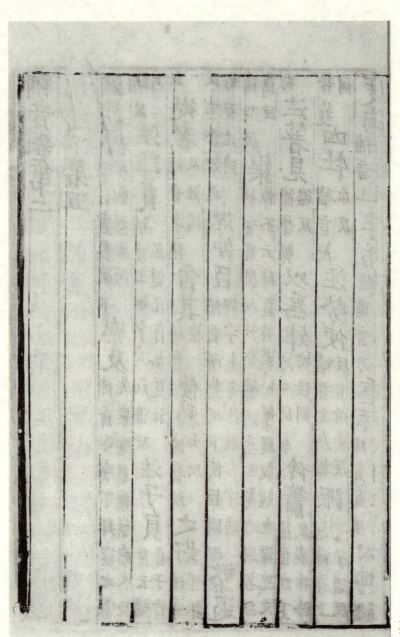

補音卷第二

魯語下第五

注爲樂補音盧各反下注歌樂並同下樂及補音如字下拜樂之樂先樂樂章樂崩樂人及注並同注肆夏補音上如字下戶雅反一名樊凡有九夏云注子貟音云補音于貧反從者補音才用反注同舍其補音捨使豹補音所士反之好補音呼報反下合好之好及注同況使臣補音所吏反下使臣同況如字本多作旣古字通繁遏補音於葛反渠補音其居反杜分繁遏爲三夏之別名呂叔玉云肆夏時邁也繁遏執競也渠思文也注箸見補音賢編反以爲肆弋二反今按注同伶簫補音力丁反或作泠音義同四牡補音茂后反注勞使補音上力報反下所吏反諏謀補音上子須反度詢補音上待洛反注爲難補音乃旦反重拜補音直用反再也公帥所類

反下元帥卿帥帥教帥賦同注從王補音才用反下以從共從并注同共從補音恭
注代更補音古衡反莫濟補音箋詣反下濟度濟有必濟共濟先濟並同叔嚮補音
許亮反又許丈反通作向匏有補音白交反下注及苦匏同詩鄁音佩補音蒲對反字林方
代反或作邶從詩注則揭補音苦例反遝補音即今遝字共濟補音上音恭下不共
同除隧音遂今按本或作隊同補音徐醉反欲還音旋今按下爲還欲還而還可還並同
注朝于補音直遙反非爲補音于僞及下何爲爲爲國同孫它音陀補音徒何反亦
作佗不憚補音徒旦反注同注憚難補音乃旦反下注同而弔補音多嘯反聞
喪補音息郎反又息浪反下同苟羋名爾反王大補音它蓋反又長補音丁丈
反注有擕戶圭反求說補音它活反注同而亟補音紀力反注同趣患
補音則豆反漢書皆音奏云趣嚮也帥大補音所類反又所律反辟難補音上毗世反下乃

貝反龔卞補音皮彥反下取卞并注並同注自子補音羊汝反下子君子之並同注名

虆補音力端反能令補音如字誰暱補音女乙反注克勝補音式證反是

王補音于況反不悛補音七全反注同壐書補音斯氏反下注五壐字同注采

邑補音七代反使予補音羊汝反或借爲余其朝補音直遥反號之補音爪百

反戈先補音悉薦反下及注先後同注子朝補音張遥反虎賁補音博昆反

注戈盾補音食允反注俠夾挾二音補音古洽反又胡頰反棄則乘字也今按本多

作乘繩證反注猶重補音直龍反注使令補音上所士反下力呈反注爲簒

補音初患反殺郟敖補音殺中志反郟古洽反下注殺之同注麇居筠反注縊

補音一賜反取鄖音運王鮒音附不予補音羊汝反其脛戶定反不衷

補音陟弓反又丁中反說文中衣也勞之補音力報反不難補音乃且反吾棟補音

丁貢反注同注壓笮音貴補音側華反庇必寐反注覆芳又反補音疑從芳富反

小忿補音芳粉反叔嚮補音許亮反又許丈反本作向注取鄭補音古杏反逃

難補音乃旦反請從補音才用反下以從同之要補音於遥反又於妙反注同寧

虒補音昌呂反下虒人同踦跂上丘知反下丘氏反賈本作跛布我反注云踦蹇也跘蹇

說文字林玉篇珠叢並無跘字義與胖同音盤補音步干反雝俞左傳作揄補音上於用反下以

朱反注頃子補音傾掎止九倚反敢還補音旋又如字憚其補音徒旦反下

憚戮同注密比補音毗志反共命補音恭注敬從也子說補音古悅字工

缶補音方有反夔巨眉反蝄蜽補音上亡丈反下良獎反按莊子亦有罔兩義別音同

注山繅音騷唐賈孔並同祖沖之述異記作獠冨陽有之人而獨身一手一足俗云能知人姓名

必中傷之今按說文集韻諸書無以繅字爲獸鬼之名者切韻有山𤢖字如此作音蘇遭反又按神異經

西方深山有人長尺餘袒一身捕蝦蟹以食名曰山
疑非此類本或作𤢖音皆一耳唯韋公作𤢖將別ㄅ
所據今俗間印本又輒添韋注云富陽注好學音效
有之皆妄也史記備引韋注無此語補音
胡教墳羊補音如字今按本或作羵非也說文無此
反字諸韻雖有乃後人附益史記家語並作
墳古注沐腫補音並公父文伯補音甫下注父歜音
字也如字及注並同觸
補音昌欲語肥補音魚據反注覿得九利注南宮說
反解在前下語子同反
補音古露睹補音丁古反按睹字或從目俱音覩又
悅字各有義訓若爲人名兩義皆可但善本
多從日據說文從目者見也從日者旦明也然點
晝易爲相亂諸書又無引證未知孰是今從多本羞
鼈補音必鼈長補音丁夫人補音其朝補音直遥反
列反丈反扶下於朝外朝
內朝退入見補音賢治其補音直將庀補音匹婢反
朝並同徧反吏反不夜庀同
以歜補音昌欲僮子音同古以童字爲隷以僮語女
反人行爲稺與今皮補音徒紅反

補音上魚據反下作汝處民補音昌呂反下同擇脊音藉補音在亦反注墝埆
上口交反下確學二音補音埆苦學反若從學即胡角反長王補音于況反嚮義補音許文
反又作向朝日補音直遥反下注同注糾共補音恭注馮相補音上皮冰反下息
亮反注儷偶補音九智反監九補音古衘反又古懺反禘郊補音上大計反朝
脩補音張遥反音潮者非下朝考朝受並同夕省補音悉井反慆淫補音土刀反講
貫古患反或作慣無憾補音戶闇反玄紞丁感反今按經典多敢反字林丁坎反舊音從
字林注縣瑱上音玄下土見反紘綖上音宏下音延補音上獲耕反下弋然反字林弋善
反注無緌人惟反注之適音的補音丁歷反注緇帶補音側其反注
纚裳補音許云反朝服補音直遥反下注同有辟補音婢亦反下注并避辟同舍
力補音捨怠惰補音徒臥反下注同志識式吏反補音又赤志反闔門尤皮尤逼

二反今按說文并諸韻㠯有韋委反未見作尤逼者舊音或別有據子與音預酢音昨補音才落
反注賓酢同徹補音通作撤不宴一見反繹補音盈隻反盡飫一庋反注
遠嫌補音于萬反爲別補音彼列反注屈到補音求物反又居勿反注嗜
芰補音其寄反淩也綠衣鄭爲褖士奐反注鄁風補音蒲對反又方大反注饗
食補音祥吏反度於補音待洛反好內補音呼報反下好外並同共先補音恭
瘠色補音在亦反洵涕音恂賈云洵彈也補音洵相倫反說文音旬義同搯膺上音
叨下音膺補音上土刀反下於陵反女知補音知義反說文作䛐無此智字經典相承作智下男知
知也夫并注同知也夫補音據注如字今按仲尼褒公父文伯母曰女知莫如婦男知莫如夫其
意以爲女與童皆未成人之時其智莫如成婦與爲丈夫之後耳未乃歎而結之曰公父氏之婦知矣夫
此是歎美之辭則夫字當爲扶韋公乃解云此丈夫之智疑非本旨朝哭補音張遥反莫哭

補音幕故反下注同越墮休規反會稽補音上古外反下古兮反下及注同注壞也
補音公壞反注夫差補音扶下初佳反夫椒補音扶下子消反注句踐補音
上古矦反好聘補音上呼報反注飲之補音於鴆反下注同旣徹補音撤注汪
芒補音上烏黃反下武方莫郎二反後同僬僥上音樵下音堯今按僬諸字書並音樵未知孰
是有隼補音荀尹反下及注同楛矢補音矦古反石砮補音乃都反按尚書釋文
引韋氏注爲解云乃固反石中矢鏃如此則亦從乃固注之鶚音愕補音五各反方賄
補音呼罪反永監補音古懺反其括補音古活反注分予音與補音羊汝反下
不敢予同虞遏補音於葛反注嬀姓補音居危反金櫝大木反陷而補音
戶韽反閔馬父補音甫下考父同大滿補音上它蓋反下云大師者並同以那
補音乃何反其輯補音集注成撮七括祖括二反有恪補音苦各反注爲

嗛口玷反又音謙今按說文作歉食不滿也古字疑通作謙非　能覆芳六反補音宜從芳富反

爲允　藉田補音在亦反　軝補音之履反又音脂又音旨　注肥磽補音口交反　注

爲差補音初佳反下同　注甸稍補音所教反　注里廛補音直連反　注商

賈補音公戶反行曰商處曰賈　任力補音而林而鴆二反　注復除上芳福反下或文去

反　收田補音手又反亦如字　出稯音宗補音子紅反據韻宗在冬部則當爲作冬反稯在東

部則當子紅反疑舊音誤　缶米補音方有反　注筥補音姜呂反又音呂　注卒用補音

遵聿反

齊語第六

黃帝之胤也伯夷爲堯四岳佐禹治水委以心膂因而受姓或云封申或云封呂呂望則其後也佐周滅紂封之於齊蓋少昊之虛蒲姑之野都於營丘禮記所謂大公封於營丘是也

自莒補音居呂反下注同　注大公補音它蓋反下大宰等同　注鮑叔補音步飽反下終篇

同注無知殺補音申志反上並如字注召忽補音上照反下注同注子糾

補音居黝反注要之補音一遥反注姒姓補音祥里反湅餧奴罪反下同補

音上丁貢反後同必佁補音直吏反下同執枹音浮字林云擊鼓槌也補音或音夫射

寡補音食亦反下注同中鉤補音丁仲反注同爲其補音于僞反下注同夫猶補音

扶注施父補音甫不予補音羊汝反下予我注授予及下文並同注以逞補音

敕領反注之忿補音芳粉反三釁補音許覲反田狩補音詩救反注弋

繳補音章略反注從也補音才用反注正適補音丁歷反之裂音例說文

餘也諸本爲⿱艹裂者誤今按公私本正文皆曰戎車待游車之⿱艹裂韋注⿱艹裂殘也檢說文篇韻諸字書皆無此

⿱艹裂字判知傳寫之謬舊音雖引說文今按說文但作裂字云繒餘也都無例音李舟切韻雖入例音然亦

止作裂字唯玉篇集韻出此裂文與舊音合作音者既譏諸本之謬今從其說補音力制反注倡

俳補音上音昌下已皆反月長補音丁丈反羣叟補音素口反老稱也注同注[illegible]
日子協反又音匝自甲至癸凡十日為浹今按周禮即浹字注縣治補音上胡絹反下直吏反
以度補音如字注夫家補音並如字專本字統為硉音端字苑音剸今按字統字苑
二書皆云莫可檢證據說文專旨兖反等也引國語專本肇未與禮椁构同音李舟切韻音端亦引國語
專本之詞云壯蠕反據此音與說文合唯硉字非說文所有諸韻則有之自音勒没反殊無端音硉字[illegible]
僻恐舊音別有據今本多以專為端字者誤矣注長幼補音丁丈反之治補音直吏
反雜處補音昌呂反終篇同有異別出言哤末江反事易補音盈隻反閒燕
上音閑下音讌補音下於見反少而補音詩照反終篇同注辨別補音彼列反注苦
脃補音七歲反旦莫補音謨故反通作暮以飭補音恥力反約敕古字通下並同而
監補音古銜反之賈音嫁下知賈同負任補音而林反儋何上丁炎反下胡可反

今按何亦音荷河本亦作荷注揭巨謁反注盱戶版反鬻貴補音余六反注同注

賴贏補音以成反枷芟上音加下音衫淮南謂之柍許慎曰枷連枷也方言曰自關而西或謂之拂音弗廣疋曰拂謂之枷賈逵曰拂所以擊也又音嫁禮曰男女不同椸枷今爲架補音上古牙反下所銜反今按本或作耞音義同又按舊音云淮南謂之柍李舟切韻亦有二說出柍字於枷字注中云公亞反如此即音嫁矣檢尋諸韻及玉篇柍字於兩反集韻又爲英字殊無嫁音及連枷之說再按拂字說文玉篇皆從木云擊禾連枷也從手者自有它訓音孚勿反拂音分勿反又王莽傳曰予之北巡必躬載拂顏師古曰拂音佛所以擊治禾者今謂之連枷據此亦當從木但今官私本多從手蓋傳寫之誤又古字或通用云佛說文作仿佛字同分勿反顏意取此舊音亦然注倨句補音上居庶反下古矣反注枷拂分勿反從木注大鐮音廉俗作鐮補音力𥶣反今按說文从金从兼無作鎌者則鐮字非俗也作𥶣者乃俗耳擊槀音杲補音古老反適作槀但說文經典不用此字唯國語

出之未詳所來集韻但云通作槀疑相承久矣**疾耰**音優說文摩田器也補音於求反今按說文作

耰从木云磨田器也語曰耰而不輟亦當從木今官

私論語本皆作耰經典釋文亦無說疑傳寫之誤耰

字從耒者出玉篇云覆種也今相承擾耰通用云**至挾**音叶賈逵曰挾持也補音胡頰反互字屬

上句舊音多如此**槍刈**上音鏘下音乂說文槍距也一曰推槍所以平土也蒼頡篇曰木兩頭銳

者是也補音上七羊反下魚廢反**耨鎛**補音上乃豆伯各反**注槍椿**音春今按舊音

所引乃是依附禮記惷愚冥煩之音爲始容反非也

按春又別有椿字音昌容反旁從手非從木也韻家

則有木傍作春株江反杙也殊非春音所了今宜從韻**注茲其**補音上子之反下居之反它書

多作鎡錤鋤也音或如字**注鎛鉏**古鋤字**身衣**補音於旣反**襏襫**上音鉢下音釋

蠻夷衣補音上本末反下始亦反今按注及集韻它書等所解入李云草衣雨具則今謂之蓑衣是也農

人所用說文有祓字音撥即蠻夷服也玉篇亦作祓注蠻衣也下乃別出此襏字云通用**簦笠**上音

登下音豆注蓑薜上音梭又小回反下步戾反諸本或作襞誤補音蓑蘇禾反說文但作衰俗相承加草今按本猶有作襞者非是注霑濡音儒補音上張廉反下人朱反作沾者非暴其步木反不暱補音女乙反後注同而逡音悛又七旬反今按經典說文篇韻少音悛者注伏退也終篇同公帥補音所類反下此章中並同注虞度補音待洛反注伯道補音霸下注同注伯王補音于況反卒伍補音尊忽反下同注俴收音踐補音錢淺反以獀色牛反注同以獮似演反注同治兵補音直吏反注同令勿補音力呈反使補音所士反注改更補音古衡反相疇補音直留反下同少同補音詩照反同樂補音盧各反以屏補音并頂反之朝補音張遙反鄉長補音丁丈反注同注其行補音下孟反注解瞭音了補音上胡買反下盧鳥反周官眂瞭音了又力小反以告補音古毒反此篇以告並同注脛本補音戶定反注

君長補音丁丈反下比補音毗志反下同令官補音力呈反期而補音居其
反本或作朞時使補音所士反訾相補音上子斯反下息亮反下相地相[redacted]同以比
補音毗志反注患難補音乃且反注疢補音九又反注罷言百疲下罷士之罷民罷
女同越長補音丁丈反下遂長正長同朝不補音直遥反注事仁補音下丁孟反
一朝補音張遥反下同而衰初追反注差補音楚加反又楚佳楚宜二反不憾
戶闇反陵墐補音其吝反為卒補音尊忽反下卒帥十卒脩卒並同治二補音直吏
反下之治治者不治並同謫之補音直革反下罪謫及注同疆場音亦補音上居下盈隻
隻反疆或作疆重為補音直龍反輕重之重聘頫補音通弔反號召補音上戶慈反
下直笑反玩好補音呼報反注并所好同以監補音古懺反注甲錯口乃反注
祕補音兵媚反韇盾上丘伍反繡韋也下神允反補音說文韇求伍反注劓刖上牛

器反下音月金分補音符問反閒罪補音古覓反非丑罪謂罪之疑者索訟注

補音所白反注同注於朝補音直遙反下同注乃治補音直吏反片[礻禹]補音

丁録反爾雅作斸從斤說文作欘從木云斫也與注合注麤補音七奴反渠弭補音上其

居反下三姍反下同繯山音患曹韋唐孔作環今按官私衆本皆作環舊音出此繯字李舟切韻音

同云周環也又按說文音胡畎反若從患音則胡貫反若從環音則戶關反今韋李與諸儒同即從環爲

允注薊縣補音古帝反[食匋]陰音陶賈作陶紀酅補音戶圭反望汶文問

二音補音文無分反問士運反注阸塞補音上於華於懈二反下悉則先代二反篇末注阸塞同

注于陘補音戶經反[孛刂]音拂補音孛勿反令來定反今按令支之名應劭漢書音郎丁

反顏師古郎定反與舊音合支音歧今按孟康漢書音巨支反與舊音合不歃所甲反侯

戮六寮二音今按前已解戮勠二字音義同然當從勠注攘卻補音上如羊反下羌略反今變

鳥却設泭音孚補音芳于反郭璞謂小筏曰泭乗桴補音芳符符反注絓紊補音必綿
反又與反蒲濟度補音箋詣反石抗補音苦浪反作杭者非縣車補音胡蠲反
大行上音泰下音航補音上宅蓋反下胡郎反辟耳補音必亦婢亦二反今按史記漢書皆作
卑耳漢書注云卑耳即齊語所謂辟耳亦不作音且山川名號隨方俗語無的訓卑辟聲近二音並通注
同注縣鈞補音上胡蠲反下多嘯反服泝古流字注湫補音子小反反胙
補音才故反韋公以爲踐作之作古字疑通下二致胙同注于鄄音絹內傳作甄又有貞旃二音
注于樫教京反注于鹹補音戶緘反解纍補音律追反解[illegible]補音於計
反又於芳反弢音滔補音吐刀反下注同咫尺補音之氏反隕越補音子敏反注
樊纓音盤補音步千反注於縿音衫補音所銜反又所廉反周禮釋文又作幓注婁
頷補音力戾反下戶感反注罽九例反慶父補音冉下注同注共仲補音恭

注子舟班注又殺補音申志反下殺死同注高傒音兮補音胡雞反畜
散許又反補音下先旦反畜注同縷纂補音作管反纂或作綦注奉藉祖夜反注
易共補音上以豉反下音恭之使補音所吏反垂櫜音高補音古刀反說文車上大
櫜稛苦本反注絭口圓反注盟約於妙反幾而補音居希反通作譏注同
注暴掠音亮補音力向反注四塞補音先代反注蔽扞補音胡旦反注
胄盾補音食允反勝矣補音式陵反注舉也隰朋補音上詳立反下步登反按朋古鳳
字鳳飛羣鳥從者萬數故以朋爲朋黨字今則不然伯功補音霸

晉語一第七晉語凡九卷庠因作音私志其一二便於檢閱非舊本所題

晉姬姓之國周成王母弟叔虞所封之地才大岳之野夏禹所都之墟南臨晉水後叔虞子燮父封爲
晉侯至十代孫昭侯始弱分國封其叔父成師於曲侯是爲桓叔桓叔寖強晉潘父弑昭侯而納桓叔不

克晉人乃立昭侯之子孝侯於翼更爲侯其後桓叔
之子莊伯伐翼殺孝侯翼人又立其弟鄂侯鄂侯之
子哀侯哀侯爲莊伯子武公所滅盡有晉地以其寶
器賂周王王命武公爲晉君而始列於諸侯殺哀補音申志反下注殺
昭侯孝侯哀侯侯同注嚴伯補音如字本曰莊伯避漢明帝諱之字曰嚴後
注魯嚴同注公稱尺孕反今按稱武公名也凡人名無定義或常如字齊連稱內傳釋文亦作二
音注潘父音甫今按舊音失次移注鄂侯五各反注後竟補音居慶反說
文樂曲盡也經典相承訓盡注虢公補音瓜伯反欒共音恭補音上力官反子見
補音賢偏反下注遇見同令子補音力呈反君食補音詳吏反即飲字假借或如字下同
不長補音丁丈反注爲君補音于僞反下注同焉用補音於虔反驪戎補音
力知反或作麗音同注詭諸補音上九委反晉獻公名注更曰補音占衡反占之
補音章廉反下注占卜占色占墨同兆挾音協爲猾補音尸入反注及下同注鯁剌

補音上古杳反下士亦反注覺埆補音上許覲反下敕宅反注從畫上音縱下戶麥反補音上子容反舊音作縱按縱雖有縱橫之縱然又有放縱之縱非所以定音也交捽才忽反下及注同攜民戶圭反或作攜遲而補音敕領反注快補音苦夬反注其惡補音如字公飲補音於鴆反下飲而飲酒同女曰補音汝下賞女罰女同卒爵補音遵聿反亦樂補音洛爲瘳補音敕留反注差補音初解反注不中補音丁仲反敢憚補音徒旦反注難補音乃旦反妹喜女上音末下尼據反補音妹音莫撥反喜音許其反史子或作嬉云桀妻也以女與人曰女下已女姒女及注並同尹比補音畀履反下鬲比甫比并注並同妲己補音上丁達反下居擬反注同膠鬲補音古肴反下古覈反褒姒補音上博毛反下祥里反石甫補音如字宜咎補音本或作臼古字通此如字繒人補音才陵反本或作鄫通注同注同好補音呼報反注弗子補音羊汲反注

殺幽補音申志反又如字注於戲補音許宜反俘女補音芳夫反離散補音
西旦反不跨補音苦化反下同注中害補音丁仲反不疚補音九又反下同
注專擅補音市戰反小戕補音在良反下並同注猶勝補音式陵反幾何
補音居匪反嗛嗛口玷反賈作謙言小務大而祇音支補音章夷反足狃音鈕補音
女久反不卒補音遵聿反免難補音乃旦反注同不度補音待洛反注同迂
求補音紆典音于說文億俱反反宜從說文注同注邪也補音似嗟反賈怨補音公户
反猶隷補音郎計反勤易夷豉反今按注易治也詩甫田篇曰禾易長畝鄭其義釋文以
豉反徐以赤反注饗食補音許吏反卽飤字假借士蔿補音韋委反注劉累補音
力軌反注卓子丑角反下生卓子同其娣補音大計反黜大子補音它蓋反凡
言大子終篇同請使補音所士反速縣補音胡蠲反注同注縊也補音一賜反

重耳補音直龍反下如字處屈補音求勿反又居勿反下二屈并注並同以儆補音京領
反蘇朝補音直遙反日君補音人質反內惡補音烏路反好好補音上呼
報反下如字美也惡惡補音上烏路反下如字不善也樂樂補音並洛復生補音扶又
反下復流復亂並同而畜補音許六反又敕六反好色補音如字惡心補音如字後惡
心同好其補音呼報反從其補音子用反又如字作難補音乃旦反下難本并注同
將黜補音丑律反不阿補音烏何反注刑辟補音婢亦反以治補音直吏
反烝于補音之承反注同不與補音羊茹反子盍補音戶臘反閒父補音
閒廁之閒遠於補音于萬反又如字翟相側加反補音上大歷反下注及皐落翟同之氛
補音芳云反注田獵補音力輒反注禳補音子鴆反又日袵反注瞋補音亡千
反又士丁反郤叔補音去逆反語之補音魚據反第之補音側里反注簀

音責補音側革反雝塞補音上於勇反下悉則反注同注使不補音所士反注傲

幸古堯反通作徼注抵冒補音上丁禮反下莫報反各厭補音於豔反又於鹽反本或作

猒同注回邪補音似嗟反公說補音古悅字被羽補音皮寄反注負羈

人志反注廢適補音丁歷反難三補音乃旦反下為難避難及注同夫人補音

扶注覬欲補音几利反注官任補音而鴆反志重補音直龍反下注及遷重

並同僨方問反注斃僵補音上婢世反下居良反近行補音下孟反注去之

補音羌呂反善不備補音方有反又鄙反皆通注賂遺補音于季反注嬖大

必計反賤而得幸曰嬖彊場補音盈隻反注辟竟補音上婢亦反下古境字公說

補音古悅字後公說同既遠補音于萬反下遠死同公將補音子匠反下及注使將同

分之補音扶問反而帥補音所類反以相補音息亮反注同注代更補音

古衡反後注變更而更並同能治補音直吏反過數補音色句反有釁補音許覲
反下及注同而凶補音凶勇反注意然也之棟補音丁貢反其難補音乃旦反
又焉補音於虔反下焉能同與不補音方有反又備鄙反又音鄙大伯補音它蓋反注
同盍殺補音戶臘反注同長民補音丁文反憚君補音徒旦反惡始補音
如字無惡於人補音烏路反注殺君補音申志反下注及殺君殺親殺其兄子殺昭
侯孝侯並同善不補音方有反本或作否同大難補音乃旦反所索補音所客反
苛我音何或為荷補音胡歌反倉廩補音力錦反下同使之補音所士反輯睦
補音集又七入反可不補音方有反衣之補音於既反曰衣之偏裻之衣下則如字偏
裻音篤補音冬毒反說文曰新衣聲後注同金玦補音古穴反下及注同殆哉補音徒亥
反惡其補音烏路反下同難哉補音乃旦反又如字兩通阻之補音韋注云阻古詛

字音莊據反與内傳義别方相補音並如字周禮方相氏狂夫四人韋注引之揚盾補音常準

反盡敵補音内傳子忍反下敵可盡乎同監國補音古銜反注立長補音丁丈

反注能不補音方有反又備鄙反又音鄙本或作否同不說補音古悅字衣躬

補音於既反下衣偏衣純衣躬同以尨衣純補音尨莫江反金銑補音蘇典反注

洒洒相承音銑非也注云寒皃或爲說按本草爲色洗洗是寒皃今按說文洒字正音先禮反然無

寒訓無慝補音它得反注同遠灾補音于萬反下注及後遠於死同好艾補音韋注

以艾爲外字之誤今宜從注讀爲外適子補音丁歷反下注同注猶度補音待洛反大

甘補音它蓋反譖在補音側鴆反蝎譖音曷補音胡割反焉避補音於虔反

注避難補音乃旦反

晉語二第八

愈深羊主反今按注同　注謀殺補音申志反　日吾補音人質反　焉能補音於虔反注同　難將補音乃旦反下吾難同　飲酒補音於鴆反今按舊音於後別出歆里二字云今爲飲一禁反檢見行諸本但作飲無爲此歆字者經典亦無今從衆本下飲里中飲並同　無郵音尤補音有周反　中飲補音丁仲反　孟啗音淡補音徒敢反注同　注夫稱補音尺證反　注啖音淡補音徒敢反又徒暫反　注作盇補音戶臘反　注豫樂補音盧各反　吾吾補音按韋注曰吾讀如魚若此則音當從注說文作衙音牛呂反則此意也集韻出此吾正引晉語並語居反　於苑音鬱補音雝勿反下謂苑同　辟奠步亦反　注辟去補音羌呂反　不𢡟補音素尊反　擕之補音戶圭反　少疏補音上詩照反下所居反注同　可閒補音閒廁之閒又居莧反下注及得閒同　殺君補音申志反　長廉知丈反　抑橈乃孝乃昭二反補音又乃絞反按舊音乃昭疑謬誤　難乃補音乃旦反注同　注

胙肉補音才故反下獻胙同　寘補音之豉反注同　鴆直禁反　堇音謹補音居隱反

地墳補音扶粉反　犬斃補音婢世反下亦斃同　飲小一禁反　注閹士補音於檢反周禮作奄注云精氣閉藏者謂之宦人後子史相承作閹於廉反義則一也　原款補音苦管反

臣圍補音魚呂反　心度補音如字　竄伏補音七亂反　猶介上音絹下音界補音上吉掾反下古拜反後小心猶介同　注俱去補音如字下何不去同　大難補音乃且反

不去補音羌呂反　說父補音古悅字　惡君補音如字下之惡不惡惡君厚惡惡不可重並同　誰鄉音向補音許亮反　是重直用反今按冊也下不重用不可重並同

必重補音直龍反輕重也下罪重同　好人補音呼報反下好之同　殺父補音申志反　所惡補音烏路反　注雉經音經補音古定反　注頭搶七羊反　而縣音玄補音胡蠲反

共君音恭　與知音預補音羊茹反　奄楚補音於撿反後章奄楚同　注寺

人寺或音侍補音詳吏反解已具周語注勃鞮補音上步忽反下丁兮反注隗姓補音伍罪反難叜補音則丘反通作奏下叜望叜之叜梁同以監補音古儳反注伐屈音掘補音求勿反又居勿反後注屈產之乘同必援補音于眷反又于元反復爲補音扶又反下如字西阿補音烏何反覺音教補音居効反史嚚音銀補音五巾反蓐收補音而玉反下如字注曰該補音古來反之僑補音其驕反不度補音待洛反何瘳補音敕留反國敖五牢反今按注敖慢也亦音五報反之鑒補音古儳反注自省補音悉井反注展伸音申今按善本但作申字通誑之補音九況反遠巳補音子萬反注除去補音羌吕反所惡補音烏路反以賄補音呼罪反大王補音乇蓋反釁補音許覲反注隙補音去逆反其孥補音農都反蚤朝上古早字下竹遙反補音上子浩反今按蚤字從爪從䖵省跳蟲齧人今爲蚤虱古以爲早莫自有

一早字從日從甲古今字並行

袀服 音均或爲均今按內傳亦作均此書本少爲袀者又義同字異不必改也注亦甚明

鶉之 補音述春反又常倫反

振振 補音之人反

賁賁 補音奔

焞焞 補音它門反

注傅說 補音古悅字

注謂稛 丘吻反

務施 補音式豉反下注及施難將施惠同

要結 音腰補音於遙反注同

三屬 今爲屬音燭補音之六反今按屬有二音又音蜀從燭音者連也付也舊音云今爲屬此非字尤爲訛俗諸韻皆并而不用

旣鎭 音田或爲塡廣雅云塡塞也賈逵曰塡加也又塡之以土今按鎭塡二字經史互用之本或作塡

難

徧 今爲遍今按善本少作遍者遍字訛俗經典字書皆不用

乃還 音旋補音似緣反

注墆 補音直例反

涑澮 上速粟二音下古外反今按說文涑相玉反浣也諸集韻又有蘇玉先侯二反然水名亦無定訓速粟聲近並通

注是 補音烏黃反

豐不 補音方有反

注舍 補音始野反

不度 補音待洛反

注夭折 補音之設反

將殺 補音申志反亦如字終篇

同有異別出焉用補音於虔反焉辟音避補音毗義反通作避注同注使翟補音
所吏反下徒歷反後做此注左行戶郎反今按下左行同注共華上音恭下戶瓜
反補音上俱容反注騅歂上音佳下音遄補音上職追反下市專反注纍虎力追反
注山祁補音巨之反字林上尸反以搖音遙補音以招反重賂補音上直儱反下魯
故反注同蠱君補音公戶反藏惡補音如字立卓丑角反今按上句有卓子始於此發
音失其次子鉥音述補音食聿反必槁音考補音苦老反夫長補音丁丈反下注及
誰長同國難補音乃旦反又如字下故難同樂喪補音洛下息郎反又息浪反下文注同
喜亂補音許既反又許里反節易補音盈隻反之剡音琰補音以冉反酒埽
上色買反下音嫂補音按詩上所懈反下蘇報反注灑補音色蟹反又所倚反其索色白
反郤稱補音尺證反又如字冀芮補音如銳反適御上音的下音圄補音上丁歷反

下魚呂反注國藏補音才浪反注畜補音敕六反盍請補音戶臘反注任
好補音上而林而鳩二反下呼報反又如字人名無定訓又重補音直用反寗甗補音
昌呂反之好補音呼報反其逋補音補吾反且塡音鎮今按本或作鎮不儆
補音京領反重愛補音直隴反下重況同使者補音所吏反誰使補音所士反下
使之同縶也補音張執反又丁立反竄謀補音七亂反可不補音方有反以
徼音驍補音古堯反下徼幸同負葵補音並如字一本葵作蔡與有補音羊茹反注
及解戶賣反懷挾音協補音戶頰反嬰瓖音襄補音息良反或作纓纕者皆非蓋注
解嬰爲馬纓瓖爲馬帶襄若從糸無馬帶之訓也注珩佩補音上戶庚反注蔥珩補音
倉紅反之少補音詩照反無惡補音烏路反

晉語三第九

注不子音與注狃忕上音女九反下時曳反今按狃字在正文當先出音舊音兼注而訓
注懲艾上音澄下音又補音上直升反下魚廢反按懲字亦在正文又兼注而訓皆失其次省
衆小井反今按下考省同謀度補音待洛反注及下外度同共世補音俱容反通作恭
下共君同臭達補音昌又反注誰使補音所士反下使之同注不聽它丁反今
按注云不見聽也媮居音偷補音它侯反通作偷注同不更補音古衡反注同注子
圉補音魚吕反王妃補音滂佩反又有后妃之妃字一而音不同或謂協韻作后妃之音然妃
與配義一也注同夫人音符補音防無反故行補音下孟反注善不補音方有
反又音鄙其數史具反今按注同告於補音古毒反魄兆補音普白反又匹華反下
注及魄意同必伯補音必駕反亦如字光耿古迴反今按又有公頴公永二反以上皆訓光
其耿耿者古幸反猶儆儆也非此義注猶炤補音之笑反通作照下炤之同注志識式吏

反補音又昌志反施之失之反今按注同注將殺補音申志反下殺二君欲殺君同

泠至音零補音力丁反注同之使補音所吏反下子使同作難補音乃旦反注同

不說補音古悅字注焉能補音於虔反無斃音弊或為敝補音婢世反按本無作

敝者荐饑上在見反下音機今按章首已有晉饑字合先作訓至此失其次勿予補音與下

二弗予天予二予之二勿予不予及注並同是惡補音烏路反注代更補音古衡反

乏之𧆉古薦字有施補音式豉反下無施三施我施同不說補音古悅字下注及以說

衆說同氾舟古汎字補音芳劒反按本多作汎公令力呈反今按下令韓同注秦

處補音昌慮反號射補音食亦反下訊射號射同不孫音遜或為遜不慍補音

憂運反必狃補音女九反下同注忕也補音時世反又時設反挑戰太了反

若還音旋身見乎眄反注朝見補音直遙反君盍補音胡臘反君韓

音揖或作揖補音於立一入二反濘而補音乃定反公號補音戶刀反又戶報反注

呼補音火故反注難也補音乃旦反簡幹音訝補音五嫁反注閒隙補音

居閑反再施補音式豉反以要音䙴補音於遙反質竹二反今按下質子同其

適音的補音丁歷反注代更音庚補音古衡反說衆補音古悅字下注及說焉同

注輮易補音盈隻反上如字內傳作爰叫注易畺補音居良反注取墝口交

反喪君補音息浪反輯睦補音集又七入反好我補音呼報反惡我補音

烏路反比其必利反則不補音方有反下同訊之補音思晉反願從補音

才用反注改更補音古衡反蛾皙上音俄下音析補音上魚綺反下星歷反蛾又五何

反將止補音子匠反下將上不面夷同君曹木亘反不降補音江巷反行也

補音如字君盍補音戶臘反不知音智或爲智補音知義反能治補音直吏反下治民

同而擅補音市戰反進退補音占退字注復用補音扶又反司馬說
補音古恍字然人名無定訓如字亦通而數補音所呂反趣行補音此茍反又逡遇反今
按宜讀曰促曹參傳告舍人趣治行顏師古音曰促是也殺懷補音申志反

晉語四第十

在翟補音徒歷反或作狄終篇同注之難補音乃旦反注欒樂補音盧各反
將氐補音之履反氐箸直略反盍速補音戶臘反蓄力補音許六反又敕六
反長矣補音丁丈反注易于補音上盈隻反注豎刁補音上注反下丁聊反按
內傳作貂同厭邇補音於豔反為郵補音有周反塊苦對反注墣匹木反又
音朴注志識補音申志昌至二反注踐土補音似淺反侯妻七戾反注趙
衰補音初危反注齊胥音細補音思計反從者補音才用反從之補音才容

反臨女補音人渚反通作汝下注同注卒有補音遵聿反下注卒章同晉難補音
乃旦反注惡之補音烏路反莘莘補音所巾反詩作駪駪字通注同注將仲補音
七羊反注祭仲阻介反注上行補音下孟反後下行中行並同注從心補音
子用反在辟婢亦反從中補音丁仲反又如字注同裨輔步夷反今按注裨補也字
從卑音將之副者乃音毗耳子幾巨衣反以濟補音箋詣反下若無所濟同火閼
一曷反注自氏丁禮反補音又丁計反經典云醒以補音星頂反厭一闔反或爲饜
腥臊上音星下音騷補音上錫青反下蘇遭反將焉補音於虔反過衞補音古禾反後
章過曹過宋過鄭同注子燬音毀補音況委反又火尾反注圍菟音徒補音兔都反
注訾婁子移反補音下郎句反又郎鉤反注使相補音所士反之昭音韶補音
常遙反注同俾守必耳反注仍重補音直用反蚤圖補音古早字後凡用此蚤

字並同曹共補音恭通作恭注同脅骿上朽業反下步田反或爲骿脅諸本多作𩨂廣雅云

脅幹謂之肋通稱謂之脅今按諸本及內傳並云骿脅骭作脅骿者內傳又用此騈字善本無从車之軿

惟此語从骨古字並通幷幹并或爲併下古旱反今按內傳作合幹諜其補音徒協反

薄而補音蒲各反檢內傳釋文訓迫又引國語云薄簾也今按韋注亦訓迫無簾薄之說恐是賈唐

所本負羈補音紀宜反內傳作羈古字通從者補音才用反後三人從之同國相補音

息亮反下以相同子盇補音戶臘反注別也補音彼列反餽餐上音匱下音孫

今按內傳作饋字通注並同寘補音之豉反余焉補音於虔反注賈佗音陁補音

徒何反按善本但作它君蔑補音亡結反之聚全遇反將施補音式豉反下不施

同不難補音乃旦反注怳好補音呼報反長幼補音丁丈反下長事并注同

不厭一豔反趙衰士危反今按經典初危反前趙衰之名多矣已有補音舊音方於此作訓

失其次注狐射音亦補音盈髮反又音夜下之補音遐嫁反有艾補音魚廢反
湯降補音江巷反下降有禮同日躋子兮反今按或亦作隮通注升聞補音問二
十乘補音繩證反叔詹補音章廉反注同注闓古開字注殖蕃補音扶袁
反注別治補音直吏反伯行音航補音戶郎反又如字雋才補音祖峻反通作俊
無釁朽覲反大王補音上它蓋反注岐山巨移反岐路从止音奇今按岐路字非此
書所用又音奇疑謬誤質曰補音如字還軫補音旋注後橫戶庚反又音光以
儌補音古堯反注要也此字或从人或从彳經典並用之音亦一也但小學家微有分別蕃廡
上音煩下音武補音符袁反下無甫反注熊羆一筠反注五積子賜反注饔
餼上一恭反下休意反今按前有此二字多矣舊音未嘗反切於此具出之倒錯無義例注二
十筥音舉補音九呂反注醯醢補音上呼西反下呼在反二十甕甕或為罋從器

也一頁反今按周禮並用饔字注天使補音所士反注饗食補音祥吏反注犒
補音父沸反注旄補音莫褒反注犀兕補音徐履反治兵補音直吏反三
舍尸者反補音式夜反舊音疑謬逡遁上七旬反下音巡注還師補音旋鞭弭
補音莫爾反弓末也右屬音燭補音之玉反櫜鞬上音高下九言反補音上古刀反注
無緣弋絹反注弓弢音韜補音土刀反不諂補音敕檢反又或土刀反注爲
質補音陟例反下注爲質於秦同彼己補音居吏反婧郵上音遺下音尤補音古戶反下
有周反羸與上音盈下音預奉匜音移又弋尔反補音上芳勇反下以支反說文云似羹魁
柄中有道可注水沃盥音管補音烏毒反下古緩反懼降補音江巷反下文注同徹
上補音直列反之適補音丁歷反注同嬪嬙音牆補音上毗人反注令與上力
呈反下音預補音下羊慮反下注放令與同注進退補音古退字注相取補音七住

反下注可以取黃帝取少典取取妻並同注之稱補音尺證反彤魚大冬反注纍

祖力追反或爲嫘葴任補音之林反下而林反荀僖音熙或爲釐姞儇上音吉反

下音旋補音下許全反舊音檢諸書無有蟜音喬補音其驕反又居表反注爲擠音齎

補音子計反黷音讀補音徒木反注畏褻補音息列反道利補音大到反相

更音庚補音古衡反注離散補音西旦反注難之補音乃旦反必先補音

悉薦反下先愛先從先施同注先施補音式豉反受好補音呼報反注親迎

補音魚欹反使子補音所士反犯從補音才用反下衺從餘從同如衺補音初危

反下使衺同餘相小亮反卒事補音遵聿反下卒登同注復爇補音扶又反下

於見反下明日爇同注爲稱補音尺證反而施補音式豉反下文注同注閉塞

補音悉[illegible]六注錫予補音羊呂反注乘馬補音繩證反降拜補音江巷反下

注及後降辭降拜並同注勞來補音上力報反下力代反注芃芃馮蓬二音補音蒲東

反又扶雄反注雨膏或音誥補音古報反詩音從此之卬牛亮反或爲仰濟河補音

箋詣反注用使補音所士反注小宛補音於阮反詩作菀字通麗姬麗或爲驪

力移反今按前有麗字多矣舊音方於此發訓注之難補音乃旦反注爲沔音緬補音

緜善反下並同注朝宗補音直遥反下同君稱補音尺升反舉也惰心補音徒卧

反親筮補音市制反屯補音張倫反下文注凡言卦並同豫補音羊慮反下文注凡言

卦並同注蓍補音升脂反占之補音章廉反下同注閉雝補音於勇反注

閉塞補音悉則反注猶趨補音七朱反又七住反豫樂補音盧各反下同有異別

出其繇補音直救反注之長補音丁丈反必伯音霸從君補音才用反還

軫音旋補音下秦伯還同注巡行補音下孟反以質補音如字之虛音袪或爲

墟補音丘魚反　注其分符問反　注祀參補音所林反　閼伯補音於葛反　是相補音息亮
反　配亨如字火行反諸本多誤爲享　自衰初危反　皆降補音戸江反　注其長補音
丁丈反　盧柳補音力居反下力九反　注猶屯補音徒門反　子縶補音張立反
于郇音詢補音須倫反下同　刺壞補音七賜反殺也　使寺補音所士反下如字又作
侍　勃鞮補音步忽反下丁兮反　注披也補音普皮反　其祛補音羌魚反　注
袂補音滅制反　求見禾偏反下求見同　射子補音食亦反下羊呂反　屛內補音
必領反　注濱涯補音五佳反又魚奇反　注從翟補音才用反　注屢數補音
所角反　好惡補音上呼報反下烏路反後所惡畏惡惡惡其所好並同　不易補音盈隻反
而卒補音遵聿反　乾時音干補音居寒反　栢鉤補音古侯反　佐相補音息亮
反　注宇覆補音芳富反　注閹士補音於廉反　畏偪補音彼力反　如[illegible]

音汝遽見補音其據反下如字惡心補音如字騶傳竹戀反補音上人質反下脫
補音它活反注遁行補音徒困反豎頭補音上注反守藏補音才浪反注同空
注里蒐須補音房孚反韓詩外傳云晉文公過曹里蒐須從困盜重耳資而亡重耳無糧餒不
能行介子推割股以食重耳然後能行注盡用補音津忍反心覆補音芳復反下同
從者補音才用反羈紲音薛補音息列反注僕使補音所士反屬音燭補音
之玉反棄責或音債今按經典多如字施舍補音式豉反下始也反又音赦分寡補音
方文反又符問反下注及勸分同易道補音以豉反省用補音所景反援能補音
于元反又于眷反注育長補音丁丈反胥藉補音新於反下才夜在亦二反狐箕
補音如字欒郤補音力官反下去逆反食貢補音如字下文注九食字並同注賈人
補音古又音嫁注稟力錦反今按注云官稟之即稟是賦祿之[illegible]名非音稟也周禮稍食注祿稟稟提也

音彼錦反舊音失之字亦誤今本作稟皁隸補音才早反下力計反之難補音乃旦反下
告難同地氾音凡或音似今按周襄王所出南氾也在襄城音扶巖反音似者成皋氾水非襄城
也或音誤使來補音所吏反下同唯注中王使二字音所士反告難補音古毒反下文注同
注左僞音偃或作鄢補音於晚反按內傳亦作鄢君盍補音戶臘反注瓚補音才旦
反注秬鬯補音巨許反下敕亮反注公稱補音尺證反又如字公説補音古悅
字下公説同行賂補音魯故反驪土音歷唐賈與韋同孔晁爲酈補音狼狄反隰城
補音詳立反于郲補音古洽反胙侑上音祚下音祐請隧音遂補音徐醉反州
陘音邢補音奚經反絺鉏上音郗下音鋤補音敕之反下仕魚反欑茅補音才官反按
欑字从木蔿呼補音喚故反注食采補音七代反蔿敖上乙虔反下音昉補音
往反君子也今按本或於君子下有之言二字此本但曰君子也義無所關故志之注出

降補音戸江反下不降請降原降同去之補音羌呂反下乃去同注徹也補音直列

反注諜閒補音古莧反以告補音古毒反下告急公告楚楚來告同尹班左傳

作般音班舍我補音捨藉之補音在亦反借也必屬補音之玉反蔑不補音

亡結反公說補音古悅字下公說及注以說于晉同注或如字注以畀補音必利反

宛春補音於元反又於阮反下同三施補音始豉反攜之補音戸圭反旣陳

補音直覲反遲舍補音式夜反注老罷音皮補音通作疲其埤音脾補音婢支

反又扶移反按內傳及諸本多作陴此作埤古字通將亭四庚反注淫放補音方往反按

注意當然疾號補音戸羔反注善惡補音亦如字下美惡同注之號補音戸報反

注帑藏上天朗反下才浪反字從子者音奴或爲弩藏者誤也元帥補音所類反郤

縠補音胡木反本或作㲉音同獼惇獼或爲彌下音敦補音上面規反下都昆反今按諸本無

作獮者舊音雖出此字判知謬誤則獮麞相配義將安取乎　先軫補音之忍反下並同　校將

補音子匠反下凡言將某軍者皆如之　注章箸補音張慮反　又長補音丁丈反　先

且子余反　請令力呈反　注尺間補音古閑反　爲易補音以豉反下文注同

其難補音乃旦反又如字　傅讙補音呼官反按內傳傳作驩字通下同　籧篨上音渠下音除

補音強魚反下直居反字皆从竹下文注同　戚施補音千歷反下如字後文注同　僬僥補音

在遥反下吾聊反僬或音焦僬僥南方國名人長三尺短之極也又古堯反非此義　侏儒補音章俱

反內傳作朱音同　使援補音于眷于元二反　矇瞍補音莫紅反下素口反下同　嚚瘖

上音銀下音陰補音于巾反下於今反　聾聵五拜反下同　注違邪補音似嗟反　夫

任補音它蓋反下而林反　任娠振申二音　少溲音騷補音詩照反下蘇遭反按此字又有

所鳩所九二反檢所鳩者亦訓便也所九者説文解爲沃汏也然則騷溲二音並通李舟切韻無騷音從

說文也注便步延反大姒補音上它蓋反下祥里反注同比干補音毗志反親也
以御補音魚據反鄭箋云治也與注合毛公訓牙嫁反迎也宜從鄭讀注伯适補音古活
反注仲突補音徒没反注季騧補音古華反度於補音待洛反閎夭
補音於表反又於遙反諏子須反周召補音上照反時惆音通補音它紅反胡
爲補音于僞反直鎛音博補音伯各反蒙璆音虬補音巨牛反又巨幽反尚書說文但音
求通作球諸韻乃有虬音注之柲補音祕卬浦牛嫁反孔本作仰牛亮反言川仰浦而大
人仰敎而成今按注卬迎也則近音鄉盇納補音戶臘反下二盇並同注之難補音乃旦
反注汜補音扶嚴反經典音凡注去之補音羌呂反注少長補音詩照反下
丁丈反被廬皮寄反補音下力居反郤溱補音側巾反遂伯補音霸

晉語五第十一

季使補音所吏反鈌耨補音乃豆反字或作鎒同饁之音曄補音于輒反注薅
音蒿補音呼毛反說文拔田草也又作茠茠引此以茠荼蓼音同今按此本作茠與說文合注野饋
補音其位反復命補音服返也以告補音古毒反注謀殺補音申志反殛
鯀上音棘下音袞補音紀力反下古本反古文尚書作鮌內傳作鯀字並通之恪補音苦各反
使爲補音所士反注復子補音扶又反下羊呂反過甯補音古禾反下乃定反
嬴氏補音盈而還補音旋惡之補音烏路反有釁補音虛覲反言匱
補音其位反外強補音其丈反其卒補音遵聿反易矣補音盈隻反譿音惠
唐本爲慧注辯瞭音了或爲察注本行補音下孟反其難補音乃旦反下之難
同去之補音羌呂反期年補音居期反注孤射音亦補音盈隻反又音夜季
佗音陁補音徒何反本但作它注舍二補音捨注將中補音子匠反注逍

盾補音徒本反注鞫居補音居六反乘車補音繩證反干行補音戶郎反
莫戮補音古暮字者比音鼻補音毗志反注能不補音方有反又音鄙臨長
補音丁丈反下樂正注長同注臨監補音古銜反注帥補音所類反皆告補音
古毒反而中補音丁仲反殺昭補音申志反下注及人殺同憚之補音徒旦反
以鎛音純注碓頭補音都內反注相和補音戶卧反注令丁音零于
鐲音濁爲蹔音暫注厚斂力欠反注支解古買反鉏麑上音鋤下迷輗
二音辟矣步亦反盛服補音成按內傳从此假寐補音古雅反之槐補音回懷
二音注矦飲音蔭補音於鴆反黒臀音屯補音徒門反齊頃補音傾經典並同
子跛必我反㝱乎補音蘇接反注逞快補音敕領反下苦怪反莫遻補音
古暮字下同於朝補音直遥反下同客廋音摟補音所留反注譎詭補音古穴

反下古委反注敢詆音底補音丁禮反注長老補音丁丈反折委笄補音
上之設反下古兮反注簪補音側金反靡笄上音摩下音雞今按內傳靡如字又音摩病
喙休穢反注解張補音胡買反下如字一音直良反受脤音腎補音市忍反祇
以音支解志補音古賣反援枹鼓槌也音浮華不注補音上如字又戶化反地
名下之住反不注山名女亦補音人渚反之屬音燭補音之玉反子見補音賢編
反下兩見同也夫補音扶下二夫同注欒盾音鑾下徒損反補音上力官反注來
朝補音直遙反得殞補音于敏反注同注苗棼音墳補音扶云反下同不腆
土典反以憖牛刃反以傳竹絹反注伯糾古酉反而辟步亦反朽
補音許九反注腐補音房甫反顓臾上音專下音渝降服補音江巷反注縞
素補音古老反乘縵補音莫半反注告於補音古毒反下不告以告告君同以

見補音賢編反注同朝以補音直遥反難及補音乃旦反下難必及之難並同吾

飲補音於鴆反下飫飲同之語補音魚據反盍亟上戶臘反下音棘補音紀力反索補音

山客反州犂補音力之反又力兮反淫譖補音側鴆反

補音卷第二

[illegible]

補音卷第三

晉語六第十二

子冠音灌補音古亂反終篇同有異列出注常將補音子匠反中行戶郎反注

芻蕘補音初俱反下如謠反注謗譽音余勿兜補音丁侯反注兜惑也今按人名有驩兜器名有兜鍪它無所訓偏閱經典子史未見兜惑之說將先儒自有所據其散亡乎臚言補音力居反辨祅音妖或為妖補音於驕反注饜弧一琰反於朝補音直遙反有邪補音似嗟反注郤錡補音魚綺反蔑由補音亡結反有冠補音如字糞除音奮除或音筋補音上方問反注荀罃補音於耕反而語補音魚據反注與不補音方有反何稱補音尺升反覆露補音芳富反注為治補音直吏反擾擾補音如小反難之補音乃旦反注同滋長補音丁丈反方賄補音呼罪

反樂乎補音洛饜一減反今按下凡言饜饜皆同注犨補音尺周反注于蒧補音之林反半陳丈刃反下夫陳與陳鄭陳在陳並同今爲陣一間古閑反下二間三間井注並同譁音花補音戶誇反花字俗經典無此音注囂休喬反公說補音古悅字韎韋木拜反又音妹之跗音膚補音方于反注補音之樹反內傳解注爲屬屬連也音則各行注爲縓七絹反注自要補音於遥反俗作䙅非是注問遺補音唯李反注蒙被補音皮寄反日弊補音婢世反注之數補音所角反注斷補音丁亂反注幸儌音梟補音古堯反是難補音乃旦反下難之本同盇姑補音戶臘反下同稱晉補音尺證反少安補音詩照反輯睦補音集又七入反重斂補音直龍反下力撿反私暱尼乙反則焉補音於虔反邲步一反重之補音直用反再也若重補音直龍反輕重也弗蠲補音古玄反遂殺補音申志反下注殺

公同注匠麗力支反注蟜音矯補音居表反荆壓音鴨本或作厭補音於甲反又
於輒反杜以謂壓笮范匄音蓋補音古害反或作丏同族趨七隅反過之補音古禾
反又如字堙井音因注塞補音悉則反注飲食補音上於鴆反下詳吏反又俱如字
注行首補音戶郎反逃難補音乃旦反注及下難必作先難難作爲難並同注焉
用補音於虔反厚墉補音餘鍾反注子茷音吠補音扶廢反子告補音古毒
反下注及告公公告同擅舍補音市戰反舍音捨又音赦使覘丑豔丑廉二反刺郤
補音七賜反中行補音戶郎反今治補音直吏反除鯁補音古杏反脆弱
補音七歳反乃犇補音古奔字公殺補音中志反注并後章殺君同吾畜補音許六
反又敕六反注兵難補音乃旦反不徹補音敕列反注戾帥補音力計反下
所類反

晉語七第十三

既殺式志反知武補音智本或作智彘恭音滯補音直例反注荀罃補音

於耕反稟命補音彼錦反下文注並同注秕也補音鄙穀不成者字林音七或作粃爲

令補音于僞反欲暴補音薄報反暴虐注篡殺補音初患反下申志反注此

約補音於妙反注適子補音丁歷反注育長補音丁丈反注呂相補音

息亮反下並同注不復補音扶又反間罪補音古莧反逮鰥補音古頑反注

常餼補音許氣反王父補音甫注呂錡補音其綺反又魚綺反穀臣補音

古祿反注射補音食亦反親䠶補音即射字食亦反屏其補音必領反注魏

顆補音苦果反注魏頡補音戶結反御𨓈補音即退字帥志補音所類反又

所律反注渥濁補音於角反右行補音戶郎反以數補音色句反注封

洫補音況域反注下糾補音皮彦反下居黝反下內傳作廾同不暴補音薄報反

惇惠補音敦萴襘補音古外反內傳作會本亦無此襘字但從傳未知孰是道之補音徒報

反通作導諗之補音式荏反注告也補音古毒反注脩治補音直吏反編

古遍字今按編字得其正遍者訛俗說文無此字注僾奄補音於檢反鐸遏補音上待

洛反下於葛反內反又一音謁藉偃補音在亦反傳作籍字通共給補音恭好諫補音

呼報反注萴驩音歡補音呼官反注淫邪補音似嗟反注六騶補音側留

反虛朾上音祛下音汀補音上羌居反下宅丁反注同君譽補音羊慮反下公譽同注

之稱補音尺證反結援補音于眷反脩好補音呼報反而還補音旋注

好惡補音呼報反下烏路反復伯補音扶又反下音霸後章遂伯同亂行補音戶郎

反注銅鞮補音丁兮反避難補音乃旦反臣狃補音女九反不說補音

晉柒

古悅字公跣補音先典反禮食音寺補音祥吏反通作飤飼有鄉休亮反注志識補音申志反又昌志反其冠補音古亂反秕政補音鄙字林音匕又必履反孟樂補音如字好得補音呼報反荐處才見反今按內傳曰荐居易土補音以豉反不儆補音京領反公說補音古悅字注見殺補音申志反於難補音乃旦反下難雖不能死同不疚補音久又反注斷決補音丁亂反注復言補音扶又反注師悝補音苦回反注師蠲補音古玄反又音圭注爲佾補音夷質反列也注凡縣補音胡消反注爲堵補音丁古反寶鎛補音伯各反注廣車補音古曠反注軘車音豚補音徒門反注淳十補音述倫反八年七合今按內傳云九合諸侯據韋注自作七合具列其數經典釋文亦列九合之名與韋注同外但以一會之年有二事者更以爲數故九本或作八年之中七合諸侯此依內傳有之中二字然內外傳文

辭自有詳略不必同也猶七合九合之數云　共樂補音洛　注鄭于委反今按內傳釋文又

有几吹反　注于戲音羲補音許宜反　注于柤阻加反　注于亳補音蒲洛反又

扶各反　臣焉補音於虔反　濟河補音箋詣反　注識也補音昌至申至二反　樂

夫補音洛下音扶語辭也後樂字並同　注惡惡補音烏路反下如字　舌肸休乙反　注

叔嚮音向或爲向今按經典釋文自有兩音前解已詳　子虎補音彼虯反後篇同

晉語八第十四

箕遺補音並如字　嘉父音甫　注欒祁補音巨支反　注愬音訴補音悉路反

注好施補音式豉反　注城箸知慮反　注舌虎彼留反今按注有羊舌虎無彪

字彪自是晉平公名前已有訓舊音誤出或傳寫之謬羊舌虎叔向弟　注知起音智或爲智

注中行補音戶郎反　注邢蒯口怪反今按字書作蒯經典承俗作蒯苦怪反與說文乖

誤無厭一閻反或爲饜益長補音丁丈反注所揃七刀反少閒音閑君
掄補音力迍反去之補音羌呂反遠權補音上如字可畜補音敕六反又許六
反欲惡補音烏路反注以惡補音如字實覆孚目反殺厲補音申志反
各當補音丁浪反君治補音直吏反注所譖補音側鴆反以暱女乙反令按下
暱於爲暱同不道音導下以道不道同補音徒到反數而補音所主反注使析
音錫補音星歷反注歸父補音甫注以蕃補音方元反按內傳作藩同遂刺
補音七賜反勿從補音才用反此章凡言從者並同戮施補音下如字辛俞音渝
補音以朱反大援補音于眷反公說補音古悅字是隋補音許規反亦作墮注
舌鮒音附補音符遇反注視相小亮反豕喙補音休穢反注眈眈補音
丁南反又大南反鳶肩音沿補音悅全反注脅張補音張亮反可饜補音於鹽

反賄死補音呼罪反注雎子補音於用反揚食音嗣補音祥吏反豺狼

補音仕皆反乃還補音旋注既長補音丁丈反注劉累補音劣彼反注

擾龍而小反注於豢補音胡慣反注飲食上音蔭下音寺補音上於鴆反下祥

吏反注隰叔補音祥立反與龢古和字今按終篇同注疆界音姜補音居良反或

作疆徵訊補音信林父補音方矩反通作甫注孫剽匹妙反注殺剽補音

申志反祁奚音兮注回邪補音似嗟反訾祏補音子斯反祏常隻反人名無異義

盍密補音戶臘反周難補音乃旦反於朝補音直遙反注以伯補音必駕

反通作霸亦如字注臧寬補音弗注將中補音子匠反輯典補音集又秦入

七入二反閒隙補音古閑反又古莧反郇櫟上音詢下音鑠晉地也按左傳桓十五年鄭伯

突入于櫟音歷在陽翟漢書高祖初都於櫟音藥在高陵凡有三音治為補音直吏反觀女

補音人渚反或作泼安易補音以豉反而好補音呼報反下注及賈好同注說補音

古悅字下公說及注同賈好補音古注師涓古玄反注大師補音它蓋反

射鴳音晏補音上食亦反下於諫反下射兕射鴳同注扈補音矦古反說文作雇經典作扈音

音同豎襄搏之補音上之注反下伯各反君告補音古毒反林殪一計反遠

聞補音文運反忸怩上女六反下音尼乃趣補音娶與比正音鼻又毗邲二音

皆借也補音毗志反此章內比字同弟鍼巨炎反今按內傳其廉反子貟音云補音于分反

日肸休乞休乙二反暴骨步木反今按暴亂字別有音拂衣補音芳弗反注以

弭補音彌耳反注屈到丘勿居勿二反注衷甲補音陟隆反又丁仲反可暴

步報反又步卜反暴骨乃從此可抈音月又五括反本或爲撌補音魚厥反覆之補音芳服

反必獘補音婢世反或作斃內傳亦然注踣補音蒲北反以蕃補音方元反內傳作

蕃扞衞（補音扞戶旦反）注羅閠（音因）注狗附（補音如字）注而陳（補音直覲反）注蟦弩（郭霍二音補音此字本音忽郭反又音乃為郭耳說文作蟦解云滿弩也漢書作彍吾丘壽王傳六十賊彍弩百吏不敢前張晏音郭唐開元中置彍騎十萬人李舟云當用此蟦字亦音郭）注而罷（白解反補音又扶罵反）先歃（補音所洽反）注飲（補音於鴆反）茅蕝（子悅子睿二反）鮮羋（補音亡唉反）守燎（補音力召力弔二反）注狎更（補音古衡反）王鮒（補音符遇反）少懦（補音乃亂反）治之（補音直吏反）子盍（補音戶臘反）為社（補音于為反）實難（補音乃旦反又如字終此篇同）弗去（補音羌呂反）斷其（丁角反）而讋（音聾）注椽榱（補音初危反）亦告（補音古毒反下同）注謂砥（補音之履反）足稱（補音尺升反下及注同）注避難（補音乃旦反）注要君（補音於遙反）不援（音袁補音于元反）弟鍼（音鉗補音其廉反）注道不（補音方有反）於

敝音斃補音婢世反鮮不補音息淺反注徒從補音才用反夫君補音防無

反不濟補音箋詣反之數補音色句反忨日音玩補音五喚反按內傳作翫而

濖口曷反今以渴之渴代竭以竭之竭代渴左傳及孔晁注並爲愒今按舊音所引渴竭二字殊不可

曉此語忨日而濖歲內傳曰翫歲而愒日文如相反杜注曰翫愒皆貪也愒音苦蓋反濖即飢渴字說文

濖欲歛也亦貪意耳文雖對易義則一也遠男補音于萬反生蠱補音公戶反榣木

補音餘招反按說文樹動也諸韻則曰木名生埤音卑又皮靡反之慝補音吐得反皿

蠱補音命景反說文讀若猛稱之補音尺證反木揵補音其偃反于朝補音直遙

反黃能乃來反或作熊熊非入水之獸能三足鼈也按說文字林皆云能熊屬也足似鹿今作能爲

勝謹按舊音此說殆是全取陸公釋文之意但不盡耳今再出之云能如字一音奴來反亦作熊音雄獸

名能三足鼈也解者云獸非入水之物故是鼈也一曰熊爲神何妨是獸按說文字林皆云能熊屬足似

鹿然則能既熊屬又爲鼈類今本作能者勝也東海人祭禹廟不用熊白及鼈爲膳斯寧鯀化爲二物乎庠又按能字本獸名堅中而彊力故人謂賢才者皆爲能用此義乃知能之如字益通矣顏監注漢書亦引之云此字又借爲三台之台凡三音云鬼邪補音以奢反鯀違補音古本反禹父殛之補音紀力反夏郊補音戶雅反百辟補音必亦反以告補音古毒反莒鼎補音居呂反注賻贈補音符遇反一卒補音尊忽反德行補音下孟反於難補音乃旦反下二於難同

晉語九第十五

注彌牟補音亡支反下亡矦反雝子補音於用反注鄗補音許六反又翹六反及蔽補音必世反鬻獄補音羊六反賣也賈之補音公戶反注回邪補音似嗟反遂施補音如字服云施罪于邪矦孔晁注國語云廢弛尸氏反今按此語乃內傳釋文所

引然今韋注義自別諸家章句不行宜從韋氏又與內傳合注劾捕上胡代反下音步補音劾
字凡有三音一胡改反出集韻屬上聲与亥字同音二即舊音所訓在去聲說文從此音三胡得反在入
聲出玉篇及諸韻以上三音並訓法有罪也俗作劾非是今人讀書史多從胡得乃篇韻之音必求正者
其去聲與中行補音戶郎反之㦁胡暗反或為憾今按眾本但作憾無為此㦁字者檢諸篇
韻亦未之見但集韻有以感字為憾者云省文疑舊音傳寫之誤云安賈音古鼓降補音戶江
反未傅音附補音符遇反注傅箸補音直略反宛支補音於元反下如字人名
無定義即鳶鞮也二字聲皆近戎狄語注鳶鞮音低補音上悅全反下丁兮反內傳作鳶注
涉它音陁補音徒何反勿從補音才用反沙釐狸僖二音補音力之反又借為福禧
字許其反今按人名多如字無異義不必借音孥行補音乃都反委質補音如字下同注
虞度補音待洛反頃公補音傾相之補音息亮反敖山補音五羔反盇

巳補音戶臘反下子盍同繫援補音于眷反紡於補音芳往反注縣補音胡涓反注扞難補音戶旦反下乃旦反交捽祖骨反梗陽補音古杏反注女齊音汝朝而補音直遥反將食補音如字又祥吏反此章內並同屬厭上音燭下一豔反補音上之六反下於鹽於豔二反注吉射補音食亦反又食夜反稱於補音尺升反注識補音申志反又昌志反耆其音指補音之履反詩武頌耆定爾功毛注耆致也讀作此指字今按韋注亦訓耆致也即是用毛義矣舊音得之鄭康成音巨移反老也於詩即通於此則否苛慝上音何下音忒補音上胡柯反下它得反韠音必補音畢吉反賞女補音汝注狂易補音盈隻反又以豉反徐又音陽禮傳從此按漢書王子侯表樂平侯訢病狂易免顏師古注曰病狂而改易本性也據此則音周易之易又按漢書問答引姚察以爲病狂而易常性也與顏合又云狂發而無慮易於去就字或作傷說文曰傷輕也弋豉反此則二義俱通云注爲治補音直吏

反藺絲補音古典反保鄣補音之亮反又音章注蔽扞補音戶旦反無衂
補音荀律反有難補音乃旦反必墮補音許規反後注同壘培音陪補音普回反上
力軌反注墼音擊郵無補音有周反少釁補音上詩照反下許覲反於難補音
乃旦反下此難恩難免難同注子從補音才用反以學音效補音胡教反子說
補音古悅字吾幾音祈補音勤衣反吾爲補音于僞反下非爲同伏弢音滔補音
吐刀反衉血左傳作嘔並一口反賈逵曰面汙血曰嘔或曰咯血爲嘔孔晁作喀音客今按內傳
釋文嘔又作咯並烏口反吐也諸韻有衉字或作峉並音客無爲嘔音者孔晁得之蒯聵補音苦怪
反下五拜後同九上九下補音上時掌反下遐嫁反兩鞁平義反注鞁靷
音滑補音以刃反注乘轢補音力狄反以諄之閏反補音又之純反說文曉告之孰也
它書或訓佐也從去聲與韋注合舊音得之趙鞅補音於丈反趙簡子名無筋音斤補音

屠根反志父補音方矩反趙簡子後名于螻音婁賈孔本並作婁補音來侯反何爲
補音于僞反下同不告補音古毒反不從補音如字據注意當然而麓音鹿補音
盧谷反乃還補音旋中行補音戶郎反注及下並同注吉射補音食亦反亦食夜
反將焉補音於虔反替不補音上宅計反下方有反注去也補音羌呂反道
之補音徒到反或作導注其難補音乃旦反下於難同匡相補音息亮反壯馳
茲音莊賈孔本同唯唐因依春秋公子譜作壯今按韋注無莊壯之釋此字諸本各不同有作壯者壯
者杜者韋注云晉大夫本吳人檢春秋吳晉公子及國人名譜皆無此姓系賈孔章句又世絕其本今從
舊音字讀未知孰是爲瘉音庾賈孔並作愈愈勝也補音羊汝反今按瘉愈古字通爲蛤音閤
補音古答反爲蜃音腎補音上軫反注蚌音棒或爲蜯補音蒲項反又蒲杏反黿鼉
補音上愚袁反下大多反又徒丹反諸讀文字黿鼉字又有五丸反經典不取注成鵖音鴨補音烏甲

反即鴨字非獨音同庶難補音乃旦反爲畎補音工犬反遽人補音其據反注

遽傳上音詎下知卷反今按遽字在文當充訓今舊音就注釋之當雝補音於容反下同

注當任補音而林反注荀櫟音歷左傳作躒補音力狄反本亦作躒字通也很

補音胡墾反別族補音彼列反亦如字士茁側劣反美夫補音防無反注行

氷補音下孟反注之跗音夫補音方于反注之相補音息亮反下二君相同備

難補音乃旦反下難將爲難之難後章之難並同函治補音胡嵒反又胡南反邑名無定義二音

通蜹蛾上音汭下音蟻周禮禮記皆爲蟻補音上如銳反字林人劣反字或作蚋同秦人謂蚊爲蜹下

通作蟻蠭蠆補音芳容反字亦作蜂蠭字林云飛蟲螫人者下音敕邁反重器補音直隴

反注同盇姑補音戶臘反無使補音所吏反求飲補音於鴆反下飲食同注

飲食補音祥吏反皆斃補音婢世反下同注踣也補音蒲北反下同何走

補音則豆反通作奏從者補音才用反下同罷民音皮邯鄲補音上音韓下音丹浚民補音蘇俊反注醮補音子召反鼃黽蛙同一音華補音戶蝸反史游急就云蛙蝦蟆注蝦蟆上音遐下音麻

鄭語第十六

鄭杜預世族譜云鄭姬姓周厲王母弟桓公友之後也封於咸林今京兆鄭邑是也幽王無道徙其人於虢鄶之間遂有其地今河南新鄭是也注猶難補音乃旦反下周難同可偪音逼補音彼力反注雒補音即洛字漢火德改从隹故經史或時作此字呂應補音於陵反注蠻芊音弭補音彌爾反注鬻熊補音與六反本或作粥注鄧曼音萬補音上唐亘反下無販反注隗姓補音五罪反下晉隗同虞虢補音瓜伯反注及下虢鄶虢叔並同魏芮補音如銳反鄒莒補音側留反下居呂反注薛任補音而林反注

己姓 補音居里反 虢鄶 補音古外反 鄢蔽 上音偃下必袂反補音上於晚於建二反

依㮡 音柔說文曰和田也或爲野者誤 前莘 補音所巾反 芣騩 上音浮下音隗山名

也在密縣一音愧謂馬淺黑色 溱洧 補音上側巾反下于軌反 注後卒 補音遵聿反 中

雩 補音直衆反 季紃 補音似倫反 逃難 補音乃旦反注禍難同 偪也 補音彼力

反 注正重 補音直龍反 注帝嚳 補音苦毒反 淳燿 音曜補音弋笑反 注

能治 補音直吏反 成樂 補音盧各反 能單 補音都寒反 商契 補音息列反

注民輯 補音集又七入反、厖伯 補音如字又或音霸後凡言厖伯同 注禿 補音它谷

反 注斟芈 補音之林反下彌爾反 注曰籛 補音子千反 鬷夷 補音子工反

豢龍 補音胡慣反 注有飂 音留補音力周反內傳力謬反古國名宜從內傳 注擾

龍 補音如小反 注食龍 補音祥吏反 鄔鄶 補音烏戶反下古外反 偪陽 補音

甫目反又彼力反令聞補音問注尋澆補音五平反本或作鄵通注代更補音

古衡反注犯閒補音閒厠之閒伯翳補音於計反書作伯益注地祇補音巨支

反注居不補音方有反沓貪補音徒合反下怠沓同謝郟補音古洽反大

誓補音它蓋反注民惡補音烏路反下惡角犀同注幽瞑補音莫丁反又莫定反

角犀音西賈唐孔本作犀補音素奚反今按世所存篇韻字書俱無犀傍作玉者子史亦未之有舊

音其見異本乎然據偏傍之説以王配犀殊無文意或後人妄作不可以訓今諸本但作犀定從衆本

注可不補音方有反注相和補音胡卧反餘和皆如字豐長補音丁丈反八

索補音所白反按尚書序釋文云索一作素注九藏補音才浪反注旁胱補音步方

反下古黄反行姟音該補音古哀反數之極也九畡補音古哀反本或作垓通九州之田

也與上姟數字别緐樂補音上古和字下音洛與剸音專賈唐孔作專巧從補音

才容反檿弧一琰反鬻是補音與六反注君姁況宇反注爲治補音

直吏反去之補音羌呂反其藜仕菑反策告補音古毒反注櫝櫃上音

讀下音匱補音上徒木反下其位反按櫝在上文舊音弁注就釋之注沶㲉上古流字下音滯補

音直例反不韙音韋而譟小報反注讙呼補音喚官反下火故反注爲蚖

五力反注蜥蜴上音錫下音亦補音上星歷反下盈隻反既齕初刃反又音喟既笄

補音古兮反而孕補音以證反注任補音而林反又而鴆反不夫補音如字夜

號補音戶羔反而嬖補音必計反加遺補音唯季反酋腊子由反補音下音昔

申繒補音才陵反方騷補音素刀反弗畀補音必二反注正徵音驍補音

古堯反隩愛補音於六反其難補音乃旦反注同應韓補音於陵反之儁

補音後同注適庶補音丁歷反注麗山補音力支反注戲水補音許宜反

注代更補音古衡反　小伯補音霸　注購也補音古豆反　注禄父補音甫

蚡冒補音扶粉反下莫報反　注熊率音律　注難處補音乃旦反下昌慮反

楚語上第十七

楚按史記世家顓頊之後也陸終生六子少曰季連爲芊姓至鬻熊鬻熊爲文王師成王封熊繹於楚居丹陽宋忠曰丹陽郡在枝江縣至楚文王自丹陽徙於郢在南郡江陵縣也　亹音尾補音亡偉反徐鍇引説文無此亹字當作娓然經典相承作亹亹已久衆咸難諭　子蔵補音之林反按左傳史記皆作審楚共王名也今諸本多作蔵疑非是又蔵審音相近楚夏語或然　五觀音灌補音古亂反注同　卒使補音遵律反下所士反　聳善補音息勇反　注世繫補音胡詣反通作系　休懼補音許虬反　注動行補音下孟反　道廣補音徒到反　注邪穢補音似嗟反

比義補音毗志反　不悛補音七全反　行之補音如字　注詠風補音方鳳反

不徹補音直列反施舍補音上如字下始野反又音赦注意然也度量補音待洛反下
如字注同明齊補音如字不濟補音箋詣反注同先後補音悉薦反臨監補音
古銜反則赧女限反注伯業補音必駕反覆楚補音芳服反以從補音
才用反注同注主謚補音實至反注昭穆補音常遥反正作佋經典假借王卒
補音遵聿反不從補音才容反下從之同注爲稱補音尺證反注過行補音
下孟反注頌號補音戶到反屈到補音居勿反下屈蕩屈建並同嗜芰上尚利反
下音騎補音下巨義反字林云楚人名蔆曰芰爾雅從此音命去補音羌呂反不譽補音
羊諸反共之補音俱容反或如字湫舉音焦左傳及唐孔本並作掓補音子消反今按此李
作湫璧侑補音于掓反注饗食補音祥吏反注子朝補音張遥反又直遥反人
名多如字遺之補音唯季反下遺之同注欲蠱補音公戶反或譖補音側鴆反下

三諸字及注同西廣古曠反之從補音才用反師還補音似緣反儀父補音方矩反通作甫盧戢黎補音力於反又音盧戢側立反黎力兮反注蔡沈補音式荏反注輕挑音祧左傳作窕賈作佻補音上遣反下敕彫反今按本自作窕少爲挑者又按內傳窕字有敎彫敎弔二反注鼓鈞音均或爲均今按本多作均字通可料補音力彫反量也必歆補音許金反注之行補音戶郎反注卒伍補音子忽反而函音咸或爲臽音滔補音胡嵒反又胡南反今本並作函三萃補音在季反注殺靈補音申志反又畀補音必利反注又難補音乃旦反於邲補音扶必反又音彌注說之補音古悅字之射補音食夜反又食亦反道之補音徒到反本或作導女賓補音人渚反通作汝緬然補音緜善反又莫顯反庶幾補音居依反木楸子了反不來補音如字按其語曰召之其來乎對曰亡人得生又何不來爲本或曰亡人得生又何來爲無

不字文似相反疑非是相事補音如字美夫補音防無反爲樂補音盧各反注同

彤大冬反頣庶補音許驕反又五高反不過補音如字又古禾反下同注府藏

補音才浪反朝常補音直遥反華元補音戶化反駟騑音妃補音芳非反無

惡補音烏路反如字亦通罷焉補音經典通作疲注蓫子補音韋委反注求

好補音呼報反那豎補音乃多反長鬣補音力輒反相焉補音息亮反目

觀補音古亂反亦如字下臨觀同注則不補音方有反瘠民補音在亦反鮮少

補音息淺反注帥補音所類反遠心補音于萬反榭度補音待洛反下臺度經度

同大卒補音尊忽反瘠墝補音上在亦反下口交反注埆補音克角反注暇

閒補音古閑字通作閑注空閒補音居閑反注攻治補音直吏反勿亟補[illegible]

紀力反注同注爲父補音于僞反麀鹿補音於求反說文音幽注牝補頻[illegible]

反注牸任補音而林反又而鴆反不羹音郎補音魯當反子晳補音星歷反
注晳父補音方矩反通作甫下孫林父同千乘補音繩證反注同京櫟補音力狄
反弁費音祕補音上皮彥反下兵媚反弁內傳作卞注雝廩補音於用反下力錦反
徵衙上如字下音牙注甯殖補音乃定反下市力反實殺補音申志反下殺襄公同
實難補音乃旦反手拇音母補音茂后反毛胍故胡反胍肫今按本或作脒能
掉徒弔反不帥補音所律反注意然也注異數補音色句反易物補音盈隻
反注同亩[illegible]由季反補音上莫耕反天咫補音之氏反而殺補音申志反乾
谿補音古寒反下苦兮反倚相補音息亮反廷見補音徒經反下賢徧反或並如字
女無補音人渚反亦作汝而舍補音始野反下舍我並同在朝補音直遙反下於朝同朝
夕則自如字道我補音徒到反亦作導注謗譽音余補音羊諸反旅賁補音博昆

反注楯補音食允反位宁音佇補音直呂反注師長補音丁丈反有智音薛補音息列反之道補音徒到反瞽矇補音莫紅反作懿注讀曰抑詩抑篇是也注大疋補音古雅字諸書所引爾雅皆從此注昳補音田節反情補音徒卧反數者補音所呂反實難補音乃旦反又如字鬼中補音如字蔦宮補音式羊反注中遻音遻柔和皃也補音上如字箴諫補音之林反注傳說補音古悅字古文多作兌此章凡言傳說字並同祖亳補音步博反注諒闇補音並如字古文曰亮陰或作諒又力章反注乃雝補音於容反經典通作雍所稟補音彼錦反又使補音所士反下注又而使使以故使使求並同注識補音申志反又昌志反又音志注巖補音五咸反用女補音人諸反通作汝下二用女同作礪補音力世反古文作砅同瞑眩補音莫偏反下亡偏反又呼縣反困極也瘳補音敕留反注頓瞀茂務二音補音上徒困反下莫

豆反若從務卽無付反二切並通若跣補音先典反又七顯反注乂治補音直吏反
而惡補音烏路反自誥補音故報反不度補音待洛反憖寘牛刃反補音下
之豉反犛兒補音莫交反亦作旄同下徐履反爲塡土見反注適妻補音丁歷
反倚相補音息亮反而愿補音魚怨反欲笄補音古兮反穀陽補音工木
反注斃踣補音上婢世反或作斃下蒲北反注復戰補音扶又反芋尹補音
于付反亥從補音才容反下從而同注王縊補音賜反注女殉補音似俊反

楚語下第十八

觀射父補音古亂反射音亦父音甫重黎補音力兮反注雜糅補音女救反
注方物補音方往反不儶音攜或爲攜補音戶圭反聽徹補音直列反神降
補音江巷反曰覡補音胡歷反又胡格反之號補音戶到反昭穆補音常遙反本

侶字假借齊敬阻皆反之祝補音之秀反按周禮太祝以下官皆同此音後人讀書史者亦
作之六反注韭卯補音舉有反下來管反彝器補音羊之反之量補音力讓反
之度補音如字屛攝補音步丁反注意然也注分別補音彼列反壇場補音
徒丹反下直良反注災孽補音魚列反不瀆補音徒木反齊盟補音並如字
荐臻補音在薦反注正長補音丁丈反下注育長同注分序補音扶問反下又分
王同復與補音扶又反下注不復通不復毆同休父補音方矩反通作甫上天補音時掌
反自下而上下地補音遐嫁反自上而下注相遠補音于萬反何比補音毗義
反大牢補音它蓋反下凡言大牢同魚炙補音章夜反繭栗補音古典反齊
敬阻皆反注血膋音聊補音力彫反齊蕭補音如字芻豢補音楚俱反下胡慣反
不過補音古禾反下同注蕃息音煩補音扶袁反則底補音典禮反下也注訓箸

也注箸補音直略反注難復補音扶又反注不降補音江巷反不從補音才容反注曾高補音則登反注壇墠補音徒丹反下上衍反舍曰補音始乜反下舍月舍時同注八蜡補音仕嫁反注猫補音亡朝反本或作貓同注分野補音扶問反注龍狵鬭畫二音補音丁候反檢畫音未獲尾星名合收補音如字又手又反注備舍補音如字室也注烝嘗補音之承反注大飲補音於鴆反注閉蟄補音直立反注齍盛補音即夷反下尚征反或作粢盛同注糞除補音上奮下如字宗祝補音之秀反又之六反注道其補音徒到反通作導注濟濟補音子禮反注比爾補音毗志反注苛妎械系二音補音胡計反又胡界反又音害按此字出說文云妬也又出爾雅釋言云苛妎也釋者云煩苛者多嫉妎也今據韋注云妎覆也殊與說文爾雅不類然先儒訓說各有師承今難盡曉本或作妢者誤又有作殄者此後人就注意妄改之耳非是嘉好補音呼報反親暱補音

女乙反自射補音食亦反下自射同其粢補音卽夷反牛刲音睽補音苦圭反又

工惠反注刺補音七亦反其盛補音尚征反親繅音搔補音蘇遭反注一

墢鉢發二音舍之補音始野反癈發也臨監補音古懺反又古銜反注爲行補音

下孟反之徹補音直列反通也語曰合徹漢改徹矦爲通矦皆其義也又敕列反下能徹徹品並

同注爲陪補音普回反鬬且子余反廷見補音徒徑反朝廷也又特丁反蓄

貨補音敕六反下同稱賦補音尺升反注意然也共用補音俱容反注於菟

上音烏下音徒之朝補音陟遙反注王頵一筠反今按注成王楚文王之子頵也無王頵

糗一補音羌九反只昌紹反注粥補音之欲反後復補音房六反注庇覆

補音芳富反處鄖音云補音于分反注箴尹補音之林反注使於補音所吏

反注治楚補音直吏反注使復補音房六反而相補音息亮反羸餧

補音奴罪反道殣補音其吝反詩音覲所放補音方往反不厭補音於豔反又於鹽反
願食補音祥吏反亦如字熊蹯音煩補音扶袁反注罷弊補音通作疲期年
音箕補音居其反注朝於補音直遙反下亦朝同驌驦上音肅下音霜補音息六反下
所莊反按內傳作肅爽音同駿馬名本或作鸘鷞非也從鳥者自是西方神鳥音同而字義俱別注
不予補音羊汝反下予之同濟於補音箋諸反成曰補音具九反藍尹補音
力甘反亹補音亡匪反其帑補音乃都反載予補音如字或借爲余羊諸反莫
隊音墜或爲墜補音直類反見王補音賢徧反唯長補音丁丈反下長之同庶悛
補音七全反而更補音古衡反使復補音房六反將殺補音申志反後虐上爲殺
餘皆如字內行補音下孟反飲食補音於鴆反下祥吏反注夫差補音扶下初佳
反注過於補音古禾反又如字必悛補音七全反好罷補音呼報反下音疲私

好補音呼報反下玩好同翳諫補音於計反又於稽反注鄣補音之亮反必從

補音才用反焉能補音於虔反以相補音息亮反注頃公補音傾白璫

補音行觀射父補音古亂反射音亦父音甫倚相補音息亮反下皇神相之同說

乎補音古悅字欲惡補音烏路反有藪補音素口反注連屬補音之欲反

注菌鞬補音居言反注旄牛補音亡交反又如字注虞度補音待洛反以

共補音俱容反通作供臧不補音方有反又音鄙譁囂補音許驕反又五高反注讙

譊上音歡下乃交反補音上呼官反注微刺補音七賜反無憾補音胡暗反下同

懼偪補音彼力反下同施及補音以豉反孫勝補音升證反注費無補音

扶沸反注遂譖補音側鴆反沈諸補音式荏反將焉補音於虔反下同注

謂復補音房六反不東補音陟隆反又狷補音絹絜悛補音七全反[illegible]

之補音所類反　無厭補音於鹽於豔二反　長之補音丁丈反　有釁補音許覲反
可好補音呼報反下同　可惡補音烏路反下同　可下補音遐嫁反　亦難補音
乃旦反　疾眚色杏反今按下同　騶馬繻補音上側留反下脩于反　注殺胡補音
申志反下殺公殺子同　注內之補音奴答反亦如字　郱歜上音丙下音觸　戕音牆補音
在良反　魚蟜音矯或爲蟜補音居表反　注梏之補音古毒反　注嬖補音必計反
注譖補音側鴆反　人犖力角反今按內傳一音洛　子般音班　注子黨音掌補音
之兩反　吾語補音魚據反　注之難補音乃旦反　閒居補音通作閑　注於
朝補音直遙反　其治補音直吏反　以復補音房六反　夫子補音防無反　注
於葉補音始涉反

吴語第十九

吴大伯之後也周大王少子季歷賢將立爲嗣大伯大王之長子也乃讓季歷而奔荆蠻文身斷髮示
不可用是爲句吴宋忠曰句吴大伯所居之地夫差補音扶下初佳反注于鄘或爲檇音
醉補音將遂反今按此本元作檇與內傳同亦合說文從木注夫椒補音防無反下子消反
注甲楯補音食允反又音允注會稽補音古外反下古兮反夫種補音章勇反下
大夫種並放此注名貟補音于分反善射補音食亦反又食夜反決拾補音古穴
反文或作夬音同下如字注競箸中略反注放之補音方往反有伯補音必駕
反通作霸又如字罷弊補音疲字通用下並同其燼從刃反補音又徐刃反兩通諸
稽補音古兮反繄一兮反以重補音直用反重罪補音直隴反注隨補音
戶規反鞭箠補音必緜反下市蘂反又之蘂反箠或从竹一介音界補音古拜反今按本
或作一个嫡女補音丁歷反下嫡男同以晐音該補音古來反說文兼晐也从日其從月者

別有訓 匜 亦氏反補音以支反又以紙反器名 說文云似羹魁柄中有道可注水 注承盥

補音古 緩反 不解 補音佳 賣反 夫諺 補音魚 變反 狐搰 音鶻又戶骨 反今按戶骨

即鶻音也說文亦從戶骨但讀與斷同內傳亦胡忽 反音皆一耳唯說文小異疑先儒反訓微有分別

封殖 補音市 力反 注壅本 補音於 勇反 刈亡 補音魚 廢反 注芟 補音 所銜

反 度義 補音待 洛反 無拂 音佛補音 符弗反 心好 補音呼報反下 好勝好信同

懾畏 補音之 涉反 還玩 補音似 緣反 於股 補音公 戶反 以從 補音才 容反注

意然 也 兵鈍 補音徒 困反 顦顇 補音在遙反 下在醉反 炎炎 補音 如字 爲虺

補音許 鬼反 爲蛇 補音食 遮反 注虞度 補音待 洛反 臨使 補音所 士反 胡

重 補音直 龍反 舍其 補音始 野反 施民 補音如字謂施行民所 善之事除去民所惡之

令耳作報施 讀者誤也 去民 補音羌 呂反 所惡 補音烏 路反 以司 音伺古 字通

十九 王

吾閒補音古莧反　齐𪗋補音古拜反下息淺反　王盍補音戶臘反　亦鑑補[illegible]音[illegible]
古懺反本或作監　闞爲補音其月反　以閒補音古莧反　乾谿補音古[illegible]反下[illegible]
反　屛營步丁反　傍偟補音蒲光反下胡光反　㴗人補音古玄反　王呼補音
火故反亦如字　以㯷樸朴二音補音卜普木反下普角反俱訓由也　王覺音敎補音古孝反
匍匐補音上薄胡反又音扶下蒲北反又音服漢書楊雄傳正作扶服　芋尹補音于付反
注入鄗補音於建反又於晚反按內傳出此二音各從先儒之訓　注再奸補音古寒反通
作干　遽忘補音其據反　下下補音上遐嫁反下遐賈反　罷民補音疲　注深汙
音烏補音上式鳩反下汪胡反　荐饑才見反補音下居希反穀不孰曰饑　注蟹補音胡買反
注荐重補音直用反　將很胡墾反　艾陵補音五蓋反　注釋解補音佳買反
反　不腆補音它典反　唯好補音呼報反　注掠補音力尚反　撓亂女交女孝

二反洼擾補音如小反降東補音江巷反下陟隆反大難補音乃旦反黎老

力奚反洼凍黎補音力兮反而孩補音戶才反比謀補音眠志反余令

力呈反今按其語作號令之令亦通亟至補音欺冀反辟易上匹易反下以豉反而縣

補音胡涓反王慍補音紆問反鴟夷昌之反洼橐皋音託或爲柝諸本爲柝之

夜反誤也今按內傳釋橐音章夜反一音託與此相反宜從內傳闕爲巨月反此屬補音

之欲反下同之濟補音子禮反舌庸補音如字按內傳作后庸非是蓋後人讎校者不曉

舌姓妄改之耳后亦人姓非出越也唐人作姓源韻譜舌韻中亦引此得之爭長補音丁丈反

邊遽補音其據反洼傳補音直戀反齊盟補音如字脩遠或爲悠今按本多作

悠竝通先晉補音悉薦反或如字下先先晉先之先我同洼先歃補音所給反又所甲反

王孫雄補音如字本或作雒按漢改洛爲雒疑洛字非吳人所名檢史記作公孫雒今定從此字

注正適音的補音丁歷反注睢陽補音息遺反將夾公洽反而瘳昌爾
反說文訓廣而引此文非義也或昌也反注云傍擊頗近之矣又諸本多爲瘳士佐反說文馬病也亦會
傍擊之義今按諸本或爲瘳或爲瘳瘳然說文瘳字雖訓曰廣然其注正引春秋國語曰俠溝而瘳我則訓
廣之外先儒將別有所倪莫可究也說文既引以解字卽所從來遠矣文從瘳音從昌爾庸近古乎又編
閱諸韻無昌也之訓舊音疑別有所據今作壞裂之意者爲此擣作擊意者爲此擣並昌也反舊音疑出
此未知孰是以見補音賢編反俞章補音羊汝反或爲俞愈通恐畔補音丘勇反懼
也畔或爲叛字通長役補音丁丈反挑戰補音徒了反重畜補音直龍反下敕六
反不穫補音胡郭反本亦作獲兩通罷之補音扶罵反又扶買反必說補音古悅
字戒令補音力呈反食士音寺補音祥吏反通作飤擐甲音患補音胡慣反係
馬音計補音古詣反陳士卒補音上直觀反卒尊忽反下注方陳及中陳既陳爲卒卒長同

徹行補音直列反下戶郎反後百行行頭及注並同官帥補音所類反按今官私諸本多作官師非是按史記馮唐傳云爲官卒將晉灼注百人爲徹行皆帥將也史記索隱正引吳語曰百人爲徹行皆官帥賈逵云百人爲一卒即一隊也官帥隊大夫皆作師字殊無意義擁鐸補音待洛反拱稽補音古兮反注嬖補音必計反下嬖大夫并注並同注檠戟補音口禮反注胡幡補音方元反注楯補音食允反注析羽補音星歷反挾經補音胡頰反秉枹音孚補音芳夫反今按此字有孚浮包三音諸韻多音浮並云鼓搥也爾雅音逋茅反又音浮草木名王篇亦引爾雅音無孚訓唯雜韻或有之舊音所紀疑先儒自作孚讀亦通之矰音曾補音則登反弋射矢說文諸篇韻皆從此音如荼音徒補音同都反赤旟音余補音羊諸反注丹彤大冬反注衿巨禁反錞于音純補音述倫反下如字令丁音零補音力丁反注鐲補音直角反譁釦上音花下音口補音戶瓜反丁苦后反今按經典無

花字亦無音注讙補音呼官反又音喧云囂嚚也飭壘補音恥力反注治也補音
直吏反乃令補音力呈反接好補音呼報反而造士到反以告補音古毒
反下來告同徒遽補音其據反注傳車補音張戀反匍匐補音蒲乎反下蒲北
反又音扶服長弟補音丁丈反下長弟同日薄補音如字爲使補音于僞反下所吏
反將還補音似緣反左畸音羈補音居宜反少司補音詩照反自到亞鴉
二音補音於加反亞音按篇韻未獲注到補音古頂反不則補音方有反大難補音
乃旦反悖暴補音薄報反與經典虣字同訓周禮有司虣是也又步木反別有義注密比
補音毗至反訊補音息進反注虞度補音待洛反掩王補音于況反注潛
補音子念反過賓補音古禾反下過之同不貰音貰補音又式制反又時夜反三音說文
云貸也無貰射兩音今按韋注貰赦也與說文合宜從式制漢書高紀顏監亦定從此音挺鈹音披

補音普皮反夫概古代反矦任音壬補音而林反簦補音都騰反相望
補音武方反師還補音似緣反注轂補音工木反注復補音扶又反淮闕
巳月反令女上力呈反下音汝今按卽古汝字非徒音耳下注而女同降禍補音江巷反
昌謀音昌罷師補音扶罵反又扶買反又音疲旣罷補音疲囷鹿去倫反補音鹿
卽麓字古通用蒲嬴音騾補音郎戈反注蚌蛤補音蒲項反又蒲杏反下古合反天
占補音章廉反又見補音賢徧反者罷補音扶罵反又扶買反注意然也非疲音禦
皃補音魚呂反或作語若慍補音紆問反徼天補音古堯反注要也補音於遙
反卒伍補音尊忽反簞食上音單下音寺補音都寒反下祥吏反注敬長補音
丁丈反下長其孤同施民補音如字所惡補音烏路反下掩其惡自如字云銓度補音
待洛反能斷補音丁亂反注別物彼列反注徽幟音熾補音昌志反茍

任補音而林反皆造補音七到反欲告補音古毒反北章內並同注眩瞀茂務

遻三音今按經典多從茂過及補音古禾反下同背屏向屏音餅補音必領反下并注

同反闔補音戶臘反下一左闔並同瑱之補音大千反去笄補音古兮反背

檐補音余廉反注之樀音的補音丁歷反注之處補音昌慮反環瑱補音

它殿反注問遺補音唯季反巳重補音直朧反下巳重同子鬻補音與六反

中分補音丁仲反下中分同注志行補音下孟反銜枚補音亡桮反注有

好補音呼報反甬句補音余朧反下九具反按內傳釋如淳并韋氏又並音拘注浹口

補音郎協反注州也補音如字水中可居曰州或作洲人說補音如字陳說也能

下補音遐嫁反降下也

越語上第二十

越史記世家越夏禹之後少康庶子也封於會稽以奉禹之祀斷髮披草萊而邑焉周禮職方氏掌七閩在海中郭璞云越卽西甌今建安郡是也亦曰蛇種　句踐補音古矦反　會稽補音古外反下古兮反　賈人音古補音公戶反　絺補音敕之反細葛　注麤曰綌補音上七奴反下去逆反　蓑笠小禾反今按本或作蓑非是　注大宰補音它蓋反或作太下凡言大宰同　注宰嚭匹彼反今按後並同　所使補音所吏反下使其下臣音所士反　徵聲補音敕列反　女女上如字下尼去反下女於大夫女於士並同　畢從補音才用反　注係繫補音古詣反　注浙江之列反　踐說如字　以暴步卜反　請更音庚補音古衡反　所惡補音烏路反　于句音鉤今按吳語已有句章內傳九具反舊音於此作訓旣失其次又并下句章一之于鉤未知孰是疑有兩音　注諸暨音記　于鄞牛斤反　姑蔑迷結反　將帥補音上如字下所類反又所律反　以蕃補音扶表反　無取補音七論

反下同注免乳而主反公令補音力丁反一豚補音徒門反之𩞄補音
許氣反注適子補音丁歷反注廩以留荏反今按此本作稟義與周禮合彼錦反舊
音以爲廩義雖通疑誤不餔音步補音蒲故反說文作哺不歠昌劣反不食補音
祥吏反不衣補音於既反志行補音下孟反後凡言志行並同注臨難補音乃旦
反注令儌音叫補音古弔反注輕儳補音仕咸反說文儳互不齊注儌功
補音古堯反注要利補音於遙反甬句音鉤補音內傳九具反禮先補音悉薦
反注年長補音丁丈反下少長同覺差上音教下如字補音古孝反宸宇音辰
補音植鄰反注霤力救反注庇覆補音芳富反

越語下第二十一

范蠡音禮注彊生補音其丈反下彊成同注縱弛補音子用反下式氏反注

施而補音始鼓反靡王音糜補音亡皮反所卒子聿反管籥音藥補音餘若

反注取鍵音件補音其偃反丘斷補音丁亂反容畜補音敕六反可彊

求良反補音其丈反下彊成同據語曰時不至不可彊生事不究不可彊成其意言須自然而生非可勉

彊也舊音疑失之本或作强通注絲枲補音絲里反注無令補音力呈反注間

隙補音古閑字穀稑音六補音力竹反按此種稑字經典之訓以先種後孰爲種後種先孰爲

稑令據注訓和未詳先儒之學注羸縮補音上音盈下所六反注形見補音賢編反

注爲治補音直吏反彊索補音其丈反下所白反注俳優音排解骨補音

佳賣反注意然也注屬鏤音燭下力于反莫適音的補音丁歷反注數諫補音

所角反注形見補音賢徧反遺種補音章勇反民恐補音丘勇反觴歓

補音於鳩反之極補音紀力反諺有補音魚變反觥飯古橫反無過補音

占禾反而匡補音曲王反注云匡虧也字書俱無此訓然韋氏必有所據矣俗本作吴非是鉒

沈重補音直林反下直隴反注射的補音食夜反又食亦反下丁歷反凡陳補音

直覲反爲牝補音頻忍反重禄補音直隴反還形補音如字又似緣反不斷

補音丁亂反辭俞補音羊汝反或作愈將易補音以豉反援抱補音芳夫反或音孚

遺種補音章勇反注惡補音烏路反黿鼉上音元下音陁補音愚袁反下徒何

反鼃黽上音蛙下眉耿反同陼之與反唐賈孔作諸靦然補音它典反諓諓

以戔子戔二反善言也尚書作諞音辨乃便人之言也使者補音所吏反下同朝禮補音

直遥反下朝之同四鄉音向補音許亮反

補音卷第三

（三國吴）韋昭　注

宋本國語

第二册

國家圖書館出版社

第二册目録

齊語第六　國語　韋氏解

桓公自莒反于齊桓公齊大公之後僖公之子襄公之弟桓公小白也初襄公立其政無常鮑叔牙曰亂將作矣奉公子小白出奔莒公孫無知殺襄公而立管夷吾召忽奉公子糾奔魯齊人殺無知逆子糾于魯魯嚴公不即遣而盟以要之齊大夫歸逆小白于莒嚴公伐齊納子糾桓公自莒先入使鮑叔為宰鮑叔齊大夫姒姓之後鮑敬叔之子叔牙也宰大宰也辭曰臣君之庸臣也庸凡庸也君加惠於臣使不凍餒則是君之賜也若必治國家者則非臣之所能也若必治國家者則管夷吾乎管夷吾齊卿姬姓之後管嚴仲之子敬仲也臣之所不若夷吾者五寬惠柔民弗若也寬則得衆惠則足以使民柔安也治國家不失其柄弗若也柄本也忠信可結於百姓弗若也

制禮義可法於四方弗若也執抱鼓立於軍門使百姓加勇焉弗若也軍門立旌爲門若今牙門矣加益也桓公曰夫管夷吾射寡人中鉤是以濵於死三君皆云濵近也管仲臣於子糾乾時之戰親射桓公中鉤鮑叔對曰夫爲其君動也君子糾也君若宥而反之夫猶是也宥赦也猶是言爲君猶爲子糾也桓公曰若何若何得還也鮑子對曰請諸魯是時桓公使鮑叔脅魯殺子糾召忽死之管仲不死桓公曰施伯魯君之謀臣也施伯魯大夫惠公之孫施父之子夫知吾將用之必不予我矣若之何鮑子對曰使人請諸魯曰寡君有不令之臣在君之國欲以戮於羣臣故請之則予我矣桓公使請諸魯如鮑叔之言嚴公以問施伯

施伯對曰此非欲戮之也欲用其政也夫管子天下之才也（才冠天下）所在之國則必得志於天下令彼在齊則必長爲魯國憂矣嚴公曰若何施伯對曰殺而以其屍授之（授予齊使）嚴公將殺管仲齊使者請曰寡君欲親以爲戮（欲得生自戮之以逞射己之忿也）若不生得以戮於羣臣猶未得請也（猶未得所請）請生之於是嚴公使束縛以予齊使齊使受而以退比至三釁三浴之（以香塗身曰釁釁或爲熏）桓公親逆之于郊（逆迎也郊近郊也）而與之坐問焉（還國與坐）曰昔吾先君襄公築臺以爲高位（居高臺以自尊）田狩畢弋（田獵也狩圍守而取禽也畢掩雉兔之網也弋繳射也）不聽國政卑聖侮士而唯

女是崇也崇高九妃六嬪唐尚書云九妃三國之女以姪娣從也昭謂正適稱妃言九者尊之如一明其淫侈非禮制也禮姪娣之屬皆稱妾嬪婦官也陳妾數百陳列也食必粱肉衣必文繡戎士凍餒戎車待游車之裂戎士待陳妾之餘戎車兵車游車游戲之車裂殘也優笑在前賢材在後優笑倡俳也是以國家不日引引申也不月長長益也恐宗廟之不埽除社稷之不血食敢問爲此若何爲治也管子對曰昔吾先王昭王穆王世法文武遠績以成名周管子之先也績功也言昭王穆王雖有所闕猶能世法文王武王之典以成其功名也周語曰厲始革典言至厲王乃變更文武之常典也合羣叜比校民之有道者合會也叜老也比比方也校考合也謂考其德行道藝而興賢者設象以爲民紀設象設教象之法於象魏

也周禮正月之吉縣治象於象魏使萬民觀焉挾日而斂之所以為民綱紀也式權以相應式用也權平也治政用民使均平相應也比綴以度比比其衆寡綴連也連其夫家也度法也竱本肇末竱等也肇正也謂先等其本以正其末也勸之以賞賜糾之以刑罰糾收也班序顛毛以為民紀統班次也序列也顛頂也毛髮也統猶經也言次列頂髮之白黑使長幼有等以為治民之經紀也桓公曰為之若何管子對曰昔者聖王之治天下也參其國而伍其鄙參三也國郊以內也伍五也鄙郊以外也謂三分國都以為三軍五分其鄙以為五屬也聖王謂若湯武也定民之居成民之事謂使四民各居其職所也若工就官府農就田野所以成其事也陵為之終以為葬也而慎用其六柄焉柄本也六柄生殺貧富貴賤也桓公曰成民之事若何管子對曰四民者勿使雜處

四民謂士農工商也雜處則其言哤其事易哤亂皃易變易也公曰處
士農工商若何管子對曰昔聖王之處士也使就閒
燕士講學道埶者也閒燕猶清淨也處工就官府處商就市井處農
就田野令夫士羣萃而州處萃集也州聚也閒燕則父與父
言義子與子言孝其事君者言敬其幼者言悌少而
習焉其心安焉不見異物而遷焉物事也遷移也是故其父
兄之教不肅而成肅疾也其子弟之學不勞而能夫是
故士之子恒爲士令夫工羣萃而州處審其四時言四
時各有宜謂死生凝釋之時也辨其功苦辨別也功牢也苦脆也權節其用權平
也視其平沈之均也節節其大小輕重也論比協材論擇也比比其善惡也協和也和其剛柔

也旦莫從事施於四方施其物用於四方也以飭其子弟飭敎也相語以事相示以巧相陳以功陳亦示也功成功也功善則有賞少而習焉其心安焉不見異物而遷焉是故其父兄之教不肅而成其子弟之學不勞而能夫是故工之子恒爲工今夫商羣萃而州處察其四時四時所用者豫貴之也而監其鄉之資監視也資財也視其貴賤有無以知其市之賈負任儋何背曰負肩曰儋任抱也何揭也服牛軺馬服牛車也軺馬車也詩云睆彼牽牛不以服箱以周四方周徧也以其所有易其所無市賤鬻貴市取也鬻賣也旦莫從事於此以飭其子弟相語以利相示以賴賴贏也相陳以知賈少而習焉其心安焉不見異物

而還焉是故其父兄之教不肅而成其子弟之學不
勞而能夫是故商之子恒爲商令夫農羣萃而州處
察其四時四時樹蓺各有宜也權節其用耒耜枷芟權平也平節其器用
小大倨句之宜也枷拂也所以繫草也芟大鎌所以芟草也及寒擊菒除田寒謂季冬
大寒之時也菒枯草也以待時耕時耕謂立春之後及耕深耕而疾耰
之以待時雨疾速也耰摩平也時雨至當種之也時雨既至挾其槍刈
耨鎛在掖曰挾槍椿也刈鎌也耨茲其也鎛鉏也以旦莫從事於田野脫
衣就功首戴茅蒲身衣襏襫脫解也茅蒲簦笠也襏襫蓑薜衣也茅或作萌
萌竹萌之皮所以爲笠也霑體塗足霑濡也暴其髮膚盡其四支之
敏敏猶材也以從事於田野少而習焉其心安焉不見異

物而遷焉是故其父兄之敎不肅而成其子弟之學不勞而能夫是故農之子恒爲農野處而不暱暱近也其秀民之能爲士者必足賴也秀民民之秀出者也賴恃也有司見而不以告其罪五有司掌民之官也五罪在五刑也有司已於事而竣已畢也竣伏退也桓公曰定民之居若何管子對曰制國以爲二十一鄉唐尚書云四民之所居也昭謂國國都城郭之域也唯士工商而已農不在焉桓公曰善管子於是制國以爲二十一鄉二千家爲一鄉二十一鄉凡四萬二千家此管子所制非周法也工商之鄉六工商各三也二者不從戎役也士鄉十五唐尚書云士與農共十五鄉昭謂此士軍士也十五鄉合三萬人是爲三軍農野處而不暱不在都邑之數則下所云伍鄙是也公帥五鄉焉五鄉萬人是謂中軍

公所帥也國子帥五鄉焉高子帥五鄉焉國子高子皆齊上卿各帥五鄉爲左右軍也參國起案以爲三官參三也案界也分國事以爲三也臣立三宰三宰三卿也使掌羣臣也工立三族族屬也晉趙盾爲旄車之族上言工商之鄉六則各三也市立三鄉市商也商處市井故曰市澤立三虞周禮有澤虞之官虞度也掌度知川澤之大小及所生育者山立三衡周禮有山虞林衡之官衡平也掌平其政桓公曰吾欲從事於諸侯其可乎欲行伯道討不義也管子對曰未可國未安桓公曰安國若何管子對曰脩舊法伯王之法擇其善者而業用之業猶創也遂滋民與無財遂育也滋長也貧無財者振業之也而敬百姓則國安矣桓公曰諾遂脩舊法擇其善者而業用之遂滋民與無財而敬百姓國既

安矣桓公曰國安矣其可乎管子對曰未可君若正卒伍脩甲兵（周禮五人爲伍百人爲卒令管子亦以五人爲伍而以二百人爲卒）則大國亦將正卒伍脩甲兵則難以速得志矣君有攻伐之器小國諸侯有守禦之備則難以速得志矣君若欲速得志於天下諸侯則事可以隱令可以寄政（事戎事也隱匿也寄託也匿軍令託於國政若有征伐鄰國不知也）桓公曰爲之若何管子對曰作内政而寄軍令焉（内政國政也因治政以寄軍令也）桓公曰善管子於是制國五家爲軌軌爲之長（軌中一人爲之長也）十軌爲里里有司（爲立有司）四里爲連連爲之長十連爲鄉鄉有良人焉（賈侍中云良人鄉士也昭謂良人鄉大夫也）以爲軍令（爲軍

掌令五家爲軌故五人爲伍軌長帥之居則爲軌出則爲伍所謂寄政也十軌爲里故五十人爲小戎里有司帥之小戎兵車也此有司之所乘故曰小戎詩云小戎俴收古者戎車一乘步卒七十二人今齊五十人四里爲連故二百人爲卒連長帥之十連爲鄉故二千人爲旅鄉良人帥之五鄉一帥故萬人爲一軍五鄉之帥帥之五鄉每一軍爲五鄉也鄉帥卿也萬人爲軍齊制也周則萬二千五百人爲軍帥長也三軍故有中軍之鼓有國子之鼓有高子之鼓春以獀振旅春田曰獀振整也旅衆也周禮仲春教振旅遂以獀田也秋以獮治兵秋田曰獮周禮仲秋教治兵遂以獮田也是故卒伍整於里軍旅整於郊內教既成令勿使遷徙遷徙猶改更也伍之人祭祀同福死喪同恤

恤憂也禍災共之人與人相疇家與家相疇疇匹也世同居少同游故夜戰聲相聞足以不乖晝戰目相視足以相識其歡欣足以相死致死以相救也居同樂行同和死同哀是故守則同固戰則同彊君有此士也三萬人以方行於天下方猶橫也以誅無道以屏周室屏猶蕃也天下大國之君莫之能禦也禦當也正月之朝鄉長復事鄉長鄉大夫也復白也周禮正月之吉鄉大夫受法于司徒退班于鄉吏以考其行君親問焉曰於子之鄉有居處好學慈孝於父母聰慧質仁慧解瞭也質性也發聞於鄉里者有則以告有而不以告謂之蔽明其罪五有司已於事而竣

竣退也桓公又問焉曰於子之鄉有拳勇股肱之力秀出於衆者（膠本曰股肱臂也大勇爲拳詩云無拳無勇）有則以告有而不以告謂之蔽賢其罪五有司已於事而竣桓公又問焉曰於子之鄉有不慈孝於父母不長弟於鄉里驕躁淫暴不用上令者（上君長也）有則以告有而不以告謂之下比（比阿黨也）其罪五有司已於事而竣是故鄉長退而脩德進賢桓公親見之遂使役官（役爲也）桓公令官長期而書伐（官長長官也期期年也伐功也書其所掌在官有功者也）以告且選選其官之賢者而復用之（復白也）曰有人居我官有功休德（休美也）惟慎端愨以待時使民以勸綏謗言（待時

（也）動（不違時也緩上也）足以補官之不善政（謂前有闕者）桓公召而與之語訾相其質（訾量也相視也）足以比成事（比輔也足以輔其官成其事也）誠可立而授之（言可以立為大官而授之事也）設之以國家之患而不疚（患難也疚病也豫設以其國家之患難以問之不病不罷也）退問其鄉以觀其所能而無大厲（問其鄉本其行能也厲惡也）升以為上卿之贊（贊佐也）謂之三選（三選謂鄉長所進官長所選公所訾相也）國子高子退而脩鄉鄉退而脩連連退而脩里里退而脩軌軌退而脩伍伍退而脩家是故匹夫有善可得而舉也匹夫有不善可得而誅也政既成鄉不越長（鄉里以齒長幼不相踰也）朝不越爵（賢不肖之爵不相越也）罷士無伍（罷病也無行曰罷無伍無與為伍也）

周禮大司寇以圜土聚教罷民罷女無家夫稱家也夫是故民皆勉為善與其為善於鄉也不如為善於里與其為善於里也不如為善於家本其事行也是故士莫敢言一朝之便皆有終歲之計莫敢以終歲之議皆有終身之功桓公曰伍鄙若何管子上言參其國而伍其鄙內政既備故復問伍鄙之事管子對曰相地而衰征則民不移相視也衰差也視土地之美惡及所生出以差征賦之輕重也移徙也政不旅舊則民不偷舊君之故舊也偷苟且也不以故人為師旅則民相與不苟且也孔子曰故舊不遺則民不偷山澤各致其時則民不苟時謂衡虞之官禁令各順其時則民之心不苟得也陸阜陵墐井田疇均則民不憾高平曰陸大陸曰阜大阜曰陵墐溝上之道也九夫為井井間有溝穀地曰田麻地曰疇均平也憾

恨也無奪民時則百姓富犧牲不略則牛羊遂略奪也遂長也

桓公曰定民之居若何管子對曰制鄙三十家爲邑

邑有司制野鄙之政也此以下與郊内之政異也十邑爲卒卒有卒帥十

卒爲鄉鄉有鄉帥三鄉爲縣縣有縣帥十縣爲屬屬

有大夫五屬故立五大夫各使治一屬焉五屬四十五萬家

立五正正長也各使聽一屬焉是故正之政聽屬正五正也

聽大夫之治也牧政聽縣牧五屬大夫也聽縣帥之治下政聽鄉下政縣帥也聽

鄉帥之治桓公曰各保治爾所無或淫怠而不聽治者

正月之朝五屬大夫復事桓公擇是寡功者而謫之

謫譴責也曰制地分民如一何故獨寡功教不善則政不

治治理也一再則宥宥寬也三則不赦桓公又親問焉曰於子之屬有居處爲義好學慈孝於父母聰慧質仁發聞於鄉里者有則以告有而不以告謂之蔽明其罪五有司已於事而竣桓公又問焉曰於子之屬有拳勇股肱之力秀出於衆者有則以告有而不以告謂之蔽賢其罪五有司已於事而竣桓公又問焉曰於子之屬有不慈孝於父母不長弟於鄉里驕躁淫暴不用上令者有則以告有而不以告謂之下比其罪五有司已於事而竣五屬大夫於是退而脩屬屬退而脩縣縣退而脩鄉鄉退而脩卒卒退而脩邑邑

遐而脩家是故匹夫有善可得而舉也匹夫有不善可得而誅也政既成以守則固以征則彊桓公曰吾欲從事於諸侯其可乎管子對曰未可鄰國未吾親也君若欲從事於天下諸侯則親鄰國鄰國親足以為援不然將為己害難以遠征也桓公曰若何管子對曰審吾疆場而反其侵地審正也反還也侵地齊所侵取鄰國之地正其封疆無受其資積土為封資賫時也而重為之皮幣以驟聘覜於諸侯覜視也以安四鄰則四鄰之國親我矣為游士八十人州十人齊居一州爾雅曰齊曰營州奉之以車馬衣裘多其資幣使周游於四方以號召天下之賢士皮幣玩好使人鬻之四方玩好人所玩弄

而好也齎賣也以監其上下之所好監觀也觀其所好則知其奢儉上下君臣也玩
好物貴則其國奢賤則其國儉擇其淫亂者而先征之桓公問曰夫
軍令則寄諸內政矣齊國寡甲兵為之若何甲鎧也兵弓矢
之屬管子對曰輕過而移諸甲兵諸之也移之甲兵謂輕其過使以甲兵贖
罪桓公曰為之若何管子對曰制重罪贖以犀甲一
戟重罪死刑也犀犀皮也可用為甲戟車戟也柲長丈六尺輕罪贖以鞼盾一戟
輕罪刖刑之屬也鞼盾綴革有文如績也小罪讁以金分小罪不入於五刑者以金贖有
分兩之差今之罰金是也書曰金作贖刑宥閒罪宥赦也閒罪刑罰之疑者也書曰五刑之疑有
赦索訟者三禁而不可上下坐成以束矢索求也求訟者之情
也三禁禁之三日使審實其辭也而不可上下者辭定不可移也坐成獄訟之坐已成也十二矢為束則

訟者坐成以束矢入於朝乃聽其訟兩人訟一人入矢一人不入則曲曲則伏入兩矢乃治之矢取往而
不反也周禮以兩造禁民訟入束矢於朝然後聽之美金以鑄劒戟鑄治也試諸
狗馬狗馬難爲利者惡金以鑄鉏夷斤欘惡麤也夷平也所以削草平地斤形
似鉏而小欘斫也試諸壤土甲兵大足桓公曰吾欲南伐何
主主人供軍用也管子對曰以魯爲主反其侵地棠潛棠潛
魯二邑也使海於有蔽渠弭於有渚賈侍中云海海濱也有蔽言可依蔽也渠
弭裨海也水中可居者曰渚昭謂言有此乃可以爲主人軍必依險阻也環山於有牢環繞
也牢牛羊豕也言雖山險皆有牢牧一曰牢固也桓公曰吾欲西伐何主管
子對曰以衛爲主反其侵地臺原姑與漆里衛之四邑使
海於有蔽渠弭於有渚環山於有牢桓公曰吾欲北

伐何主管子對曰以燕爲主（燕今漁陽薊縣）反其侵地柴夫吠狗（燕之二邑）使海於有蔽渠弭於有渚環山於有牢四鄰大親既反侵地正封疆地南至于䬸陰（䬸陰地名齊南界也）西至于濟北至于河東至于紀酅（紀故紀侯之國酅紀季之邑以入於齊者）有革車八百乘（賈侍中云謂一國之賦八百乘也乘七十五人凡甲士六萬人昭謂此周制耳齊法五十人爲小戎車八百乘有四萬人又上管仲制齊爲三軍軍萬人下又曰君有是士三萬人以方行於天下而車數多者其副貳陪從之車乎或者八當爲六）擇天下之甚淫亂者而先征之即位數年東南多有淫亂者萊莒徐夷吳越（萊今東萊莒瑯邪縣徐夷徐州之夷也）一戰帥服三十一國遂南征伐楚濟汝踰方城望汶山（濟度也汝水名方城楚北之阸塞也謂師

至于陘時也在魯僖四年汶山楚山也使貢絲于周而反荆州諸侯莫不來服遂北伐山戎山戎今之鮮卑以其病燕故伐之剌令支斬孤竹而南歸二國山戎之與也剌擊也斬伐也令支今爲縣屬遼西孤竹之城存焉海濱諸侯莫不來服海濱海北涯也與諸侯飾牲爲載以約誓于上下庶神飾牲陳其牲爲載書加于牲上而已不歃血也與諸侯勠力同心勠并也西征攘白翟之地攘卻也白翟赤翟之別種至于西河西河白翟之西方舟設泭乘桴濟河方併也編木曰泭小泭曰桴濟度也至于石抗石抗晉地名縣車束馬踰大行與辟耳之谿拘夏大行辟耳山名拘夏辟耳之谿也三者皆山險谿谷故縣鈎其車偪束其馬而以度也西服流沙西吴流沙西吴雝州之地南城周城王城也周襄王庶弟子帶作亂與戎伐襄王焚其東門不克桓公

使仲孫湫徵諸侯戍周而城之事在魯僖十三年反胙于絳說云胙賜也謂天子致祭胙賞以大路龍旂桓公於絳辭之天子復使宰孔致之賈侍中云反復也胙位也絳晉國都也晉獻公卒奚齊卓子死國絕無嗣晉侯失其胙位桓公以諸侯討晉至高梁使隰朋帥師立公子夷吾復之於絳是爲惠公事在魯僖九年昭謂人君即位謂之踐胙此言桓公城周尊事天子又討晉亂復其胙位善之也按內傳宰孔於葵丘致胙肉賜命無辭讓反覆之文賈君得之唐從賈也嶽濱諸侯莫不來服嶽北嶽常山也而大朝諸侯於陽穀陽穀之會在魯僖三年兵車之屬六乘車之會三屬亦會也兵車之會謂魯莊十三年會于北杏十四年會于鄄十五年復會于鄄魯僖元年會于檉十三年會于鹹十六年會于淮也乘車之會在僖三年會于陽穀五年會于首止九年會于葵丘凡九也諸侯甲不解纍纍所以盛甲也兵不解翳翳所以蔽兵也弢無弓服無矢弢弓衣服矢服也無者無其用也隱武事行文道帥諸侯而朝天

子謂首止之會會王太子而謀寧周也葵丘之會天子使宰孔致胙于桓公天子周襄王也宰孔宰周公也胙祭肉也曰余一人之命有事于文武事祭事也使孔致胙且有後命且猶復也曰以爾自卑勞實謂爾伯舅無下拜天子稱王官之伯異姓曰伯舅無下拜無下堂拜賜也桓公召管子而謀管子對曰爲君不君爲臣不臣亂之本也桓公懼出見客客宰孔也曰天威不違顏咫尺違遠也顏眉目之間八寸曰咫小白余敢承天子之命曰爾無下拜承受也恐隕越于下以爲天子羞隕墜也越失也遂下拜升受命賞服大路龍旂九旒渠門赤旂唐尚書云大路王路非也賈侍中云大路諸侯朝服之車謂金路鉤樊纓九就龍旂九旒也渠門亦旗名赤旂大旂也昭謂龍旂畫交龍於縿也正幅爲縿旁

屬爲旒鉤婁頷之鉤樊馬大帶纓當胷削革爲之皆以五采罽飾之九就就成也渠門兩旗所建以爲軍
門若今牙門也諸侯稱順焉言下拜順於禮也桓公憂天下諸侯魯
有夫人慶父之亂夫人魯莊夫人哀姜也慶父莊公之弟共仲也通于哀姜哀姜欲立
之莊公薨慶父殺大子般在莊三十二年又弒閔公在閔二年二君殺死國絕無嗣
桓公聞之使高子存之高子齊卿高傒敬仲也存之謂立僖公而成魯也翟
人攻邢桓公築夷儀以封之邢姬姓周公之後也夷儀邢邑也翟人攻邢在
莊三十二年封而遷之在魯僖元年男女不淫牛馬選具淫見淫略也選數也翟
人攻衛衛人出廬于曹廬寄也翟人攻衛殺懿公遂入衛衛人出走宋桓公逆之
河以衛之餘民立公孫申以寄于曹是爲戴公在魯閔二年桓公城楚丘以封之
楚丘衛地桓公遷其國而封之事在魯僖二年其畜散而無育畜六畜也散謂失亡也育

養也桓公與之繫馬三百繫馬良馬在閑非放牧者也天下諸侯稱仁焉於是天下諸侯知桓公之爲己動也動謂救患分災也是故諸侯歸之譬若市人桓公知諸侯之歸己也故使輕其幣而重其禮幣贄幣也禮酬賓之禮也故天下諸侯罷馬以爲幣罷不任用也幣珪以馬也縷纂以爲奉奉藉也所以藉玉之藻也縷纂以縷織纂不用絲取易共也纂纂織文也鹿皮四个个枚也諸侯之使垂橐而入垂言空而來也橐橐也綑載而歸言重而歸也綑綦也故拘之以利結之以信示之以武故天下小國諸侯既許桓公許謂聽其盟約莫之敢背就其利而信其仁畏其武桓公知天下諸侯多與己也與從也故又大施忠焉施其忠信可爲動者

爲之動可爲謀者爲之謀軍譚遂而不有也諸侯稍
寬焉軍謂以軍滅之也不有以分諸侯也桓公奔莒過譚譚子不禮入又不賀北杏之會遂人不至
故皆滅之在魯莊十年及十三年通齊國之魚鹽于東萊言通者則先時禁之
矣東萊齊東萊夷也使關市幾而不征幾幾異服識異言也征稅也取魚鹽者不征稅
所以利諸侯致遠物也以爲諸侯利諸侯稱廣焉施惠廣也築葵茲
晏負夏領釜丘四者皆阸塞與山戎衆翟接者以御戎翟之地所以
禁暴於諸侯也禁暴禁其暴掠於諸侯築五鹿中牟蓋與牡丘
四塞諸夏之關也以衛諸夏之地衛蔽扞也所以示權於中國也
教大成定三革隱五刃定奠也隱藏也三革甲冑盾也五刃刀劍矛戟矢也說云
三革甲盾鼓非也兵事息則禮樂興焉得廢鼓也朝服以濟河而無怵惕焉

西行度河以平晉也文事勝矣勝舉也是故大國慙愧小國附協

唯能用管夷吾甯戚隰朋賓胥無鮑叔牙之屬而伯

功立五子皆齊卿大夫也隰朋齊莊公之曾孫戴仲之子成子也

齊語第六　　國語

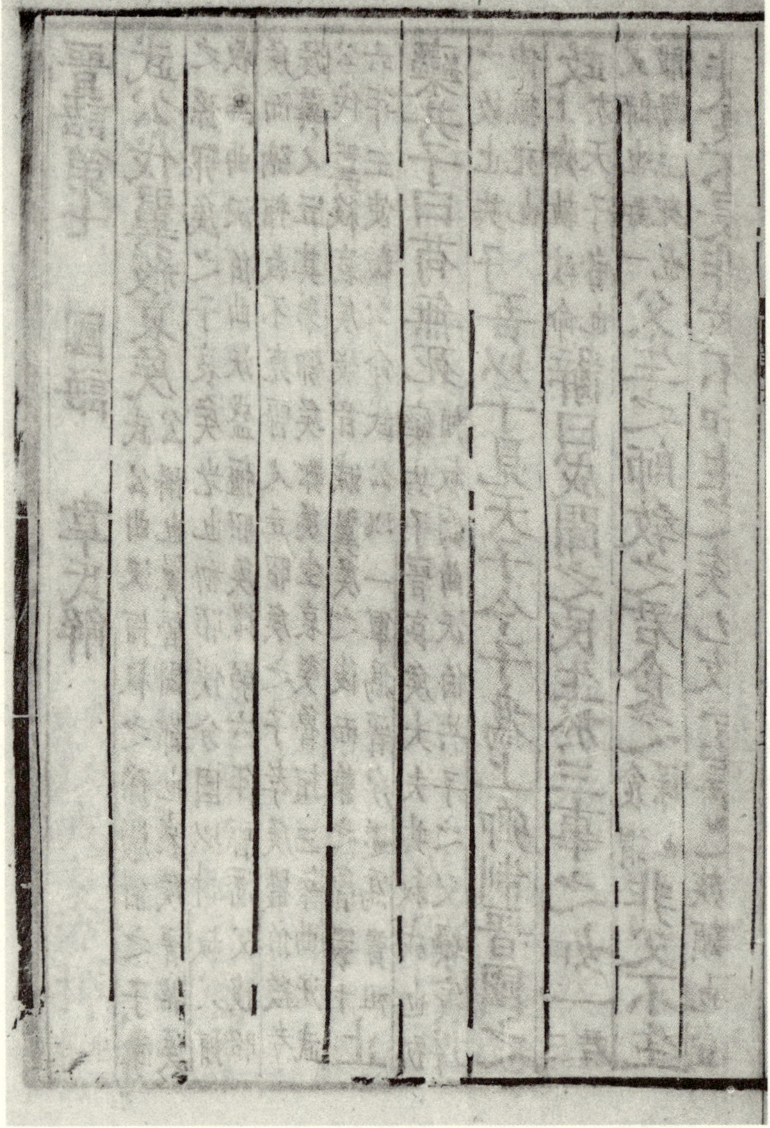

晉語第七　國語　韋氏解

武公伐翼殺哀侯武公曲沃桓叔之孫嚴伯之子武公稱也翼晉國都也哀侯晉昭侯之孫鄂侯之子哀侯光也初昭侯分國以封叔父桓叔爲曲沃伯曲沃盛彊昭侯微弱六年晉潘父殺昭侯而納桓叔不克晉人立昭侯之子孝侯嚴伯殺孝侯翼人立其弟鄂侯鄂侯生哀侯哀侯魯桓三年曲沃武公伐翼殺哀侯後音滅翼侯之後而兼之魯嚴十六年王使虢公命武公以一軍爲晉侯遂爲晉祖止欒共子曰苟無死欒共子晉哀侯大夫共叔成也初桓叔爲曲沃伯共子之父欒賓傅之故止共子使無死也吾以子見天子令子爲上卿制晉國之政上卿執政命於天子者也辭曰成聞之民生於三事之如一三君父師也如一服勤至死也父生之師教之君食之食謂祿也非父不生非食不長非教不知生之族也故壹事之族類也壹事之事之

如一唯其所在則致死焉在君父爲君在師爲師報生以死報

也賜以力人之道也賜惠也以力謂家臣也臣敢以私利廢人之

道私利謂不死爲十卿君何以訓矣無以教爲忠也且君知成之從也

未知其待於曲沃也君武公也言君知成將死其君爲從臣道也故使止臣未知成

不死而待君於曲沃之爲貳也從君而貳君焉用之貳二心也遂鬬而死

獻公卜伐驪戎獻公晉武公之子獻公詭諸也驪戎西戎之別在驪山者也其君男爵姬

姓也秦曰驪邑漢高帝徙豐民於驪邑更曰新豐在京兆史蘇占之史蘇晉大夫占卜之史也

曰勝而不吉公曰何謂也對曰遇兆挾以銜骨齒牙

爲猾遇見也挾猶會也骨所以鯁刺人也猾弄也齒牙謂兆端左右釁坼有似齒牙中有從畫故銜

骨在口中齒牙弄之以象讒口之爲害也禮卜卜師作龜大夫占色史占墨也戎夏交捽兆有

三畫外象戎內象諸夏夏謂晉也兆端會齒牙交有似捽捽交對也交捽是交勝也臣故云言晉勝戎戎復勝晉且懼有口齒牙銜骨皆在口也攜民國移心焉攜離也公曰何口之有口在寡人寡人弗受誰敢興之對曰苟可以攜其入也必甘受逞而不知胡可壅也胡何也逞快也壅防也甘言入耳心以為快而不知其惡何可防止也公不聽遂伐驪戎克之克勝也獲驪姬以歸有寵立以為夫人驪姬驪戎君之女也公飲大夫酒令司正實爵與史蘇司正正賓主之禮者也實滿也曰飲而無肴肴俎實也夫驪戎之役女曰勝而不吉故賞女以爵罰女以無肴克國得妃其有吉孰大焉史蘇卒爵卒盡也再拜稽首曰兆有之臣不敢蔽蔽兆之紀失臣

之官紀經也失官失守官之節有二辠焉何以事君二辠蔽兆失官也大
罰將及不唯無肴及至也蔽兆失官則有大罰非但無肴也抑君亦樂其
吉而備其凶凶之無有備之何害若其有之備之爲
瘳瘳差也臣之不信國之福也不信卜不中也何敢憚罰憚難也
飲酒出史蘇告大夫曰夫有男戎必有女戎戎兵也女兵言
其禍猶兵也若晉以男戎勝戎而戎亦必以女戎勝晉其
若之何里克曰何如里克晉大夫里季也史蘇曰昔夏桀伐有
施有施人以妹喜女焉桀禹十七世后皐之孫惠王之子夏癸也有施喜姓之國
妹喜其女也以女進人曰女妹喜有寵於是乎與伊尹比而亡夏
伊尹湯相伊摯也自夏適殷比比功也伊尹欲亡夏妹喜爲之作禍其功同也殷辛伐有蘇

有蘇氏以妲己女焉殷辛湯三十一世帝乙之子殷紂也有蘇己姓之國妲己其女也妲己有寵於是乎與膠鬲比而亡殷膠鬲殷賢臣也自殷適周佐武王以亡殷也周幽王伐有褒褒人以褒姒女焉幽王宣王之子幽王宮涅也褒姒姓之國幽王伐之褒人以美女入謂之褒姒是爲幽后也褒姒有寵生伯服伯服攜王也於是乎與虢石甫比石甫虢公名鄭語曰石甫讒諂巧佞之人也而立以爲卿士逐大子宜咎宜咎申后之子平王名也而立伯服大子出奔申申姜姓之國平王母家申人繒人召西戎以伐周周於是乎亡繒姒姓禹後也繒及西戎素與申國婚姻同好幽王欲殺宜咎以成伯服求之於申申人弗予遂伐之故申繒召西戎以伐周殺幽王於戲今晉寡德而安俘女軍獲曰俘又增其寵雖當三季之王不亦可乎季末也三季王桀紂幽王

也且其兆云挾以銜骨齒牙爲猾我上伐驪龜往離散以應我應荅也往令告龜辭往伐驪也其兆離散不吉夫若是賊之兆也非吾宅也賊敗國家之兆也宅居也言非吾所安居也離則有之國分離也不跨其國可謂挾乎跨猶據也言驪姬不據有晉國可謂內外挾乎不得其君能銜骨乎言驪姬不得志於其君不能銜骨以害人也若跨其國而得其君雖逢齒牙以猾其中其誰云弗從言驪姬若能跨據晉國而得志於君齒牙之猾雖爲中害國人逢之誰有不從言必從也諸夏從戎非敗而何從政者不可以不戒亡無日矣郭偃曰夫三季王之亡也宜郭偃晉大夫卜偃也宜言其惑亂取亡皆其宜也民之主也縱惑不疚疚病也縱其淫惑不以爲病也肆侈不違肆極也極其汏侈無所違避也流志而行

流放也無所不疚無一處不以爲病也是以及亡而不獲追鑑鑑鏡
也言不得復追鏡前世善敗以爲戒也今晉國之方偏侯也方大也偏偏方也乃
甸內偏方小侯也傳曰今晉甸侯是其土又小小小於三季王大國在側大國謂秦
齊也雖欲縱慾未獲專也專擅也大家鄰國將師保之大家
上卿也師保之爲作師保也多而驟立不其集亡驟數也集至也雖驟立
不過五矣且夫口三五之門也口所以紀三辰宣五行也故謂之門是
以讒口之亂不過三五少則三君多則五君且夫挾小鯁也可
以小戕而不能喪國害在內爲戕戕猶傷也喪亡也言可以小戕害人不足以亡國
也當之者戕焉當值也值骨鯁者傷也於晉何害無大害也雖謂之
挾而猾以齒牙口弗堪也堪猶勝也言骨在口而猾以齒牙口不能勝也諭不

能終害其與幾何言不久也晉國懼則甚矣亡猶未也商之
衰也衰謂帝甲之世其銘有之刻器曰銘謂鍾鼎之戒也曰嗛嗛之德不
足就也嗛嗛猶小小也不就不足歸就也不可以矜而祗取憂也矜大
也祗適也嗛嗛之食不足狃也食祿也狃貪也不能爲膏而祗離
咎也膏肥也雖驪之亂其離咎而巳其何能服驪驪姬也離咎
而尸其後二子殺死身爲里克所殺是也何服何能服人也吾聞以亂得聚者聚財
衆也非謀不卒時卒盡也三月一時非有善謀不能盡一時齊無知是也非人不
免難非得人衆不能自免於難衛州吁是也非禮不終年非有禮法不能終十年齊
懿公商人是也賈虞云十年而數終唐云不能終其年與下不盡齒同非也非義不盡齒
齒年壽也非有義刑不能盡其年壽楚靈王滅陳蔡用隱太子於岡山是也非德不及世

世嗣也非有德惠不能及世嗣晉惠公夷吾是也非天不離數離歷也非有天命佑助不能歷數長久若齊桓晉文天假之年也除其害子孫繼業神所命也今不據其安不可謂能謀據居也言驪姬之謀不居安存而處危亡不可謂能謀也行之以齒牙不可謂得人行齒牙之猾以害人不可謂得人心也廢國而向己不可謂禮廢國謂盡害羣公子也以國向己不可謂知禮也不度而迂求不可謂義迂邪也不度利害之本而以邪奪正不可謂得其義義宜也以寵賈怨不可謂德賈市也言恃寵愛以市怨於國不可謂有德也少族而多敵不可謂天少族族類少也多敵多怨也不可謂有天助也德義不行禮義不則賈怨無德迂求非義故德義不行則法也棄人失謀天亦不贊行之以齒牙為棄人不據其安為失謀少族多敵故天不贊贊助也吾觀君夫人也若為亂其猶隸農也隸今之徒

也雖獲沃田而勤易之沃美也易治也將弗克饗爲人而已

饗食也爲人爲它人取也士蔿曰戒莫如豫豫而後給士蔿晉大夫劉累之

後隰叔之子子輿也豫備也給及也言先有備而後及事夫子戒也夫子郭偃其言戒也抑

二大夫之言其皆有焉二大夫史蘇郭偃也旣驪姬不克不能服晉

晉正於秦五立而後平正者謂秦所輔正大家鄰國將師保之是也謂以兵納惠

公文公殺呂郤之屬也五立謂奚齊卓子惠公懷公至文公乃平

獻公伐驪戎克之滅驪子驪子驪戎之君本爵男此云子者猶言男子也獲

驪姬以歸立以爲夫人生奚齊其娣生卓子女子同生謂後

生爲娣於男則言妹也驪姬請使申生處曲沃以速縣申生獻公太子

恭君也獻公娶于賈無子烝于齊姜生申生曲沃晉宗邑今河東聞喜是也虞御史云速疾也縣縊也

重耳處蒲城夷吾處屈（重耳夷吾申生異母弟蒲今蒲坂屈北屈皆在河東）奚齊處絳（晉時都絳也）以儆無辱之故（言出此三子爲鎮於外以儆備於戎翟無恥辱於國）公許之史蘇朝告大夫曰二三大夫其戒之乎亂本生矣日君以驪姬爲夫人民之疾心固皆至矣（日昔日也疾疾其君也至深也）昔者之伐也起百姓以爲百姓也（昔者謂古明王也爲百姓爲百姓除害也）是以民能欣之（欣欣戴也）故莫不盡忠極勞以致死今君起百姓以自封也（封厚也）民外不得其利（不得攻伐之利）而內惡其貪則上下既有判矣（判離也）然而又生男其天道也天彊其毒民疾其態其亂生哉吾聞君子好好而惡惡樂樂而安安是以能有常（好者

好之惡者惡之樂則說之安則居之故能有常以言獻公好惡安樂皆非其所也伐木不自其本必復生塞水不自其源必復流滅禍不自其基必復亂（基始也）今君滅其父而畜其子禍之基也畜其子又從其欲子思報父之恥而信其欲（信古申字）雖好色必惡心不可謂好（好美也）好其色必授之情（情謂許立其子）彼得其情以厚其欲（厚益也）從其惡心必敗國且深亂亂必自女戎（深亂亂深也女戎女兵也）三代皆然驪姬果作難殺太子而逐二公子（二公子謂重耳奔翟夷吾奔梁）君子曰知難本矣（知難本謂史蘇）

驪姬生奚齊其娣生卓子公將黜太子申生（黜廢也）而

立奚齊里克丕鄭荀息相見里克曰夫史蘇之言將
及矣其若之何荀息曰吾聞事君者竭力以役事不
聞違命 竭盡也役爲也 君立臣從何貳之有 君立嗣臣則從而奉之貳二心
也 丕鄭曰吾聞事君者從其義不阿其惑也 阿隨迷 惑
則誤民民誤失德是棄民也 言民失德陷於刑辟是棄之也 民之有
君以治義也 上下之義 義以生利利以豐民 有義則利生豐厚也 若
之何其民之與處而棄之也必立太子里克曰我不
佞雖不識義亦不阿惑吾其靜也 靜默也 三大夫乃別
烝于武公 烝冬祭也武公獻公之禰廟在曲沃 公稱疾不與使奚齊涖
事 涖臨也稱疾不祭而使奚齊者欲諷羣臣使知己意 猛足乃言於太子曰 猛足

大子臣也伯氏不出奚齊在廟賈唐皆云伯氏申生也一云伯氏狐突也昭謂是時狐突杜門故以伯氏爲申生伯氏猶言長子也子盍圖乎圖所以自安固太子曰吾聞之羊舌大夫羊舌大夫羊舌職之父也曰事君以敬事父以孝受命不遷爲敬遷徙也敬順所安爲孝敬順敬順父之所安棄命不敬言公命我守曲沃我棄之爲不敬作令不孝作令謂擅發舉以有爲也又何圖焉且夫閒父之愛而嘉其況有不忠焉閒離也況賜也廢人以自成有不貞焉孝敬忠貞君父之所安也安猶善也棄安而圖遠於孝矣吾其止也

獻公田見翟柤之氛田獵也翟柤國名氛祲氣象也凶曰氛吉曰祥歸寢不寐欲伐翟柤也寐瞋也郤叔虎朝公語之語以寢不寐也郤叔虎晉大夫郤芮之父

郤豹也對曰牀笫之不安邪笫簀也抑驪姬之不存側邪公辭焉出遇士蔿曰今夕君不寐必爲翟柤也君意在翟柤也夫翟柤之君好專利而不忌忌難也其臣競諂以求媚其進者壅塞其臣競諂故進者則壅塞其上使不聞過也其退者距違其退去者則距違其君也其上貪以忍忍忍爲不義也其下偷以幸偷苟且幸儌幸也有縱君而無諫臣縱放縱也有冒上而無忠下冒抵冒言貪也君臣上下各厭其私以縱其回厭足也回邪也民各有心無所據依據杖也以是處國不亦難乎君若伐之可克也吾不言子必言之不言讓其上也士蔿以告公說乃伐翟柤郤叔虎將乘城乘升也其徒曰棄政而役非其任也

政猶職也役服戎役也郤叔虎曰旣無老謀而又無壯事何以事君壯事力役也言已無謀又恥無功也被羽先升遂克之羽鳥羽繫於背若今軍將負毦矣

公之優曰施通於驪姬優俳也施其名也旁淫曰通驪姬問焉曰吾欲作大事大事廢適立庶也而難三公子之徒如何三公子申生重耳夷吾也對曰蚤處之使知其極處定也極至也當蚤定申生分之都城而位以卿使自知其位所極至也夫人知有極鮮有慢心鮮寡也言人自知其極則戒懼不敢違慢覬欲也雖其慢乃易殘也言有官任而違慢易殘毀也驪姬曰吾欲爲難安始而可難謂欲殺三公子始先也優施曰必於申生其爲人也小心精潔小心多畏忌精潔不忍辱也而大志重大年長也

重慱重也又不忍人不忍施惡於人精潔易辱重僨可疾僨僵也慱重者守節不易其情則可疾斃僵也不忍人必自忍也自忍忍能自殺也辱之近行辱謂被以不義驪姬曰重無乃難遷乎遷移也優施曰知辱可辱可辱遷重言知辱者雖重必移若不知辱亦必不知固秉常矣不知無所知也秉執也固執常謀因罪以去之今子內固而外寵內固內得君心外寵外見寵愛也且善不莫不信所善惡無不見信也若外單善而內辱之無不遷矣單盡也外盡善意待大子而內以不義加辱之則其心無不移也且吾聞之甚精必愚精鋭近愚精爲易辱愚不知避難雖欲無遷其得之乎是故先施讒於申生

驪姬賂二五使言於公賂遺也二五獻公嬖大夫梁五與東關五也曰夫

曲沃君之宗也宗本宗也曲沃桓叔之封先公宗廟在焉猶西周謂之宗周也蒲與二屈君之疆也疆境也二屈屈有南北今河東有北屈則是時復有南屈不可以無主宗邑無主則民不威威畏也疆場無主則啓戎心啓開也開戎侵盜之心晉南有陸渾之戎蒲接之北有山戎二屈接之戎之生心民慢其政國之患也若使太子主曲沃而二公子主蒲與屈乃可以威民而懼戎且旌君伐旌章也伐功也使俱曰翟之廣莫於晉爲都使俱者使二五同聲也廣莫北翟沙莫也下邑曰都使如爲晉下邑也晉之啓土不亦宜乎啓土辟竟也公説乃城曲沃太子處焉又城蒲公子重耳處焉又城二屈公子夷吾處焉驪姬既遠太子乃生之言生生讒言也太子由是得辠

十六年公作二軍獻公十六年魯閔之元年魯嚴十六年王命晉武公以一軍爲晉侯至此初作二軍軍有上下公將上軍太子將下軍以伐霍霍周文王之子霍叔武之國也師未出士蔿言於諸大夫曰夫太子君之貳也貳副也恭以俟嗣何官之有今君分之土而官之位以卿也是左之也左猶外也吾將諫以觀之乃言於公曰夫太子君之貳也而帥下軍無乃不可乎公曰下軍上軍之貳也寡人在上申生在下不亦可乎士蔿對曰下不可以貳上猶足不可以貳手也手足左右各自爲貳也公曰何故對曰貳若體焉體四支也上下左右以相心目相助也用而不倦身之利也倦勞也有貳故不勞四體役身故身之利也上貳代舉上手更也

下貳代履（下足履步也）周旋變動以役心目（役爲也）故能治事以制百物（制裁也）若下攝上與上攝下（攝持也）周旋不變以違心目其反爲物用也何事能治（爲物用與百物器用無異）故古之爲軍也軍有左右闕從補之（左右左右部也闕缺也）成而不知是以寡敗（不知敵不知有闕也）若以下貳上闕而不變敗弗能補也（變更也）變非聲章弗能移也（聲金鼓也章旌旗也移動也）聲章過數則有釁有釁則敵入（釁隙也軍法進退旗鼓有數過數則有隙敵見隙而犯己）敵入而凶救敗不暇誰能退敵（凶猶凶凶恐懼也退卻也）敵之如志國之憂也可以陵小難以征大（以下軍貳上可以侵陵小國難以征大國也）君其圖之公曰寡人有子而制焉

非子之憂也對曰夫太子國之棟也棟成乃制之不亦危乎棟成謂位已定而更其制使將兵危之道也公曰輕其所任雖危何害輕其所任謂輕大子之任不重責也雖近危猶無害也士蔿出語人曰大子不得立矣改其制而不患其難輕其任而不憂其危君有異心又焉得立行之克也將以害之以得衆害之若其不克其因以辠之雖克與不無所避辠與其勤而不入不如逃之不入不入君意也逃去也君得其欲大子遠死且有令名爲吳大伯不亦可乎得其欲得立奚齊也大伯讓季歷遠適吳越後武王追封曰吳伯故曰吳大伯大子聞之曰子輿之爲我謀忠矣子輿士蔿字也然吾聞之爲人子者患不從不患無名不從不從

父命也爲人臣者患不勤不患無祿今我不才而得勤
與從以戰伐爲勤從又何求焉焉能及吳大伯乎太子遂行
克霍而反讒言彌興彌益也優施教驪姬夜半而泣謂
公曰吾聞申生甚好仁而彊彊彊禦也甚寬惠而慈於民
慈愛也皆有所行之行之皆有法術也今謂君惑於我必亂國
夫無乃以國故而行彊於君以國故恐敗國之故而以彊劫君也君未
終命而不沒沒終也君其若之何盍殺我無以一妾亂百
姓盍何不也公曰夫豈惠其民而不惠於其父乎惠愛也驪
姬曰妾亦懼矣吾聞之外人之言曰爲仁與爲國不
同爲仁者愛親之謂仁爲國者利國之謂仁利國謂安社稷

利百姓也故長民者無親無親無私親也衆以爲親苟衆利而百
姓和豈能憚君豈憚殺君也以衆故不敢愛親衆況厚之
況益也言以衆故殺君除民害衆益爲厚也彼將惡始而美終以晚葢者
也美善也晚後也葢掩也言以後善掩前惡凡民利是生謂爲民生利也殺君而
叵利衆衆孰沮之沮敗也殺親無惡於人人孰去之苟
交利而得寵志行而衆說交俱也欲其甚矣孰不惑焉
欲欲太子也誰不惑謂國人也雖欲愛君惑不釋也釋解也今夫以君
爲紂若紂有良子而先喪紂良善也喪亡也若紂之有善子知紂之惡紂終
必滅國以計言之不如先自殺之無章其惡而厚其敗厚其敗謂武王擊以輕劍
斬以黃鉞也鈎之死也無必假手於武王鈎同也假借也而其世

不廢祀至于今吾豈知紂之善不哉（先自亡之故無知之者）君欲勿恤其可乎（恤憂也）若大難至而恤之其何及矣公懼曰若何而可驪姬曰君盍老而授之政（稱老以政授申生也）彼得政而行其欲得其所索乃其釋君且君其圖之自桓叔以來孰能愛親（桓叔獻公曾祖曲沃桓叔成師也桓叔伐晉殺其兄子昭侯於翼桓叔生嚴伯嚴伯又伐翼殺昭侯之子孝侯嚴伯生武武公武公滅翼而兼之武公生獻公獻公滅桓嚴之族也）唯無親故能兼翼公曰不可與政我以武與威是以臨諸侯未没而亡政不可謂武有子而不勝不可謂威我授之政諸侯必絕能絕於我必能害我失政而害國不可忍也爾勿憂吾將圖之驪姬曰以

皐落翟之朝夕苛我邊鄙 皐落東山也苛擾也 翟使無日以牧田野 無日不有翟儆故不得牧於田野也 君之倉廩固不實又恐削封疆君盍使之伐翟以觀其果於衆也與衆之信輯睦焉 果果於用師也輯和也 若不勝翟雖濟其罪可也 濟度也不勝罪之 以若勝翟則善用衆矣求必益廣 所求益廣也 乃可厚圖也且夫勝翟諸侯驚懼吾邊鄙不儆倉廩盈四鄰服封疆信君得其賴 信審也賴利也 又知可不其利多矣君其圖之公說是故使申生伐東山 東山皐落氏也 衣之偏裻之衣佩之金玦 裻在中左右異故曰偏玦玦如環而缺以金爲之 僕人贊聞之曰太子殆哉 贊大子僕也殆危也 君賜之奇奇生怪怪生無常無常

不立奇異也不立不得立也使之出征先以觀之觀其用衆也故告之以離心而示之以堅忍之權離心偏衣中分也堅忍金玦也玦以示離也傳曰金寒玦離則必惡其心而害其身矣惡其心必內險之險危也害其身必外危之外危之使攻伐也危自中起難哉且是衣也狂夫阻之衣也狂夫方相氏之士也阻古詛字將服是衣必先詛之周禮方相氏黄金四目玄衣朱裳執戈揚盾以驅疫也其言曰盡敵而反言謂狂夫祭詛之言雖盡敵其若內讒何申生勝翟而反讒言作於中君子曰知微知微謂僕人贊也

十七年冬公使太子伐東山獻公十七年魯閔二年里克諫曰臣聞皐落氏將戰言其不服將與申生戰也君其釋申生也釋舍也

公曰行也對曰非故也非故事也君行太子居以監國也君行則守君行太子從以撫軍也有守則從撫循軍士今君居太子行未有此也公曰非子之所知也寡人聞之立太子之道三身鈞以年身鈞德同也以年立長也年同以愛立所愛也愛疑決之以卜筮愛疑愛同也龜曰卜蓍曰筮子無謀吾父子之間吾以此觀之言吾使之征伐欲觀其能不也公不說里克退見太子太子曰君賜我偏衣金玦何也里克曰孺子懼乎衣躬之偏而握金玦令不偷矣孺子何懼孺少也偷薄也偏半也分身之半以授大子又令握金玦金玦兵要也君令於大子不爲薄矣夫爲人子者懼不孝不懼不得賈唐云不得不得君心也昭謂不得不得立也內傳大子曰吾其廢乎里克曰子懼不孝

無懼不得立且吾聞之敬賢於請賢愈也言執恭敬愈於請求也孺子勉
之乎勉爲孝敬君子曰善處父子之閒矣入諫其父出勉其子太子
遂行狐突御戎先友爲右狐突晉同姓唐叔之後偃之父大戎伯行也先友
晉大夫先丹木之族右車右也衣偏衣而佩金玦出而告先友曰君
與我此何也先友曰中分而金玦之權在此行也孺
子勉之也中分中分君之半也金玦以兵決事狐突歎曰以尨衣純雜色曰尨
純純德謂大子也而玦之以金銑者寒甚矣胡可恃也玦猶決也
銑猶洒也洒洒寒貞言於大子無溫潤也雖勉之敵其可盡乎先友曰衣
躬之偏握兵之要握兵之要金玦之㔟也金爲兵玦所以圖事決計也故爲兵要在
此行也勉之而已矣偏躬無慝兵要遠灾慝惡也衣身之半君

無惡意也握兵之勢欲令大子遠災害也親以無災又何患焉至于稷桑
稷桑皐落翟地翟人出逆逆距申生也申生欲戰狐突諫曰不可
突聞之國君好艾大夫殆艾當爲外聲相似誤也好外多嬖臣也嬖臣害正故
大夫殆殆危也好內適子殆社稷危好內多嬖妾也嬖專寵故適子殆國家亂則社
稷危周幽王是也若惠於父而遠於死惠順也去避奚齊爲順父心而遠於死也
傳曰狐突欲行惠於衆而利社稷其可以圖之乎惠於衆謂不戰也大
子去則國不爭故利社稷況其危身於翟以起讒於內也申生曰
不可君之使我非歡也非歡愛我也抑欲測吾心也測猶度也
是故賜我奇服而告我權奇服偏裻權金玦也又有甘言焉申生
將去父又以美言撫慰之言之大甘其中必苦譖在中矣君故生

心（有此甘言非本心意故言生心也）雖蝎譖焉避之不若戰也（蝎木蟲也譖從中起如蝎食木木不能避也）不戰而反我辠滋厚（滋益也）我戰雖死猶有令名焉（有恭從之名也）果戰敗翟於稷桑而反讒言益起狐突杜門不出（不出避難也）君子曰善深謀

晉語第七　國語

晉語第八　國語　韋氏解

反自稷桑處五年（自從也從伐東山戰於稷桑而反也處五年魯僖之四年也）驪姬謂公曰吾聞申生之謀愈深（謀謀殺公也愈益也）日吾固告君曰得衆（日往日也）衆弗利焉能勝翟（衆若不利焉肯為用而勝翟乎）今矜翟之善其志益廣（矜大也善善用衆也）狐突不順故不出（狐突申生之戎御也不順謂大子不順也）吾聞之申生甚好信而彊（彊彊禦也信言必行之）又失言於衆矣雖欲有退衆將責焉（失言許衆以取國也退改悔也）言不可食衆不可弭（食偽也弭止也）是以深謀君若不圖難將至矣公曰吾不忘也抑未有以致罪焉驪姬告優施曰君既許我殺大子而立奚齊矣吾難里克奈

何優施曰吾來里克一日而已來謂轉里克之心使來從己用一日之閒言其易也子爲我具特羊之饗特一也凡牲一爲特二爲牢吾以從之飲酒我優也言無郵郵過也驪姬許諾乃具使優施飲里克酒中飲優施起舞謂里克妻曰主孟啗我大夫之妻稱主從夫稱也孟里克妻字啗啖也孟或作盍我教茲暇豫事君茲此此里克也暇閒也豫樂也乃歌曰暇豫之吾吾不如鳥烏吾讀如魚吾吾不敢自親之皃言里克欲爲閑樂事君之道反不敢自親吾吾然其智曾不如鳥烏人皆集於苑己獨集於枯集止也苑茂木皃已里克也喻人皆與奚齊已獨與申生也里克笑曰何謂苑何謂枯優施曰其母爲夫人其子爲君可不謂苑乎其母既死其子又有謗可不謂枯乎枯且有傷

無毋諭枯有謗諭傷傷病也優施出里克辟奠不飧而寢辟去也奠置也

孰食曰飧夜半召優施曰曩而言戲乎抑有所聞之乎曩向

也而汝也曰然君既許驪姬殺太子而立奚齊謀既成矣

成定也里克曰吾秉君以殺太子吾不忍秉執也執君志以殺太子

不忍不忍爲也通復故交吾不敢交與大子交也中立其免乎優施

曰免中立不阿君亦不助大子旦而里克見丕鄭夜半召優施旦而見丕鄭曰

夫史蘇之言將及矣優施告我君謀成矣將立奚齊

丕鄭曰子謂何謂優施何言也曰吾對以中立丕鄭曰惜也

惜惜其失言也不如曰不信以踈之曰不信者逆優施以不然也距之以不然則驪

姬意踈不敢必也亦固太子以攜之固固持也攜離也固持大子以離驪姬之黨

多爲之故以變其志志少疏乃可閒也故謂多作計術以變易其
志志少疏乃可閒閒亦離也今子曰中立況固其謀況益也彼有成
矣難以得閒里克曰往言不可及及追也且人中心唯
無忌之何可敗也言驪姬唯無忌憚之心執之已固何可敗也子將何如
丕鄭曰我無心是故事君者君爲我心制不在我我無
心者不得自在也君爲我心以君爲心也里克曰殺君以爲廉賈侍中云廉猶利也
以大子故殺君以自利唐尚書云爲大子殺奚齊不有其國以爲廉也昭謂是時大子未廢獻公在位而
以君爲奚齊非也君獻公也虞御史云廉直也讀若鬬廉之廉此說近之長廉以驕心因
驕以制人家吾不敢制裁也自大其廉而有驕人之心因驕以裁制人之父子吾不
敢不敢爲也抑橈志以從君爲廢人以自利也橈屈也人謂申生也

利方以求成人吾不能（方道也利得道以求成大子吾力不能爲也）將伏也（伏隱也）明日稱疾不朝三旬難乃成（難殺申生譖二公子也）驪姬以君命命申生曰今夕君夢見齊姜必速祠而歸福（齊姜申生母也福胙肉也）申生許諾乃祭于曲沃歸福于絳（絳晉所都也）公田驪姬受福乃寘鴆于酒（寘置也鴆運日也）置堇于肉（堇烏頭也）公至召申生獻（獻獻胙也）公祭之地地墳（將飲先祭示有先也墳起也）申生恐而出驪姬與犬肉犬斃（斃死也）飲小臣酒亦斃（小臣官名掌陰事陰命閽士也）公命殺杜原款（原款申生之傅）申生奔新城（新城曲沃也新爲大子城之）杜原款將死使小臣圉告于申生（小臣大子小臣名圉原款因爲告大子也）曰款也不才寡知不敏（敏達

也不能敎導以至于死不能深知君之心（度尺寸也）棄寵求廣土而竄伏焉（棄寵令大子棄位也求廣土奔它國也竄隱也）小心狷介不敢行也（狷者守分有所不爲也言雖知當與申生俱去恥不能事君而出故不敢行也）是以言至而無所訟之（言讒言也）故陷於大難乃逮于讒（逮及也）然款也不敢愛死唯與讒人均是惡也（讒人驪姬均同也）吾聞君子不去情（不去忠愛之情）不反讒（反謂覆校讒自申理也）讒行身死可也猶有令名焉（有孝名也）死不遷情彊也（遷易也）守情說父孝也殺身以成志仁也死不忘君敬也（使有遺言屬狐突是也）孺子勉之死必遺愛死民之思不亦可乎申生許諾（死民之思爲民所思也）人謂申生曰非子之罪何不

去乎申生曰不可去而罪釋必歸於君是惡君也釋解也歸於君惡歸於君也章父之惡而笑諸侯吾誰鄉而入笑諸侯諸侯所笑也當趨鄉誰〻誰國也內困於父母外困於諸侯是重困也棄君去罪是逃死也吾聞之仁不惡君知不重困勇不逃死若罪不釋去而必重去而罪重不知逃死而惡君不仁有罪不死無勇去而厚惡惡不可重死不可避吾將伏以俟命驪姬見申生而哭之就曲沃哭之曰有父忍之況國人乎有父忍自殺之況能愛國人乎忍父而求好人人孰好之殺父以求利人人孰利之皆民之所惡也難以長生驪姬退申生乃雉經于新城之廟雉經頭搶而縣

死也將死乃使猛足言於狐突曰申生有罪不聽伯氏以至于死猛足申生臣伯氏狐突字也不聽謂稷桑之戰不從其計申生不敢愛其死雖然吾君老矣國家多難伯氏不出奈吾君何伯氏苟出而圖吾君圖爲之謀也申生受賜以至于死雖死何悔是以謚爲共君謚法既過能改曰恭國人告公以此謚也驪姬既殺太子申生又譖二公子曰重耳夷吾與知共君之言與知其篡逆謀也公令奄楚刺重耳重耳逃于翟奄奄士也楚謂伯楚寺人披之字於文公時爲勃鞮翟北翟隗姓也令賈華刺夷吾夷吾逃于梁賈華晉大夫梁嬴姓之國伯爵也唐尚書云晉滅以爲邑非也是時梁尚存至魯僖十九年秦取之盡逐羣公子羣公子獻公之庶孽及先君之支庶也傳曰獻公之子九人乃立奚

[illegible]焉始爲令國無公族焉

二十二年公子重耳出亡及柏谷卜適齊楚獻公二十五年魯僖五年也公使寺人披伐蒲城重耳自蒲出奔及至也柏谷晉地也狐偃曰無卜焉狐偃重耳之舅狐突之子子犯也無卜不須卜也夫齊楚道遠而望大不可以困往望大望諸侯朝貢不恤亡公子也道遠難通通至也望大難走難歸走也困往多悔困且多悔不可以走望望望其力也若以偃之慮其翟乎可之翟也夫翟近晉而不通不與晉通也愚陋而多怨多怨於戎翟走之易達不通可以竄惡竄隱也多怨可以共憂今若休憂於翟以觀晉國且以監諸侯之爲其無不成監視也之爲爲誰動也視諸侯所爲故無不成也乃遂之狄處

一年，公子夷吾亦出奔。處翟一年，魯僖之六年也。公使賈華伐屈，夷吾自屈出奔之。曰：「盍從吾兄竄於翟乎？」冀芮曰：「不可。冀芮，晉大夫，冀缺之父。後出同走，不免於罪。同走嫌同謀也。且夫偕出偕入難，偕，俱也。聚居異情惡。聚，共也。虞云：重耳、夷吾情好不同，故惡相近。昭謂異情謂各欲求入爲君，於義惡也。不若走梁，梁近於秦，秦親吾君。吾君老矣，秦穆夫人，獻公之女，故親吾君也。子往，驪姬懼，必援於秦。以吾存也，以吾存者，以吾在梁依秦也。且必告悔，告悔是吾免也。」免，免罪也。乃遂之梁。居二年，驪姬使奄楚以環釋言。居梁二年，魯僖之七年也。王環，環，還也。釋言，以言自解釋也。四年復爲君。居梁四年，魯僖之九年也。是歲獻公卒，秦伯納之。

虢公夢在廟，虢公，王季之子，文王之弟虢仲之後，虢公醜也。廟，宗廟也。有神人面白毛虎爪執鉞立於西阿西阿西榮也公懼而走神曰無走帝命曰使晉襲于爾門帝天也襲入也公拜稽首覺召史嚚占之史嚚虢大史也對曰如君之言則蓐收也蓐收西方白虎金正之官也傳曰少皞氏有子曰該爲蓐收天之刑神也刑殺之神也天事官成官成猶福各以官象成也公使囚之且使國人賀夢欲轉凶之故使賀也舟之僑告其諸族舟之僑虢大夫曰衆謂虢亡不久吾乃今知以其賀夢君不度而賀大國之襲於己何瘳度揆也大國晉也瘳猶損也言君不揆度神意而令賀之何損於禍也吾聞之曰大國道小國襲焉曰服襲入也小國敖大國襲焉曰誅敖慢也民疾君之侈也是以遂於逆命逆命距違君命也今嘉其夢侈必展展申

也是天奪之鑒而益其疾（鑒鏡也鏡所以自省察）民疾其態天又誑之（誑猶惑也）大國來誅出令而逆（逆謂令國人賀夢）宗國既卑諸侯遠已（宗國公族也遠踈外也）內外無親其誰云救之（云言也）吾不忍俟也將行（行去也）以其族適晉六年虢乃亡（適晉在魯閔二年後六年魯僖五年）

伐虢之役師出於虞（魯僖五年獻公伐虢假道於虞）宮之奇諫而不聽（宮之奇虞大夫諫虞公勿假晉道虞公不聽）出謂其子曰虞將亡矣唯忠信者能留外寇而不害（留外寇謂舍晉軍於國也）除闇以應外謂之忠（除去也去已闇昧之心以應外謂之忠忠謂恕也）定身以行事謂之信（定安也行事以求安其身謂之信）今君施其所惡於人闇不除矣

已之所惡而以施人謂假晉道以伐虢也以賄滅親身不定矣賄財也謂虞受晉屈
産之乘垂棘之璧假之道也親謂虢也虞大王之後虢王季之胄夫國非忠不立非
信不固既不忠信而留外寇寇知其釁而歸圖焉釁隙
也圖謀也已自拔其本矣何以能久本謂忠信吾不去懼及焉
以其孥適西山孥妻子也西山國之西界三月虞乃亡晉滅之也
獻公問於卜偃卜偃晉掌卜大夫郭偃也曰攻虢何月也宜用何月對
曰童謠有之童童子徒歌曰謠曰丙之晨龍尾伏辰丙丙子晨蚤旦
也龍尾尾星也伏隱也辰日月之交會也魯僖五年冬周十二月夏十月丙子朔之朝日在尾月在天策
也伏辰辰在龍尾隱而未見也均服振振取虢之旂均同也戎服君臣同振振威武
也交龍曰旂鶉之賁賁天策焞焞火中成軍虢公其奔鶉鶉

火鳥星也賁賁鶉火星皃也天策尾上一星名曰天策一名傅說焞焞近日月之皃也火鶉火也中晨中也成軍軍有成功也傳曰冬十二月丙子朔晉滅虢虢公醜奔京師火中而旦其九月十月之交乎交晦朔之間也

葵丘之會獻公將如會魯僖九年秋齊桓公盟諸侯於葵丘葵丘地名遇宰周公宰周公王卿士宰孔也爲冢宰食菜於周故曰宰周公周公自會先歸遇獻公於道曰君可無會也夫齊侯好示務施與力而不務德好示自矜其功以信施示諸侯而不務德也施惠也力功也故輕致諸侯而重遣之輕謂垂櫜而入重謂稛載而歸使至者勸而畔者慕懷之以典言懷安也典法也法言謂陽穀之會以四教令諸侯之屬薄其要結而厚德之以示之信薄其要結謂束牲爲盟皮馬爲幣三屬諸侯存亡國三以示之施屬會

也三會乘車之會三也存三亡國魯衛邢也是以北伐山戎南伐楚西爲
此會也譬之如室既鎮其甍矣又何加焉甍棟也又何加諭己
成也吾聞之惠難徧也施難報也不徧不報卒於怨讎
夫齊侯將施惠如出責如出責望其報也是之不果奉果竟也奉
行也而暇晉是皇暇不暇不暇以晉爲務也雖後之會將在東矣東東
方也其後會于淮是也君無懼焉其有勤也公乃還無懼於不會也有勤
自勤勞也宰孔謂其御曰晉侯將死矣景霍以爲城景大也大
霍晉山名也今在河東彘而汾河涑澮以爲淵四者水名淵池也戎翟之
民實環之環繞也汪是土也汪大皃苟違其違誰能懼之
苟違違去也其違違道也今晉侯不量齊德之豐否豐厚也否不也不度

諸侯之勢彊弱之勢釋其閒脩釋舍也閑守也脩治也而輕於行道
失其心矣失其心守也君子失心鮮不夭昏夭折也昏狂荒之疾是
歲也獻公卒八年爲淮之會八年葵丘後八年也桓公復會諸侯於淮在魯
僖十六年傳曰會于淮謀鄫且東略也桓公在殯宋人伐之魯僖十七年冬齊桓
公卒五子爭立大子奔宋宋襄公伐齊納之是爲孝公也
二十六年獻公卒獻公二十六年魯僖九年里克將殺奚齊先告
荀息曰三公子之徒將殺孺子子將如何荀息奚齊之傳三公
子申生重耳夷吾徒黨也荀息曰死吾君死晉吾君也而殺其孤吾有
死而已吾蔑從之矣蔑無也里克曰子死孺子立死不
亦可乎子死孺子廢焉用死哉荀息曰昔君問臣事

君於我我對以忠貞君曰何謂也我對曰可以利公室力有所能無不爲忠也葬死者養生者死人復生不悔得其所任故不悔也生人不愧貞也吾言既往矣往行也豈能欲行吾言而又愛吾身乎雖死焉辟之焉得辟之里克告丕鄭曰三公子之徒將殺孺子子將何如丕鄭曰荀息謂何荀息何言對曰荀息曰死之丕鄭曰子勉之夫二國士之所圖無不遂也二國士里克荀息也遂行也我爲子行之助行其事謂使翟援秦之屬也子帥七輿大夫以待我七輿申生下軍大夫也左行共華右行賈華叔堅騅歂纍虎特宮山祁也待我待我應之我使翟以動之援秦以搖之重耳在翟故欲告翟又結援於秦以搖動晉國敗奚齊之黨也立其薄者

可以得重賂結秦翟之援以立二公子恩薄者可以得重賂也厚者可使無

入於己厚者丁使二公子不得入立國誰之國也言晉可專也里克曰不

可克聞之夫義者利之足也有義然後利立故曰利之足也貪者怨

之本也貪則專利故人怨之廢義則利不立無足不立故厚貪則怨

生夫孺子豈獲罪於民將以驪姬之惑蠱君而誣國

人蠱化也誣罔也讒群公子而奪之利使君迷亂信而亡之

信姬之言使皆奔亡殺無罪以爲諸侯笑無罪謂申生也使百姓莫不

有藏惡於其心中人懷悖逆恐其如壅大川潰而不可救

禦也禦止也是故將殺奚齊而立公子之在外者以定

民弭憂於諸侯且爲援弭止也言諸侯義已則得以爲援也庶幾曰諸

侯義而撫之百姓欣而奉之國可以固固安也今殺君而賴其富賴利也貪且反義貪則民怨反義則富不爲賴不義而富必危故不爲利賴富而民怨亂國而身殆懼爲諸侯載載見於書爲後戒也不可常也丕鄭許諾於是殺奚齊卓子及驪姬而請君于秦既殺奚齊荀息將死之人曰不如立其弟而輔之荀息立卓子里克又殺卓子荀息死之君子曰不食其言矣食僞也既殺奚齊卓子里克及丕鄭使屠岸夷屠岸夷晉大夫告公子重耳於翟曰國亂民擾得國在亂治民在擾非亂何入非擾何安言勞民易爲治也子盍入乎吾請爲子鉥鉥導也重耳告舅犯曰里克欲納我

舅犯曰不可夫堅樹在始樹木也始根本也始不固本終必
槁落夫長國者唯知哀樂喜怒之節是以導民長導也讀
訓也不哀喪而求國難因亂以入殆以喪得國則必樂
喪樂喪以喪爲樂樂喪必哀生因亂以入則必喜亂喜亂必
怠德怠懈也是哀樂喜怒之節易也易反也何以導民民
不我導誰長不我導不從我訓也長君之也重耳曰非喪誰代非亂
誰納我舅犯曰偃也聞之偃子犯名爲重耳舅故曰舅犯喪亂有小
大大喪大亂之剡也不可犯也剡鋒也父母死爲大喪
讒在兄弟爲大亂今適當之是故難公子重耳出見
使者曰子惠顧亡人重耳父生不得供備洒埽之臣

[illegible]灑死又不敢莅喪以重其罪且辱大夫敢辭 莅臨也
夫固國者在親衆而善鄰 固定也親衆愛士民善鄰善鄰國也 在因
民而順之 因民所愛而立之爲順民也 苟衆所利鄰國之所立大
夫其從之重耳不敢違呂甥及郤稱亦使蒲城午 呂甥郤稱夷吾之徒也蒲城午晉大夫 告公子夷吾于梁曰子厚賂秦人
以求入吾主子 主子爲子內主也 夷吾告冀芮曰呂甥欲納
我 冀芮晉大夫郤豹子從夷吾故告也 冀芮曰子勉之國亂民擾大夫
無常不可失也 無常無常心也 非亂何入非危何安 亂有所代危得安之
幸苟君之子唯其索之 索求也所在以求之 方亂以擾孰適
禦我大夫無常苟衆所置孰能勿從子盍盡國以賂

外内無愛虛以求入外謂諸侯内謂大夫虛國藏以求入也旣入而後

圖聚入國乃圖畜聚也公子夷吾出見使者再拜稽首許諾

呂甥出告大夫曰君死自立則不敢自立立嗣君也久則恐諸

侯之謀徑召君於外也恐受賂德自召他公子也則民各有心恐

厚亂各有心所愛不同也盍請君于秦乎秦親晉故欲請所立大夫許諾

乃使梁由靡告于秦穆公梁由靡晉大夫秦穆公伯益之後德公之子穆公任好也

曰天降禍于晉國讒言繁興延及寡君使寡君之

紹續昆裔紹繼也續嗣也昆後也裔末也隱悼播越託在草莽未有

所依隱憂也悼懼也播散也越遠也依倚也又重之以寡君之不祿喪

亂並臻士死曰不祿禮君死赴於它國曰寡君不祿謙也臻至也以君之靈鬼神

降衷衷善也罪人克伏其辜罪人驪姬也羣臣莫敢寧處將待
君命待君命所立也君若惠顧社稷不忘先君之好辱收其
逋遷裔胄而建立之逋亡也遷徙也胄後也以主其祭祀且鎮
撫其國家及其民人雖四鄰諸侯之聞之也其誰不
儆懼於君之威而欣喜於君之德終君之重愛受君
之重況而羣臣受其大德君謂獻公也況賜也晉國其誰非君
之羣隸臣也隸役也秦穆公許諾反使者反報也乃召大
夫子明及公孫枝子明秦大夫百里孟明視公孫枝秦公孫子桑也曰夫晉
國之亂吾誰使先當先立誰若夫二公子而立之若之使之二也
公子擇所立也以爲朝夕之急言晉無君朝夕之急也大夫子明曰君

使縶也縶秦公子子顯也縶敏且知禮敬以知微敏能竄謀
竄微也知禮可使敬不隊命隊失也微知可否微密故君知可否
其使之乃使公子縶弔公子重耳于翟曰寡君使縶
弔公子之亡憂又重之以喪奔亡之憂加之以喪親也寡人聞之得
國常於喪失國常於喪若齊桓公以喪得國子糾以喪失之是也時不可
失喪不可久公子其圖之重耳告舅犯舅犯曰不可
亡人無親信仁以爲親亡人無親者被不孝之名棄親而亡也當信行仁道然後
有親是故置之者不殆置立也殆危也父死在堂而求利人孰
仁我人誰以我爲仁也人實有之我以徼幸人孰信我人實有之
[illegible]多公子非獨亡也我從外徼幸而求之人誰謂我信也不仁不信將何以長利

公子重耳出見使者〔使者公子縶也〕曰君惠弔亡臣又重有命〔反國之命〕重耳身亡父死不得與於哭泣之位又何敢有它志以辱君義〔它志謂爲君也〕再拜不稽首起而哭〔易位而哭〕退而不私〔不私不私訪也〕公子縶退弔公子夷吾于梁如弔公子重耳之命夷吾告冀芮曰秦人勤我矣〔勤助我也〕冀芮曰公子勉之亡人無狷潔狷潔不行〔亡人不可以狷潔狷潔則大事不行〕重賂配德〔以重賂配己之德也〕公子盡之無愛財人實有之我以徼幸不亦可乎公子夷吾出見使者再拜稽首起而不哭退而私於公子縶曰中大夫里克與我矣〔與我助我也〕吾命之以汾陽之田百萬〔賈侍中云汾水名汾陽晉地百

萬百萬畞也嬖大夫丕鄭與我矣吾命之以負葵之田七十萬負葵晉地名君苟輔我蔑天命矣蔑無也無復天命在秦而已吾必遂矣遂成也亡人苟入掃除宗廟定社稷亡人何國之與有言但得守宗廟社稷不敢望國土也君實有郡縣言君亦自有郡縣非謂之無也且入河外列城五河外河東也列城五東盡虢略南及華山內及解梁城豈謂君無有亦爲君之東遊津梁之上無有難急也津水也梁橋也非謂君無有若此地者欲使君東游津梁之上無有難急故進之耳亡人之所懷挾嬰纕以望君之塵垢者挾持也嬰馬纓纕馬帶言塵垢不敢當盛也黃金四十鎰白玉之珩六雙二十兩爲鎰珩佩上飾也珩形似磬而小詩傳曰上有蔥珩下有雙璜不敢當公子請納之左右公子公子縶言在右謙也公

子縶反致命穆公穆公曰吾與公子重耳重耳仁再拜不稽首不没爲後也（没貪也）起而哭愛其父也退而不私不没於利也（不没不貪利國家也）公子縶曰君之言過矣君若求置晉君而載之（載成也）置仁不亦可乎君若求置晉君以成名於天下（成威名也）則不如置不仁以滑其中（滑亂也之）且可以進退（進退猶改易也）臣聞之仁有置武有置仁置德武置服（仁置有德武置服從）是故先置公子夷吾寔爲惠公

穆公問冀芮曰公子誰恃於晉對曰臣聞之亡人無黨有黨必有讎（讎有與爲黨必有與爲讎言無黨則必無讎）夷吾之少也不

好弄戲不過所復（不過差也）怒不及色（無色過也）及其長也弗改是故出亡無惡於國而衆安之不然夷吾不使其誰能恃乎（使才也言無恃則恃秦也）君子曰善以微勸

晉語第八　國語

晉語第九　國語　韋氏解

惠公入而背內外之賂 惠公獻公庶子重耳之弟惠公夷吾也外秦內里丕也

輿人誦之 輿衆也不歌曰誦 曰佞之見佞果喪其田 佞僞善爲佞佞謂

里丕受惠公賂田而紿之見佞謂惠公入而不予也果猶竟也喪亡也喪田里丕不得其賂田 詐之

見詐果喪其賂 詐謂秦以詐立惠公不置德而置服也見詐謂惠公入而背之喪賂秦不

得其賂也 得國而狃終逢其咎 謂惠公也狃忕也咎謂敗於韓 喪田不懲

禍亂其興 謂丕鄭也不得田不懲艾復欲與秦共納重耳惠公殺之 既里丕死 既已

也惠公二年春殺里克秋殺丕鄭 禍公隕於韓 禍謂貪愎之禍也秦伐晉戰於韓獲惠公

以歸隕其師徒在魯僖十五年 郭偃曰善哉夫衆口禍福之門也 偃晉

大夫善輿人之誦豫知之故曰衆口禍福之門 是以君子省衆而動 動行也 監

戒而謀謀度而行監察也度揆也察衆口以爲戒謀事揆義乃行之故無不濟内謀外度考省不倦考校也日考而習戒備畢矣日自考省習而行之戒備之道畢於是矣

惠公即位出共世子而改葬之臭達於外共世子申生也獻公時申生葬不如禮故改葬之惠公烝於獻公夫人賈君故申生臭達於外不欲爲無禮者所葬也唐以賈君爲申生妃非也傳曰獻公娶於賈無子國人誦之曰貞之無報也孰是人斯而有是臭也賈唐云貞正也謂惠公欲以正禮改葬世子而不獲吉報也孰誰也斯斯世子也誰使是人有是臭者言惠公使之也或云貞謂申生與下相違似非也貞爲不聽以正葬之而不見聽也信爲不誠信心行之不見誠也國斯無刑媮居幸生刑法也言惠公媮竊居位儌幸而生不更厥貞大命其傾不變更其正大命將

傾危也傾威兮懷兮威畏也懷思也言國人畏惠公思重耳也各聚爾有以待所歸兮爾有所有也猗兮違兮心之哀兮猗歎也違去也言民心欲去其上安土重遷故心哀之歲之二七其靡有徵兮二七十四歲後也靡無也無有徵者亦云謂子圉也若翟公子吾是之依兮謂重耳也鎮撫國家爲王妃兮言重耳當霸諸侯爲王妃偶郭偃曰甚哉善之難也難難爲也君改葬共君以爲榮也而惡滋章夫人美於中必播於外而越於民民實戴之美善也播布也越揚也戴欣戴也言有善於中必播于外揚于民也惡亦如之故行不可不慎也必或知之或知下民必知其善否也十四年君之冢嗣其替乎冢嗣太子也替滅也其數告於民矣數謂二七也公子重耳其入乎其魄兆於民矣

䰟形也兆見也若入必伯諸侯以見天子其光耿於民矣耿猶
炤也數言之紀也謂言者紀其數也䰟意之術也意民之志術道也䰟兆見
而民志隨之光明之燿也紀言以敘之敘述也述意以導之
導開導也明燿以炤之不至何待欲先導者行乎先導謂重耳導
引者可行也將至矣
惠公既殺里克而悔之曰芮也使寡人過殺我社稷
之鎮芮冀芮也鎮重也郭偃聞之曰不謀而諫者冀芮也不先
爲君謀而諫使君殺里克者冀芮也不圖而殺者君也言不與人謀而殺里克者君之
過也不謀而諫不忠不圖而殺不祥不忠受君之罰言君
當加罰也不祥羅天之禍受君之罰死戮戮辱也言死且有辱羅天

之禍無後〔無後嗣也〕志道者勿忘將及矣〔志識也及至也勿忘此占言禍將至也〕及文公入〔文公重耳也〕秦人殺冀芮而施之〔冀芮既納文公而悔將殺之文公知之潛會秦伯于王城冀芮焚公宮求公不得遂如河上秦伯誘而殺之陳尸曰施〕

惠公即位乃背秦賂使丕鄭聘於秦且謝之〔謝不時也〕而殺里克曰子殺二君與一大夫〔二君奚齊卓子一大夫荀息也〕爲子君者不亦難乎丕鄭如秦謝緩賂〔緩遲也〕乃謂穆公曰君厚問以召呂甥郤稱冀芮而止之〔問遺也以厚禮問遺此三人皆晉大夫來而留止也〕以師奉公子重耳臣之屬內作晉君必出〔屬七輿大夫也必出惠公必出奔也〕穆公使泠至報問〔泠至秦大夫也報問報丕鄭之聘且問遺呂甥之屬〕且召三大夫鄭也與客將事〔客泠至也將事行聘事也〕

蓋芮曰鄭之使薄而報厚薄禮幣少也其言我於秦也必使誘我弗殺必作難不殺鄭必作難於我是故殺丕鄭及七輿大夫七輿申生下軍之衆大夫也共華賈華叔堅騅歂纍虎特宮山祁皆里丕之黨也丕豹出奔秦豹丕鄭之子丕鄭之自秦反也而聞里克死見共華曰可以入乎共華曰二三子皆在而不及二三子七輿大夫也不及謂罪不及也子使於秦可哉可可以入也丕鄭入君殺之共賜謂共華共賜華之族晉大夫曰子行乎其及也行去也其及將見及也共華曰夫子之入吾謀也將待及言已誤丕鄭將待禍及也賜曰孰知之共華曰不可知而背之不信謀而困人不知謀不中爲困困而不死無勇

任大惡三行將安入任也荀子其行矣我姑待死子共賜也
丕鄭之子曰豹出奔秦謂穆公曰晉君大失其衆背
君賂殺里克而忌處者衆固不說忌惡也處者國中大夫也今又
殺臣之父及七輿大夫此其黨半國矣君若伐之其
君必出穆公曰失衆安能殺人言晉君失衆焉能使衆殺爾父及七輿大夫
且夫禍唯無斃斃死也罪不至死則不爲亂足者不處罪足以死則不處國
處者不足處國者不足以死也勝敗若化化言轉化無常也猶丕鄭欲殺君君反殺之
以禍爲違孰能出君違去也謂丕豹以禍故去其國誰能出君乎爾
俟我俟待也待我圖之
晉饑穀不熟曰饑在魯僖十三年乞糴於秦丕豹曰晉君無禮於

君衆莫不知（無禮背賂也）往年有難今又荐饑（難謂殺里丕之黨仍饑曰荐）已失人又失天其殃也多矣（失人里克也失天荐饑也）君其伐之勿予糴公曰寡人其君是惡其民何罪天殃流行國家代有（代更也）補乏薦饑道也不可以廢道於天下（薦進也）謂公孫枝曰予之乎（枝子桑也）公孫枝曰君有施於晉君晉君無施於其衆今旱而聽於君其天道也聽（聽命於君也）君若弗予而天予之（予之年也）苟衆不說其君之不報也則有辭矣（苟使晉衆不說惠公不報秦施今不予糴則晉得以爲辭故不可不予）不如予之以說其衆衆說必咎其君其君不聽然後誅焉雖欲禦我誰與是故氾舟於河歸糴於晉（氾浮）

（也歸不反之辭也）秦饑，公令河上輸之粟。（河上所許秦五城也）虢射曰：「弗予賂地而予之糴，（虢射晉大夫）無損於怨而厚於寇，（厚猶彊也）不若勿予。」公曰：「然。」慶鄭曰：「不可。（慶鄭晉大夫）已賴其地，而又愛其實，（賴贏也實穀也）忘善而背德，雖我必擊之。（我當秦處亦當擊晉）弗予，必擊我。」公曰：「非鄭之所知也。」遂不予。六年，秦歲定，（惠公六年魯僖十五年定安也穀孰則民安）帥師侵晉，至於韓。（韓晉地韓原也）公謂慶鄭曰：「秦寇深矣，奈何？」（深入境深也曰深猶重也）慶鄭曰：「君深其怨，能淺其寇乎？非鄭之所知也，君其訊射也。」（訊問也射虢射也）公曰：「舅所病也。」（病短也諸侯謂異姓大夫曰舅）卜右，慶鄭吉。（右公戎車之右）公曰：「鄭也不孫。」（言不順不可以為車右）以家僕徒爲右（家僕徒晉大夫）步揚御戎（步揚晉大夫御公戎車也）梁由靡御韓簡（由靡晉大夫韓簡晉卿韓萬之孫）虢射爲右（爲簡車右）以承公（承次也次公車）公禦秦師令韓簡視師曰師少於我鬭士衆（欲鬭者衆）公曰何故簡曰以君之出也處己（己秦也處己在梁依秦）入也煩己（爲秦所立）饑食其糴三施而無報故來今又擊之秦莫不慍（慍怒也）晉莫不怠（受其施而怠情）鬭士是故衆公曰然今我不擊歸必狃（狃伏也不擊而歸秦必狃伏而輕我也）一夫不可狃況國乎公令韓簡挑戰（先挑敵求戰）曰昔君之惠寡人未之敢忘寡人有衆能合之弗能離也（弗能離言衆欲戰也）君若還寡人之願也君若不還寡人將無所避穆公衡雕

戈出見使者（衡橫也雕鏤也戈戟也）曰昔君之未入寡人之憂也君入而列未成寡人未敢忘（列位也）今君既定而列成君其整列寡人將身見（若云朝見實欲戰也）客還公孫枝進諫曰昔君之不納公子重耳而納晉君是君之不置德而置服也置而不遂擊而不勝（遂成也）其若爲諸侯笑何君盍待之乎（待其亂將自斃也）穆公曰然昔吾之不納公子重耳而納晉君是不置德而置服也然公子重耳實不肯吾又奚言哉殺其內主（謂里丕也）背其外賂（外秦也）彼塞我施若無天乎云（云言也晉所行若言無有天也）若有天吾必勝之（天道助順故必勝也）君輯大夫就車君鼓而進之晉師

潰戎馬濘而止濘深泥也止戎馬陷焉公號慶鄭曰載我號呼也

慶鄭曰忘善而背德又廢吉卜卜右慶鄭吉公廢不用何我之

載鄭之車不足以辱君避也避避難也梁由靡御韓簡輅

秦公將止之輅迎也慶鄭曰釋來救君釋舍也亦不克救

遂止於秦止獲也為秦所獲穆公歸至于王城王城秦地合大夫

而謀曰殺晉君與逐出之與以歸與復之孰利公子

縶曰殺之利以為臣子絕望逐之恐構諸侯構交構也以歸則國

家多慝慝惡也恐知國家間隙之惡也復之則君臣合作恐為君憂

不若殺之公孫枝曰不可恥大國之士於中原又殺

其君以重之子思報父之仇臣思報君之讎雖微

國天下孰不患微無也雖無秦國天下諸侯有害人君父者誰不患疾也公子縶曰吾豈將徒殺之徒空也吾將以公子重耳代之晉君之無道莫不聞公子重耳之仁莫不知戰勝大國武也殺無道而立有道仁也勝無後害知也公孫枝曰恥一國之士又曰余納有道以臨汝無乃不可乎雖立有道君父之恥未刷若不可必爲諸侯笑戰而笑諸侯不可謂武殺其弟而立其兄兄德我而忘其親不可謂仁若勿忘是再施而不遂也不可謂知君曰然則若何公孫枝曰不若以歸以要晉國之成要結也成平也復其君而質其適子使子父代處秦代更也國可以無害是故歸

惠公而質子圉子圉惠公子懷公也秦始知河東之政秦取河東之地而置官司故知河東之政在魯僖十五年

公在秦三月內傳惠公以九月獲十一月歸聞秦將成乃使郤乞告呂甥郤乞晉大夫呂甥瑕呂飴甥呂甥教之言令國人於朝曰君使乞告二三子曰秦將歸寡人寡人不足以辱社稷二三子其改置以代圉也欲令更命立它公子以代子圉言父子避位以感動羣下且賞以說衆衆皆哭焉作轅田賈侍中云轅易也爲易田之法賞衆以田易疆界也或云轅車也以田出車賦昭謂此欲賞以說衆而言以田出車賦非也唐云讓肥取境也

呂甥致衆而告之曰吾君慙焉其亡之不恤亡謂在外恤憂也而羣臣是憂不亦惠乎憂謂改立君賞羣臣作轅田也君猶在外

若何衆曰何爲而可何所施爲可以還君呂甥曰以韓之病兵甲盡矣病敗也若征繕以輔孺子以爲君援征賦也繕補也言以繕甲兵輔孺子圉以爲君援雖四鄰之聞之也喪君有君羣臣輯睦兵甲益多好我者勸惡我者懼庶有益乎衆皆説焉作州兵二千五百家爲州使州長各帥其屬繕甲兵也呂甥逆君於秦穆公訊之訊問也曰晉國和乎對曰不和公曰何故對曰其小人不念其君之罪而悼其父兄子弟之死喪者謂韓之戰敗也不憚征繕以立孺子曰必報吾讎寧事齊楚齊楚又交輔之交夾也其君子思其君且知其罪曰必事秦有死無它故不和比其和之而來故久公曰而無來

吾固將歸君國謂君何對曰小人曰不免君子則不

公曰何故對曰小人忌而不思（忌怨也不思不思大義）願從其

君而與報秦（君謂子圉也）是故云（故言不免）其君子則不曰吾

君之入也君之惠也能納之則能執之能執之則能

釋之德莫厚焉惠莫大焉納而不遂廢而不起以德

爲怨君其不然秦君曰然乃改館晉君（改更也初秦伯拘晉侯於靈臺將復之故更舍之於客館）饋七牢焉（牛羊豕爲一牢饔餼七牢侯伯之禮也）

公未至蛾晳謂慶鄭（蛾晳晉大夫）曰君之止子之罪也（止獲也）今君將來子何俟慶鄭曰鄭也聞之曰軍敗死之

將止死之二者不行又重之以誤人而喪其君（誤人誤梁

由靡令君見獲也有大罪三將安適適之也君若來將待刑以快君志君若不來將獨伐秦獨帥其屬不得君必死之此所待也所以不去待爲此也臣得其志志謂出奔也而使君瞢是犯也瞢慙也犯犯逆也君行犯猶失其國而況臣乎公至于絳郊聞慶鄭止使家僕徒召之曰鄭也有罪猶在乎慶鄭曰臣怨君始入而報德不降不自降下而背秦也降而聽諫不戰慶鄭諫公使與秦糴若公降心聽之可以不戰戰而用良不敗良善也卜右慶鄭吉不用又乘鄭小駟不用良馬故敗既敗而誅又失有罪若鄭出亡是失有罪不可以封國不可以守封國也臣是以待即刑以成君政君曰刑之慶鄭曰下有直言臣之行也行道也上有直刑

君之明也言刑殺得正此人君之明也臣行君明國之利也君雖弗刑必自殺也蛾晳諫曰臣聞之奔刑之臣奔趨也不若赦之以報讎讎秦也君盍赦之以報于秦梁由靡曰不可我能行之秦豈不能能行之謂能赦罪以報讎也秦豈獨不能乎且戰不勝而報之以賊不武出戰不克入處不安不知出戰不克謂韓時也入處不安謂今也欲復伐秦故不得安也成而反之不信也成平與秦始平而又反之不信也失刑亂政不威有罪不殺爲失刑失刑則政亂政亂則威不行也出不能用入不能治敗國且殺孺子孺子子圉也秦復惠公而質子圉若伐秦秦必殺之不若刑之君曰斬鄭無使自殺家僕徒曰有君不忌有臣死刑忌怨也其聞賢於刑之梁由靡

曰夫君政刑是以治民不聞命而擅進退犯政也言慶鄭擅退也快意喪君犯刑也鄭也賊而亂國不可失也且戰而自退退而自殺臣得其志君失其刑後不可用也不可復用戰也君命司馬說刑之司馬軍司馬說其名也司馬說進三軍之士而數慶鄭曰夫韓之誓曰失次犯令死次行列也令軍令也將止不面夷死將帥也止獲也夷傷也僞言誤衆死今鄭失次犯令而罪一也鄭擅進退而罪二也女誤梁由靡使失秦公而罪三也君親止女不面夷而罪四也鄭也就刑慶鄭曰說三軍之士皆在皆在此也有人能坐待刑而不能面夷言我能坐待死而不能面夷乎怨君不用忠言忘善背德也

趣行事乎趣司馬行其刑也丁丑斬慶鄭乃入絳十五年惠公卒懷公立懷公子圉也魯僖二十二年自秦逃歸秦乃召重耳於楚而納之晉人殺懷公於高梁高梁晉地而授重耳實爲文公

晉語第九　國語

晉語第十　國語　韋氏解

文公在翟十二年（文公晉獻公庶子重耳也避驪姬之難魯僖五年歲在大火自蒲奔翟至十六年歲在壽星故在翟十二年）狐偃曰日吾來此也（狐偃文公舅子犯也）非以翟爲榮可以成事也（榮樂也成事成反國之事）吾曰奔而易達（達至也）困而有資（資財也）休以擇利可以戾也（休息也戾定也）今戾久矣戾久將底（底止也）底著滯淫（著附也滯廢也淫久也）誰能興之（興起也）盍速行乎吾不適齊楚避其遠也蓄力一紀可以遠矣（蓄養也十二年歲星一周爲一紀）齊侯長矣而欲親晉（齊侯桓公也長老也是歲桓公爲淮之會明年而卒）管仲沒矣多讒在側（沒終也讒謂易牙豎刁之屬）謀而無正衷而思始（無正無正從也衷中也中

道思其初時也夫必追擇前言求善以終前言管仲志善之言厭邇逐遠遠人入服不爲郵矣邇近也逐求也郵過也會其季年可也季夫也勸使文公適齊會桓公季末之年可也茲可以親茲此也皆以爲然乃行過五鹿乞食於野人五鹿衞邑不見禮故乞食野人舉塊以與之塊墣也公子怒將鞭之子犯曰天賜也民以土服又何求焉言民奉土必先以服公子有象天事必象十有二年必獲此土復十二年必得五鹿二三子志之志識也歲在壽星及鶉尾其有此土乎歲歲星也自軫十二度至氐四度爲壽星之次自張十七度至軫十一度爲鶉尾之次歲在壽星謂得塊之歲魯僖十六年也後十一年歲在鶉尾必有此五鹿地也魯僖二十七年歲在鶉尾二十八年歲復在壽星晉文公伐衞正月六日戊申取五鹿周正月夏十一月也正天時以夏數故歲

在鶉尾天以命矣命告也謂野人奉塊復於壽星必獲諸侯歲復在壽
星謂魯僖二十八年也是歲四月文公敗楚師於城濮合諸侯於踐土五月獻俘於王王策命之以爲侯
伯故得諸侯天之道也天之大數不過十二由是始之由從也從得塊始有
此其以戊申乎有此五鹿當以戊申日也所以申土也日以戊申戊土也申
申廣土地也再拜稽首受而載之拜天賜受塊而載之遂適齊齊侯
妻之甚善焉桓公以女妻之遇之甚善有馬二十乘四馬爲乘八十匹也將
死於齊而已矣曰民生安樂誰知其它桓公卒在齊一年
而桓公卒孝公即位孝公桓公子昭也即位在魯僖十八年諸侯畔齊子犯
知齊之不可以動動謂求反國也而知文公之安齊而有終
焉之志也欲行而患之患文公不肯去也與從者謀於桑下

從者趙衰之屬蠶妾在焉在桑上也莫知其在也妾告姜氏姜氏殺之殺之以滅口也時諸侯畔齊壻又欲去恐孝公怒而言於公子曰從者將以子行其聞之者吾已除之矣子必從之不可以貳貳疑也貳無成命疑則不成天命詩云上帝臨女無貳爾心詩大雅大明之七章也上帝天也女女武王也言天臨護女伐紂必克無有疑心先王其知之矣貳將可乎言武王知天命不可以疑故卒有天下子去晉難而極於此極至也自子之行晉無寧歲民無成君成定也謂奚齊卓子殺死惠公無親內外惡之天未喪晉無異公子同生九人唯重耳在有晉國者非子而誰子其勉之上帝臨子矣貳必有咎天子不罪故必有咎公子曰吾不動矣必死於此姜曰不然周詩曰

莘莘征夫每懷靡及
詩小雅皇皇者華之首章也華華衆多也征行也懷私爲每懷言臣奉命當念在公每輒懷私將無所及
夙夜征行不遑啓處猶懼無及
夙蚤也行道也皇暇也啓跪也處居也
況其順身縱欲懷安將何及矣人不求及其能及乎
求及求及時也
日月不處人誰獲安西方之書有之曰懷與安實疚大事
西方謂周也詩云誰將西歸又曰西方之人皆謂周也安自安也疚病也
鄭詩云仲可懷也人之多言亦可畏也
詩鄭風將仲子之卒章也仲祭仲也懷思也言雖欲從心思仲猶能畏人自止見可懷思可畏也
昔管敬仲有言小妾聞之
敬仲夷吾字也
曰畏威如疾民之上也
畏威如畏疾病此民之上行
從懷如流民之下也
從心所思如水流行此民之下行
見懷思威民之中也
威畏也見可懷則思可畏此民之中行

畏威如疾乃能威民言能畏上乃能威下威在民上弗畏有刑
能威民故在人上不畏威則有刑罪從懷如流去威遠矣故謂之下去威
遠言不能威民也其在辟也吾從中也辟罪也弗畏有刑故云罪高不在上下欲避罪
故從中也鄭詩之言吾其從之從其畏人之多言也此大夫管仲之
所以紀綱齊國裨輔先君而成霸者也子而棄之不
亦難乎裨補也齊國之政敗矣晉之無道久矣從者之
謀忠矣時日及矣公子幾矣幾近也言重耳得國年時日月近也君國
可以濟百姓而釋之者非人也濟成也釋置也敗不可處敗謂
齊也時不可失忠不可棄懷不可從子必速行吾聞晉
之始封也始封謂唐叔虞歲在大火閼伯之星也實紀商人

商殷也自氐五度至尾九度爲大火大火之次閼伯陶唐氏之火正居於商丘祀大火死以配食相土因之故
商主大火實紀商之吉凶也商之饗國三十一王自湯至紂瞽史之記
曰唐叔之世將如商數瞽史知天道者今未半也自唐叔至惠公十四
世故曰未半亂不長世不長世亂當有平時也公子唯子子必有晉
若何懷安公子弗聽姜與子犯謀醉而載之以行醒
以戈逐子犯曰若無所濟吾食舅氏之肉其知猒乎
舅犯走且對曰若無所濟余未知死所誰能與豺狼
爭食戰死原野公子將走不暇豈能復與豺狼爭食我乎若克有成公子無亦
晉之柔嘉是以甘食無亦不亦也柔脆也嘉美也偃之肉腥臊將
焉用之遂行過衛衛文公有邢翟之虞不能禮焉衛文

公宣公之孫昭伯頑之子燬也虞備也是歲魯僖十八年冬邢人翟人伐衛圍菟圃文公師于訾婁以退之故不能禮焉甯莊子言於公莊子衛正卿穆仲靜之子甯速也曰夫禮國之紀也親民之結也君親其親所以結民心使相親也善德之建也建立也言能善善所以立德也國無紀不可以終民無結不可以固德無建不可以立此三者君之所慎也今君棄之無乃不可乎晉公子善人也而衛親也君不禮焉棄三德矣晉祖唐叔武王之子衛祖康叔文王之子故曰親三德謂禮賓親親善善也臣故云其圖之康叔文之昭也唐叔武之穆也自稷以下一昭一穆故康叔為文唐叔為武穆周之大功在武謂始伐紂定天下也天胙將在武族族嗣也苟姬未絕周室而俾守天聚者必武族也

[illegible]財衆也武族唯晉寔昌晉胙公子寔德晉仍無道仍重也天胙有德晉之守祀必公子也若復而脩其德鎮撫其民必獲諸侯以討無禮君弗蚤圖衛而在討小人是懼敢不盡心公弗聽自衛過曹曹共公亦不禮焉共公曹昭公之子曹伯襄也聞其骿脅欲觀其狀骿并幹也止其舍諜其將浴設微薄而觀之諜候也微蔽也薄迫也僖負羈之妻言於負羈負羈曹大夫曰吾觀晉公子賢人也其從者皆國相也以相一人必得晉國得晉國而討無禮曹其首誅也子盍蚤自貳焉貳猶別也僖負羈饋盤飧寘璧焉孰食曰飧寘置也置璧於飧下公子受飧反璧負羈言於曹伯曰夫晉公

子在此君之匹也君不亦禮焉曹伯曰諸侯之亡公子其多矣誰不過此亡者皆無禮者也余焉能盡禮焉對曰臣聞之愛親明賢政之幹也幹楨榦也禮賓矜窮禮之宗也宗本也禮以紀政國之常也紀理也失常不立君所知也失常則政不立國君無親國以爲親僚以官相君以國相親

先君叔振出自文王文王子也晉祖唐叔出自武王武王[illegible]文武之功實建諸姬故二王之嗣世不廢親今君棄之是不愛親也晉公子生十七年而亡亡也齊卿林三人從之可謂賢矣三人狐偃趙衰賈佗而君蔑之是不明賢也謂晉公子之亡不可不憐也比之賓客不可不禮也

失此二者是不禮賓不憐窮也守天之聚將施於宜宜而不施聚必有闕（宜義也闕缺也）玉帛酒食猶糞土也愛糞土以毀三常（三常政之幹禮之宗國之常也）失位而闕聚是之不難無乃不可乎君其圖之公弗聽公子過宋（自曹適宋）與司馬公孫固相善（固宋莊公之孫大司馬固也相善相說好）公孫固言於襄公曰晉公子亡長幼矣（襄公宋桓公子茲父也長幼從幼至長也）而好善不厭父事狐偃師事趙衰而長事賈佗（長兄事之）狐偃其舅也而惠以有謀趙衰其先君之戎御趙夙之弟也而文以忠貞（趙衰晉卿公明之少子成子衰也先君獻公戎御御戎車也傳曰趙夙御戎）賈佗公族也而多識以恭敬（賈佗狐偃之子狐射姑大師賈季也公族）

姬姓也食邑於賈字季此三人者實左右之公子居則下之動
則咨焉成幼而不倦成幼自幼至成人也殆有禮矣樹於有禮
必有艾樹種也艾報也商頌曰湯降不遲聖敬日躋長發之三章也
降下也躋升也言湯之尊賢下士甚疾故其聖敬之道日升聞於天降有禮之謂也降己
於有禮也君其圖之襄公從之贈以馬二十乘公子過鄭
鄭文公亦不禮焉文公鄭厲公之子捷叔詹諫曰臣聞之叔詹鄭之
夫親有天有天天所啓也用前訓前訓先君之教禮兄弟資窮困資稟
也天所福也今晉公子有三胙焉天將啓之啓闓也同
姓不婚惡不殖也殖蕃也狐氏出自唐叔狐氏重耳外家也出自唐
叔與晉同祖唐叔之後別在犬戎者狐姬伯行之子也實生重耳伯行狐突

字空成而雋才離違而得所言成人而有雋才也違去也離禍去國舉動得所夂約而無釁一也釁瑕也同出九人唯重耳在同出同父也離外之患而晉國不靖二也靖治也晉侯日載其怨外内棄之載成也重耳日載其德狐趙謀之三也在周頌曰天作高山大王荒之天作之首章也作生也高山岐山也荒大也言天生此高山使興雲雨大王則秩祀而尊大之荒大之也大天所作可謂親有天矣晉鄭兄弟也吾先君武公與晉文侯勠力一心股肱周室夾輔平王武公鄭桓公之子滑突也文侯晉穆侯之子仇也勠并也一同也平王勞而德之而賜之盟質曰世相起也質信也起扶持也若親有天獲三胙者可謂大天三胙謂成而雋才晉國不靖狐趙謀之也

若用前訓文侯之功武公之業可謂前訓（業事也前訓二國同心之訓）若禮兄弟晉鄭之親王之遺命可謂兄弟（晉鄭同姓王之遺命又使相起可謂兄弟）若資窮困亡在長幼還軫諸侯可謂窮困（軫車後橫木也還軫猶回車周歷諸國遭離厄困）棄此四者以徼天禍無乃不可乎（徼要也四者有天前訓兄弟困窮）君其圖之弗聽叔詹曰若不禮焉則請殺之諺曰黍稷無成不能爲榮（稷粱也無成謂死也榮秀也）黍不爲黍不能蕃廡（爲成也蕃滋也廡豐也）稷不爲稷不能蕃殖（殖長也）所生不疑唯德之基（所生謂種黍得黍種稷得稷唯在所樹言僞福亦猶是也若不禮重耳則當除之不𠜂則宜享之如此不疑是爲德基也）公弗聽遂如楚楚成王以周禮享之九獻庭實旅百（成王

楚武王之孫文王之子熊顗也九獻上公之享庭實庭中之陳也百舉成數也周禮上公出入
饔餼九牢米百有二十筥醯醢百有二十罋禾二十車芻薪倍禾公子欲辭不當
犯曰天命也君其饗之天命天使之也饗食也亡人而國薦之
薦進也以國君之禮薦進之非敵而君設之非體敵而設之如人君也非天誰
啓之心既饗楚子問於公子曰子若克復晉國何以
報我公子再拜稽首對曰子女玉帛則君有之有之楚自
多也子女美女也羽旄齒革則君地生焉羽鳥羽也翡翠孔雀之屬旄旄牛尾
也齒象牙也革犀兕皮也皆生於楚其波及晉國者君之餘也又何以
報波流也王曰雖然不穀願聞之曲禮曰四夷之大國於境內自稱不穀
對曰若以君之靈靈神也得復晉國晉楚治兵會于中

原其避君三舍治兵謂征伐也古者師行三十里而舍三舍爲九十里司馬法曰進退不過三舍禮也若不獲命不獲楚還師之命其左執鞭弭右屬櫜韃以與君周旋鞭所以擊馬傳曰雖鞭之長不及馬腹爾雅曰弓無緣者謂之弭櫜矢房韃弓弢也言以禮避君君不旋乃敢左執弓右屬手於房以取矢與君周旋相馳逐也令尹子玉曰請殺晉公子子玉楚若敖之曾孫令尹成得臣也弗殺而反晉國必懼楚師王曰不可楚師之懼我不脩也我德不脩也我之不德殺之何爲天之胙楚誰能懼之楚不可胙冀州之土其無令君乎晉在冀州且晉公子敏而有文敏達也文有文辭也約而不諂在約困之中而辭不諂僞也三材侍之天胙之矣三材卿才三人也天之所興誰能廢之子玉曰然則請止狐偃以爲

賓也王曰不可曹詩曰彼已之子不遂其媾郵之也曹風
候人之三章也媾厚也遂終也郵過也夫郵而效之郵又甚焉效郵非
禮也於是懷公自秦逃歸懷公子圉也為質於秦魯僖二十二年逃歸秦
伯召公子於楚秦伯穆公也楚子厚幣以送公子于秦秦
伯歸女五人懷嬴與焉歸嫁也懷嬴故子圉妻子圉逃歸立為懷公故曰懷嬴與
焉與為媵也公子使奉匜沃盥既而揮之婚禮嫡入于室媵御奉匜盥揮
灑也嬴怒曰秦晉匹也何以卑我匹敵也卑賤也公子懼降服
囚命懼嬴之訴降服徹上服囚命自囚以聽命也秦伯見公子曰寡人之
適此為才適適妃子也子圉之辱備嬪嬙焉辱質於秦者也嬪嬙婦官也
欲以成婚而懼離其惡名非此則無故言欲以成婚懼以為子圉

妻恐離其惡名非
有此則無它故
不敢以禮致之歡之故也不敢以
婚姻正
禮致之而令與於五
人蠻愛此女之故
公子有辱寡人之罪辱謂降服
也言寡人
不備禮故令公子卑
之此自寡人之罪
唯命是聽進退此女
聽公子命
公子欲辭嫌於骨肉相取已
欲辭讓不敢當也
司空季子曰同姓爲兄弟季子晉
大夫胥
臣曰季也後爲司空賈侍中云兄弟婚姻之稱也昭
謂同姓爲兄弟謂同父而生得姓同者乃爲兄弟以
言惠公重耳其德不同則子
圉道路之人可以取其妻
黃帝之子二十五人其
同姓者二人而已唯青陽與夷鼓皆爲己姓此二人
相與同
德故俱爲己姓青陽
金天氏帝少昊也
青陽方雷氏之甥也夷鼓彤魚
氏之甥也方雷西陵氏之姓也彤魚國名帝繫曰黃
帝取於西陵氏之子曰纍祖實生青陽
妹之子曰甥
聲雷纍同
其同生而異姓者四母之子別爲十二

姓凡黃帝之子二十五宗唐尚書云繼別爲小宗非也繼別爲大宗別子之庶孫乃爲小宗耳其得姓者十四人爲十二姓得姓以德居官而賜之姓也謂十四人而二人爲姬二人爲己故十二姓姬酉祁己滕葴任荀僖姞儇依是也唯青陽與倉林氏同于黃帝故皆爲姬姓二十五宗唯青陽與倉林德及黃帝同姓爲姬也同德之難也如是言德自黃帝同之難也如是昔少典取于有蟜氏生黃帝炎帝賈侍中云少典黃帝炎帝之先有蟜諸侯也炎帝神農也虞唐云少典黃帝炎帝之父昭謂神農三皇也在黃帝前黃帝滅炎帝滅其子孫耳明非神農可知也言生者謂二帝本所生出也內傳高陽高辛氏各有才子八人謂其裔子耳賈君得之黃帝以姬水成炎帝以姜水成姬姜水名也成謂所生長以成功也成而異德故黃帝爲姬炎帝爲姜二帝用師以相濟

也異德之故也濟當爲擠擠滅也傳曰黃帝戰于阪泉是也異姓則異德

異德則異類異類雖近男女相及以生民也重耳懷嬴之舅

故又言此以勸之也近謂有屬名也相及相嫁取也同姓則同德同德則同心

同心則同志同志雖遠男女不相及畏黷敬也畏褻黷其

類也黷則生怨怨亂毓災災毓滅姓毓生也是故取妻避

其同姓畏亂災也故異德合姓同德合義合姓合二姓爲婚姻

也合義以德義相親義以道利有義則利隨之利以阜姓阜厚也姓利相

更成而不遷更續也遷離散也乃能攝固保其土房攝持也保守也

房居也今子於子圉道路之人也言德姓異也取其所棄以

濟大事不亦可乎公子謂子犯曰何如對曰將奪其

國何有於妻唯秦所命從也言將奪其國何辭於妻初奚齊卓子死秦伯欲納重耳子犯難之以爲不可今更言此者子圉無道害重耳使狐突召子犯及其兄毛突不召而殺之故重耳子犯皆怨之謂子餘曰何如子餘趙衰字對曰禮志有之曰將有請於人必先有入焉必先有以自入也欲人之愛己也必先愛人欲人之從己也必先從人無德於人而求用於人罪也言不先施德於人而求人爲己用者是罪也今將婚媾以從秦重婚曰媾從從其命也受好以愛之受其所好而親愛之聽從以德之使之德己懼其未可也又何疑焉乃歸女而納幣且逆之歸女納幣更成婚禮逆親迎也他日秦伯將饗公子公子使子犯從子犯曰吾不如衰之文也文文辭也請使衰從乃使子餘從秦

伯饗公子如饗國君之禮子餘相如賓詔相重耳如賓禮也卒

事秦伯謂其大夫曰爲禮而不終恥也言此爲明日將復燕中

不勝貌恥也勝當爲稱中不稱貌情貌相違也華而不實恥也有華色而

無實事不度而施恥也不度己力而施德施而不濟恥也濟成也

恥門不閉不可以封五恥之門不閉塞者不可以封國爲諸侯也非此用

師則無所矣非能閉此五恥之門則用師無所也二三子敬乎敬此五者明

日燕秦伯賦采叔采叔三章屬小雅王賜諸侯命服之樂也其首章曰君子來朝何錫

予之雖無予之路車乘馬子餘使公子降拜降下堂也秦伯降辭子餘

曰君以天子之命服命重耳重耳敢有安志敢不降

拜成拜卒登子餘使公子賦黍苗黍苗亦小雅道邵伯述職勞來諸侯

也其詩曰芃芃黍苗陰雨膏之悠悠南行邵伯勞之子餘曰重耳之卬君也若黍苗之卬陰雨也若君實庇蔭膏澤之使能成嘉穀薦在宗廟君之力也在宗廟為祭主君若昭先君之榮東行濟河整師以復彊周室重耳之望也先君謂秦襄公討西戎有功賜爵為伯有榮耀也重耳若獲集德而歸載集成也載祀也使主晉民成封國其何實不從言實從也君若恣志以用重耳用使征伐也四方諸侯其誰不惕惕以從君命秦伯嘆曰是子將有焉豈專在寡人乎秦伯賦鳩飛鳩飛小雅小宛之首章也詩曰宛彼鳴鳩翰飛戾天我心憂傷念昔先人明發不寐有懷二人言已念晉先君洎穆姬不寐以思安集晉之君臣也詩序云文公遭驪姬之難未反而秦姬卒言已念傷人思成公子也公子賦河水

河當作沔字相似誤也其詩曰沔彼流水朝宗于海言已反國當朝事秦秦伯賦六月六小雅道尹吉甫佐宣王征伐復文武之業其詩云王于出征以匡王國其二章曰以佐天子其三章曰共武之服以定王國此言重耳為君必霸諸侯以匡佐天子子餘使公子降拜秦伯降辭子餘曰君稱所以佐天子匡王國者以命重耳重耳敢有惰心敢不從德稱舉也公子親筮之曰尚有晉國著曰筮尚上也命筮之辭也禮曰某子尚享之得貞屯悔豫皆八也內曰貞外曰悔震下坎上屯坤下震上豫得此兩卦震在屯為貞在豫為悔八謂震兩陰爻在貞在悔皆不動故曰皆八謂爻無為也筮史占之皆曰不吉筮史筮人掌以三易辨九筮之名一夏連山二殷歸藏三周易以連山歸藏占此兩卦皆言不吉閉而不通爻無為也閉壅也震為動動遇坎坎為險阻閉塞不通無所為也司空季子曰吉是在周

易皆利建侯建立也以周易占之二卦皆吉也屯初九曰利建侯豫大象曰利建侯行師吉不有晉國以輔王室安能建侯我命筮曰尚有晉國筮告我曰利建侯得國之務也吉孰大焉務猶趨也震車也易坤爲大車震爲動爲雷今云車者車亦動聲象雷其爲小車乎坎水也坤土也屯厚也豫樂也車班外內順以訓之車震也班徧也徧外內者謂屯之內有震豫之外亦有震坤順也豫內爲坤屯二與四亦爲坤泉原以資之資財也屯三至五豫二至四皆有艮象豫三至五有坎象艮山坎水水在山上爲泉源流而不竭也土厚而樂其實不有晉國何以當之屯豫皆有坤象重坤故厚豫爲樂當應也震雷也車也坎勞也水也衆也易以坤爲衆坎爲水水亦衆之類故云主雷與車內爲主也而尚水與衆坎象皆在上故尚水與衆車有震武也震威

也車聲軒隆象有威武衆而順文也坤爲衆爲順爲文象有文德爲衆所歸文武
具厚之至也故曰屯屯厚也其繇曰元亨利貞勿用有
攸往利建侯繇卦辭也亨通也貞正也攸所也往之也小人勿用有所之君子則利建侯行
師主震雷長也故曰元內爲主震爲長男爲雷雷爲諸侯故曰元元善之長也
衆而順嘉也故曰亨嘉善也衆順服善故曰亨亨嘉之會也內有震雷
故利貞屯內有震貫待中云震以動之利也侯以正國貞也利義之和也貞事之幹也車上
水下必伯車震也水坎也車動而上威也水動而下順也有威而衆從故必伯也小事
不濟壅也故曰勿用有攸往濟成也小事小人之事壅震動而遇坎坎爲險
阻故曰勿用有所往一夫之行也一夫一人也易曰震一索而得男故曰一夫又曰震作足
故爲行也衆順而有武威故曰利建侯覆述上事坤母也震長

男也母老子彊故曰豫（豫樂也）其繇曰利建侯行師居樂出威之謂也（居樂母在內也出威震在外也居樂故利建侯出威故利行師）是二者得國之卦也（二者屯豫也）十月惠公卒十二月秦伯納公子（內傳魯僖二十三年九月晉惠公卒而此云十月賈侍中以爲閏餘十八閏在十二月後魯失閏以閏月爲正月晉以九月爲十月而置閏也秦伯以十二月始納公子公子以二十四年正月入晉桑泉）及河子犯授公子載璧（載祀也授還也）曰臣從君還軫巡於天下惡其多矣（巡行也）臣猶知之而況君乎不忍其死請由此亡（亡奔也）公子曰所不與舅氏同心者有如河水沈璧以質（如往也質信也言若不與舅氏同心不濟此河往而死也因沈璧以自誓爲信）董因迎公於河（因晉大夫周大史辛有之後也傳曰辛有之二子董之晉故晉有董）

史公問焉曰吾其濟乎對曰歲在大梁將集天行元
年始受實沈之星也歲在大梁謂魯僖二十三年歲星在大梁之次也集成也行道
也、言公將成天道也公以辰出晉祖唐叔所以封也而以參入晉星也元年謂文公即位之年魯僖二十
四年歲星去大梁在實沈之次受受於大梁也自胃七度至畢十一度爲大梁自畢十二度至東井十五
度曰實沈實沈之虛晉人是居所以興也虛次也是居居其分次所主也
也傳曰高辛氏有子季曰實沈遷于大夏主祀參唐人是因成王滅唐而封叔虞南有晉水子燮改爲晉
矦故參爲晉星今君當之無不濟乎當歲星在實沈之虛故無不成君之行
也歲在大火大火閼伯之星也是謂大辰君之行謂魯僖五年
重耳出奔時歲在大火大火大辰也傳曰高辛氏有子曰閼伯遷于商丘祀大火辰以成善
后稷是相唐叔以封成善謂辰爲農祥周先后稷之所經緯以成善道相視也謂[illegible]

農祥以戒農事封者唐叔封時歲在大火瞽史記曰嗣續其祖如穀之滋
必有晉國瞽史記云唐叔之世將如商數今言嗣續其祖明趣同也言晉子孫將繼續其先祖
如穀之蕃滋故必有晉國臣筮之得泰之八乾下坤上泰遇泰無動爻筮爲侯泰三至
五震爲侯陰爻不動其數皆八故得泰之八與貞屯悔豫皆八義同曰是謂天地配亨
小往大來陽下陰升故曰配亨小謂子圉大謂文公陰在外爲小往陽在內爲大來今及
之矣何不濟之有且以辰出而以參入皆晉祥也辰大
火也參伐也參在實沈之次而天之大紀也所以大紀天時也傳曰大火爲大辰伐亦
爲大辰辰時也濟且秉成必霸諸侯秉執也子孫賴之君無懼
矣公子濟河召令狐曰衰桑泉皆降三者皆晉邑召召其長也晉
人懼懷公奔高梁高梁晉地呂甥冀芮帥師甲午軍于廬

柳（甲午魯僖二十四年二月六日廬柳晉地軍猶屯也）秦伯使公子縶如師（告曉呂冀）師退次于郇（郇晉地退師聽命也）辛丑狐偃及秦晉大夫盟于郇壬寅公入于晉師甲辰秦伯還（秦伯送公子于河上公入而還）丙午入于曲沃丁未入于絳即位于武宮戊申刺懷公于高梁（刺殺也）

初獻公使寺人勃鞮伐公於蒲城（勃鞮寺人披也伐蒲城在魯僖五年）文公踰垣勃鞮斬其袪（袪袂也）及入勃鞮求見公辭焉曰驪姬之讒爾射予于屏內（樹謂之屏禮諸侯內屏）困余于蒲城斬余衣袪又爲惠公從余于渭濱（濱涯也重耳在翟從翟君獵於渭濱勃鞮爲惠公就殺之）命曰三日若宿而至（命使三日一宿而至若汝也）若

干二命以求殺余干犯也二命獻惠之命余於伯楚屢困何舊怨也伯楚勃鞮字也屢數也數見困有何舊怨也退而思之異日見我對曰吾以君爲已知之矣故入知爲君爲臣之道也入反國也猶未之知又將出矣猶未知之將復失國出奔也事君不貳是謂臣好惡不易是謂君易反也君君臣臣是謂明訓訓教也明訓能終民之主也二君之世蒲人翟人余何有焉當獻惠之世君爲蒲人翟人耳二君之所惡也於我有何義而不殺君乎除君之所惡唯力所及何貳之有今君卽位其無蒲翟乎獨無有所畏惡如蒲翟者乎伊尹放太甲而卒以爲明王太甲湯孫太丁子也不明而伊尹放之桐宮三年大甲改過伊尹復之卒爲明王管仲賊桓公而卒以爲侯伯賊謂爲子糾射

桓公也乾時之役申孫之矢集于桓鉤乾時之戰在魯莊九年申孫矢名鉤帶鉤也鉤近於袪而無怨言近害近也鉤在腹袪在手佐相以終克成令名今君之德宇何不寬裕也宇覆也惡其所好其能久矣言己忠臣君所當好而反惡之能久爲君乎君實不能明訓而棄民主棄爲民主之道余臯戾之人也又何患焉勃鞮閹士故曰臯戾之人且不見我君其無悔乎於是呂甥冀芮畏偪悔納公謀作亂此二子本惠公黨畏見逼害故謀作亂將以己丑焚公宮己丑魯僖二十四年三月朔時以爲二月晦公出救火而遂殺之伯楚知之故求見公公懼遽見之遽疾也曰豈不如女言然是吾惡心也惡心惡謂不恕也吾請去之伯楚以呂郤之謀告公

公懼，乘馹自下，脫會秦伯于王城。〔馹，傳也。自，從也。下，下道也。脫會，遁行，潛逃之言也。王城，秦河上邑。〕告之亂故。及己丑，公宮火，二子求公不獲，遂如河上，秦伯誘而殺之。

文公之出也，豎頭須，守藏者也，不從。〔豎，文公內豎里鳧須也。公出，不從，竊藏以逃，盡用以求納公。〕公入，乃求見，公辭焉以沐。謂謁者曰：「沐則心覆，〔謁，告也。覆，反也。沐低頭，故言心反也。〕心覆則圖反，宜吾不得見也。從者爲羈紲之僕，〔馬曰羈，犬曰紲，言二者臣僕之役也。〕居者爲社稷之守，何必辠居者？國君而讎匹夫，懼者衆矣。」謁者以告，公遽見之。

元年春，公及夫人嬴氏至自王城。〔文公九年，魯僖二十四年。賈侍中云：是月失閏，以三月爲四月，故曰春，而不言其月，明四月爲春分之月也。嬴氏，秦穆公

女 文嬴也或云夫人辰嬴也傳曰辰嬴賤班在九人非夫人也賈得之 秦伯納衛三千人實紀綱之僕 所以設國紀綱也為之備衛僕使 公屬百官賦職任功 屬會也賦授也授職事任有功也 棄責薄斂施舍分寡 棄責除宿責也施施德也舍舍禁也分寡分少財也 救乏振滯匡困資無 救乏救乏絕也振拯也拯淹滯之士匡正也正窮困之人資無予無財者 輕關易道通商寬農 輕關輕其稅也易道除盜賊也通商利商旅也寬農寬其政不奪其時 茂穡勸分省用足財 茂勉勉稼穡也勸分勸有分無也省減減國用也足財備凶年也 利器明德以厚民性 利器利器用也明德明德教也厚民性厚其情性 舉善援能官方定物 方常也物事也立其常官以定百事 正名育類 正名正上下服位之名育長也類善也 昭舊族 昭明也舊族舊臣有功者之族 愛親戚明賢良 明顯也 尊貴寵 國之貴臣

之尊禮賞功勞事耈老禮賓旅旅客也友故舊故舊爲公子時也
胥籍狐箕欒郤栢先羊舌董韓寔掌近官十一族晉之舊姓近
官朝廷者諸姬之良掌其中官諸姬同姓也中官內官也異姓之能掌
其遠官遠官縣鄙也公食貢大夫食邑士食田受公田也庶人
食力各由其力工商食官工百工商官賈也周禮府藏皆有賈人以知物賈食官官稟之
皁隸食職士臣皁皁臣輿輿臣隸食職各以其職大小食祿也官宰食加官宰家臣
也加大夫之家田也論語曰原憲爲家邑宰政平民阜財用不匱阜安也
冬襄王避昭叔之難居于鄭地氾文公元年冬也襄王周惠王之子昭叔襄
王弟大叔帶也是爲甘昭公故曰昭叔惠王生襄王以爲大子又娶于陳曰惠后生昭叔惠后將立之未
及而卒昭叔奔齊襄王復之又通於襄王之后翟隗王廢隗氏翟人伐周故襄王避之于氾氾地名使

來告難亦使告于秦王使簡師父告晉亦使左鄢父告秦子犯曰民親
而未知義也親親君也未知義故未和也君盍納王以教之義使知
尊上之義若不納秦將納之則失周矣失所以事周也何以求諸
侯無以爲諸侯盟主不能脩身而又不能宗人人將焉依宗尊
也繼文之業定武之功文晉文侯仇也平王東遷文侯輔之受圭瓚秬鬯武重耳
之祖武公稱也始并晉國啓土安疆於此乎在矣君其務之在此納王
也公說乃行賂于草中之戎與麗土之翟以啓東道
二邑戎翟閒在晉東二年春公以二軍下次于陽樊二軍左右軍也東行
曰下陽樊周邑右師取昭叔于溫殺之于隰城溫隰城皆周地也昭叔通
翟后與俱處溫故取殺之左師迎王于鄭王入于成周遂定之于

郟成周周東都郟王城也王饗醴命公胙侑饗設饗禮也傳曰戰克而王饗饗醴飮醴酒也命加命服也胙賜祭肉也侑侑幣謂既食以束帛侑公公請隧弗許三君云隧王之葬禮昭謂隧六隧之地事見周語曰王章也章表也所以表明天子與諸侯異物不可以二王國無二王無若政何無以爲政於下賜公南陽陽樊溫原州陘絺鉏欑茅之田八邑周之南陽地陽人不服不肯屬晉公圍之將殘其民倉葛呼曰倉葛陽樊人君補王闕以順禮也補王失位之闕以順爲臣之禮陽人未狎君德狎習也而未敢承命君將殘之無乃非禮乎陽有夏商之嗣典有周室之師旅典法也旅衆也言有夏商之後嗣及其遺法與周室之師衆樊仲之官守焉樊仲宣王臣仲山甫也食采於樊其非官守則皆王之父兄甥舅也

君定王室而殘其姻族民將焉放（放，依也）敢私布之於吏（布，陳也。吏，軍吏也）唯君圖之公曰君子也乃出陽人（出也）[illegible]

文公伐原（原不服，故伐之）令以三日之糧三日而原不降公令疏軍而去之（疏，徹也）諜出曰原不過一二日矣（諜，間候也）軍吏以告公曰得原而失信何以使人夫信民之所庇也不可失也（庇，蔭也）乃去之及盟門而原請降（盟門，原地也。傳曰：退一舍而原降）

文公立四年楚成王伐宋（四年，魯僖二十七年冬也。宋背楚事晉，故楚伐之）公率齊秦伐曹衛以救宋（魯僖二十八年春，晉侯侵曹伐衛。傳曰：楚始得曹而新婚於衛）宋人使門尹班告急於晉（門尹班，宋大夫）公告大夫曰宋人告急舍之則宋絕舍不救宋則宋降楚與我絕也告楚則不許我告謂請宋於楚楚不許我我欲擊楚齊秦不欲其若之何先軫曰不若使齊秦主楚怨先軫晉中軍原軫也主楚怨爲怨主也謂激齊秦使之怨楚公曰可乎先軫曰使宋舍我而賂齊秦使宋置晉獨賂齊秦藉之告楚藉與齊秦之勢使請宋於楚我分曹衛之地以賜宋人楚愛曹衛必不許齊秦齊秦本與晉俱伐曹衛今晉分其地楚必不許齊秦之請齊秦不得其請必屬怨焉屬結也然後用之蔑不欲矣用用齊秦也蔑無也公說是故以曹田衛田賜宋人衛侯欲與楚國人不欲故出其君以說于晉衛侯出居襄牛晉侯執曹伯分曹衛之田以畀宋人令尹子玉使宛春來告宛春楚大夫曰請復衛侯而封曹臣亦釋宋之

圍釋解也舅犯慍曰子玉無禮哉臣取二君取一必擊之慍怒也臣子玉也君文公也二謂復曹衛一謂釋宋圍先軫曰子與之與許也我不許曹衛之請是不許釋宋也宋衆無乃彊乎不許釋宋宋降於楚其衆益彊是楚一言而有三施子一言而有三怨三曹衛宋也怨已多矣難以擊人不若私許復曹衛以攜之攜離也執宛春以怒楚怒楚令必戰既戰而後圖之圖圖復曹衛公說是故拘宛春於衛子玉釋宋圍從晉師楚既陳晉師退舍軍吏請曰以君避臣辱也時楚王避文公之德入居申使子玉去宋子玉不肯固請戰故云避臣且楚師老矣必敗何故退老罷也圍宋久其師罷病子犯曰二三子忘在楚乎言在楚時許退三舍偃也

聞之戰闘直爲壯曲爲老 若韓之戰秦師少而闘士衆晋曲秦直故能敗晋 未報楚惠而抗宋我曲楚直 抗救也 其衆莫不生氣不可謂老若我以君避臣而不去彼亦曲矣退三舍避楚楚衆欲止子玉不肯至于城濮果戰楚衆大敗 城濮衛地 君子曰善以德勸 善先軫子犯也 文公誅觀狀以代鄭反其埤 賈侍中云鄭復效曹觀公駢脅之狀故伐之唐尚書云誅曹觀狀之辠還而伐鄭昭省内外傳鄭無觀狀之事而叔詹云天禍鄭國使淫觀狀謂淫放於曹不禮公子與觀狀之辠同耳反撥也埤城上女垣僖三十年秋秦伯晋侯圍鄭 鄭人以名寶行成 名寶重寶 公弗許曰予我詹而師還 詹鄭卿叔詹伯也文公過鄭時詹請禮之鄭伯不聽因請殺之 詹請往鄭伯弗許 鄭伯鄭文公也 詹固請

曰一臣可以赦百姓而定社稷君何愛於臣也鄭人以詹子晉人晉人將亨之（亨煮也）詹曰臣願獲盡辭而死固所願也公聽其辭詹曰天降鄭禍使淫觀狀棄禮違親（淫放也放曹國不禮於君）臣曰不可夫晉公子賢明其左右皆卿才若復其國而得志於諸侯禍無赦矣今禍及矣尊明勝患知也（明謂公子勝猶過也）殺身贖國忠也乃就亨據鼎耳而疾號曰自今以往知忠以事君者與詹同乃命弗殺厚爲之禮而歸之（禮禮餼也）鄭人以詹伯爲將軍

晉國饑公問於箕鄭（箕鄭晉大夫）曰救饑何以對曰信公

曰安信對曰信於君心（不以愛憎誣人以善惡是爲信於心）信於名（名百官尊卑之號）信於令信於事（謂使民事各得其時）公曰然則若何對曰信於君心則美惡不踰（不相踰越也）信於名則上下不干（干犯也）信於令則時無廢功（不奪其時則有成功）信於事則民從事有業（業猶次也）於是乎民知君心貧而不懼藏出如入何匱之有（出其帑藏以相振救如入於家故不乏也）公使爲箕（爲箕大夫）及清原之蒐使佐新上軍（清原之蒐在魯僖三十一年秋）

公問元帥於趙衰（元帥上卿）對曰郤縠可行年五十矣（郤縠晉大夫行歷也）守學彌惇（彌益也惇厚也）夫先王之法志德義之府也（志記也）夫德義生民之本也能惇篤者不忘百姓也

讓使郤縠公從之公使趙衰爲卿辭曰欒枝貞慎枝晉大夫欒共叔之子貞子也先軫有謀胥臣多聞皆可以爲輔臣弗若也乃使欒枝將下軍先軫佐之此述初耳在城濮戰前也取五鹿先軫之謀也五鹿衞地郤縠卒使先軫代之從下軍之佐超將中軍傳曰尚德也胥臣佐下軍代先軫也公使原季爲卿原季趙衰也文公二年爲原大夫卿次卿也辭曰夫三德者偃之出也偃狐偃也賈唐云三德欒枝先軫胥臣也皆狐偃所舉虞云三德爲勸文公納襄王以示臣義伐原以示信大蒐以示民禮故以三德紀民昭謂欒枝等皆趙衰所進非狐偃也三德紀民之語在下虞得之以德紀民其章大矣不可廢也章著也使狐偃爲卿辭曰毛之知賢於臣其齒又長毛偃之兄也毛也

不在位不敢聞命乃使狐毛將上軍狐偃佐之尚齒也上
軍或言新上軍非也時未有新軍傳曰使狐偃將上軍讓于狐毛而佐之是也狐毛卒使趙
衰代之虞唐云代將新軍昭謂代將上軍辭曰城濮之役先且居之
佐軍也善先且居先軫之子蒲城伯也後受霍爲霍伯軍伐有賞伐功也善
君有賞能其官有賞以道事其君賴其功當有賞能須治其官職使不繆誤君得以
尊民得以寧當有賞也且居有三賞不可廢也言且居有是三德得此三賞不
可廢而不用且臣之倫箕鄭胥嬰先都在倫匹也三子晉大夫乃使
先且居將上軍代狐毛公曰趙衰三讓三使爲卿三讓之進欒枝等入
人其所讓皆社稷之衛也廢讓是廢德也以趙衰之
故蒐于清原作五軍清原晉地晉本有三軍有中軍上下今有五益新上下也使

趙衰將新上軍箕鄭佐之胥嬰將新下軍先都佐之

子犯卒蒲城伯請佐或云蒲城伯狐毛也賈侍中云蒲城伯先且居也昭謂上章狐毛已卒使先且居代之賈得之矣公曰趙衰三讓不失義義宜也讓推賢也義廣德也德廣賢至有何患矣請令衰也從子從從先且居乃使趙衰佐新上軍此有新字誤也趙衰從新上軍之將進佐上軍爲升一等新上軍之將位在上軍之佐下此章或在狐毛卒上非也當在下

文公學讀書於臼季三日臼季胥臣也曰吾不能行也咫咫咫尺間也聞則多矣對曰然而多聞以待能者不猶愈乎使能者行之不猶愈於不學乎

文公問於郭偃郭偃卜偃也曰始也吾以國爲易易易今作也

也難對曰君以爲易其難也將至矣以爲易而忽之故其難將至君以爲難其易也將至矣以爲難而勤脩之故其易將至

文公問於胥臣曰吾欲使陽處父傅讙也而教誨之其能善之乎陽處父晉大夫陽子也讙文公子襄公名對曰是在讙也蘧篨不可使俛蘧篨偃人不可使俛戚施不可使仰戚施僂人不可使仰僬僥不可使舉僬僥長三尺不可使舉重侏儒不可使援侏儒短者不可使抗援矇瞍不可使視有眸子而無見曰矇無眸子曰瞍嚚瘖不可使言口不道忠信之言爲嚚瘖不能言者聾聵不可使聽耳不別五聲之和曰聾生而聾曰聵僮昏不可使謀童無知昏闇亂也質將善而賢良贊之則濟可竢也言質性將自善而賢良之傅贊導之訓其成就可立俟也若有違質違邪也

敎將不入（不入其心）其何善之爲（言不能使善）臣聞昔者大任娠文王不變（娠有身也不變變動也）少溲于豕牢而得文王不加病焉（少小也溲便也豕牢厠也言大任之生文王時加小溲於厠而得文王不加病痛言其易也）文王在母不憂（在母孕時體不變故不憂也）在傅弗勤處師弗煩事王不怒（奉事父王季使不加怒）敬友二虢（善兄弟爲友二虢文王弟虢仲虢叔也）而惠慈二蔡（惠愛也三君云二蔡文王子管叔初亦爲蔡）刑于大姒（刑法也大姒文王妃）比于諸弟（比親也諸弟同宗之弟）詩云刑于寡妻至于兄弟以御于家邦（詩大雅思齊之二章寡妻寡有之妻謂大姒御治也）於是乎用四方之賢良（以自輔也）及其即位也詢于八虞（詢謀也賈唐云八虞周八士皆在虞官伯達伯适仲突仲忽叔夜叔夏季隨季騧）而咨于二虢（[illegible]）

也度於閎夭而謀於南宮皆周賢臣度亦謀也南宮南宮适諏於蔡原而訪於辛尹諏訪皆謀也蔡蔡公原原公辛辛甲尹尹佚皆周大史重之以周召畢榮周周文公召召康公畢畢公榮榮公億寧百神億安也而柔和萬民柔安也故詩曰惠于宗公神罔時恫亦思齊之二章也惠順也宗公大臣也恫痛也言文王爲政咨於大臣順而行之故鬼神無怨痛之者是則文王非專教誨之力也言因體也公曰然則教無益乎對曰胡爲文益其質言有美質加以文采乃善故人生而學非學不入不入不入於道公曰奈夫八疾何八疾籧篨至童昏對曰官師之所材也師長也材古裁字戚施直鎛直主擊鎛鎛鍾也籧篨蒙璆蒙戴也璆玉磬也不能俛故使之戴磬侏儒扶盧扶緣也盧矛戟之柲緣之以爲戲矇瞍脩聲聾目

於音聲審故使脩之聾聵司火耳無聞於頑則審故使主火僮昏嚚瘖僬僥官師所不材也所不能材用也以實裔土裔荒裔也夫教者因體能質而利之者也能才也因其身體有質可成濟者就而通利之若川然有原以卬浦而後大卬迎也言川有原因開利迎之以浦然後大也文公即位二年更言此者終述舊文公之事欲用其民用用征伐也子犯曰民未知義未知尊上之義盍納天子以示之義天子避子帶之難在鄭地汜乃納襄王于周公曰可矣乎對曰民未知信盍伐原以示之信乃伐原信謂上令以三日之糧糧盡不降命去之曰可矣乎對曰民未知禮盍大蒐備師尚禮以示之蒐所以明尊卑順少長習威儀也乃大蒐于被盧被廬晉地名作三軍唐尚書云立新

軍之上下也昭謂此章述文公之初未有新軍使郤縠將中軍以爲大政大政大掌國政也郤溱佐之郤溱晉大夫郤至之先或云溱即至非也子犯曰可矣可可用也遂伐曹衛在魯僖二十八年出穀戍釋宋圍敗楚師於城濮於是乎遂伯穀齊地也魯僖二十六年楚伐齊取穀使申公叔侯戍之二十七年楚圍宋晉伐曹衛以救之二十八年楚使申叔去穀子王去宋避晉畏其彊也

晉語第十　國語

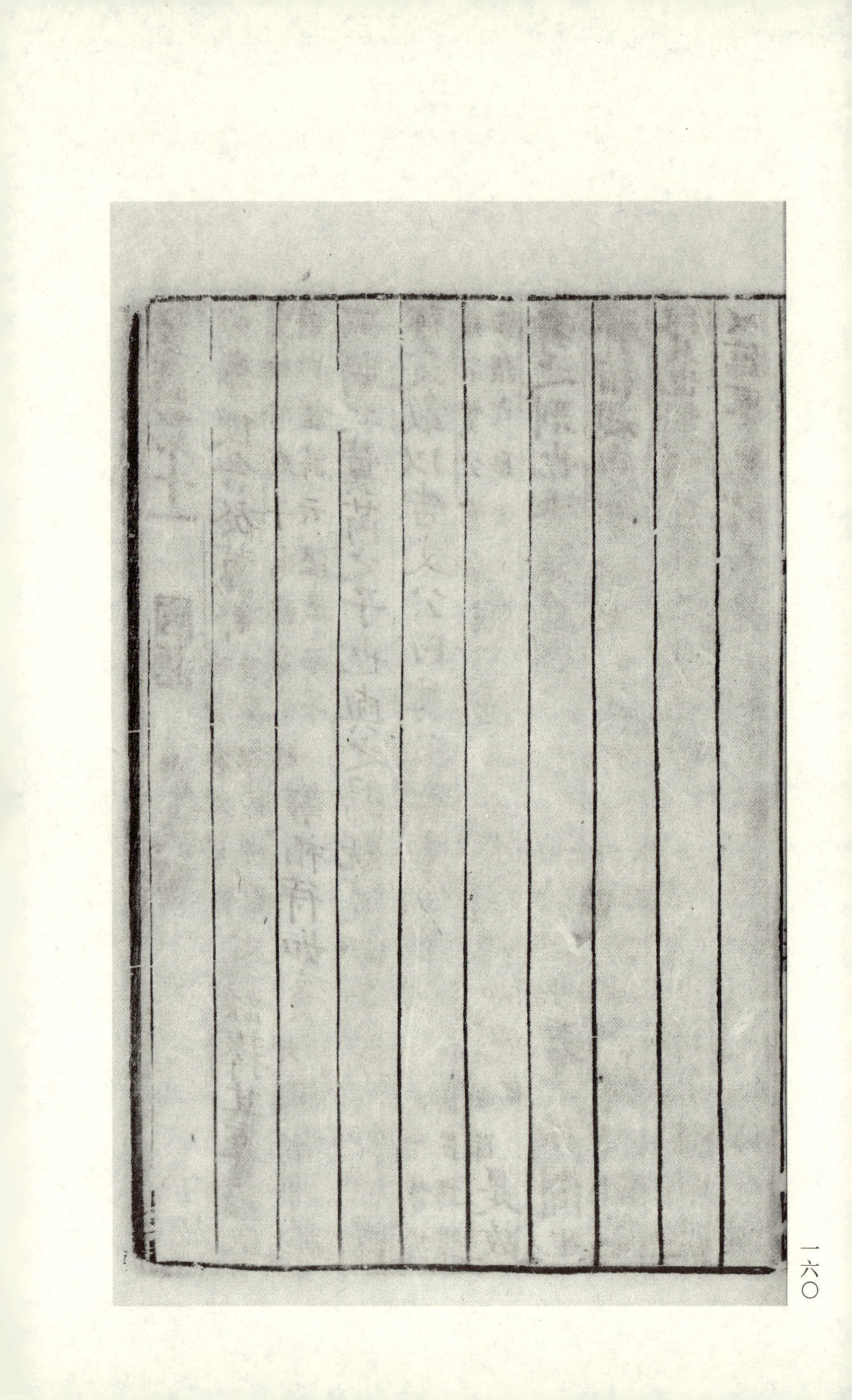

晉語第十一　國語　韋氏解

臼季使舍於冀野（臼季胥臣也冀晉邑郊外曰野）冀缺耨其妻饁之（冀缺郤成子也耨茠也野饋曰饁詩云饁彼南畝）敬相待如賓（夫婦相敬如賓也）從而問之冀芮之子也與之歸既復命而進之曰臣得賢人敢以告文公曰其父有辠可乎（文公元年冀芮畏偪與呂甥謀殺公焚公宮秦伯殺之是也）對曰國之良也滅其前惡（滅除也）是故舜之刑也殛鯀其舉也興禹（殛誅也鯀禹父）今君之所聞也齊桓親舉管敬子其賊也（敬子管仲之謚）公曰子何以知其賢也對曰臣見其不忘敬也夫敬德之恪也恪於德以臨事其何不濟公見之使爲下軍大夫（在文公時而於此言

之者以襄公能繼父志用冀缺也傳曰襄公以再命命
賚胥臣曰舉郤缺子之功也以一命命郤缺爲卿復
予之冀故
曰冀缺
陽處父如衛反過甯處父晉太傅陽子也如衛聘衛也在魯文五年甯晉邑今河内
脩武是也舍於逆旅甯嬴氏旅客也逆客而舍之也嬴其姓嬴謂其妻曰
吾求君子久矣乃今得之舉而從之舉起也陽子道與
之語及山而還山河内温山傳曰及温而還其妻曰子得所求而
不從之何其懷也懷思也曰吾見其皃而欲之聞其言
而惡之夫皃情之華也容皃者情之華采言皃之機也言語者容
皃之樞機身爲情情生於身也成於中言身之文也言文而發
之合而後行離則有釁合謂情也皃也言也三者合而後行釁瑕也今陽

子之皃濟其言匱非其實也濟成也言不副皃爲匱匱乏也若中不濟而外彊之謂情不足而皃彊爲之其卒將復復反也反其情也中外易矣易猶異也若外內類而言反之瀆其信也類善也瀆輕也夫言以昭信奉之如機如樞機之相應歷時而發之言思察之詳孰胡可瀆也今陽子之情譓矣譓辯察也以濟蓋也濟成也言其容皃以蓋其短也且剛而主能主上也言性剛直而高尚其材能也不本而犯怨之所聚也不本仁行不本仁義也犯犯人也吾懼未獲其利而及其難是故去之期年乃有賈季之難陽子死之賈季晉大夫狐偃之子射姑也食采於賈字季它唐尚書云晉蒐于夷舍二軍昭謂初晉作三軍魯文五年晉四卿卒至六年晉蒐于夷舍二軍復故國之制狐射姑將中軍趙盾佐之陽子至自溫改蒐于董使趙盾將中軍射姑佐之射

姑怨陽子之易其班也使狐鞫居殺陽處父而奔翟

趙宣子言韓獻子於靈公以爲司馬（宣子晉正卿趙衰之子宣孟盾也獻子韓萬之玄孫子輿之子厥也靈公襄公子夷皐也司馬掌軍大夫）河曲之役（河曲晉地魯文十二年秦伐晉戰于河曲）趙孟使人以其乘車干行（趙孟宣子也干犯也行軍列也）獻子執而戮之衆咸曰韓厥必不沒矣（沒終也）其主朝升之而莫戮其車（主主人車車僕也獻子因趙盾以爲主盾升之於公朝莫喻達也）其誰安之宣子召而禮之曰吾聞事君者比而不黨（比比義也阿私曰黨）夫周以舉義比也（忠信曰周）舉以其私黨也夫軍事無犯犯而不隱義也（任公爲義）吾言汝於君懼汝不能也舉而不能黨孰大焉事君而黨吾何以從

政吾故以是觀汝（觀汝能否）汝勉之苟從是行也（勉之勸終其志是行令所行也）臨長晉國者非汝其誰（臨監也長帥也）皆告諸大夫曰二三子可以賀我矣吾舉厥也而中吾乃令知免於罪矣

宋人弑昭公（宋人宋成公之子文公鮑弑昭公鮑之兄杵臼也弑昭公在魯文十六年）趙宣子請師於靈公以伐宋公曰非晉國之急也對曰大者天地其次君臣所以爲明訓也（言尊卑各得其所所以明數訓也）今宋人殺其君是反天地而逆民則也（則法也）天必誅焉晉爲盟主而不脩天罰（脩行也）將懼及焉公許之乃發令于太廟召軍吏而戒樂正（正長也軍吏主師旅樂正主鍾鼓）

令三軍之鍾鼓必備趙同曰國有大役役事也趙同盾弟晉大夫原同也不鎭撫民而備鍾鼓何也宣子曰大罪伐之小罪憚之憚懼也襲侵之事陵也輕曰襲無鍾鼓曰侵陵以大陵小也是故伐備鍾鼓聲其罪也以聲章其罪也戰以錞于丁寧儆其民也錞于形如碓頭與鼓相和丁寧謂鉦也儆戒也唐尚書云錞于鐲也非也鐲與錞于各異物襲侵密聲爲蹔事也蹔蹔其無備今宋人殺其君罪莫大焉明聲之猶恐其不聞也吾備鍾鼓爲君故也爲欲尊明君道也乃使旁告於諸侯治兵振旅鳴鍾鼓以至于宋振奮也伐宋在魯文公十七年

靈公虐趙宣子驟諫虐厚歛以雕牆支解宰夫之屬公患之患疾也使

鉏麑賊之鉏麑力士賊殺也晨往則寢門辟矣辟開也盛服將朝蚤而假寐不脫冠帶而寐曰假寐麑退歎而言曰趙孟敬哉言夙興敬恪也夫不忘恭敬社稷之鎮也鎮重也賊國之鎮不忠受命而廢之不信享一名於此不若死之享受也殺爲不忠不殺爲不信故不得一名也觸廷之槐而死廷外朝之廷也周禮王之外朝三槐三公位焉則諸矦之朝三槐三卿位焉靈公將殺趙盾不克魯宣二年秋晉矦飲趙盾酒伏甲將攻之盾覺而走故不克趙穿攻公於桃園趙穿晉大夫趙夙之孫趙盾從父昆弟武子穿也桃園園名逆公子黑臀而立之寔爲成公逆迎也迎於周也黑臀晉文公子襄公弟成公黑臀也郤獻子聘于齊獻子晉卿郤缺之子克也聘在魯宣十七年齊頃公使婦

人觀而笑之（郤子跛齊頃公帷婦人使觀之郤子將升婦人笑于房）郤獻子怒歸請伐齊范武子退自朝（武子晉正卿士會也）曰燮乎吾聞之（燮武子之子文子也）干人之怒必獲毒焉夫郤子之怒甚矣不逞於齊必發諸晉國（逞快也不快心以伐齊必發怒於晉國）不得政何以逞怒（得政爲政也）余將致政焉以成其怒（致歸也）無以內易外也爾勉從二三子以承君命唯敬（二三子晉諸卿也承奉也）乃老（乃告老也）

范文子莫退於朝武子曰何莫也對曰有秦客廋辭於朝（廋隱也謂以隱伏譎詭之言問於朝也東方朔曰非敢詆之乃與爲隱耳是也）大夫莫之能對也吾知三焉（解其三事）武子怒曰大夫非不能也

讓父兄也父兄長也爾童子何知而三掩人於朝掩蓋也

吾不在晉國亡無日矣擊之以杖折委笄委委貌冠也笄簪也

靡笄之役韓獻子將斬人靡笄齊山名魯成二年晉郤克伐齊從齊師於靡笄之下戰於鞍獻子時爲司馬將斬人以戮罪在可救之者郤獻子駕將救之至則

既斬之矣郤獻子請以徇其僕曰子不將救之乎獻

子曰敢不分謗乎言欲與韓子分謗共非也言能如此故從事不乖

靡笄之役郤獻子傷傷於矢也傳曰流血及屨未絕鼓音曰余病喙喙短氣

張侯御曰三軍之心在此車矣張侯晉大夫解張也在此車謂車進則進車退則退也

其耳目在於旗鼓耳聽鼓音目視旗表車無退表鼓

無退聲表旌旗也車表鼓音進退異數軍事集矣集成也吾子忍之不

可以言病受命於廟（將行告廟受戒命也）受脤於社（脤宜社之肉盛以蜃）器甲冑而效死戎之政也（帶甲纓冑死而後已此兵之常政）病未若死祗以解志（祗適也）乃左并轡右援枹而鼓之馬逸不能止三軍從之（逸奔也）齊師大敗逐之三周華不注之山（周匝也華齊地不注山名）

靡笄之役郤獻子師勝而反范文子後入（文子時佐上軍）武子曰燮乎女亦知吾望爾也乎（兵凶事文子後入故武子憂望也）對曰夫師郤子之師也（郤子請伐齊又爲元帥）其事臧（臧善也謂師有功）若先則恐國人之屬耳目於我也故不敢（屬猶注也）武子曰吾知免矣（知免於咎）

靡笄之役郤獻子見公曰子之力也夫力功也對曰克也以君命命三軍之士三軍之士用命克也何力之有焉范文子見公曰子之力也夫對曰爕也受命於中軍以命上軍之士上軍之士用命爕也何力之有焉欒武子見武子晉卿欒枝之孫欒盾之子書也時將下軍公曰子之力也夫對曰書也受命於上軍以命下軍之士下軍之士用命書也何力之有焉

靡笄之役也郤獻子伐齊齊侯來齊侯來以靡笄之役故[illegible][illegible]朝晉使獻之以得隕命之禮世在魯成三年獻致饗也獻籩豆之數如征伐所獲國君之献禮也以得言不得也伐國獲君若秦獲晉惠是為殞命今齊雖敗頃公不見得非殞命也故苗棼皇以郤克

不知禮司馬法曰其有隕命行禮如會所爭義不爭利也曰寡君使克也不腆弊
邑之禮爲君之辱敢歸諸下執政以憖御人歸饋也執政執
事也憖願也御人婦人也願以此報君御人之笑己者苗棼皇曰郤子勇而不
知禮棼皇晉大夫楚鬬伯棼之子也矜其伐而恥國君矜大也伐功也其與
幾何言將不終命也
梁山崩梁山晉望也崩在魯成五年以傳召伯宗傳驛也伯宗晉大夫孫伯糾之
子遇大車當道而覆大車牛車也立而辟之曰辟傳辟使下道
避車傳對曰傳爲速也若俟吾辟之則加遲矣如益也不
如捷而行旁出爲捷伯宗喜問其居曰絳人也絳晉國都伯宗
曰何聞曰梁山崩而以傳召伯宗伯宗問曰將若何

對曰山有朽壤而自崩將若何朽腐也不言政失所為而稱朽壤言遜也夫國主山川主為山川主也孔子曰夫顓臾為東蒙主故川涸山崩君為之降服出次涸竭也川竭則山崩降服縞素也出次次於郊也乘縵不舉策於上帝縵車無文也不舉不舉樂也策於上帝以簡策之文告於上帝周禮四鎮五嶽崩命去樂國三日哭以禮焉以禮於神也周禮國有大災三日哭雖伯宗亦其如是而已其若之何問其名不告請以見弗許以見於君伯宗及絳以告而從之以車者之言告君君從之伯宗朝以喜歸朝能而歸有喜色其妻曰子皃有喜何也曰吾言於朝諸大夫皆謂我知似陽子知辯智也陽子處父也對曰陽子華而不實主言而無謀主尚也是以難及其身

子何喜焉伯宗曰吾飲諸大夫酒而與之語爾試聽之曰諸既飲其妻曰諸大夫莫子若也然而民不能戴其上久矣戴奉也上賢也才在人上也難必及子子盍亟索士慭庇州犂焉慭疾也索求也慭願也庇覆也州犂伯宗子伯州犂也得畢陽畢陽晉士也及欒弗忌之難諸大夫害伯宗將謀而殺之欒弗忌晉大夫伯宗之黨也三郤害弗忌故譖伯宗并殺之在魯成十五年畢陽實送州犂于荆荆楚也犂奔楚爲大宰

晉語第十一　國語

中華古籍保護計劃

ZHONG HUA GU JI BAO HU JI HUA CHENG GUO

·成果·

（三國吴）韋昭 注

宋本國語

第一册

國家圖書館出版社

圖書在版編目(CIP)數據

宋本國語:全四册/(三國吳)韋昭注.-- 北京:國家圖書館出版社,2017.5(2019.5 重印)

(國學基本典籍叢刊)

ISBN 978-7-5013-6027-7

Ⅰ.①宋… Ⅱ.①韋… Ⅲ.①中國歷史—春秋時代—史籍 Ⅳ.①K225.04

中國版本圖書館 CIP 數據核字(2016)第 325741 號

書　　名　宋本國語(全四册)
著　　者　(三國吳)韋昭　注
責任編輯　王　曉
封面設計　徐新狀

出　　版　國家圖書館出版社(100034　北京市西城區文津街 7 號)
　　　　　(原書目文獻出版社　北京圖書館出版社)
發　　行　010-66114536　66126153　66151313　66175620
　　　　　66121706(傳真)　66126156(門市部)
E-mail　nlcpress@nlc.cn(郵購)
Website　www.nlcpress.com→投稿中心
經　　銷　新華書店
印　　裝　北京市通州興龍印刷廠
版　　次　2017 年 5 月第 1 版　2019 年 5 月第 2 次印刷

開　　本　880×1230(毫米)　1/32
印　　張　25

書　　號　ISBN 978-7-5013-6027-7
定　　價　78.00 圓

《國學基本典籍叢刊》編委會

《國學基本典籍叢刊》前言

國家圖書館出版社（原書目文獻出版社 北京圖書館出版社）成立三十多年來，出版了大量的中國傳統文化典籍。由於這些典籍的出版往往採用叢書的方式或綫裝形式，供公共圖書館和大學圖書館典藏使用，普通讀者因價格較高、部頭較大，不易購買使用。爲弘揚優秀傳統文化，滿足廣大普通讀者的需求，現將經、史、子、集各部的常用典籍，選擇善本，分輯陸續出版單行本。每書之前均加簡要説明，必要者加編目録和索引，總名《國學基本典籍叢刊》。歡迎讀者提出寶貴意見和建議，以使這項工作逐步完善。

國家圖書館出版社

二〇一六年四月

序　言

《國語》是先秦時期一部以記言爲主的史料集。關於此書的性質，漢代人多認爲它是『《春秋》外傳』。班固《漢書·律曆志》、王充《論衡》和劉熙《釋名》都持此說。《漢書·藝文志》亦把《國語》著録在六藝略『春秋』類中。傳是一種解經的文體，所謂『《春秋》外傳』即把《國語》看作解釋《春秋》的書，當時有人把《左傳》稱作《春秋》內傳，《國語》便成了外傳。經過歷代學者的考辨，今天人們已不再持所謂『《春秋》外傳』的說法，而把《國語》看作一部獨立的史料彙編。

『國語』者，各國之語也。『語』在先秦時期是一種記載君臣治國言論與邦國興衰、具有教育意義的文體。據《國語·楚語上》記載，楚國大夫申叔時論及對太子的教育，曰：『教之春秋，而爲之聳善而抑惡焉，以戒勸其心……教之詩，而爲之道廣顯德，以耀明其志……教之語，使明其德，而知先王之務用明德於民也；教之故志，使知廢興者而戒懼焉；教之訓典，使知族類，行比義焉。』據此可知，『語』在當時是和『春秋』『詩』『故志』『訓典』同類的文獻典籍，其中包含著先王的德治精神，因此可以作爲教育太子的教材。周王室和各諸侯國都保存一些此類典籍，就如同當時各國都有『春秋』類的史書。大約在戰國初年，《國語》的編纂者把自己手中掌握的各國之『語』編到一起，根據材料來源，分别在『語』的前面冠以不同的國名，如『魯語』『齊語』『晉語』等，再以『國語』爲彙編後的總書名，這就是我們今天見到的《國語》。

關於《國語》的作者，《史記·太史公自序》和《報任安書》皆説：『左丘失明，厥有《國語》。』班固《漢書·藝文志》也明確記載《國語》的作者是左丘明。然經後世學者反復探討，這一説法有待商榷。目前普遍認爲，《國語》主要是由春秋時期各國史官的記載彙編而成，可能並非出於一時、一地、一人之手。《國語》包括《周語》三卷、《魯語》二卷、《齊語》一卷、《晉語》九卷、《鄭語》一卷、《楚語》二卷、《吴語》一卷、《越語》二卷，共二十一卷。就篇幅而言，《晉語》最多，共有一百二十七條，《鄭語》最少，衹有兩條。西周和春秋時期還有一些重要的諸侯國如燕、衛、宋、陳、蔡、秦等，這些國家之『語』在《國語》中没能收入。從時間來看，《國語》中的記載上起周穆王，下迄魯悼公，前後跨越約五百年。各個時段材料的分佈也很不均衡，西周時期的材料共有十一條，而從周幽王十一年（前七七一）到齊桓公元年（前六八五）的八十六年間卻没有一條記載。這些情況説明了編者的材料來源是有限的。

《國語》是先秦時期最重要的典籍之一。其價值體現在史料、思想和文學三個方面。

《國語》的史料價值首先在於它開創了國别體的史書體例，以地域（國别）爲單位記言記事，對歷史編纂學有著突出的貢獻，於後世影響較大。稍晚一些的《戰國策》《三國志》《華陽國志》等史書可以說明顯受到了《國語》體例的啓發。其次，書中記載了西周到春秋末年很多重要的歷史事件，其記述可以與《左傳》相參照，某些源自西周時期的記載，更是《左傳》等書中所沒有的，彌足珍貴。此外，書中還記載了一些古代的典章制度和相關傳説，徵引了一些久已失傳的古代典籍，歷代的研究者都對這些史料極爲重視。

《國語》的思想價值主要體現在書中記載的勸諫規戒之辭。一些論者在言談中提倡德治，要求當權者修德。有人提出：『天道無親，唯德是授』，『唯厚德者能受多福，無德而服者衆，必自傷也。』(《晉語六》)在處理外族關係方面，一些論者反對暴力征服，而主張以文德相感召。祭公謀父諫穆王伐犬戎，指出：『先王耀德不觀兵』，『先王之於民也，茂正其德而厚其性，阜其財求而利其器用，明利害之鄉，以文修之，使務利而避害，懷德而畏威，故能保世以滋大。』(《周語上》)後來孔子關於『遠人不服，則修文德以來之，既來之，則安之』的主張，即與此一脈相承。通過總結歷史的經驗，論者越來越認識到民的重要作用。在講到君民關係時，一些論者强調尊重民意，保民安民。召公諫厲王弭謗説：『防民之口，甚於防川，川壅而潰，傷人必多，民亦如之。是故爲川(者)決之使導，爲民者宣之使言。』(《周語上》)這些言論體現了西周以來的進步思想，是後來儒家思想的先聲。此外，還有不少言論講述了治國用兵的經驗和謀略，同樣值得後人借鑒。

《國語》的文學價值同樣不可忽視，在先秦散文中佔有突出的地位。首先，其語言淺顯通俗，但又流利暢達，富於表現力。比起佶屈聱牙的《尚書》和簡略無華的《春秋》，《國語》的語言無疑是一大進步。其次，《國語》的論說技巧更爲成熟，其中有很多言論，能夠圍繞一個中心論點，層層深入地展開論述，觀點鮮明，結構緊湊，條理清楚。《國語》中的一些言論喜歡徵引史事和典籍，這也爲後來儒家一派的論説文奠定了基本範式。再次，《國語》中有些人物對話風趣生動，能夠表現人物的口吻和情態。另外，《國語》雖以記言爲主，但文中往往用簡略的語言交代事件的前因後果，形成首尾完整的故事，又善於通過簡要的敘述，再現歷史人物的形象。《國語》的這些成就對後代散文產生了深遠的影響。唐代柳宗元在《答韋中立論師道書》中就曾指出，寫作古文應當『參之《國語》以博其趣』。

《國語》現存最早的注本是三國時吴國人韋昭所作《國語解》。此本保留了一部分今已亡佚的鄭衆、賈逵、虞翻、唐固等人的舊注，流傳最廣，影響甚巨。《國語》韋解具有體制完備、兼採諸家、廣徵博引、訓釋簡括等特點。其考核精審、基本信而有徵，較爲可靠。宋代宋庠對《國語》及韋注進行整理，又作《國語補音》三卷，因庠字公序，故名公序本。黄丕烈於《校刊明道本韋氏解國語札記》中曾言：『《國語》自宋公序取官私十五六本校定爲《補音》，世盛行之。後來重刻，無不用以爲祖。』可見，公序本是宋以來《國語》的主要傳世之本。本書所選之宋刻宋元遞修本，藏於國家圖書館，亦屬公序本源流。此本鈐有『東宫書府』『涵芬樓』『涵芬樓藏』『海鹽張元濟經收』等印記，開本鋪陳，行格舒朗，墨色瑩潔，皮紙印造，堪稱宋本之上乘。該本曾收入《中華再造善本》以綫裝刊行，此次將其列入《國學基本典籍叢刊》，平裝影印出版，以期嘉惠學林。

尚學鋒

二〇一七年四月

總目録

第一册

第二册

第三册

第四册

第一册目録

據國家圖書館藏宋刻宋元遞修本
影印原書版框高二十一點八厘米
寬十五點四厘米

國語解序

昔孔子發憤於舊史垂法於素王左丘明因聖言以攄意託王義以流藻其淵源深大沈懿雅麗可謂命世之材博物善作者已其明識高遠雅思未盡故復采録前世穆王以來下訖魯悼知伯之誅邦國成敗嘉言善語陰陽律吕天時人事逆順之數以爲國語其文不主於經故號曰外傳所以包羅天地探測禍福發起幽微章表善惡者昭然甚明實與經藝並陳非特諸子之倫也遭秦之世幽而復光賈生史遷頗綜述焉及劉光禄於漢成世始更考校是正疑謬至

于章帝鄭大司農爲之訓解解疑釋滯昭晰可觀至於細碎有所闕略侍中賈君敷而衍之其所發明大義略舉爲已憭矣然於文間時有遺忘建安黃武之閒故侍御史會稽虞君尚書僕射丹楊唐君皆英材碩儒洽聞之士也采摭所見因賈爲主而損益之觀其辭義信多善者然所理釋猶有異同昭以末學淺闇寡聞階數君之成訓思事義之是非愚心頗有所覺今諸家並行是非相貿雖聰明疏達識機之士知所去就然民間初學猶或未能祛過不自料復爲之解因賈君之精實采虞唐之言善亦以所覺增潤補

綴參之以五經檢之以內傳以世本考其流以爾雅齊其訓去非要存事實凡所發正三百七事又諸家紛錯載述爲煩是以時有所見庶幾頗近事情裁有補益猶恐人之多言未詳其故欲世覽者察之也

國語解序

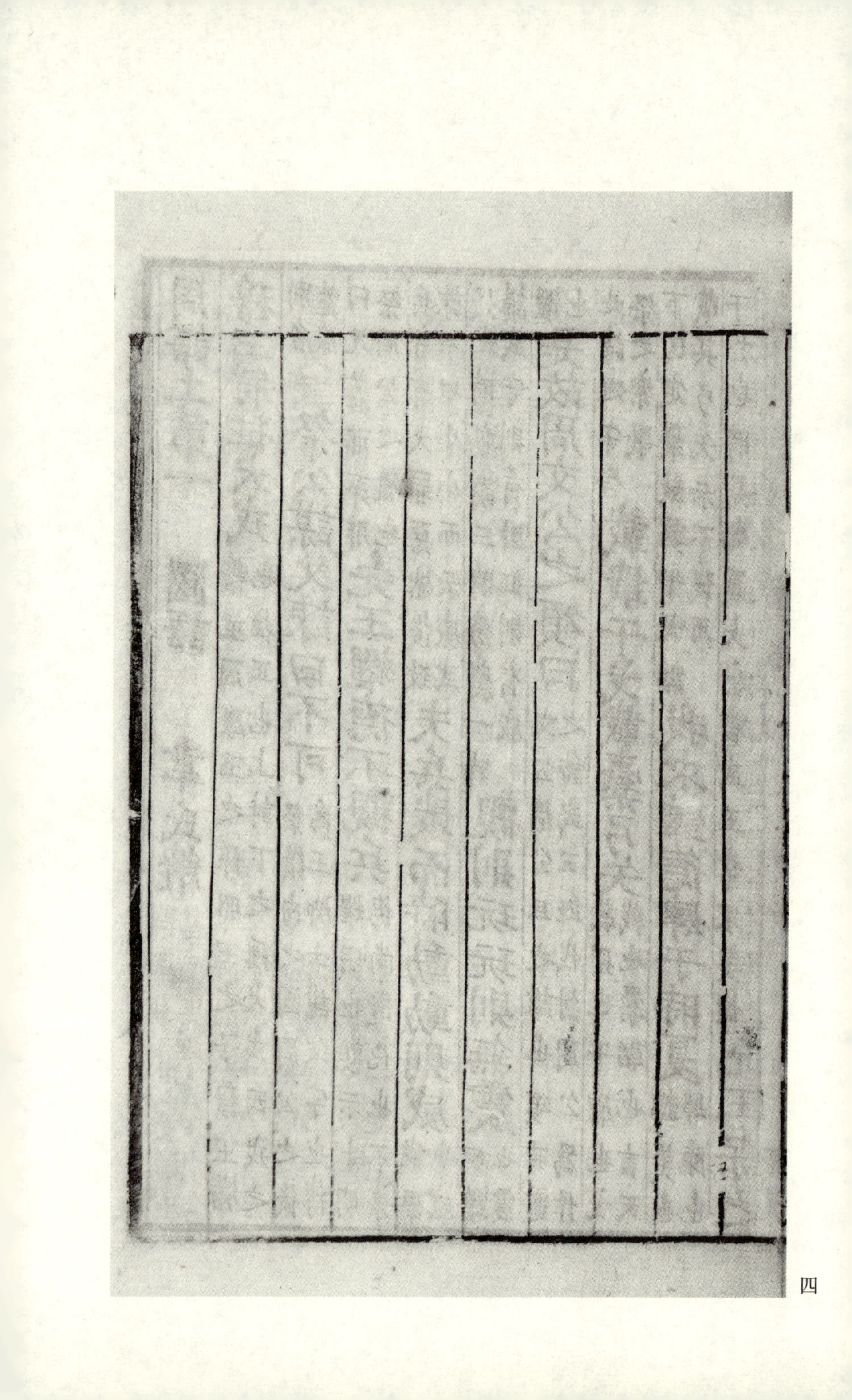

周語上第一　國語　韋氏解

穆王將征犬戎 穆王周康王之孫昭王之子穆王滿也征正也上討下之稱犬戎西戎之別名在荒服 祭公謀父諫曰不可 祭畿內之國周公之後為王卿士謀父字也傳曰凡蔣邢茅胙祭周公之胤也 先王耀德不觀兵 耀明也觀示也明德尚道化也不示兵者有大罪惡然後致誅不以小小而示威武 夫兵戢而時動動則威 戢聚也威畏也時動謂三時務農一時講武守則有財征則有威 觀則玩玩則無震 玩黷也震懼也 是故周文公之頌曰 文公周公旦之謚也頌時邁之詩武王既伐紂周公為作此詩巡守告祭之樂歌 載戢干戈載櫜弓矢 載則也干盾也戈戟也櫜韜也言天下已定聚斂其干戈韜藏其弓矢示不復用 我求懿德肆于時夏 懿美也肆陳也于於也時是也夏大也言武王常求美德故陳其功於是夏而歌之樂章大者曰夏 允王保之

允信也信哉武王能保此時夏之美也先王之於民也茂正其德而厚其性茂勉也性情性也阜其財求阜大也大其財求不鄙擁也而利其器用器兵甲也用耒耜之屬明利害之鄉鄉方也以文脩之文禮法也使務利而避害懷德而畏威故能保世以滋大保守也滋益也昔我先世后稷后君也稷官也父子相繼曰世謂棄與不窋也以服事虞夏謂棄爲舜后稷不窋繼之於夏啓也及夏之衰也棄稷弗務棄廢也衰謂啓子太康也廢稷之官不復務農夏書序曰太康失國昆弟五人須于洛汭是也我先王不窋用失其官失稷官也不窋棄之子周之禘祫文武不先不窋故通謂之王商頌亦以契爲玄王而自竄于戎翟之間竄匿也堯封棄于邰至不窋失官去夏而遷於邠邠西接戎北近翟不敢怠業時序其德纂脩其緒纂繼也緒事也脩其訓典

訓教也典法也朝夕恪勤守以惇篤奉以忠信奕世載德不
忝前人弈亦前人也載成也忝辱也至于武王昭前之光明而加
之以慈和事神保民莫不欣喜保養也商王帝辛大惡
於民商殷之本號辛紂名也大惡大爲民所惡庶民弗忍欣戴武王以致
戎于商牧戴奉也戎兵也牧商郊牧野是先王非務武也勤恤民
隱而除其害也恤憂也隱痛也夫先王之制邦內甸服邦內謂天
子畿內千里之地商頌曰邦畿千里惟民所止王制曰千里之內曰甸京邑在其中央故夏書曰五百里
甸服則古今同矣甸王田也服服其職業也自商以前并畿內爲五服武王克殷周公致太平因禹所弼
除畿內更制天下爲九服千里之內謂之王畿王畿之外曰侯服侯服之外曰甸服今謀父諫穆王稱先
王之制猶以王畿爲甸服者甸古名世俗所習也故周襄王謂晉文公曰昔我先王之有天下也規方千

里以爲甸服是也周禮亦以蠻服爲要服足以相況矣邦外侯服邦外邦畿之外方五百里之地謂之侯服侯服侯圻也言諸侯之近者歲一來見侯衞賓服此總言之也侯侯圻也衞衞圻也言自侯圻至衞圻其間凡五圻圻五百里五五二千五百里中國之界也謂之賓服常以服貢賓見於王五圻者侯圻之外曰甸圻甸圻之外曰男圻男圻之外曰采圻采圻之外曰衞圻周書康誥曰侯甸男采衞是也凡此服數諸家之說皆紛錯不同唯賈君近之蠻夷要服蠻蠻圻也夷夷圻也周禮衞圻之外曰蠻圻去王城三千五百里九州之界也夷圻去王城四千里周禮行人職衞圻之外謂之要服此言蠻夷要服則夷圻朝貢或與蠻圻同也要者要結好信而服從之戎翟荒服戎翟去王城四千五百里至五千里也四千五百里爲鎮圻五千里爲蕃圻在九州之外荒裔之地與戎翟同俗故謂之荒荒忽無常之言也甸服者祭供日祭也此采地之君其見無數侯服者祀供月祀也堯舜及周侯服皆歲見賓服者享供時享也享獻也周禮甸圻二歲而見男

圻三歲而見采圻四歲而見衞圻五歲而見其貢也必以所貢助祭於廟孝經所謂四海之內各以其職來祭要服者貢供歲貢也要服六歲一見荒服者王王王事天子也周禮九州之外謂之蕃國世一見各以其所貴珤為贄詩曰自彼氐羌莫敢不來王日祭日祭祭於祖考謂上食也近漢亦然月祀月祀於曾高時享時享於二祧歲貢歲貢於壇墠終王終謂世終也朝嗣王及即位而來見先王之訓也有不祭則脩意意志意也謂邦甸之內有違闕不供日祭者先脩意以自責畿內近知王意也有不祀則脩言言號令也有不享則脩文文典法也有不貢則脩名名謂尊卑職貢之名號晉語曰信於名則上下不干有不王則脩德遠人不服則脩文德以來之序成而有不至則脩刑序成謂上五者次序也已成而有不至則有刑誅於是乎有刑不祭伐不祀征不享讓不貢讓譴責也告不王謂以文詞告曉之也

遠者皐輕也於是乎有刑罰之辟刑不祭也有攻伐之兵伐不祀也
有征討之備征不享也有威讓之令讓不貢也有文告之辭告不
王也布令陳辭而又不至則又增脩於德無勤民於遠
勤勞也是以近無不聽遠無不服今自大畢伯仕之終
也大畢伯仕犬戎氏之二君終卒也犬戎氏以其職來王以其職謂其嗣子以
其貴琛來見王也天子曰予必以不享征之且觀之兵享賓服之
禮以責犬戎而示之兵非也其無乃廢先王之訓而王幾頓乎幾危
也頓敗也吾聞夫犬戎樹惇樹立也言犬戎立性惇樸能帥舊德而守
終純固帥循也純專也固一也言犬戎氏循先王之舊德奉其常職天性專一終身不移不聽穆
王責其惇也其有以禦我矣禦猶應也距也王不聽遂征之得四

白狼四白鹿以歸白狼白鹿犬戎所貢自是荒服者不至穆王責犬
戎以非禮暴兵露師傷威毁信故荒服者不至
恭王游於涇上密康公從恭王穆王之子恭王伊扈也涇水名康公密國之君
姬姓有三女奔之奔不由媒氏也三女同姓其母曰必致之於王康公
之母欲使進於王夫獸三爲羣自三以上爲羣人三爲衆女三爲粲
粲美貌王田不取羣不盡羣也易曰王用三驅失前禽也公行下衆公諸侯也
下衆不敢誣衆也禮國君下卿位遇衆則式禮之也王御不參一族御婦官也參三也一
族一父子也故取姪娣以備三不參一族之女夫粲美之物也衆以美物歸
女而何德以堪之堪任也王猶不堪況爾小醜醜類也王者至
尊且猶不堪況女小人之類乎小醜備物終必亡言德小而物備終取之必以亡康

公弗獻一年王滅密（密今安定陰密縣近涇）

厲王虐國人謗王（厲王恭王之曾孫夷王之子厲王胡也謗誹也）召公告王曰民不堪命矣（召公召康公之後穆公虎也爲王卿士言民不堪暴虐之政令）王怒得衛巫使監謗者（衛巫衛國之巫也監察也以巫有神靈有謗必知之）以告則殺之（巫言謗王王則殺之）國人莫敢言道路以目（不敢發言以目相眄而已）

王喜告召公曰吾能弭謗矣乃不敢言（弭止也）召公曰是鄣之也（鄣防也）防民之口甚於防川（流者曰川言川不可防而口又甚也）川壅而潰傷人必多（川之潰決害於人也）民亦如之（民之敗亂害於上也）是故爲川者決之使導（爲治也導通也）爲民者宣之使言（宣猶放也觀民所言以知其得失）故天子聽政使公卿至於列士獻詩

獻詩以風也列士上士也瞽獻典無目曰瞽瞽樂師典樂典也史獻書史外史也周禮外史掌三皇五帝之書師箴師小師也箴箴刺王闕以正得失瞍賦無眸子曰瞍賦賦公卿列士所獻詩也矇誦有眸子而無見曰矇周禮矇主弦歌風誦誦謂箴諫之語也百工諫百工執技以事上諫者執藝事以諫謂若匠師慶諫魯莊公丹楹刻桷者庶人傳語庶人卑賤見時得失不得達傳以語士也近臣盡規近臣謂驂僕之屬也盡規盡其規計以告王親戚補察補補過察察政也傳曰自王以下各有父兄子弟以補察其過瞽史教誨瞽樂大師史大史也掌陰陽天時禮法之書以相教誨者單襄公曰吾非瞽史焉知天道耆艾脩之耆艾師傅也脩脩理瞽史之教以聞於王而後王斟酌焉斟取也酌行也是以事行而不悖悖逆也民之有口也猶土之有山川也財用於是乎出猶若也山川所以宣地氣而出財用口亦宣人心而言善敗猶其有

原隰衍沃也衣食於是乎生廣平曰原下溼曰隰下平曰衍有溉曰沃口之宣言也善敗於是乎興行善而備敗民所善者行之其所惡者備之所以阜財用衣食者也阜厚也夫民慮之於心而宣之於口成而行之故可壅也若壅其口其與能幾何與辭也能幾何言不久也王弗聽於是國人莫敢出言三年乃流王于彘流放也彘晉地漢爲彘縣屬河東今曰永安

厲王說榮夷公說好也榮國名夷謚也芮良夫曰芮良夫周大夫芮伯也王室其將卑乎卑微也夫榮公好專利而不知大難專擅也夫利百物之所生也利生於物也專利是專百物天地之所載也載成也地受天氣以成百物而或專之其害多矣害謂惡害榮公者多也孔

子曰放於利而行多怨天地百物皆將取焉胡可專也天地成百物民
皆將取用之何可專其利所怒甚多而不備大難以是教王王能
久乎夫王人者將導利而布之上下者也導開也布賦也上謂
天神下謂人物使神人百物無不得其極極中也猶日怵惕懼
怨之來也怵惕恐懼也故頌曰思文后稷克配彼天立我
烝民莫匪爾極頌周頌也思文謂郊祀后稷以配天之樂歌經緯天地曰文克能也烝衆
也莫無也匪不也爾女也極中也言周公思有文德者后稷其功乃能配於天謂堯時鴻水稷播百穀立
我衆民之道無不於女時得其中者功至大也大雅曰陳錫載周大雅文王之二章陳
布也錫賜也言文王布賜施利以載成周道是不布利而懼難乎言后稷文王既
布利又懼難也故能載周以至于今今王學專利其可乎言不

可也匹夫專利猶謂之盜王而行之其歸鮮矣鮮寡也歸附周
者寡也榮公若用周必敗既榮公爲卿士既已也卿士卿之有事者
諸侯不享王流于彘享獻也
彘之亂宣王在召公之宮宣王厲王之子宣王靖也在召公宮者避難奔召公
國人圍之召公曰昔吾驟諫王王不從以及此難及至
也今殺王子王其以我爲懟而怒乎殺王子令國人得殺之也夫
事君者險而不懟君諸侯也在危險之中不當懟懟謂若晉慶鄭怨惠公愎諫違卜棄
而載不怨而不怒況事王乎怨心望也怒作氣也乃以其子代宣
王宣王長而立之彘之亂公卿相與和而脩政事號曰共和凡十四年而宣王立
宣王即位不籍千畝籍借也借民力以爲之天子藉田千畝諸侯百畝自厲王之流

（藉田禮廢宣王即位不復遵古）虢文公諫曰（賈侍中云文公文王母弟虢仲之後爲王卿士昭謂虢叔之後西虢也宣王都鎬在畿內）不可夫民之大事在農（穀民之命故農爲大事）上帝之粢盛於是乎出（出於農也器實曰粢在器曰盛）民之蕃庶於是乎生（蕃息也庶衆也）事之共給於是乎在（共具也給足也）和協輯睦於是乎興（協合也輯聚也睦親也）財用蕃殖於是乎始（殖長也）敦厖純固於是乎成（敦厚也厖大也）是故稷爲大官（民之大事在農故稷之職爲大官）古者大史順時覛土（覛視也）陽癉憤盈土氣震發（癉厚也憤積也盈滿也震動也發起也）農祥晨正（農祥房星也晨正謂立春之日晨中於午也農事之候故曰農祥）日月底于天廟（底至也天廟營室也孟春之月日月皆在營室）土乃脉發（脉理也農書曰春土冒橛陳根可拔耕者急發）先時九

日先先立春日也大史告稷曰自今至于初吉初吉二月朔日也詩云二月初吉陽氣俱烝土膏其動烝升也膏土潤也其動潤澤欲行弗震弗渝脉其滿眚穀乃不殖震動也渝變也眚災也言陽氣升土膏欲動當即發動變寫其氣不然則脉滿氣結更爲災病穀乃不殖稷以告以大史之言告王王曰史帥陽官以命我司事史大史陽官春官司事主農事官也曰距今九日土其俱動距去也王其祗祓監農不易祗敬也祓齊戒祓除也不易不易物土之宜王乃使司徒咸戒公卿百吏庶民百吏百官也庶民甸師氏所掌之民主耕耨王之藉田者司空除壇于藉司空[illegible]地也命農大夫咸戒農用農大夫田畯也農用田器也先時五日先耕時也瞽告有協風至瞽樂大師知風聲者協和也風氣和時候至也立春日融風王即齋宮所齋之宮

百官御事各即其齋三日御治也王乃淳濯饗醴淳沃也濯溉也饗飲也謂王沐浴飲醴酒及期期耕日也鬱人薦鬯鬱鬱金香草宜以和鬯酒也周禮鬱人掌祼器凡祭祀賓客和鬱鬯以實彝而陳之共王之齊鬯犧人薦醴犧人司尊也掌共酒醴者王祼鬯饗醴乃行祼灌也灌鬯飲醴皆所以自香絜百吏庶民畢從及藉后稷監之監察也膳夫農正陳藉禮膳夫上士也掌王之飲食膳羞之饋食農正田大夫主敷陳藉禮而祭其神爲農祈也大史贊王贊導也王敬從之王耕一墢一墢一耜之墢也王無耦以一耜耕班三之班次也三之下各三其上也王一墢公三卿九大夫二十七庶人終于千畝終盡耕也其后稷省功大史監之司徒省民大師監之畢宰夫陳饗膳宰監之宰夫下大夫也膳宰膳夫也膳夫贊王王歆大牢歆饗也

班嘗之（公卿大夫也）庶人終食（終畢也）是日也瞽帥音官以省風土（音官樂官也風土以音律省土風風氣和則土氣養）廩于藉東南鍾而藏之（廩御廩一名神倉東南生長之處鍾聚也謂爲廩以藏王所藉田以奉齍盛）而時布之于農（布賦也）稷則徧戒百姓紀農協功（紀猶綜理也協同也）曰陰陽分布震雷出滯（陰陽分日夜同也滯蟄蟲也明堂月令曰日夜分雷乃發聲始電蟄蟲咸動啓戶始出）土不備墾辟在司寇（墾發也辟辠也在司寇司寇行其辠）乃命其旅曰徇（旅衆也徇行也）農師一之（一之先往也農師上士）農正再之（農正后稷之佐田畯也故次農師）后稷三之（后稷農官之君故次農正）司空四之（司空主道路溝洫故次后稷）司徒五之（司徒省民故次司空）大保六之大師七之（大保大師天子三公佐王論道氾監衆官不特掌事故次司徒）大史八

之大史掌逆官府之治故次大師宗伯九之宗伯卿官掌相王之大禮若王不與祭則攝位故次大史王則大徇大徇帥公卿大夫親行農也耨穫亦如之如之如耕時也民用莫不震動恪恭于農用謂田器也脩其疆畔日服其鎛不解于時疆埆也畔界也鎛鉏屬財用不乏民用和同是時也王事唯農是務無有求利於其官以干農功求利謂奪易役使干亂農功三時務農而一時講武三時春夏秋一時冬也講習也故征則有威守則有財若是乃能媚於神媚說也而和於民矣則享祀時至而布施優裕也優饒也裕緩也今天子欲脩先王之緒而棄其大功匱神之祀而困民之財匱神之祀不耕藉也困民之財取於民也將何以求福用民王弗聽三十九

年戰于千畝王師敗績于姜氏之戎姜氏之戎西戎之別種四岳之後也傳曰我諸戎四岳之裔胄言宣王不納諫務農無以事神使民以致弱敗之咎

魯武公以括與戲見王武公伯禽之玄孫獻公之子武公敖也括武公長子伯御也戲括弟懿公也王立戲以爲大子樊仲山父諫曰不可立也仲山父王卿士食采於樊不順必犯不順立少也犯魯必犯王命而不從犯王命必誅故出令不可不順也令之不行政之不立令不行則政不立行而不順民將棄上使長事少故民必棄上夫下事上少事長所以爲順也今天子立諸侯而建其少是教逆也若魯從之而諸侯傚之王命將有所壅言先王立長之命將壅塞不行若不從而誅之是自誅王命也誅王命者先王之命立長今魯亦立長若

誅之是自誅王命也是事也誅亦失不誅亦失誅之則誅王命不誅則王命廢天子其圖之王卒立之魯侯歸而卒及魯人殺懿公懿公戲也而立伯御伯御括也三十二年宣王伐魯立孝公孝公懿公之弟稱也諸侯從是而不睦不睦不親睦於王

宣王欲得國子之能導訓諸侯者賈侍中云國子、諸侯之嗣子或云國子諸侯之子欲使訓導諸侯子也唐尚書云國子謂諸侯能治國子養百姓者昭謂國子同姓諸姬也凡王之子弟謂之國子導訓諸侯謂爲州伯者樊穆仲曰魯侯孝穆仲仲山父之謚也猶魯叔孫穆子謂之穆叔王曰何以知之對曰肅恭明神而敬事耇老耇凍棃也賦事行刑必問於遺訓遺訓先王之教而咨於故實咨謀也故實故事之是者不干所問不犯所咨王曰然則能訓

治其民矣乃命魯孝公於夷宮命爲侯伯也夷宮者宣王祖父夷王之廟古者爵命必於祖廟

宣王既喪南國之師喪亡也敗于姜戎氏時所亡也南國江漢之間也詩曰滔滔江漢南國之紀乃料民于大原料數也大原地名仲山父諫曰民不可料也夫古者不料民而知其少多司民協孤終司民掌登萬民之數自生齒以上皆書於版協合也無父曰孤終死也合其名籍以登於王司商協名姓司商掌賜族受姓之官商金聲清謂人始生吹律合之定其姓名司徒協旅司徒掌合師旅之衆司寇協姦司寇刑官也掌合姦民以知死刑之數牧協職周禮牧人掌牧養犧牲合其物色之數工協革工百工之官革更也更制度者合其數也場協入場人掌場圃委積之珍物斂而藏之廩協出廩人掌九穀出用之數是則少多死

生出入往來皆可知也於是又審之以事（事謂因籍田與蒐狩）以簡知其數也）王治農于籍（籍藉於千畝時）搜于農隙（春田曰搜搜擇也禽獸懷任未箸搜擇而取之農隙仲春既耕之後隙閒也）耨穫亦於籍（言王亦至於籍考課之）獮於既烝（秋田曰獮獮殺也順時始殺烝升也月令孟秋農乃升穀天子嘗新既升謂仲秋）狩於畢時（冬田曰狩狩圍守而取之也畢時農務畢也）是皆習民數者也又何料焉（習簡習也）不謂其少而大料之是示少而惡事也（言王不謂其衆少而大料數之是示以寡少又厭惡政事不能脩之之意）臨政示少諸侯避之（示天下以寡弱諸侯將避遠王室不親附也）治民惡事無以賦令（言厭惡政事則無以賦令）且無故而料民天之所惡也（故事也天道清淨）害於政而妨於後嗣（害政敗爲政之道也妨後嗣謂將有禍亂）王卒料之

及幽王乃滅幽王宣王之子宮湦也滅謂滅西周

幽王二年西周三川皆震西周鎬京也幽王在焉豳岐之所近也三川涇渭洛震動也地震故三川亦動伯陽父曰周將亡矣伯陽父周大夫夫天地之氣不失其序序次也若過其序民亂之也過失也言民者不敢斥王陽伏而不能出陰迫而不能烝烝升也陽氣在下陰氣在上陰氣迫之使不能升於是有地震陰陽相迫氣動於下故地震今三川實震是陽失其所而鎮陰也鎮爲陰所鎮笮也陽失而在陰在陰在陰下也源必塞地動則泉源塞源塞國必亡國依山川今源塞故國將亡夫水土演而民用也水土氣通爲演演猶潤也演則生物民得用之土無所演民乏財用不亡何待水氣不潤土枯不養故乏財用昔伊洛竭而夏亡竭盡也[illegible]

出熊耳洛出冢領禹都陽城伊洛所近河竭而商亡商人都衛河水所經今周德若二代之季矣二代之季謂桀紂也其川源又塞塞必竭夫國必依山川依其精氣利澤也山崩川竭亡之徵也川竭山必崩水泉不潤枯朽而崩若國亡不過十年數之紀也數起於一終於十十則更故曰紀夫天之所棄不過其紀是歲也三川竭岐山崩十一年幽王乃滅周乃東遷東遷謂平王遷於洛邑惠王三年惠王周莊王之孫釐王之子惠王毋涼也三年魯莊十九年邊伯石遬蔿國出王而立王子穨三子周大夫也穨莊王之少子王姚之子王姚嬖於莊王生子穨子穨有寵蔿國爲之師及惠王即位取蔿國之圃及邊伯之宫又收石遬之秩故三子出王而立子穨王處于鄭三年子穨飲三大夫酒子國爲客子國蔿國

也客上客也樂及徧儛徧儛六代之樂也謂黃帝曰雲門堯曰咸池舜曰大招禹曰大夏湯曰大濩周曰大武曰諸大夫徧舞也鄭厲公見虢叔厲公鄭莊公之子厲公突虢叔王卿士虢公林父也曰吾聞之司寇行戮君爲之不舉不舉不舉樂也而況敢樂禍乎今吾聞子頹歌舞不思憂夫出王而代其位禍孰大焉臨禍忘憂是謂樂禍禍必及之盍納王乎虢叔許諾鄭伯將王自圉門入虢叔自北門二門王入城門也殺子頹及三大夫王乃入

十五年有神降于莘惠王十五年魯莊三十二年降下也下者言自上而下有聲象以接人莘虢地也王問於內史過內史周大夫過其名掌爵祿廢置及策命諸侯孤卿大夫曰是何故固有之乎故事也固猶嘗也對曰有之國之將興

其君齊明衷正齊一也衷中也精潔惠和其德足以昭其馨香惠愛也馨香芳香之升聞者其惠足以同其民人同猶一也神饗而民聽民神無怨故明神降之觀其政德而均布福焉國之將亡其君貪冒辟邪冒抵冒也淫佚荒怠麤穢暴虐其政腥臊馨香不登腥臊臭惡也登上也芳香不上聞於神神不饗也傳曰黍稷非馨明德惟馨其刑矯誣以詐用法曰矯加誅無辜曰誣百姓攜貳攜離也貳二心也明神弗蠲蠲潔也而民有遠志欲叛也民神怨痛無所依懷懷歸也故神亦往焉觀其苛慝而降之禍苛煩也慝惡也是以或見神以興亦或以亡昔夏之興也融降于崇山融祝融也崇崇高山也夏居陽城崇高所近其亡也回祿信於耹隧

火神再宿焉信聆隧地名商之興也檮杌次於丕山檮杌鯀也過信曰次丕大
邳山在河東其亡也夷羊在牧夷羊神獸牧商郊牧野周之興也鸑
鷟鳴於岐山三君云鸑鷟鳳之別名也詩云鳳皇鳴矣于彼高岡其在岐山之脊乎其
衰也杜伯射王于鄗鄗鄗京也杜國伯爵陶唐氏之後周春秋曰宣王殺杜伯而不
辜後二年宣王會諸侯田于圃日中杜伯起於道左衣朱衣朱冠操朱弓朱矢射宣王中心折脊而死
是皆明神之志者也志記也見記録在史籍者王曰今是何神也
對曰昔昭王娶於房曰房后昭王周成王之孫康王之子昭王瑕也房國名
實有爽德協于丹朱爽二也協合也丹朱堯子丹朱憑身以儀之
生穆王焉憑依也儀匹也詩云實惟我儀言房后之行有似丹朱丹朱憑依其身而匹偶之生
穆王實臨照周之子孫而禍福之夫神壹不遠徙遷壹[illegible]

一心依馮於人不遠徙遷焉若由是觀之其丹朱乎王曰其誰受之對曰在虢土言神在虢虢其受之王曰然則何爲何爲在虢對曰臣聞之道而得神是謂逢福逢迎也淫而得神是謂貪禍以貪取禍今虢少荒其亡乎王曰吾其若之何對曰使大宰以祝史帥狸姓奉犧牲粢盛玉帛往獻焉大宰上卿掌祭祀之式玉幣之事祝大祝掌祈福祥史大史掌次主位狸姓丹朱之後神不歆非類故帥以往也純色曰犧無有祈也祈求也勿有求請禮之而已王曰虢其幾何對曰昔堯臨民以五五年一巡守今其胄見胄後也謂丹朱之神神之見也不過其物物物數也若由是觀之不過五年王使大宰忌父周公忌父也帥傅氏及祝史姓也在傅也在周爲傅氏奉犧牲玉

鬯往獻焉玉鬯鬯酒之圭長尺二寸有瓚所以灌地降神之器內史過從至虢從從大宰而往也內史不掌祭祀王以其賢使聽之虢公亦使祝史請土焉祝史虢之祝史祝應史嚚也內史過歸告王曰虢必亡矣不禋於神而求福焉神必禍之潔祀曰禋不親於民而求用焉民必違之用用其財力也精意以享禋也享獻也慈保庶民親也慈愛也保養也今虢公動匱百姓以逞其違逞快也違邪也離民怒神而求利焉不亦難乎求利謂請土十九年晉取虢惠王十九年魯僖之五年

襄王使召公過及內史過賜晉惠公命襄王周僖王之孫惠王之子襄王鄭也召公過召穆公之後召武公也爲王卿士惠公晉獻公之庶子惠公夷吾也命瑞命諸侯即

位天子賜之命圭以為瑞節

呂甥郤芮相晉侯不敬呂甥瑕呂飴甥也郤芮冀芮皆晉大夫相詔相禮儀不敬慢惰也晉侯執玉卑拜不稽首玉信圭侯所執長七寸卑下也禮執天子器則上衡稽首首至地也內史過歸以告王曰晉不三其君必無後後後嗣也且呂郤將不免王曰何故對曰夏書有之曰衆非元后何戴夏書逸書也元善也后君也戴奉也后非衆無與守邦邦國也在湯誓曰余一人有辠無以萬夫湯誓商書伐桀之誓也今湯誓無此言則已散亡矣天子自稱曰余一人余一人有辠無辠萬夫萬夫有辠在余一人在余一人乃我教導之過在般庚曰國之臧則維女衆般庚殷王祖乙之子今商書般庚是也臧善也國俗之善則維女衆歸功於下國之不臧則維余一人是有逸罰逸過也罰猶辠也國俗之不善則維余一人是

我有過也其辠當在我如是則長衆使民不可不愼也民之所急在於大事大事戎祀也先王知大事之必以衆濟也故祓除其心以和惠民祓猶拂也考中度衷以涖之涖臨也考中考省已之中心以度人之忠心恕以臨之昭明物則以訓之物事也則法也制義庶孚以行之義宜也庶衆也孚信也當制立事宜爲衆所信而行之祓除其心精也精絜也考中度衷忠也忠恕也昭明物則禮也制義庶孚信也然則長衆使民之道非精不和非忠不立非禮不順非信不行今晉侯卽位而背外內之賂背外不予秦地背內不予里丕之田虐其處者棄其信也虐其處者殺里丕之黨不敬王命棄其禮也施其所惡棄其忠也已所不欲勿施於人所惡

於下不以事上今晉侯皆施之於人故曰棄其忠也以惡實心棄其精也實滿也四者皆棄則遠不至而近不和矣四者精忠禮信也將何以守國古者先王既有天下又崇立上帝明神而敬事之崇尊也立立其祀也上帝天也明神日月也於是乎有朝日夕月以教民事君禮天子以春分朝日以秋分夕月拜日於東門之外然則夕月在西門之外必矣諸侯春秋受職于王以臨其民言不敢專也大夫士日恪位著以儆其官中廷之左右曰位門屏之間曰著庶人工商各守其業以共其上猶恐有墜失也故爲車服旗章以旌之旌表也車服旗章上下有等所以章别貴賤爲之表識爲摯幣瑞節以鎮之鎮重也摯六摯也謂孤執皮帛卿執羔大夫執鴈士執雉庶人執鶩工商執雞幣六幣也圭以馬璋以皮璧以帛琮

以錦琥以繡璜以黼瑞六瑞也王執鎮圭尺二寸公執桓圭九寸侯執信圭七寸伯執躬圭亦七寸子執穀璧男執蒲璧皆五寸節六節也山國用虎節土國用人節澤國用龍節皆以金爲之道路以旌節門關用符節都鄙用管節皆以竹爲之爲班爵貴賤以列之班次也爲令聞嘉譽以聲之謂有功德者則以策命述其功美進爵加錫以聲之猶有散遷解慢而著在刑辟流在裔土言爲之法制備悉如此尚有散轉移解慢於事不奉職業者故加之刑辟流之荒裔也於是乎有夷蠻之國遂爲夷蠻之國民有斧鉞刀墨之民斧鉞大刑也刀墨謂以刀刻其額而墨窒之而況可以淫縱其身乎夫晉侯非嗣也而得其位嗣適嗣也亹亹怵惕保任戒懼猶曰未也亹亹勉勉也保守也任職也居非其位雖守職戒懼猶未足也若將廣其心廣其心放情欲也而遠其鄰背秦賂也陵其民虐處者也

而卑其上不敬王命將何以固守守守位也夫執玉卑替其摯也替廢也廢其執摯之禮拜不稽首誣其王也誣罔也替摯無鎮鎮重也無以自重誣王無民民亦將誣之夫天事恒象恒常也事善象吉事惡象凶任重享大者必速及速及於禍故晉侯誣王人亦將誣之欲替其鎮人亦將替之大臣享其祿弗諫而阿之亦必及焉大臣呂郤也享食也阿隨也襄王二年而立晉侯襄王三年魯僖之十年錫瑞命在十一年八年而隕於韓八年魯僖之十五年秦怨惠公背施忘德舉兵伐之戰於韓原獲晉侯以歸隕其師徒三月而復之十六年而晉人殺懷公無胄胄後也襄王十六年魯僖之二十四年懷公惠公之子子圉也惠公卒子圉嗣立秦穆公納公子重耳晉人剌懷公於高梁秦人殺子金子公子金呂甥子公郤芮之字也

子悔納重耳欲焚公宮而殺公寺人披以告公公潛會秦伯于三城二子焚公宮求公不獲遂如河上秦伯誘而殺之

襄王使大宰文公及內史興賜晉文公命大宰文公王卿士王子虎也內史興周內史叔興父晉文公獻公之子惠公異母兄重耳也命命服也諸侯七命冕服七章上卿逆于境逆迎也晉侯郊勞郊迎用辭勞也館諸宗廟館舍也舍於宗廟尊王命也饋九牢牛羊豕爲一牢上公饔餼九牢設庭燎設大燭於庭庭謂之庭燎及期命于武宮期將事之日也武公文公之祖武公之廟也命受王之命設桑主布几筵主獻公之主也練主用栗虞主用桑禮既葬而虞虞而作主天子於是爵命世子世子即位受命服也獻公死已久於此設之者文公不欲繼於惠懷故立獻公之主自以子繼父之位行未踰年之禮進席也大宰涖之晉侯端委以入說云衣玄端冠委貌諸侯祭服

也昭謂上士服也諸侯之子未受爵命服士服也大宰以王命命冕服冕大冠也
服鷩衣也內史贊之三命而後即冕服贊道也三命三以王命命文公文公
三讓後就旣畢賓饗贈餞如公命侯伯之禮而加之以宴
好賓者主人所以接賓致餐饔之屬饗饗食之禮贈致贈賄之禮餞謂郊送飲酒之禮如公命侯伯之
禮者如公受王命以侯伯待之之禮而又加之以宴好也大宰上卿也而言公者兼之內史與
歸以告王曰晉不可不善也其君必霸逆王命敬謂上
卿逆於境晉侯郊勞奉禮義成謂三讓賓饗之屬皆如禮敬王命順之道也
成禮義德之則也則德以道諸侯諸侯必歸之道訓也
且禮所以觀忠信仁義也言能行禮則有此四者忠所以分也
忠中則不偏仁所以行也仁行則有恩信所以守也信守則不貳義

所以節也制事之節忠分則均仁行則報信守則固義節
則度度得其度也分均無怨行報無匱守固不偷偷苟且也節度
不攜攜離也若民不怨而財不匱令不偷而動不攜其
何事不濟中能應外忠也施三服義仁也賈侍中云三謂忠信
仁也昭謂施三謂三讓也服義義宜也服得其宜謂端委也守禮不淫信也行禮
不疚義也疚病也臣入晉境四者不失四者忠信仁義臣故曰
晉侯其能禮矣王其善之樹於有禮艾人必豐樹種也艾
報也豐厚也王從之使於晉者道相逮也逮及也及惠后之
難王出在鄭惠后周惠王之后襄王繼母陳嬀也陳嬀有寵生子帶將立未及而卒子帶奔
齊王復之又通於襄王之后隗氏王廢隗氏周大夫頹叔桃子奉帶以翟師伐周王出適鄭處于氾在魯

魯三十四年晉侯納之納王於周而殺子帶在魯僖二十五年襄王十六年立晉文公襄王十六年魯僖二十四年二十一年以諸侯朝王于衡雍且獻楚捷遂爲踐土之盟襄王二十一年魯僖二十八年也衡雍踐土皆鄭地在今河內溫也捷勝也勝楚所獲兵衆文公以僖二十八年夏四月敗楚師於城濮城濮衛地也旋至衡雍天子臨之晉侯以諸侯朝王且獻所得楚兵駟介百乘徒兵千也王命尹氏及王子虎內史叔興父策命晉侯爲侯伯賜之大輅之服戎輅之服彤弓一彤矢百玈弓十玈矢千秬鬯一卣虎賁三百人於是乎始霸

周語上第一　國語

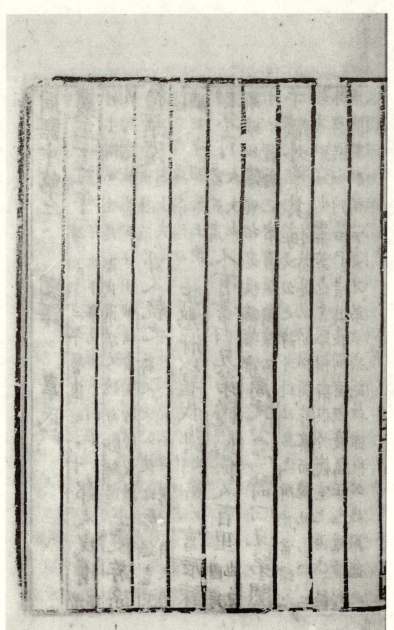

周語中第二　國語　韋氏解

襄王十三年襄王十三年魯僖之二十年也下事見二十四年鄭人伐滑滑姬姓小國也先是鄭伐滑滑人聽命鄭師還又即衛故鄭公子士洩堵俞彌帥師伐滑王使游孫伯請滑游孫伯周大夫鄭人執之鄭人文公使也鄭怨惠王之入而不與厲公爵又怨襄王之與衛滑故不聽王命而執王使王怒將以翟伐鄭翟隗姓之國也富辰諫曰不可富辰周大夫也人有言曰兄弟讒鬩侮人百里鬩佷也兄弟雖以讒言相違佷猶禁禦它人侵侮己者百里踰遠也周文公之詩曰兄弟鬩于牆外禦其侮文公之詩者周公旦之所作常棣之篇是也所以閔管蔡而親兄弟此二句其四章也禦禁也言雖相與佷於牆室之內然能外禦異族侮害己者其後周室既衰厲王無道骨肉恩闕親親禮廢宴兄弟之樂絕故邵穆公思周德之不類而合其宗族於成周復脩作常棣之歌以親之

鄭唐二君以爲常棣穆公所作失之矣唯賈君得之穆公邵康公之後穆公虎也去周公歷九王矣

若是則鬩乃內侮而雖鬩不敗親也雖內相很外禦它人故不敢親

鄭在天子兄弟也言與襄王有兄弟之親

鄭武莊有大勳力于平桓武鄭桓公之子武公滑突也莊武公之子莊公寤生也王功曰勳平幽王之子平王宜咎也桓平王之孫太子泄父之子桓王林也幽王既滅鄭武公以卿士夾輔平王東遷洛邑桓王即位鄭莊公爲之卿士以王命討不庭伐宋入郕在魯隱十年唐尚書云王奪鄭伯政鄭伯不朝王伐鄭鄭祝聃射王中肩豈得爲功桓當爲惠傳曰鄭有平惠之勳昭謂鄭世有功而桓王不賞又奪其政耶雖射王非莊公意又詩敘云桓王失信諸侯背叛明桓王之非也下富辰凡又曰平桓莊惠皆受鄭勞明各異人不爲誤也

我周之東遷晉鄭是依東遷謂平王也晉語曰鄭先君武公與晉文侯戮力一心股肱周室夾輔平王是也

子穨之亂又鄭之由定子穨周莊王之子惠王叔父

篡王而立惠王出居鄭厲公殺子頹而納之事在周語上今以小忿棄之是以小怨置大德也無乃不可乎置猶廢也詩云忘我大德思我小怨且夫兄弟之怨不徵於它徵召也它謂翟人徵於它利乃外矣外利在翟章怨外利不義章明也棄親即翟不祥祥善也棄親出狄師以伐鄭以怨報德不仁言鄭有德於王王怨而伐之是爲不仁夫義所以生利也祥所以事神也仁所以保民也保養也不義則利不阜阜厚也不祥則福不降不仁則民不至古之明王不失此三德者三德仁義祥也故能光有天下光大也而龢寧百姓令聞不忘不忘言德及後代也王其不可以棄之王不聽十七年王降翟師以伐鄭降下也王德翟人將以其女爲

后富辰諫曰不可夫婚姻禍福之階也〔階梯也〕利內則福由之利外則取禍今王外利矣〔樹利於翟〕其無乃階禍乎昔摯疇之國也由大任〔摯疇二國任姓奚仲仲虺之後大任之家也大任王季之妃文王之母詩云摯仲氏任又曰思齊大任文王之母〕杞繒由大姒〔杞繒二國姒姓夏禹之後大姒之家也大姒文王之妃武王之母〕齊許申呂由大姜〔四國皆姜姓四岳之後大姜之家大姜大王之妃王季之母〕陳由大姬〔陳嬀姓舜後大姬周武王之女成王之姊傳曰以元女大姬配虞胡公而封諸陳〕是皆能內利親親者也〔內利內行七德親親以申固其家〕昔鄢之亡也由仲任〔鄢妘姓之國仲任氏之女爲鄢夫人唐尚書云鄢爲鄭武公所滅非取任氏而亡也昭謂幽王爲西戎所殺而詩言褒姒威之明禍有所由也〕密須由伯姞〔伯姞密須之女也傳曰密須之鼓闕鞏之甲此則文王所滅而獲鼓甲也大雅

云密人不恭敢距大邦不由嫁女而亡世本云密須姞姓鄶由叔妘鄶妘姓之國叔妘同姓之女爲鄶夫人唐尚書云亦鄭武公滅之不由女亡也昭謂公年傳曰先鄭伯有善乎鄶公者通于夫人以取其國此之謂也聃由鄭姬聃姬姓文王之子聃季之國鄭姬鄭女爲聃夫人同姓相取猶魯昭公取於吳矣亦其黷姓所以亡息由陳嬀息姬姓之國陳嬀陳女爲息侯夫人蔡哀侯亦取于陳息嬀將歸過蔡蔡哀侯止而見之弗賓嬀以告息侯導楚伐蔡蔡侯怨因稱息嬀之美於楚子楚子遂滅息以息嬀歸鄧由楚曼鄧曼姓楚曼鄧女爲楚武王夫人生文王過鄧而利其國遂滅鄧而兼之羅由季姬羅熊姓之國季姬姬氏之女爲羅夫人盧由荊嬀盧嬀姓之國荊嬀盧女爲荊夫人荊楚也是皆外利離親者也外利行淫辟求利於外不能親親以亡其國王曰利何如而內何如而外對曰尊貴明賢庸勳長老明顯也庸用也勳功也長老尚齒也愛親禮新親舊親六親也新新

來過賓也舊君之故舊也然則民莫不審固其心力以役上令役為
也官不易方方道也而財不匱竭貢賦有品財用有節不乏盡也求無
不至動無不濟百姓兆民百姓百官也官有世功受氏姓也夫人奉
利而歸諸上是利之內也十億曰兆夫人猶人人也若七德離判
民乃攜貳判分也攜離也七德謂尊貴至親舊各以利退以利利其身而去退自營
也上求不暨是其外利也暨至也夫翟無列於王室列位
次也鄭伯南也王而卑之是不尊貴也賈侍中云南者在南服之侯伯
或云南南面君也鄭司農云南謂子男鄭今之新鄭
新鄭之於王城為在畿內畿內之諸侯雖爵有侯伯
周之舊法皆食子男之地昭按內傳子產爭貢曰爵
卑而貢重者甸服也鄭伯男也而使從公侯之貢懼
弗給也以此言之鄭在男服明矣周公雖制土中設
九服至康王而西都鎬京其後衰微土地損減服制

卑故鄭在男服禮識外之侯伯世位其見待車於采地之君故曰是不尊貴之也翟豺狼之德也鄭未失周典王而蔑之是不明賢也蔑小也平桓莊惠皆受鄭勞王而棄之是不庸勳也平王東遷依鄭武公桓王即位鄭莊公佐之莊桓王之子莊王佗也惠莊王之孫僖王之子惠王毋涼也爲子穨所簒出居於鄭鄭厲公納之自平王以來鄭世有功故曰皆受鄭勞勞功也鄭伯捷之齒長矣王而弱之是不長老也捷鄭文公之名弱猶稺也翟隗姓也隗姓赤翟鄭出自宣王王而虐之是不愛親也鄭桓公友宣王之弟出者鄭國之封出於宣王之世夫禮新不間舊間代也王以翟女間姜任非禮且棄舊也姜氏任氏之女世爲王妃嬪今以翟女代之爲棄舊也王一舉而棄七德臣故曰利外矣書有之曰必有忍也若能有濟也

書逸書也若猶乃也濟成也言能有所忍乃能有成功）王不忍小忿而棄鄭又登叔隗以階翟（階階也翟禍也）翟封豕豺狼也不可厭也（封大也厭足也）王弗聽十八年王黜翟后（十八年魯僖二十四年也黜廢也翟后既立而通於王子帶故廢之）翟人來誅殺譚伯（誅責也翟人奉子帶以攻王而殺譚伯譚伯周大夫）富辰曰昔吾驟諫王王弗從以及此難若我不出王其以我為懟乎乃以其屬死之（帥其徒屬以死翟難）初惠后欲立王子帶故以其黨啓翟人（言初者惠后已死也以其黨者謂積叔桃子緣惠后欲立子帶故以子帶之黨啓翟人伐周）翟人遂入周王乃出居于鄭晉文公納之（王出適鄭居于氾也文公納之而殺子帶在魯僖之二十五年）

晉文公既定襄王于郟（郟洛邑王城之地也）王勞之以地（王以其勤

勞（賞之以地謂陽樊溫原攢茅之田）辭（辭不受也）請隧焉（賈侍中云隧王之葬禮闕地通路曰隧昭謂隧六隧也周禮天子遠郊之內有六鄉則六軍之事也外有六隧掌供王之貢賦唯天子有隧諸矦則無）王弗許曰昔我先王之有天下也規方千里以爲甸服（規規畫而有之）以供上帝山川百神之祀（以其職貢供王祭也上帝天神五帝也山川五岳河海也百神丘陵墳衍之神也）以備百姓兆民之用（百姓百官有世功者用財用也）以待不庭不虞之患（庭直也虞度也不直猶不道也不度不億度而至之患）其餘以均分公矦伯子男（其餘甸服之外地也均平也周禮公之地方五百里矦四百里伯三百里子二百里男百里）使各有寧宇（寧安也宇居也）以順及天地無逢其災害（順順天地尊卑之義也若相侵犯則有災害）先王豈有賴焉（賴利也言無所利皆均分諸矦）內官不過九御（九御九嬪）

外官不過九品九品九卿周禮內有九室九嬪居之外有九室九卿朝焉足以供
給神祇而已言嬪御卿至祭祀也魯語曰日入監九御使潔奉禘郊之粢盛豈敢厭
縱其耳目心腹以亂百度厭足也耳目聲色心腹嗜欲也亦唯是死
生之服物采章采章采色文章也死之服謂六隧之民引王柩輅以臨長百
姓而輕重布之王何異之有輕重布之貴賤各有等也王何異之有言帝王
皆然今天降禍災於周室余一人僅亦守府僅猶劣也府先王之
府藏又不佞以勤叔父勤勞也天子稱九州之長同姓曰叔父而班先王
之大物以賞私德班分也大物謂隧也其叔父實應且憎以非
余一人余一人豈敢有愛也應猶受憎惡也言晉文雖當私賞猶非我一人
先民有言曰改玉改行玉佩玉所以節行步也君臣尊卑遲速有節言服其服則

行其禮以言晉侯尚在臣位不宜有隧也叔父若能光裕大德更姓改物以創制天下自顯庸也光廣也裕寬也更姓易姓也改物改正朔易服色也創造也庸用也謂爲天子造創制度自顯用於天下而縮取備物以鎮撫百姓縮引也備物遂之屬余一人其流辟於裔土何辭之與有流放也言將放辟於荒裔復何陳辭之有若由是姬姓也謂文公未更姓而王尚將列爲公侯以復先王之職大物其未可改也言文公若尚在公侯之位將成霸業以興王室復先王之職則六隧未可改也叔父其茂昭明德物將自至茂勉也言有天下則隧自至也余敢以私勞變前之大章以忝天下章表也所以表明天子與諸侯異物也其若先王與百姓何言無以奉先王鎮撫百姓何政令之爲也何以復臨百姓而爲政令乎若不然叔父有地

而隧焉（自制以爲隧也）余安能知之（所不敢禁）文公遂不敢請受地而還

王至自鄭（襄王從鄭至王城也）以陽樊賜晉文公（陽樊二邑在畿內也）陽人不服（不肯屬晉）晉侯圍之倉葛呼曰（倉葛陽人也）王以晉君爲德（爲能行德）故勞之以陽樊陽樊懷我王德是以未從於晉（懷思也）謂君其何德之布以懷柔之（懷來也柔安也）使無有遠志（遠志離畔也）今將大泯其宗祊（泯滅也廟門謂之祊宗祊猶宗廟也）而蔑殺其民人（蔑猶滅也）宜吾不敢服也夫三軍之所尋（尋討也）將蠻夷戎翟之驕逸不虔於是乎致武（謂諸夏之國爲蠻夷之行王於是致武以伐之）此羸者陽也未狎君政（羸弱也狎習也）故未

承命君若惠及之唯官是徵其敢逆命官晉有司也徵召也何足以辱師君之武震無乃玩而頓乎震威也玩黷也言舉非義兵誅罰失當故君之武威將見慢黷而頓斃之臣聞之曰武不可覿文不可匿覿見也匿隱也言不當尚武隱文覿武無烈烈威也匿文不昭陽不承獲甸而祇以覿武臣是以懼不然其敢自愛也祗適也言陽人既不得承王室爲甸服又懼晉不惠恤其民適以震威爍武而見殘破不然豈敢自愛而不服乎且夫陽豈有裔民裔民謂凶惡之民放在荒裔者夫亦皆天子之父兄甥舅也謂吾舅者吾謂之甥若之何其虐之也晉侯聞之曰是君子之言也乃出陽民放令去也

温之會晉人執衛成公歸之于周溫晉之河陽也成公衛文公之子成

公鄭也晉文公討不伏衞成公恃楚而不從聞楚師
敗於城濮懼出奔楚使元咺奉弟叔武以受盟于踐
土或愬元咺曰立叔武矣衞侯殺其子角咺不發命
奉叔武以守晉人復衞侯衞侯先期入叔武將沐聞
君至喜捉髮走出前驅射而殺之元咺出奔晉會于
溫討不服衞侯與元咺訟不勝故晉侯執之歸之于
京師在魯僖二十八年晉侯請殺之王曰不可夫政自上下者
也當從王出也上作政而下行之不逆故上下無怨言君臣不
相怨今叔父作政而不行無乃不可乎不行謂不順也言晉侯不行德
政而聽元咺之愬欲殺衞侯夫君臣無獄獄訟也無是非曲直獄訟之義今元咺
雖直不可聽也君臣皆獄父子將獄是無上下也而
叔父聽之一逆矣又爲臣殺其君其安庸刑庸用也刑法也
布刑而不庸再逆矣一合諸侯而有再逆政余懼其

無後也（無後無以復合諸侯）不然余何私於衛侯晉人乃歸衛侯（在魯僖三十年晉侯使醫衍酖衛侯不死魯僖爲請於王及晉侯皆納玉十瑴於是歸之）

二十四年秦師將襲鄭過周北門（襄王二十四年魯僖之三十二年秦師秦大夫孟明視之師也輕曰襲周北門王城北門也）左右免冑而下（兵車參乘御在中央故左右下也冑兜鍪也免脫也脫冑而下敬天王也）超乘者三百乘（超乘者跳躍而上車者）王孫滿觀之言於王曰秦師必有讁（滿周大夫王孫之名讁猶咎也）王曰何故對曰師輕而驕（輕謂超乘也驕謂士卒不肅也）輕則寡謀驕則無禮無禮則脫（脫簡踈也謂不斂孜整陳）寡謀自陷入險而脫能無敗乎（險謂殽地）秦師無讁是道廢也（是古道廢）是行也秦師還（鄭商覺之矯以鄭伯之命犒之故還）晉人敗諸殽獲其三

帥丙術視殽晉地也在今弘農三帥秦三將謂白乙丙西乞術孟明視

晉侯使隨會聘于周晉侯晉文公之孫成公之子景公獳也隨會晉正卿士蔿之孫

成伯之子士季武子也定王饗之殽烝定王周襄王之孫頃王之子定王揄也烝升也

外折俎之殽原公相禮原公周卿士原襄公也相佐也范子私於原公范子

隨會也食采於隨范故或曰隨會或曰范會曰吾聞王室之禮無毀折今

此何禮也王見其語也召原公而問之原公以告王

召士季季范子字曰子弗聞乎禘郊之事則有全烝全烝全其

牲體而升之也凡禘郊皆血腥也王公立飫則有房烝王天子公諸侯也禮之立

成者爲飫房大俎也詩云籩豆大房謂半解其體升之房也親戚宴饗則有殽烝

殽烝升體解節折之俎謂之折俎也今女非宅也而叔父使士季實來

脩舊德以獎王室（獎成也）唯是先王之宴禮欲以貽女（貽遺也）余一人敢設飫禘焉（飫半體禘全體）忠非親禮而干舊職以亂前好（忠厚也親禮親戚宴饗之禮也舊職故事前好先王之好也）且唯夫戎翟則有體薦（體委與之也）夫戎翟冒沒輕儳貪而不讓（冒抵觸也沒入也儳進退上下無列也）其血氣不治若禽獸焉其適來班貢不俟馨香嘉味（適往也班賦也）故坐諸門外而使舌人體委與之（舌人能達異方之志象胥之官也）女今我王室之一二兄弟以時相見（兄弟晉也）將龢協典禮以示民訓則（協合也典常也）無亦擇其柔嘉（無亦不亦也柔脆也嘉美也）選其馨香潔其酒醴品其百籩（籩竹器容四升其實棗栗糗餌之屬）脩其簠簋（脩備也簠簋黍稷之器）

奉其犧象犧犧尊飾以犧牛象象尊以象骨爲之飾出其尊彝尊彝皆受酒之器
陳其鼎俎俎設於左牛豕爲一列魚腊腸胃爲一列膚特於東静其巾冪静潔也巾
冪所以覆尊彝敬其祓除祓除猶掃除也體解節折而共飲食之於
是乎有折俎加豆加豆謂既食之後所加之豆也其實芹菹菟醢之屬酬幣宴
貨酬報也聘有酬賓束帛之禮其宴束帛爲好謂之宴貨以示容合好示容儀合和好
也胡有孑然其效戎翟也孑然全體之貌夫王公諸侯之有飫
也將以講事成章講講軍旅議大事也章章程也建大德昭大物也
大德大功大物戎器也故立成禮烝而已立成不坐也升其備物而已飫以
顯物宴以合好顯物示物備也歲飫不倦歲行飫禮不至於解倦時宴
不淫一時之間必有宴禮不至於淫酒月會會計也計一月之經用旬脩脩十日之

中所成爲者日完不忘日完一日之所爲不忘不忘其禮也服物昭庸采飾顯明庸功也冕服旗章所以昭有功采色之飾所以顯明德也文章比象黼黻繪繡之文章也比象比文以象山龍華蟲之屬周旋序順周旋容止也序次也各以次比順於禮也容貌有崇崇飾也容止可觀也威儀有則則法也其威可畏其儀可度也五味實氣味以實氣氣以行志五色精心五色之章所以異賢不肖精其心也五聲昭德昭德謂政平者其樂和也亦謂見其樂知其德五義紀宜五義謂父義母慈兄友弟恭子孝也飲食可饗和同可觀殽烝故可饗以可去不曰和一心不二曰同和同之道行則德義可觀財用可嘉酬幣宴貨以將厚意故可嘉也則順而建德則法也建立也古之善禮者將焉用全烝武子遂不敢對而退歸乃講聚三代之典禮三代夏殷周也於是乎脩執秩以爲晉法

秩常也可奉執以爲常法者晉文公蒐於被廬作執秩之法自靈公以來闕而不用故武子脩之以爲晉
國之法

定王使單襄公聘于宋單襄公王卿士單朝也聘問也問者王之所以撫萬國存
省之遂假道於陳以聘於楚假道自宋適楚經陳也是時天子微弱故以諸侯相
聘之禮假道也聘禮若過國至于境使次介假道束帛將命于朝火朝覿矣道茀不
可行也火心星也覿見也草穢塞路爲茀朝見謂夏正十月晨見於辰候不在疆候候
人也掌送迎賓客者疆境也司空不視塗司空卿官掌道路也澤不陂陂鄣也古
不竇澤故鄣之川不梁流曰川梁渠梁古不防川故梁之野有庾積唐尚書云十六
斗曰庾昭謂此庾露積穀也詩云曾孫之庾如坻如京是也場功未畢治場未畢也詩云九
月築場圃道無列樹古者列樹以表道且爲城守之用墾田若蓺發田曰墾蓺猶

蓺也言其稀少猶若蓺物膳宰不致餼膳宰膳夫也掌賓客之牢禮生曰餼司里不
授館司里里宰也掌授客館國無寄寓寓亦寄也無寄寓者不爲廬舍可以寄羈旅之
客縣無施舍四甸爲縣縣方六十里施舍者所以施舍賓客負任之處民將築臺
于夏氏氏陳國之民臺觀臺也夏氏陳大夫夏徵舒之家及陳陳靈公與孔
寧儀行父南冠以如夏氏留賓弗見及至也陳靈公舜後恭公之子
靈公平國也孔寧儀行父陳之二卿南冠楚冠也如之也往之徵舒家淫夏姬賓單襄公也單子
歸告王曰陳侯不有大咎國必亡單子襄公也卿大夫稱子於其私士
稱公王曰何故對曰夫辰角見而雨畢辰角大辰倉龍之角角星名也
見者朝見東方建戌之初寒露節也雨畢者殺氣日盛雨氣盡也天根見而水涸天根
亢氐之間也涸竭也謂寒露雨畢之後五日天根朝見水潦盡竭也月令仲秋水始涸天根見乃盡竭

本見而草木節解 本氐也謂寒露之後十日陽氣盡草木之枝節皆理解也 駟見而隕霜 駟天駟房星也隕落也謂建戌之中霜始降 火見而清風戒寒 謂霜降之後清風先至所以戒人爲寒備也 故先王之敎曰雨畢而除道水涸而成梁 敎謂月令之屬也九月雨畢十月水涸 草木節解而備藏 備收藏也月令季秋農事畢收 隕霜而冬裘具 孟冬則天子始裘故九月可以具之 清風至而脩城郭宮室 謂火見之後建亥之初也 故夏令曰九月除道十月成梁 夏令夏后氏之令周所因也除道所以便行旅成梁所以便民使不涉也 其時儆曰收而場功偫而畚梮 時儆時所以儆告其民也收而場功使人脩囷倉也 偫具也畚器名土籠也梮舁土之器具汝畚梮將以築作也 營室之中土功其始 定謂之營室謂建亥小雪之中定星昏正於午土功可以始也詩云定之方中作于楚宮 火之初

見期于司里（期會也致其築作之具會於司里之官）此先王之所以不用財賄而廣施德於天下者也（施德謂因時警戒謹蓋藏成築功也）今陳國火朝覿矣而道路若塞野場若棄澤不陂障川無舟梁（舟梁以舟為梁也）是廢先王之教也周制有之曰列樹以表道立鄙食以守路（鄙四鄙十里有廬廬有飲食）國有郊牧（國外曰郊牧放牧之地）畺有寓望（畺境也境界之上有寄寓之舍候望之人）藪有圃草（澤無水曰藪圃大也必有茂大之草以備財用）囿有林池（囿苑也林積木也池積水也）所以禦災也（禦備也災飢兵也）其餘無非穀土民無懸耜（言常用也入土曰耜耜柄曰耒）野無奧草（皆墾辟也奧深也）不奪民時不蔑民功（蔑棄也）有優無匱有逸無罷國有班事（國城邑也班次也執事有次）

縣有序民縣鄙之民從事有序今陳國道路不可知田在草間不墾者多功成而不收野場若棄也民罷於逸樂罷於為國君作逸樂之事是棄先王之法制者也周之秩官有之秩官周常官篇名曰敵國賓至關尹以告敵位敵也關尹司關掌四方賓客叩關則為之告聘禮曰及境謁關人關人問從者幾人遂以入境行理以節逆之理吏也逆迎也執瑞節為信而迎之也行理小行人候人為導導賓至於朝出送之境卿出郊勞聘禮曰賓至于近郊君使卿朝服用束帛勞門尹除門門尹司門也除門埽除門庭也宗祝執祀宗宗伯祝太祝也執祀賓將有事於廟則宗祝執祭祀之禮司里授館司里授客所當館館次於卿也聘禮卿致館司徒具徒具徒役脩道路之委積司空視塗視險易也司寇詰姦禁詰姦盜虞人入材虞人掌山澤之官祭祀賓客各供其材甸人積薪甸人

掌薪蒸之官也火師監燎火師司火燎庭燎也水師監濯水師掌水監滌濯之事者膳宰致餐孰食曰餐廩人獻餼生曰餼禾米也司馬陳芻司馬掌帥圉人養馬故陳芻圉人職屬司馬工人展車展省客車補傷敗也百官以物至賓入如歸是故小大莫不懷愛小大謂賓介也其貴國之賓至則以班加一等益虔貴國大國也班次也至于王使則皆官正涖事正長也涖臨也上卿監之監視也若王巡守則君親監之周禮王十二歲一巡守今雖朝也不才有分族於周朝單子之名有分族王之親族也承王命以爲過賓於陳假道爲過賓而司事莫至是蔑先王之官也蔑欺也先王之令有之曰文武之教天道賞善而罰淫故凡我造國無從非彝造爲也彝常也無即

慆淫（即，就也。慆，慢也。）各守爾典，以承天休。（典，常也。休，慶也。）今陳侯不念胤續之常，棄其伉儷妃嬪（伉，對也。儷，偶也。）而帥其卿佐以淫於夏氏，不亦瀆姓矣乎？（卿佐，孔儀也。賈、唐二君云：姓，命也。一曰夏氏姬姓，鄭女亦姬姓，故謂之瀆姓。昭謂夏徵舒之父御叔，即陳公子夏之子，靈公之從祖父，媯姓也。而靈公淫其妻，是為褻瀆其姓。）陳，我大姬之後也，（大姬，周武王之女，虞胡公之妃，陳之祖妣也。）棄袞冕而南冠以出，不亦簡彝乎？（袞，卷龍之衣。冕，大冠也。公之盛服。簡，略也。彝，常也。言其棄禮簡略常服也。）是又犯先王之令也。（先王之令，無從非彝。）昔先王之教，茂帥其德也，猶恐隕越，（言勉帥其德，猶恐落墜。）若廢其教而棄其制，蔑其官而犯其令，將何以守國？（無禮則危。）居大國之間（大國，晉、楚。）而無此四者，其能久乎？（四者，謂教、制、官、令也。）六年單子如楚定王六年魯宣之八年八年陳侯殺于夏氏八年魯宣之十年也陳靈公與孔寧儀行父飲酒于夏氏公謂行父曰徵舒似汝對曰亦似君徵舒病之公出自其廏射而殺之九年楚子入陳楚子莊王也入陳討夏氏殺君之罪既滅陳而復封之故曰入唐尚書云遂取陳以爲縣誤也

定王八年使劉康公聘于魯劉畿內之國康公王卿士王季子也發幣於大夫發其禮幣於魯大夫季文子孟獻子皆儉二子魯卿季文子季友之孫齊仲無佚之子季孫行父也孟獻子仲慶父之曾孫公孫敖之孫孟文伯歜之子仲孫蔑也儉居處儉節叔孫宣子東門子家皆侈二子魯大夫叔孫宣子叔牙之曾孫莊叔得臣之子叔孫僑如也東門子家莊公之孫東門襄仲之子公孫歸父也歸王問魯大夫孰賢對曰季孟其長處魯乎叔孫東門其亡乎若家不

亡身必不免王曰何故對曰臣聞之爲臣必臣爲君必君（臣尚敬君尚惠也）寛肅宣惠君也（肅整也宣徧也惠愛也）敬恪恭儉臣也寛所以保本也（本位也寛則得衆故可以守位）肅所以濟時也（濟成也）宣所以教施也（施徧則民不怨）惠所以和民也本有保則必固時動而濟則無敗功（不干時而動則無敗功也）教施而宣則徧惠以和民則阜（阜厚也）若本固而功成施徧而民阜乃可以長保民矣其何事不徹（徹達也）敬所以承命也恪所以守業也恭所以給事也儉所以足用也（儉則有餘故所以足用）以敬承命則不違以恪守業則不懈以恭給事則寛於死（寛猶遠也）以儉足用則遠於憂（無乏絶之憂且

遠驕僭之罪也若承命不違守業不懈寬於死而遠於憂則可以上下無隙矣上下君臣也隙瑕釁也其何任不堪上作事而徹下能堪其任所以爲令聞長世也長世多歷年也今夫二子者儉其能足用矣二子季孟言二人其能以儉足用用足則族可以庇庇覆也恭儉節用無取於民國人說之故其宗族可以覆廕二子者侈侈則不恤匱匱而不恤憂必及之志在奢侈不恤人之窮匱故憂患必及之若是則必廣其身廣大也務自大不顧其上也且夫人臣而侈國家弗堪亡之道也王曰幾何對曰東門之位不若叔孫而泰侈焉不可以事二君東門大夫叔孫卿也位在人下而侈其上重而無基故不可以事二君叔孫之位不若季孟而亦泰侈焉不可

以事三君叔孫下卿季孟上卿若皆蚤世猶可蚤世蚤卽亡也其家猶可以免也若登年以載其毒必亡登年多歷年也載行也毒害也必亡家必亡也十六年魯宣公卒定王十六年魯宣之十八年赴者未及東門氏來告亂子家奔齊來告告周大夫也東門子家謀去三桓使如晉未反宣公薨三桓逐子家遂奔齊也諸侯大夫以君命使出出必有禮贄私覿之事以通情結好吉凶相告子家嘗使於周故以聞告也告在魯宣十八年赴者未及明不及二君簡王十一年魯叔孫宣伯亦奔齊成公未没二年簡王定王之子簡王夷也十一年魯成十六年也宣伯僑如也通於宣公夫人穆姜欲去季孟而專公室國民逐之故出奔齊言成公未没二年明不及三君也簡王八年魯成公來朝簡王八年魯成十三年也成公將與周晉伐秦而朝使叔孫僑如先聘且告使僑如先脩聘禮且告周以成公將朝也見王孫說

與之語說周大夫也說言於王曰魯叔孫之來也必有異焉其享覲之幣薄而言諂殆請之也若請之必欲賜也魯執政唯強故不歡焉而後遣之魯執政之人唯畏其強禦難距其欲故不歡說而後遣之且其狀方上而銳下宜觸冒人王其勿賜若貪陵之人來而盈其願是不賞善也且財不給給供也故聖人之施舍也議之施予也舍不予也其喜怒取予也亦議之是以不主寬惠亦不主猛毅主猶名也主德義而已賞得其人罰當其罪是爲德義王曰諾使私問諸魯請之也王遂不賜禮如行人如使人之禮無加賜及魯侯至仲孫蔑爲介在賓爲介上介所以佐相禮儀王孫說與之語說讓說好也言蔑好讓說

以語王王厚賄之

晉既克楚于鄢（克勝也晉厲公伐鄭楚人救之戰于鄢鄢在魯成十六年）使郤至告慶于周（郤至晉卿步揚之孫蒲城鵲居之子溫季也告慶以勝楚之福告王也）未將事（將行也未行告慶之禮）王叔簡公飲之酒（王叔簡公周大夫王叔陳生也）交酬好貨皆厚（交酬相酬之幣也好貨宴飲以貨爲好厚者幣物多也）飲酒宴語相說也明日王叔子譽諸朝郤至見召桓公與之語（召桓公王卿士）召公以告單襄公曰王叔子譽溫季以爲必相晉國相晉國必大得諸侯勸二三君子必先導焉可以樹（二三君子在朝公卿也導者導晉侯使升郤至以爲上卿可以樹黨於晉）今夫子見我以晉國之克也爲己實謀之（言戰勝楚吾之謀也）曰微我

晉不戰矣微無也楚有五敗晉不知乘我則強之乘[illegible]也
背宋之盟一也宋盟宋華元所合晉楚之成也華元善楚令尹子重又善晉欒武子故遂
合二國之好盟在魯成十二年至十六年楚鄭背盟伐宋也薄德而以地賂諸侯
二也楚王薄德鄭人不從楚以汝陰之田賂鄭鄭叛晉從楚也棄壯之良而用幼
弱三也壯之良謂申叔時幼弱謂司馬子反也建立卿士而不用其言
四也卿士子囊子囊不欲背晉楚王不聽夷鄭從之三陳而不整五也
夷楚東之夷也晉語曰楚恭王帥東夷救鄭三陳夷鄭楚也臯不由晉晉得其民
言楚叛盟非晉之臯得民得民心也四軍之帥旅力方剛時晉立四軍四軍之帥晉
八卿也欒書將中軍士燮佐之郤錡將上軍荀偃佐之韓厥將下軍知罃佐之趙旃將新軍郤至佐之旅
衆也剛強也卒伍治整諸侯與之以晉有信故諸侯與之是有五勝

也有辭一也楚背盟故晉有辭也得民二也軍帥彊御三也行列治整四也諸侯輯睦五也有一勝猶足用也有五勝以伐五敗而避之者非人也不可以不戰欒范不欲我則彊之欒欒書也范范士燮也戰而勝是吾力也謂郤至曰楚有六間不可失也且夫戰也微謀微無也言軍無計謀吾有三伐伐功也三伐勇禮仁也勇而有禮反之以仁吾三逐楚君之卒勇也見其君必下而趨禮也下下車也能獲鄭伯而赦之仁也郤至從鄭伯其右弗翰胡曰余從之乘而俘以下郤至曰傷國君有刑乃止若是而知晉國之政楚越必朝知政謂爲政也吾曰子則賢矣吾郤稱公自謂抑晉國之舉也不失其次吾懼政之未及子也郤至位在七人下故恐次

未及也謂我曰夫何次之有昔先大夫荀伯自下軍之佐以政荀伯荀林父也從下軍之佐第六卿升爲政卿也趙宣子未有軍行而以政宣子趙盾也爲中軍佐第二卿未有軍行升爲政卿今欒伯自下軍往欒伯欒書也將下軍第五卿而爲正卿也是三子也吾又過於四之無不及三子荀趙欒也得郤至四人言己之材優於彼四人也三人之中無有所不及也若佐新軍而升爲政不亦可乎將必求之是其言也君以爲奚若言如是君以爲何如也襄公曰人有言曰兵在其頸其郤至之謂乎君子不自稱也稱舉也非以讓也惡其蓋人也蓋掩也夫人性陵上者也如能在人上者人欲勝陵之也故君子上禮讓而天下莫敢陵也不可蓋也言人之美不可掩也求蓋人其抑下滋甚滋益

（也求掩蓋人以自高大則其抑退而下益甚也）故聖人貴讓且謙曰獸惡其網民惡其上（獸惡其網爲其害己民惡其上爲其病己）書曰民可近也而不可上也（書逸書言民可近可以恩意近也不可上不可高上上陵也）詩曰愷悌君子求福不回（回邪也求福以禮不以邪也）在禮敵必三讓（敵體敵也）是則聖人知民之不可加也（加猶上也）故王天下者必先諸民然後庇焉則能長利（先諸民先求民志也庇猶廕也言王者先安民然後自庇廕也長利長有福利也）今郤至在七人之下而欲上之是求蓋七人也其亦有七怨怨在小醜猶不可堪而況在後鄉乎其何以待之（待猶備也）晉之克也天有惡於楚也故儆之以晉而郤至佻天以爲己力不亦難乎（佻偷也偷天功）

以爲己力佻天不祥乘人不義乘陵也不祥則天棄之不義則民畔之且郤至何三伐之有夫仁禮勇皆民之爲也民力所爲以義死用謂之勇若富辰也奉義順則謂之禮謂若管仲責楚包茅畜義豐功謂之仁豐大也謂若狐偃輔晉文姦仁爲佻以姦僞行仁爲偷仁謂獲鄭伯而舍之姦禮爲羞羞恥也謂見楚君而趨姦勇爲賊還賊國也姦勇謂逐楚卒夫戰盡敵爲上守和同順義爲上守和同謂不相與戰而平和也順義順王義也故制戎以果毅戎兵也殺敵爲果致果爲毅制朝以序成序次也朝不越爵則政成畔戰而擅舍鄭君賊也棄毅行容著也容容儀也謂下趨也畔國即讎佻也畔其國而即讎人謂赦鄭伯欲以偷仁也有三姦以求替其上遠於得政矣替廢也以吾觀

之兵在其頸不可久也雖吾王叔未能違難在大誓曰民之所欲天必從之王叔欲郤至能勿從乎違避也今周書大誓無此言其散亡乎郤至歸明年死難明年魯成十七年也死謂爲厲公所殺及伯輿之獄王叔陳生奔晉伯輿周大夫獄訟也王叔陳生與伯輿爭政王佐伯輿王叔不勝遂出奔晉在魯襄十年

周語中第二　國語

周語下第三　國語　韋氏解

柯陵之會柯陵鄭西地名經書公會尹子單子晉侯齊國佐邾人于柯陵以伐鄭在魯成十七年單襄公見晉厲公視遠步高襄公王卿士單朝之謚也時命事而不與會故不書厲公晉成公之孫景公之子厲公州蒲也視遠望視遠步高舉足高晉郤錡見單子其語犯郤錡晉卿郤克之子駒伯也犯陵犯人郤犨見其語迂郤犨晉卿郤錡之族父步揚之子苦成叔也迂迂回加誣於人郤至見其語伐郤至晉卿郤犨之弟子温季昭子也伐好自伐其功齊國佐見其語盡國佐齊卿國歸父之子國武子也盡者盡其心意善惡褒貶無所諱也魯成公見言及晉難及郤犨之譖魯成公宣公之子成公黑肱也言及晉難語次及晉將罪已之難及爲郤犨所誣晉將伐鄭使欒黶乞師於魯成公將如會叔孫僑如通於成公之母穆姜欲去季孟氏而取其室姜氏送公使逐季孟公以晉難告請

反而聽命姜愆公子偃公子鉏趨過指之曰波不可此皆君也公懼待於壞隤儅守而後行故不及戰郤犨受僑如之賂爲之譖魯於晉侯曰魯侯後至者待於壞隤將以待勝者也晉侯怒不見公故公爲單子言之單子曰君何患焉晉將有亂其君與三郤其當之乎魯侯曰寡人懼不免於晉今君曰將有亂敢問天道乎抑人故也故事也將以天道占之乎以人事知之也對曰吾非瞽史焉知天道瞽樂太師掌知音樂風氣執同律以聽軍聲而詔吉凶史太史掌抱天時與太師同車皆知天道者吾見晉君之容而聽三郤之語矣殆必禍者也夫君子目以定體足以從之體手足也論語曰四體不勤是以觀其容而知其心矣心不固則容不正目以處義義宜也足以步目今晉侯視遠而足高目不在體在存也而足不步

目其心必異矣目體不相從何以能久夫合諸侯民之大事也於是乎觀存亡故國將無咎其君在會步言視聽必皆无讁則可以知德矣讁譴也視遠曰絕其義言日日絕其宜也足高日棄其德人君容止佩玉有節今步高失儀棄其德也言爽日反其信爽貳也反違也聽淫日離其名淫濫也離失也名聲也失所名夫目以處義足以踐德踐履也動履德行口以庇信庇覆也言行相覆爲信耳以聽名者也耳所以聽別萬物之名聲故不可不愼也偏喪有咎喪亡也步言視聽四者而亡其二爲偏喪偏喪有咎咎及身也既喪則國從之既盡也四者盡喪國從而亡晉侯爽二吾是以云爽當爲喪字之誤也喪二視與步也是爲偏喪故言晉君當之夫郤氏晉之寵人也三卿而五

大夫可以戒懼矣三卿錡犨至也復有五人爲大夫故號八郤也高位寔疾
僨高者近危疾速僨隕也厚味寔腊毒厚味喻重祿也腊亟也讀若廟昔酒焉味厚者
其毒亟也今郤伯之語犯叔迓季伐伯錡也叔犨也季至也犯則陵
人迓則誣人伐則掩人掩人之美有是寵也而益之以三
怨其誰能忍之益猶加也三怨陵誣掩也雖齊國子亦將與焉與猶
與於禍也立於淫亂之國而好盡言以招人過怨之本也
招舉也唯善人能受盡言思聞過以自改齊其有乎言無也吾聞
之國德而鄰於不修必受其福國德己國有德也鄰於不修與不修德者
爲鄰也今君偪於晉而鄰於齊齊晉有禍可以取伯無
德之患何憂於晉且夫長翟之人利而不義長翟之人謂叔

孫僑如也僑如之父得臣敗翟于鹹獲長翟僑如因名其子爲僑如利者好利而不義通於穆姜欲逐季孟而專魯國其利淫矣流之若何言其所利驕淫之事耳流放也放之若何魯侯歸乃逐叔孫僑如簡王十一年諸侯會于柯陵簡王十一年魯成十七年十二年晉殺三郤十三年晉侯殺厲公既殺三郤欒書中行偃懼誅執厲公而殺之於匠麗氏於翼東門葬以車一乘翼晉别都也傳曰葬之於翼東門之外不得同於先君也禮諸侯七命遣車七乘以車一乘不成喪齊人殺國武子是年齊人又殺國佐也齊慶克通於靈公之母聲孟子國佐召慶克而謂之慶克以告夫人夫人愬之於靈公靈公殺之在魯成十八年晉孫談之子周適周事單襄公談晉襄公之孫惠伯談也周者談之子晉悼公之名晉自獻公用驪姬之讒詛不畜羣公子故孫周適周事單襄公立無跛跛偏任也視

無還睛轉復反爲還聽無聳不聳耳而聽言無遠遠謂非耳目所及也言敬

必及天象天之敬乾乾不息言忠必及意出自心意爲忠言信必及身

先信於身而後及人言仁必及人博愛於人爲仁言義必及利能利人物然後

爲義易曰利物足以和義言知必及事能處事物爲知言勇必及制以義爲制

也勇而不義非勇也言教必及辯辯別也能分別是非乃可以教言孝必及神

孝於鬼神則存者信矣言惠必及龢惠愛也和睦也言致和睦乃能親愛言讓必

及敵雖在匹敵猶以禮讓晉國有憂未嘗不戚急其宗也有慶未嘗

不怡慶福也怡說也襄公有疾召頃公而告之頃公單襄公之子也曰

必善晉周將得晉國其行也文經緯天地曰文能文則得天

地天地所胙小而後國胙福也天之所福小則得國大則得天下夫敬文

之恭也文者德之總名恭者其別行也十一義皆如之忠文之實也忠自中出故爲文實誠也信文之孚也孚覆也仁文之愛也仁者文之慈愛義文之制也義所以制斷事宜知文之輿也知所以載行文德勇文之帥也謂以勇帥行其心義教文之施也所以施布德化孝文之本也言人始於事親故孝爲文本惠文之慈也慈愛也讓文之材也材用也象天能敬言能則天是能敬也帥意能忠帥循也循己心意恕而行之爲忠思身能信思誠其身乃爲信也易曰體信足以長人愛人能仁言愛人乃爲仁利制能義以利爲制故能義也事建能知能處立百事爲知帥義能勇循義而行故能勇君子有勇而無義爲亂施辯能教施其道化能辯明之故能教也昭神能孝昭顯也尊而顯之若周公然慈和能惠慈愛和睦故能惠也推敵能讓與己體敵猶推先之故能

讓也此十一者夫子皆有焉夫子晉周天六地五數之常也天有六氣謂陰陽風雨晦明也地有五行金木水火土也經之以天緯之以地以天之六氣爲經以地之五行爲緯而成之經緯不爽文之象也爽差也文王質文故天胙之以天下夫子被之矣質文其質性有文德也被服之也言文王質性有文德故得天下晉周則被服之可以得國其昭穆又近可以得國父昭子穆孫復爲昭一昭一穆相次而下近者言周子之親與晉最近且夫立無跛正也視無還端也聽無聳成也成定也言無遠愼也夫正德之道也德之道路端德之信也端慤故信成德之終也志定終也故能愼德之守也守守德也守終純固道正事信明令德矣言周子明於善德愼成端正德之相也相助也愼成端正覆述上事爲下張

爲晉休戚不背本也休喜也被文相德非國何取被[illegible]文德又以四行輔助之非國何取言必得國成公之歸也吾聞晉之筮之也成公晉文公之庶子成公黑臀也歸者自周歸于晉晉趙穿殺靈公趙盾逆公子黑臀于周而立之著曰筮筴九成公遇乾之否曰配而不終君三出焉乾下乾上乾坤下乾上否乾初九九二九三變而之否也乾天也君也故曰配配先君也不終子孫不終爲君也乾下變爲坤坤地也臣也天地不交曰否變有臣象三爻故三世而終上有乾乾天子也五亦天子五體不變周天子國也三爻有三變故君三出於周一既往矣後之不知其次必此一謂成公已往爲晉君也後之不知不知最後者在誰也其次必此次成公而往者必周子也且吾聞之成公之生也其母夢神規其臀以墨曰使有晉國規畫也臀尻也三而畀驩之孫畀予也三世爲君而更予驩之孫驩晉襄公之名也孫曾

孫周子也自孫以下皆稱孫詩云周公之孫謂僖公也故名之曰黑臀於今再矣賈侍中云於今單襄公時也晉厲公卽黑臀之孫也黑臀之後二世爲君與黑臀蒲三世矣唐尚書云時晉景公在位成公生景公故言再昭謂魯成十七年單襄公與晉厲公會于柯陵後二年而單襄公卒其歲厲公殺則襄公將死時非景公明矣賈君得之襄公曰驩此其孫也此周子者晉襄公之孫而令德孝恭非此其誰且其夢曰必驩之孫實有晉國其卦曰必三取君於周其德又可以君國三襲焉襲合也三合德夢卦吾聞之大誓故曰朕夢協于朕卜襲于休祥戎商必克大誓伐紂之誓也故敵事也朕武王自謂也協亦合也休美也祥福之先見者也戎兵也言武王夢與卜合又合美善之祥以兵伐殷當必克之以三襲也言武王夢卜祥三合故遂克商有天下也今晉周德夢卜亦三合將必得國晉仍無道

而鮮冑其將失之矣仍數也鮮寡也冑後也晉厲公數行無道晉公族之後又寡少將失國也必蚤善晉子其當之也晉子周子頃公許諸及厲公之亂召周子而立之是爲悼公亂謂殺也

靈王二十二年靈王周簡王之子靈王大心也二十二年魯襄之二十四年是歲齊人城郟穀洛鬬將毀王宮穀洛二水名也鬬者兩水格有似於鬬洛在王城之南穀在王城之北東入于瀍至靈王時穀水盛出於王城之西而南流合於洛水毀王城西南將及王宮故齊人城郟王欲壅之欲壅防穀水使北出也大子晉諫曰不可晉靈王太子也蚤卒不立晉聞古之長民者長猶君也不墮山墮毀也不崇藪崇高也澤無水曰藪不防川防鄣也流曰川不竇澤澤居水也竇決也不爲此四者爲其反天性夫山土之聚也藪物之歸也物所生歸也川氣之導也

導達也易曰山澤通氣澤水之鍾也（鍾聚也）夫天地成而聚於高歸物於下（聚聚物也高山陵也下藪澤也）疏爲川谷以導其氣（疏通也）陂唐汙庳以鍾其美（畜水曰陂唐隄也美謂滋潤）是故聚不阤崩而物有所歸（大曰崩小曰阤）氣不沈滯而亦不散越（沈伏也滯積也越遠也）是以民生有財用而死有所葬（物有所歸故生有財用山陵不崩故死有所葬齊語曰陵爲之終）然則無夭昏札瘥之憂而無飢寒乏匱之患（短折曰夭狂惑曰昏疫死曰札瘥病也）故上下能相固以待不虞（虞度也）古之聖王唯此之慎（慎逆天地之性）昔共工棄此道也（賈侍中云共工諸侯炎帝之後姜姓也顓頊氏衰共工氏侵陵諸侯與高辛氏爭而王也或云共工堯時諸侯爲高辛所滅昭謂爲高辛所滅安得爲堯諸侯又堯時共工與此異也）虞于湛

樂虞安也湛淫也淫失其身欲壅防百川墮高堙庳以害天
下堙塞也高謂山陵庳謂池澤皇天弗福庶民弗助禍亂並興共
工用滅其在有虞有崇伯鯀有虞舜也鯀禹父崇鯀國伯爵也堯時在位而
言有虞者鯀之誅舜之爲也播其淫心稱遂共工之過播放也稱舉也舉遂
共工之過者謂鄣洪水堯用殛之于羽山殛誅也舜臣堯殛鯀於羽山羽山今在東
海祝其縣南其後伯禹念前之非度度法也釐改制量釐理也量
度也象物天地取法天地之物象也在天成象在地成形比類百則類亦象也儀
之于民儀準也而度之于羣生度之謂不傷害也共之從孫四
岳佐之共共工也從孫昆弟之孫也四岳官名主四岳之祭爲諸侯伯佐助也言共工從孫爲四
岳之官掌帥諸侯助禹治水高高下下疏川道滯高高封崇九山也下下陂鄣九

澤也疏川決江疏河也道滯鑿龍門闢伊闕也鍾水豐物鍾聚也畜水潦所以豐殖百物封
崇九山封大也崇高也除其壅塞之害通其水泉使不墮壞是謂封崇凡此諸言九者皆謂九州
之中山川數澤決汩九川汩通也陂障九澤障防也豐殖九藪豐茂
也殖長也汩越九原越揚也宅居九隩隩內也九州之內皆可宅居合通
四海使之同軌故天無伏陰伏陰夏有霜雹地無散陽散陽李梅冬實水
無沈氣沈伏也無伏積之氣火無災燀燀焱起皃天曰災人曰火神無間行
間行姦神淫厲之屬民無淫心陰陽調財用足故無淫濫之心時無逆數逆數四時
寒暑反逆物無害生蝗螟之屬不害嘉穀帥象禹之功度之于軌儀
帥循也軌道也儀法也莫非嘉績克厭帝心謂禹與四岳也嘉善也績功也克能
也厭合也帝天也皇天嘉之胙以天下胙祿也論語曰帝臣不蔽簡在帝心是也

賜姓曰姒氏曰有夏堯賜禹姓曰姒封之於夏謂其能以嘉祉殷
富生物也祉福也殷盛也賜姓曰姒氏曰有夏者以其能以善福殷富天下生育方物姒猶祉
也夏大也以善福殷富天下爲大也胙四岳國命爲侯伯堯以四岳佐禹有功封於
呂命爲侯伯使長諸侯賜姓曰姜姜四岳之先炎帝之姓也炎帝世衰其後變易至四岳有
德帝復賜之祖姓使紹炎帝之後氏曰有呂以國爲氏謂其能爲禹股肱
心膂以養物豐民人也肱臂也豐厚也氏曰有呂者以四岳能輔成禹功比於股
肱心膂呂之爲言膂也此一王四伯豈緊多寵皆亡王之後一王謂
禹四伯謂四岳也爲四岳伯故稱四伯豈辭也緊是也言禹與四岳豈是多寵之人乃亡王之後禹鯀之
子禹郊鯀而追王之四岳共工從孫共工侵陵諸侯以自王言皆無道而亡非伯王所起明禹岳之興非
因之也唯能釐舉嘉義舉用也以有胤在下守祀不替其

典（下後也典常也）有夏雖衰杞鄫猶在（杞鄫二國夏後也猶在在靈王之世）申呂雖衰齊許猶在（申呂四岳之後商周之世或封於申齊許其族也）唯有嘉功以命姓受祀迄于天下（受祀謂封國受命祀社稷山川也迄至也至於有天下謂禹也祀或爲氏）及其失之也必有慆淫之心間之（慆慢也間代也以慢淫之心代其嘉功謂若桀也）故亡其氏姓踣斃不振（踣僵也振救也）絕後無主（無祭主也）湮替隸圉（湮沒也替廢也隸役也圉養馬者）夫亡者豈繄無寵皆黃炎之後也（鯀黃帝之後共工炎帝之後）唯不帥天地之度不順四時之序不度民神之義（義宜也）不儀生物之則（儀準也）以殄滅無胤至于今不祀及其得之也必有忠信之心間之（以忠信之心代其慆淫也）度於天地而順於時

動順四時之令而動也龢於民神而儀於物則故高朗令終顯融昭明朗明也終猶成也融長也命姓受氏而附之以令名附隨也若啓先王之遺訓啓開也訓教也省其典圖刑法典禮也圖象也而觀其廢興者皆可知也其興者必有夏呂之功焉其廢者必有共鯀之敗焉今吾執政無乃實有所避避違也而滑夫二川之神滑亂也使至於爭明以妨王宮明精氣也王而飾之無乃不可乎人有言曰無過亂人之門亂人狂悖怨亂之人也過其門干其怒也又曰佐雝者嘗焉雝亨煎之官也佐鬬者傷焉又曰禍不好不能爲禍猶財色之禍生於好之詩曰四牡騤騤旟旐有翩亂生不夷靡國不泯詩大雅桑柔二章也騤騤

行皃鳥隼曰旟龜蛇曰旐翩翩動揺不休止之意夷平也靡無也泯滅也疾疾厲王好征伐用兵不得其所禍亂不平無國不見滅又曰民之貪亂寧爲荼毒桑柔之十一章也寧安也荼苦也言民疾王之虐貪樂禍亂安爲苦毒之行夫見亂而不惕所殘必多其飾彌章惕惕然恐懼也彌終也章著也言見禍亂之戒不恐懼循省以銷灾咎而壅飾之禍敗滋將益著民有怨亂猶不可遏而況神乎王將防鬬川以飾宮是飾亂而佐鬬也其無乃章禍且遇傷乎自我先王厲宣幽平而貪天禍至於今未弭弭止也此四王父子相繼厲暴虐而泝宣不務農而料民幽昏亂以滅西周平不能脩政至於微弱皆巳行所致故曰貪天禍禍敗至今未止我又章之懼長及子孫王室其愈卑乎其若之何自后稷以來寧亂寧安也堯時鴻水黎民阻飢稷播百穀民用乂安及

文武成康而僅克安民自后稷之始基靖民十五王而文始平之基始也靖安也自后稷播百穀以始安民凡十五王世修其德至文王乃平民受命也十五王謂后稷不窋鞠陶公劉慶節皇僕差弗毀隃公非高圉亞圉公祖大王王季文王也十八王而康克安之十八者加武王成王康王并上十五其難也如是厲始華典十四王矣華更也典法也厲王無道變更周法至今王十四王也謂厲宣幽平桓莊僖惠襄頃匡定簡靈基德十五而始平基禍十五其不濟乎至景王十五吾朝夕儆懼曰其何德之脩而少光王室以逆天休少猶裁也光明也逆迎也休慶也王又章輔禍亂將何以堪之章明也輔助也王無亦鑒于黎苗之王下及夏商之季鑒鏡也黎九黎苗三苗也少皥氏衰九黎亂德顓頊滅之高辛氏衰三苗又亂堯誅之夏商之季謂桀紂也湯

武滅之上不象天而下不儀地中不龢民而方不順時不共神祇方四方也謂逆四時之令而蔑棄五則蔑滅也則法也謂象天儀地和民順時共神也是以人夷其宗廟而火焚其彝器夷滅也彝尊彝宗廟之器子孫爲隸下夷於民隸役也而亦未觀夫前哲令德之則則此五者而受天之豐福饗民之勳力子孫豐厚今闓不忘是皆天子之所知也天所崇之子孫或在畎畝由欲亂民也崇高也賈侍中云一耦之發廣尺深尺爲畎百步爲畝昭謂下曰畎高曰畝畝壠也書曰異畝同穎畎畝之人或在社稷由欲請民也請治也無有異焉唯所行也詩云殷鑒不遠近在夏后之世謂湯伐桀也將焉用飾宮以徼亂也度之天神則非祥也

比之地物則非義也類之民則則非仁也方之時動
則非順也咨之前訓則非正也咨議也觀之詩書與民
之憲言詩書上亂生不夷之屬民之憲言無過亂人之門皆亡王之爲也上
下儀之無所比度王其圖之夫事大不從象小不從
文象天象也文詩書也上非天刑下非地德刑法也德猶利也中非民
則方非時動而作之者必不節矣作又不節害之道
也王卒壅之及景王多寵人亂於是乎始生景王周靈王之
子太子晉之弟也多寵人謂寵子朝及臣賓孟之屬也景王崩王室大亂景王無適
子既立子猛又許賓孟立子朝未立而王崩單子劉子立子猛而攻子朝王室大亂及定王王
室遂卑定王頃王之子靈王祖父而言及定王王室遂卑非也定當爲貞貞王名介敬王子也是

時大臣專政諸侯無伯故王室遂卑
晉羊舌肸聘于周肸晉大夫羊舌職之子叔向之名發幣於大夫及
單靖公發其禮幣於周大夫次及單靖公靖公王卿士單襄公之孫頃公之子靖公享
之儉而敬享禮薄而身敬也賓禮贈餞視其上而從之賓禮所以
賓待叔向之禮也送之以物曰贈以飲食曰餞餞郊禮也上位在靖公上也視之不敢踰也燕無
私無私好貨及籩豆之加也送不過郊至郊而反亦言無私語說昊天有成
命語宴語所及者說樂也昊天有成命周頌篇名單之老送叔向老家臣室老也禮卿
大夫之貴臣爲室老叔向告之曰異哉吾聞之曰一姓不再興
今周其興乎其有單子也一姓一代也昔史佚有言史佚周武
王時太史尹佚曰動莫若敬敬可久也居莫若儉儉易容也德莫若讓

讓遠怨也事莫若咨咨寡失也單子之況我禮也皆有焉夫宮室不崇崇高也器無彤鏤彤丹也鏤刻金飾也儉也身聳除潔聳懼也除治也外內齊給敬也外在朝廷內治家事齊整也給備也宴好享賜不踰其上讓也宴好所以通情結好也享賜所以醻賓賜下也賓之禮事放上而動咨也放依也咨言必與上咨也如是而加之以無私重之以不殺殺雜也衆人過郊單子獨否所以不殺雜能辟怨矣居儉動敬德讓事咨而能辟怨以爲卿佐其有不興乎且其語說昊天有成命頌之盛德也盛德二后也謂成王即位郊見推文武受命之功以祭祀天地而歌之其詩曰昊天有成命二后受之成王不敢康昊天天大號也二后文武也康安也言昊天有所成命文武則能受之謂脩己自勤以成其王功非謂周

成王身也賈鄭唐說皆然夙夜基命宥密夙蚤也夜莫也基始也命信也宥寬也密寧也
言二君蚤起夜寐始行信命以寬仁寧靜爲務緝熙亶厥心肆其靖之緝明也熙
光也亶厚也厥其也肆固也靖和也言二君能光明其德厚其心以固和天下是道成王之
德也是詩道文武能成其王德成王能明文昭能定武烈者也烈威
也言能明其文使之昭定其武使之威夫道成命者而稱昊天翼其上
也稱舉也翼敬也二后受之讓於德也謂推功也書曰允恭克讓賈唐二君云言
二后所以受天命者以能讓有德也謂詢于八虞訪於辛尹之類成王不敢康敬百
姓也言不敢自安逸者是其敬百姓也百姓百官夙夜恭也夙夜敬事曰恭書曰文王
至于日昊不遑暇食基始也命信也宥寬也密寧也緝明也熙
廣也鄭後司農云廣當爲光虞亦如之亶厚也肆固也靖龢也其始

也翼上德讓而敬百姓其始篇之首句也言以敬讓爲始也其中也恭儉信寬帥歸於寧其中篇之中句也帥循也言其恭儉信寛循而行之歸於安民其終也廣厚其心以固龢之其終篇之終句也廣厚其心美其教化而周和之也始於德讓中於信寬終於固龢故曰成成成其王命也單子儉敬讓咨以應成德應當也單若不興子孫必蕃後世不忘詩曰其類維何室家之壼詩大雅既醉之六章也類族類也壼梱也言孝子之行先於室家族類以相致乃及於天下也君子萬年永錫祚胤祚福也胤嗣也類也者不忝前哲之謂也言能以孝道施於族類故不辱前哲之人壼也者廣裕民人之謂也萬年也者令聞不忘之謂也祚胤也者子孫蕃育之謂也蕃息也育長也單子朝夕不忘成王之德可

謂不忝前哲矣膺保明德膺抱也保持也以佐王室可謂廣裕民人矣若能類善物以混厚民人者必有章譽蕃育之祚物事也混同也章明也則單子必當之矣單若有闕必茲君之子孫實續之不出於它矣單單氏之世也闕缺也茲此也此君靖公也它它族也

景王二十一年將鑄大錢景王周靈王之子景王貴也二十一年魯昭之十八年也錢者金幣之名所以貿買物通財用也古曰泉後轉曰錢賈侍中云虞夏商周金幣三等或赤或白或黃黃為上幣銅鐵為下幣大錢者大於舊其賈重也唐尚書云大錢重十二銖文曰大泉五十鄭後司農說周禮云錢始蓋一品也周景王鑄大錢而有二品後數變易不識本制至漢唯五銖久行王莽時錢乃有十品今存於民多者有貨布大泉貨泉大泉徑寸二分重十二銖文曰大泉五十則唐君所謂大泉者乃莽時泉非景王所鑄明矣又景王至赧王十三世而周亡後有戰國秦漢幣物改轉不相因先師所

不能紀或云大錢文曰寶貨皆非事實又單穆公云古者有母平子子權母而行然則二品之來古而然矣鄭君云錢始一品至景王有二品省之不孰耳單穆公曰不可穆公王卿士單靖公之曾孫古者天災降戾降下也戾至也災謂水旱蟲螟之類於是乎量資幣權輕重以振救民量猶度也資財也權稱也振拯也民患輕則爲之作重幣以行之民患幣輕而物貴則作重幣以行其輕也於是乎有母權子而行民皆得焉重曰母輕曰子以子貿物物輕則子獨行物重則以母權而行之子母相通民皆得其欲若不堪重則多作輕而行之亦不廢重於是乎有子權母而行小大利之堪任也不任之者幣重物輕妨其用也故作輕幣雜而用之以重者貿其貴以輕者貿其賤子權母者母不足則以子平而行之故錢小大民皆以爲利也今王廢輕而作重民失其資能無匱乎廢輕而作

重則本竭而末寡故民失其資也若匱王用將有所乏民財匱無以供上故王用
將乏也乏則將厚取於民厚取厚斂也民不給將有遠志是
離民也給供也遠志逋逃也且夫備有未至而設之備國備也未至而設
之謂豫備不虞安不忘危有至而後救之至而後救之謂若救火療疾量資幣平輕重之
屬是不相入也二者先後各有宜不相入不相爲用也可先而不備謂
之怠也怠緩也可後而先之謂之召災謂民未患輕而重之離民匱財是謂
召災周固羸國也天未厭禍焉而又離民以佐災無乃
不可乎言周故已爲羸病之國天降禍災未厭已也將民之與處而離之
將災是備禦而召之則何以經國君以善政爲經臣奉而成之爲緯也
國無經何以出令令之不從上之患也故聖王樹德

於民以除之樹立也除除令不從之患夏書有之曰關石龢均王
府則有夏書逸書也關門關之征也石今之斛也言征賦調均則王之府藏常有也一曰關衡也
詩亦有之曰瞻彼旱麓榛楛濟濟詩大雅旱麓之首章也旱山名山足
曰麓榛似栗而小楛木名濟濟盛貌盛者言王者之德被及也愷悌君子干祿愷悌
愷樂也悌易也干求也君子謂君長也言陰陽調草木盛故君子以求祿其心樂易夫旱麓之
榛楛殖殖長也故君子得以易樂干祿焉若夫山林匱
竭林麓散亡藪澤肆既肆極也既盡也散亡謂無山林衡虞之政民力彫
盡田疇荒蕪資用乏匱彫傷也穀地爲田麻地爲疇荒虛也蕪穢也君子
將險哀之不暇而何易樂之有焉險危也且絕民用以
實王府絕民用謂廢小錢斂而鑄大也猶塞川原而爲潢汙也其竭

也無日矣大曰潢小曰汙竭盡也無日無日數也若民離而財匱災至而備亡王其若之何備亡無救災之備也吾周官之於災備也其所怠棄者多矣周官周六官災備備災之法令而又奪之資以益其災是去其藏而翳其人也王其圖之善政藏於民翳猶屏也人民也奪其資民離叛是遠屏其民也一曰翳滅也王弗聽卒鑄大錢

二十三年王將鑄無射而爲之大林景王二十三年魯昭之二十年賈侍中云無射鍾名律中無射也大林無射之覆也作無射而爲大林以覆之其律中林鍾也或說云鑄無射而以林鍾之數益之昭謂下言細抑大陵又曰聽聲越遠如此則賈言無射有覆近之矣唐尚書從賈單穆公曰不可作重幣以絕民資又鑄大鍾以鮮其繼鮮寡也寡其繼者用物過度妨於財也若積聚既喪又鮮其繼生何以殖積聚既喪謂廢

小錢生財也殖長也且夫鍾不過以動聲動聲謂合樂以金奏而八音從之若

無射有林耳不及也若無射復有大林以覆之無射陽聲之細者林鍾陰聲之大者細抑大陵故耳不能聽及也夫鍾聲以爲耳也耳所不及非鍾聲

也非法鍾之聲也猶目所不見不可以爲目也若目之精明所不能見亦不可以施目也耳目所不能及而強之則有眩惑之失以生疾也夫目之察度也不

過步武尺寸之間六尺爲步賈君以半步爲武其察色也不過墨

丈尋常之間五尺爲墨倍墨爲丈八尺爲尋倍尋爲常耳之察龢也在清

濁之間清濁律呂之變也黃鍾爲宮則濁大呂爲角則清其察清濁也不過

一人之所勝勝舉也是故先王之制鍾也大不出鈞重

不過石鈞所以鈞音之法也以木長七尺有弦繫之以爲鈞法百二十斤爲石律度量

衡於是乎生律五聲陰陽之法也度丈尺也量斗斛也衡稱上衡衡有斤兩之數生於黃鍾黃鍾之管容秬黍千二百粒粒百爲銖是爲一龠龠二爲合合重一兩故曰律度量衡於是乎生小大器用於是乎出出於鍾也易曰制器者尚其象小謂錙銖分寸大謂斤兩丈尺故聖人愼之今王作鍾也聽之弗及耳不及知其清濁也比之不度不度不中鈞石之數鍾聲不可以知龢耳不能聽故不可以知和制度不可以出節節謂法度量衡之節無益於樂而鮮民財將焉用之夫樂不過以聽耳而美不過以觀目若聽樂而震觀美而眩患莫甚焉夫耳目心之樞機也樞機發動也心有所欲耳目爲之發動故必聽龢而視正聽龢則聰視正則明習於和正則不眩惑也聰則言聽明則德昭聽言昭德則能思慮純

固以言德於民民歆而德之則歸心焉歆猶歆歆喜服也言德以言發德教上得民心以殖義方殖立也方道也是以作無不濟求無不獲然則能樂夫耳內龢聲而口出美言耳聞和聲則口有美言此感於物也以爲憲令憲法也而布諸民正之以度量民以心力從之不倦成事不貳樂之至也貳變也口內味而耳內聲聲味生氣口內五味則耳樂五聲耳樂五聲則志氣生也氣在口爲言在目爲明言以信名信審也名號令也明以時動視明則動得其時也名以成政號令所以成政動以殖生殖長也動得其時所以財長生也政成生殖樂之至也若視聽不龢而有震眩則味入不精不精則氣佚氣佚則不龢不和無射大林也若聽樂而震視色而眩

則味入不精美味入不精美則氣放佚不行於身體也於是乎有狂悖之言有
眩惑之明有轉易之名有過慝之度慝惡也此四者氣佚之所生也
狂悖眩惑說子朝寵賓孟也轉易過慝嬖子配適將殺大臣也出令不信有轉易也刑政
放紛動不順時民無據依不知所力各有離心不知所爲
盡力也上失其民作則不濟求則不獲其何以能樂三
年之中而有離民之器二焉二謂作大錢鑄大鍾也國其危哉
王弗聽問之伶州鳩伶司樂官州鳩名也對曰臣之守官弗及
也守官所守之官也弗及弗及知也臣聞之琴瑟尚宮凡樂輕者從大重者從細
故琴瑟尚宮也鍾尚羽鍾聲大故尚羽石尚角石磬也輕於鍾故尚角角清濁之中匏
竹利制匏笙也竹簫管也利制以聲音調利爲制無所尚也大不踰宮細不過

羽夫宮音之主也第以及羽宮聲大故為主第次也聖人保樂而愛財財以備器樂以殖財保安也備具也殖長也古者以樂省土風而紀農事故曰樂以殖財也故樂器重者從細重謂金石也從細尚細聲謂鍾尚羽石尚角也輕者從大輕瓦絲也從大謂瓦絲尚宮也是以金尚羽石尚角瓦絲尚宮匏竹尚議議從其調利革木一聲革鼗也木柷圉也一聲無清濁之變夫政象樂樂從和和從平和八音克諧也平細大不踰也故可以平民樂和即諧政和即平也聲以龢樂律以平聲聲五聲以成八音而調樂也賈侍中云律黃鍾為宮林鍾為徵大簇為商南呂為羽姑洗為角所以平五聲也金石以動之鍾磬所以動發五聲絲竹以行之弦管所以行之詩以道之道己志也誦之曰詩書曰詩言志歌以詠之詠詠幾也書曰歌永言聲依永匏以宣之宣發揚也瓦以

贊之贊助也革木以節之物得其常曰樂極物事也極中也極

之所集曰聲集會也言中和之所會集曰正聲聲應相保曰龢保安也

細大不踰曰平細大之聲不相踰越曰平今無射有大林是不平也如是而鑄

之金鑄金以爲鍾也磨之石磨石以爲磬也繫之絲木繫絲木以爲琴瑟也越

之匏竹越匏竹以爲笙管越謂爲之孔也樂記曰朱弦而疏越節之鼓節其長短小大

而行之以遂八風遂猶順也傳曰所以節八音而行八風也正西曰兌爲金爲閶闔西

北曰乾爲石爲不周正北曰坎爲革爲廣莫東北曰艮爲匏爲融風正東曰震爲竹爲明庶東南曰巽爲

木爲清明正南曰離爲絲爲景風西南曰坤爲瓦爲涼風於是乎氣無滯陰亦無

散陽滯積也積陰而發則夏有霜雹散陽陽不藏冬無冰李梅實之類陰陽序次風

雨時至嘉生繁祉人民龢利物備而樂成上下不罷

（罷勞也）故曰樂正今細過其主妨於正（細謂無射也主正也言無射有大林是作細而大過其律妨於正聲）用物過度妨於財（過度用金多也）正害財匱妨於樂（樂從和今正害財匱故妨於樂）細抑大陵不容於耳非龢也（細無射也大大林也言大聲陵之細聲抑而不聞不容於耳耳不能容別也）聽聲越遠非平也（越迂也言無射之聲爲大林所陵聽之微細迂遠非平也）妨正匱財聲不龢平非宗官之所司也（宗官宗伯樂官屬焉）夫有龢平之聲則有蕃殖之財（樂以殖財也）於是乎道之以中德詠之以中音（中德中庸之德舞也中音中和之音也）德音不愆以合神人（合神人謂祭祀享宴也）神是以寧民是以聽（聽從也）若夫匱財用罷民力以逞淫心（逞快也）聽之不龢比之不度無益於教而離

民怒神非臣之所聞也王不聽卒鑄大鍾財匱故民離樂不和故神怒也二十四年鍾成伶人告龢伶人樂人也景王二十四年魯昭二十一年王謂伶州鳩曰鍾果龢矣對曰未可知也州鳩以爲鍾實不和伶人媚王謂之和耳故曰未可知也王曰何故對曰上作器民備樂之則爲龢言聲音之道與政通也今財亡民罷莫不怨恨臣不知其和也亂世之音怨以怒故曰不知其和也且民所曹好鮮其不濟也曹羣也其所曹惡鮮其不廢也故諺曰衆心成城衆心所好莫之能敗其固如城也衆口鑠金鑠消也衆口所毀雖金石猶可消之也今三年之中而害金再興焉害金害民之金謂錢鍾也懼一之廢也二金之中其一必廢王曰爾老耄矣何知八十曰耄耄昏惑也二十五年王

崩鍾不龢崩而言鍾不和者明樂人之諫

王將鑄無射王景王也問律於伶州鳩律鍾律也對曰律所以立均出度也律謂六律六呂也陽爲律陰爲呂六律黃鍾大蔟姑洗蕤賓夷則無射也六呂林鍾中呂夾鍾大呂應鍾南呂也均者均鍾木長七尺有弦繫之以均鍾者度鍾大小清濁也漢大予樂官有之古之神瞽考中聲而量之以制神瞽古樂正知天道者也死而爲樂祖祭於瞽宗謂之神瞽考合也謂合中和之聲而量度之以制樂也度律均鍾百官軌儀均平也軌道也儀法也度律度律呂之長短以平其鍾和其聲以立百事之道法也故曰律度量衡於是乎生也紀之以三三天地人也古者紀聲合樂以舞天神地祇人鬼故能人神以和平之以六平之以六律也上章曰律以平聲成於十二十二律呂也陰陽相扶助律取妻呂生子上下相生之數備也天之道也天之大數不過十二夫六中之色也故名之曰黃鍾十一月日

黄鍾乾初九也六者天地之中天有六氣降生五味天有六田地有五子十一而天地畢矣而六爲中故六律六吕而成天道黄鍾初九六律之首故以六律正色爲黄鍾之名重元正始之義也黄鍾陽之變也管長九寸徑三分圍九分律長九寸因而九之九九八十一故黄鍾之數立焉爲宫法云九寸之一得林鍾初六六吕之首陰之變管長六寸六月之律坤之始也故九六陰陽夫婦子母之道是以初九爲黄鍾黄中之色也鍾之言陽氣鍾聚於下也所以宣養六氣九德也宣偏也六氣陰陽風雨晦明也九德九功之德水火金木土穀正德利用厚生也十一月陽伏於下物始萌於五聲爲宫含元處中所以偏養六氣九德之本由是第之由從也第次也次奇月也二曰大蔟正月曰大蔟乾九二也管長八寸法云九分之八大蔟言陽氣大蔟達於上也所以金奏贊陽出滯也贊佐也賈唐云大蔟正聲爲商故爲金奏所以佐陽發出滯伏也明堂月令曰正月蟄蟲始震三曰姑洗所以脩潔百物考神納賓也三月曰姑洗乾

九三也管長七寸一分律長七寸九分寸之一沽潔也洗濯也考合也言陽氣養生洗濯枯穢改柯易葉巳於正聲爲角是月百物脩潔故用之宗廟合致神人用之享宴可以納賓也四曰蕤賓所以安靖神人獻酬交酢也五月曰蕤賓乾九四也管長六寸三分律長六寸八十一分寸之二十六蕤委蕤柔貌也言陰氣爲主委蕤於下陽氣盛長於上有似於賓主故可用之宗廟賓客以安靜神人行酬酢也酬勸也酢報也五曰夷則所以詠歌九則平民無貳也七月曰夷則乾九五也管長五寸六分律長五寸七百二十九分寸之四百五十一夷平也則法也言萬物既成可法則也故可以詠歌九功之則成民之志使無疑貳也六曰無射所以宣布哲人之令德示民軌儀也九月曰無射乾上九也管長四寸九分律長四寸六千五百六十一分寸之六千五百二十四宣徧也軌道也儀法也九月陽氣收藏萬物無射見者故可以徧布前哲之令德示民道法也爲之六間以揚沈伏而

黜散越也六間六呂在陽律之間沈滯也黜去也越揚也呂陰律所以侶間陽律成其功發揚滯伏之氣而去散越者也伏則不宣散則不和陰陽序次風雨時至所以生物也元間大呂助宣物也十二月日大呂坤六四也管長八寸八分法云三分之二四寸二百四十三分寸之五十二倍之爲八寸分寸之一百四下生律元一也陰繫於陽以黃鍾爲主故曰元間以陽爲首不名其初臣歸功於上之義也大呂助陽宣散物也天氣始於黃鍾萌而赤地受之於大呂牙而白成黃鍾之功也

二間夾鍾出四隙之細也二月日夾鍾坤六五也管長七寸四分律長三寸二千一百八十七分寸之一千六百三十二倍之爲七寸分寸之千七十五隙間也夾鍾助陽鍾聚曲細也四隙四時之間氣微細者春爲陽中萬物始生四時之微氣皆始於春春發而出之三時奉而成之故夾鍾出四時之微氣也

三間中呂宣中氣也四月日中呂坤上六六也管長六寸六分律長三寸萬九千六百八十三分寸之六千四百八千七倍之爲六寸分寸之萬二千九百七十四陽

氣起於中至四月宣散於外純乾用事陰閉藏於內所以助陽成功也故曰正月正月正陽之月也四間林鍾和展百事俾莫不任肅純恪也六月曰林鍾坤初六也管長六寸律長六寸林衆也言萬物衆盛也鍾聚也於正聲爲徵展審也俾使也肅速也純大也恪敬也言時務和審百事無有僞詐使之莫不任其職事速其功大敬其職也五間南呂贊陽秀也八月曰南呂坤六二也管長五寸三分律長五寸三分寸之一榮而不實曰秀南任也陰任陽事助成萬物也贊佐也六間應鍾均利器用俾應復也十月曰應鍾坤六三也管長四寸十分律長四寸二十七分寸之二十言陰應陽用事萬物鍾聚百嘉具備時務均利百官器用程度庶品使皆應其禮復其常也月令孟冬命工師效功陳祭器案程度無或詐僞淫巧以蕩上心必功致爲上律呂不易無姦物也律呂不變易其常各順其時則神無姦行物無害生細鈞有鍾無鎛昭其大也細細聲謂角徵羽也鈞調也鍾大鍾鎛小鍾也昭明

也有鍾無鎛爲兩細不相和故以鍾爲節節明其大者以大平細大鈞有鎛無鍾大謂
宮商也舉宮商而但有鎛無鍾爲兩大不相和故去鍾而用鎛以小平大甚大無鎛鳴其
細也其大謂同尚大聲也則又去鎛獨鳴其細細謂絲竹革木大昭小鳴和之道
也大聲昭小聲鳴和平之道龢平則久久可久樂也久固則純固安也可久則
安安則純也孔子曰從之純如也純明則終終成也書曰簫韶九成終復則樂
終復終則復奏故樂所以成政也言政象樂也故先王貴之貴其和平可以
移風易俗王曰七律者何周有七音王問七音之律意謂七律爲音器用黃鍾爲宮大蔟
爲商沽洗爲角林鍾爲徵南呂爲羽應鍾爲變宮蕤賓爲變徵對曰昔武王伐殷歲
在鶉火歲歲星也鶉火次名周分野也從柳九度至張十七度爲鶉火謂武王始發師東行時殷
之十一月二十八日戊子於夏爲十月是時歲星在張十三度張鶉火也月在天駟天駟房星

也謂戊子日月宿房五度日在析木之津津天漢也析木次名從尾十度至斗十一度爲析木其閒爲漢津謂戊子日日宿箕七度辰在斗柄辰日月之會斗柄斗前也謂戊子後三日得周正月辛卯朔於殷爲十二月夏爲十一月是日月合辰斗前一度星在天黿星辰星也天黿次名一曰玄枵從須女八度至危十五度爲天黿謂周正月辛卯朔二日壬辰辰星始見三日癸巳武王發行二十八日戊午度孟津距戊子三十一日二十九日己未晦冬至辰星在須女伏天黿之首星與日辰之位皆在北維星辰星辰星在須女日在析木之津辰在斗柄故皆在北維北維北方水位也顓頊之所建也帝嚳受之建立也顓頊帝嚳所代也帝嚳周之先祖后稷所出也禮祭法曰周人禘嚳而郊稷顓頊水德之王立於北方帝嚳木德故受之於水今周亦木德當受殷之水猶帝嚳之受顓頊也我姬氏出自天黿姬氏周姓天黿即玄枵齊之分野也周之皇妣王季之母大姜者逄伯陵之後齊女也故言出於天黿傳曰有逄伯陵因

之蒲姑氏因之而後太公因之又曰有星出於須女姜氏任氏實守其祀及析木者有建
星及牽牛焉從斗十一度至十一度分屬析木曰辰所在也建星在牽牛間謂從辰星所在須
女天黿之首至析木之分歷建星及牽牛皆水宿言得水類也則我皇妣大姜之姪
伯陵之後逄公之所馮神也皇君也生曰母死曰妣大姜大王之妃王季之
母姜女也女子謂昆弟之子男女皆曰姪伯陵大姜之祖有逄伯陵也逄公伯陵之後大姜之姪殷之諸
侯封於齊地齊地屬天黿故祀天黿死而配食為其神主故云馮馮依也言天黿乃皇妣家之所馮依非
但合於水木相承而已又我實出於水家周道起於大王故本於大姜歲之所在則我
有周之分野也歲星在鶉火鶉火周之分野歲星所在利以伐人月之所在
辰馬農祥也辰馬謂房心星也心星所在大辰之次為天駟駟馬也故曰辰馬言月在房合
於農祥也祥猶象也房星晨正而農事起故謂之農祥我太祖后稷之所經

緯也稷播百穀故農祥后稷之所經緯也晉語曰辰以成善后稷是相王欲合是五位三所而用之王武王也五位歲月日星辰也三所逄公所馮神周分野所在后稷所經緯也自鶉及駟七列也鶉鶉火之分張十三度駟天駟房五度歲月之所在從張至房七列合七宿謂張翼軫角亢氐房之位南北之揆七同也七同合七律也揆度也歲在鶉火午辰星在天黿子鶉火周分野天黿及辰水星周所出自午至子其度七同也凡神人以數合之以聲昭之凡凡合神人之樂也以數合之謂取其七也以聲昭之用律調音也數合聲龢然後可同也同謂神人相應故以七同其數而以律龢其聲於是乎有七律七同其數謂七列七同十律也律和其聲律有陰陽正變之聲王以二月癸亥夜陳未畢而雨二月周二月四日癸亥至牧野之日夜陳師陳師未畢而雨雨天地神人叶同之應也以夷則之上宮畢之

夷平也則法也夷則所以平民無貳也上宮以夷則爲宮聲夷則上宮也故以畢陳周禮大師執同律以聽軍聲而詔吉凶一曰陽氣在上故曰上宮當辰辰在戌上故長夷則之上宮名之曰羽長謂先用之也辰時也辰日月之會斗柄也當初陳之時周二月昏斗建丑而斗柄在戌上下臨其時名其樂爲羽羽翼其衆也所以藩屏民則也屏蔽也羽之義取能藩蔽民使中法則也王以黃鍾之下宮布戎于牧之野布戎陳兵也謂夜陳之晨旦甲子昧爽左杖黃鉞右秉白旄時也黃鍾所以宣養氣德使皆自勉尚桓桓也黃鍾在下故曰下宮故謂之厲所以厲六師也名此樂爲厲者所以厲六軍之衆也以大蔟之下宮布令于商昭顯文德底紂之多辠商紂都也文王也底致也既殺紂入商之都發號施令以昭明文王之德致紂之多辠大蔟所以贊陽出滯蔾謂釋箕子之囚散鹿臺之財發巨橋之粟也大蔟在下故曰下宮故謂之宣所以

宣三王之德也 三王大王王季文王也 反及嬴内以無射之上
宮布憲施舍於百姓 嬴内地名憲法也施施惠舍舍辠也無射所以宣布哲人之令
德示民軌儀無射在上故曰上宮 故謂之嬴亂所以優柔容民也 亂治
也柔安也

景王既殺下門子 下門子周大夫王子猛之傅也景王無適子既立子猛又欲立王子
朝故先殺子猛傅下門子也 賓孟適郊見雄雞自斷其尾 賓孟周大夫子
朝之傅賓起也 問之侍者曰憚其犧也 侍者孟之從臣也憚懼也純美爲犧祭祀
所用言雞自斷其尾者懼爲宗廟所用也 遽歸告王 遽猶疾也賓孟有寵於王欲立王子朝王
將許之故先殺下門子賓孟知意故感犧之美念及子朝疾歸語王勸立之 曰吾見雄雞
自斷其尾而人曰憚其犧也吾以爲信畜矣 信誠也雞畏爲

宗廟之用故自斷其尾此誠六畜之情不與人同人犧實難己犧何害人犧謂雞也爲人作犧實難言將見殺也已謂子朝已自爲犧當何害乎人君冕服有似於犧故以喻焉抑其惡爲人用也乎則可也言雞惡爲人所用故自斷其尾可也自可爾也人異於是畀於雞也人之美則宜君人事宗廟也犧者實用人也用人猶治也人自作犧則能治人王弗應弗應者曉其意畏七臣也田于鞏鞏北山今河南縣也使公卿皆從將殺單子未克而崩單子單穆公也克能也王欲廢子猛更立子朝惡其不從故欲殺之遇心疾而崩故未能也在魯昭二十二年

敬王十年劉文公與萇弘欲城成周爲之告晉敬王景王之子悼王之弟敬王丐也十年魯昭三十二年劉文公王卿士劉摯之子文公卷也萇弘周大夫萇叔也欲城成周者欲城成周之城也成周在瀍水東王城在瀍水西初王子朝作亂於魯昭二十三年夏王子

朝入于王城敬王如劉秋敬王居于翟泉翟泉成周之城周墓所在也魯昭二十六年四月敬王師敗出居于滑十月晉人救之王入于成周子朝奔楚子朝既奔其餘黨儋翩之徒多在王城敬王畏之於是晉衛諸侯戍周月役煩勞故萇弘欲城成周使富新石張爲主如晉請城成周也魏獻子爲政獻子晉正卿魏絳之子舒也說萇弘而與之說好萇弘從其求也將合諸侯合諸侯以城周衛彪傒適周聞之彪傒衛大夫也見單穆公曰萇劉其不沒乎沒終也周詩有之曰天之所支不可壞也周詩飫時所歌支拄也其所壞亦不可支也昔武王克殷而作此詩也以爲飫歌名之曰支以遺後之人使永監焉監觀也夫禮之立成者爲飫立成立行禮不坐也昭明大節而已少曲與焉節體也曲章曲也與類也言飫禮所以教民敬戒昭明大體而已故其詩樂少章曲威儀

少比類也是以爲之日惕其欲教民戒也惕懼也是以日自恐懼欲民知戒惰也然則夫支之所道者必盡知天地之爲也知天地之爲謂所支壞也不然不足以遺後之人今萇劉欲支天之所壞不亦難乎自幽王而天奪之明使迷亂棄德而即慆淫即就也慆慢也以亡其百姓其壞之也久矣而又將補之殆不可矣殆近也水火之所犯犯害也猶不可救而況天乎諺曰從善如登從惡如崩如登踰難如崩踰易昔孔甲亂夏四世而殞孔甲禹後十四世也亂夏亂禹之法四世孔甲至桀四世而亡玄王勤商十有四世而興玄王契也殷祖契由玄鳥而生湯亦水德故云玄王勤者勤身修德以興其國也自契至湯十四世而有天下言其難也帝甲亂之七世而殞帝甲湯後

二十五世也亂湯之法至紂七世而亡后稷勤周十有五世而興自后稷至文王十五世也幽王亂之十有四世自幽王至今敬王十四世也守府之謂多胡可興也胡何也夏殷之亂或四世或七世而亡今周十有四世而無德以救之雖未亡得守府藏天祿已多矣又何可興也夫周高山廣川大藪也故能生之良材言周之道德禮法所以長育賢材天之有山川大藪良材之所生也猶而幽王蕩以爲魁陵糞土溝瀆其有悛乎蕩壞也小阜曰魁悛止也言幽王敗亂周之法度猶壞毀高山以爲魁陵糞土殘絕川藪以爲溝瀆無有悛止之時單子曰其咎孰多謂萇劉也曰萇叔必速及夫將以道補者也萇叔萇弘字也速及速及於咎也以道補者欲以天道補人事夫天道道可而省不道達也省去也萇叔反是以誑劉子誑惑也必有三殃違天一也文所壞

反道二也以天道補人事誑人三也惑劉子也周若無咎萇叔必
爲戮雖晉魏子魏獻子也亦將及焉咎及之也若得天福其當
身乎當其身禍尚微後有繼故爲天福也若劉氏則必子孫實有禍殃及
子孫夫子而棄常法以從其私欲棄常法不修周法也從私欲欲城成周也
用巧變以崇天災巧變者見周城於西都平王東遷以獲久長故今欲復遷也崇猶益
也勤百姓以爲己名其殃大矣勤勞也名功也是歲也魏獻
子合諸侯之大夫於翟泉是歲敬王十一年魯定之元年遂田于大
陸焚而死田以火田也大陸晉藪及范中行之難萇弘與之晉
人以爲討二十八年殺萇弘范中行晉大夫范吉射中行寅也作難叛其君
初劉氏范氏世爲婚姻萇弘事劉文公故周人與范氏敬王一十八年魯哀三年晉人以讓周周爲之殺

萇弘及定王劉氏亡劉氏文公之子孫也定亦當爲貞

周語下第三　國語

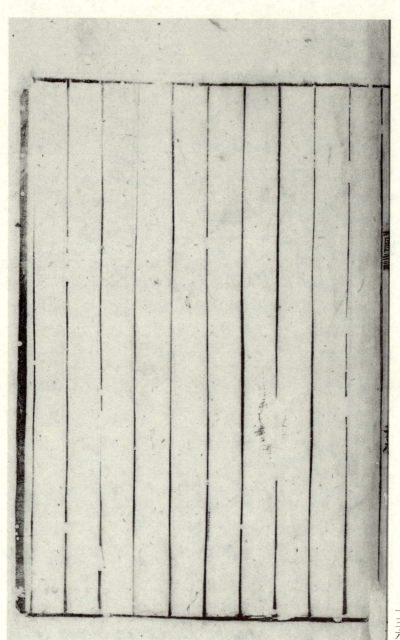

魯語上第四　國語　韋氏解

長勺之役曹劌問所以戰於嚴公長勺魯地也曹劌魯士也嚴公魯桓公之子嚴公同也初齊襄公立其政無常鮑叔牙曰君使民慢亂將作矣奉公子小白奔莒魯嚴八年齊無知殺襄公管夷吾召忽奉公子糾奔魯九年夏嚴公伐齊納子糾小白自莒先入與嚴公戰于乾時嚴公敗績故十年齊與師伐魯戰于長勺公曰余不愛衣食於民有惠賜也不愛牲玉於神牲犧牲玉圭璧所以祭祀也詩曰靡愛斯牲圭璧既卒對曰夫惠本而後民歸之志惠本謂樹德施利也歸之志志歸於上民和而後神降之福降下也民神之主故民和神乃降福若布德于民而平均其政事君子務治而小人務力動不違時器不過用不過用禮財用不匱莫不共祀無不共祀非獨己也是以用民無不聽求

福無不豐今將惠以小賜祀以獨恭小賜臨戰之賜獨恭一身之恭也小賜不咸獨恭不優咸徧也優裕也不咸民弗歸也不優神弗福也將何以戰夫民求不匱於財而神求優裕於享者也裕饒也享食也民和年豐為優裕故不可以不本本先利民莫不共祀公曰余聽獄雖不能察必以情斷之獄訟也對曰是則可矣可者未大備可以一戰傳曰齊師敗績夫苟中心圖民知雖不及必將至焉苟誠也言誠以中心圖慮民事其知雖有所不及必將至於道也

嚴公如齊觀社嚴公二十三年齊因祀社蒐軍實以示客公往觀之曹劌諫曰不可夫禮所以正民也是故先王制諸侯使五年四王一相朝也賈侍中云王謂王事天子也歲聘以志業間朝以講禮五年之間四聘於王而

一祀朝若將朝天子先相朝也唐尚書云先王謂堯也五載一巡守諸侯四朝服謂以堯典相參義亦似
之然此欲以禮正君宜用周制周禮中國凡五服遠者五歲而朝禮記曰諸侯之於天子也比年一小聘
三年一大聘五年一朝謂此也晉文公霸時亦取於此禮終則講於會以正班爵
之義終畢也講習也班次也謂朝畢則習禮於會以正爵位次序尊卑之義帥長幼之
序訓上下之則帥循也制財用之節謂牧伯差國大小使受職貢也其
間無由荒怠其間朝會之間今齊棄大公之法而觀民於社
大公齊始祖大公望也君爲是舉舉動也而往觀之非故業也業事
也何以訓民土發而社助時也土發春分也周語曰土乃脉發社者助時
求福爲農始也收攟而烝納要也攟拾也冬祭曰烝因祭社以納五穀之要休農夫也
月令曰孟冬祀于天宗大祀公社及門閭今齊社而往觀旅非先王之訓

也（旅衆也）天子祀上帝（上帝天也）諸侯會之受命焉（助祭受政命也）諸侯祀先王先公（先王謂若宋祖帝乙鄭祖厲王之屬也先公先君也）卿大夫佐之受事焉（事職事也）臣不聞諸侯之相會祀也祀又不法（不法謂觀民也）君舉必書（動則左史書之言則右史書之）書而不法後嗣何觀公不聽遂如齊

嚴公丹桓宮之楹而刻其桷（桓宮桓公廟也楹柱也唐云桷榱頭也昭謂桷一名榱今北土云亦然爾雅曰桷謂之榱嚴公娶于齊曰哀姜哀姜將至當見於廟故丹柱刻榱以夸之）匠師慶言於公（匠師慶掌匠大夫御孫之名也）曰臣聞聖王公之先封者（謂若湯武周公太公）遺後之人法使無陷於惡其爲後也昭前之令聞也（爲猶使也）使長監於世（監觀也觀世成敗以爲戒也）故

能攝固不解以久（攝持也）今先君儉而君侈之（先君桓公）令
德替矣（替滅也）公曰吾屬欲美之（屬適也適欲自美之非先君意也）對
曰無益於君而替前之令德臣故曰庶可以已乎（已止
也）公弗聽
哀姜至公使大夫宗婦覿用幣（宗婦同宗大夫之婦也覿見也見夫人也
用幣言與大夫同贄）宗人夏父展曰非故也（宗人宗伯也夏父氏也展名也宗伯
主男女贄幣之禮故故事也）公曰君作故（言君所作則為故事）對曰君作而
順則故之（順順於禮則書以為故事）逆則亦書其逆也臣從有司
懼逆之書於後也故不敢不告（從有司言備位隨從有司後行也）夫
婦贄不過棗栗以告虔也（棗取蚤起栗取敬栗虔敬也曲禮曰婦人之贄脯脩

棗㮚男則玉帛禽鳥以章物也謂公執桓圭侯執信圭伯執躬圭子執穀璧男執蒲璧孤執皮帛卿執羔大夫執鴈士執雉庶人執鶩工商執雞也章明也明尊卑異物也今婦執幣是男女無別也男女之別國之大節也不可無也公弗聽

魯饑臧文仲言於嚴公魯饑在嚴公二十八年文仲魯卿臧哀伯之孫伯氏瓶之子臧孫辰也曰夫爲四鄰之援援所攀援以爲助也結諸侯之信重之以婚姻申之以盟誓申重也固國之艱急是爲艱難也是爲爲難急也鑄名器名器鍾鼎也藏寶財寶財玉帛也固民之殄病是待殄絕也病餓也今國病矣君盍以名器請糴于齊盍何不也市穀曰糴公曰誰使對曰國有饑饉卿出告糴古之制也

告請也辰也備卿辰請如齊公使往從者曰君不命吾子吾子請之其爲選事乎〔選事自選擇其職事也〕文仲曰賢者急病而讓夷〔夷平也〕居官者當事不避難在位者恤民之患是以國家無違〔無相違很者〕今我不如齊非急病也在上不恤下居官而惰非事君也文仲以鬯圭與玉磬如齊告糴〔鬯圭祼鬯之圭長尺二寸有瓚以祀廟玉磬鳴璆也〕曰天災流行戾于敝邑饑饉荐降民羸幾卒〔戾至也荐重也降下也羸病也幾近也卒盡也〕大懼殄周公大公之命祀〔賈唐二君云周公爲大宰大公爲大師皆掌命諸侯之國所當祀也或云命祀謂命祀二公也昭謂傳曰衞成公祀夏后相甯武子曰不可以間成王周公之命祀如此賈唐得之〕職貢業事之不共而獲戾〔戾罪也〕不腆先

君之敝器腆厚也敢告滯積以紓執事滯久也紓緩也執事齊有司也
穀久積則將朽敗執事所憂也請之所以緩執事以救敝邑使能共職豈唯
寡君與二三臣實受君賜其周公大公及百辟神祇
實永饗而賴之辟君也賴蒙也天曰神地曰祇百辟謂百君卿士有益於民者齊人
歸其玉而予之糴
齊孝公來伐孝公齊桓公之子孝公昭也魯僖公叛齊與衞莒盟于洮又盟于向故孝公伐
魯討此二盟臧文仲欲以辭告欲以文辭告謝齊也病焉病不能爲辭也問
於展禽展禽魯大夫展無駭之後柳下惠也字季禽對曰獲聞之處大教
小處小事大所以禦亂也不聞以辭獲展禽之名也禦止也若
爲小而崇以怒大國崇高也謂自高大不事大國使加已亂亂在

前矣亂惡也辭其何益文仲曰國急矣百物唯其可者將無不趨也百物之中可用行賂將無不趨言無所愛也願以子之辭行賂焉其可乎展禽使乙喜以膏沐犒師乙喜魯大夫展喜也犒勞也以膏沐爲禮欲以義服齊明不以賂免也曰寡君不佞佞才不能事疆場之司司主也主疆場吏也不能事故抂我也使君盛怒以暴露於敝邑之野敢犒輿師輿衆也齊侯見使者曰魯國恐乎使者乙喜也對曰小人恐矣君子則不公曰室如縣磬野無青草何恃而不恐縣磬言魯府藏空虛但有榱梁如縣磬也野無青草旱甚也故言何恃對曰恃二先君之所職業昔者成王命我先君周文公及齊先君大公曰女股肱周室以夾輔先王先王武王

也賜女土地質之以犧牲世世子孫無相害也質信也謂使之盟以信其約今君來討敝邑之罪其亦使聽從而釋之釋置也必不泯其社稷泯滅也豈其貪壤地而棄先王之命其何以鎮撫諸侯恃此以不恐齊侯乃許爲平而還平和也

溫之會溫之會晉文公討不服在魯僖二十八年晉人執衛成公歸之于周成公恃楚而不事晉又殺弟叔武其臣元咺訴之晉故文公執之事見周語中使醫鴆之不死鴆鳥名也一名運日其羽有毒漬之酒而飲之立死傳曰晉侯使醫衍鴆衛侯甯俞貨醫使薄其鴆不死在魯僖三十年醫亦不誅不誅醫者諱以私行毒也臧文仲言於僖公僖公嚴公之子僖公申也曰夫衛君殆無罪矣刑五而已無有

隱者隱乃諱也隱謂鴆也大刑用甲兵賈侍中云謂諸侯不式王命則以六師移之昭謂甲兵謂臣有大逆則被甲聚兵而誅之若今陳軍也其次用斧鉞斧鉞軍戮也書曰後至者斬中刑用刀鋸割劓用刀斷截用鋸亦有大辟故周語曰兵在其頸其次用鑽笮鑽臏刑笮黥刑也薄刑用鞭扑以威民也鞭官刑扑教刑也故大者陳之原野謂甲兵斧鉞也小者致之市朝刀鋸以下也其死刑大夫以上尸諸朝士以下尸諸市五刑三次是無隱也五刑甲兵斧鉞刀鋸鑽笮鞭扑也次處也三處野朝市今晉人鴆衛侯不死亦不討其使者使者醫衍諱而惡殺之也諱殺衛侯也有諸侯之請必免之臣聞之班相恤也故能有親班次也恤憂也言位次同者當相憂也夫諸侯之患諸侯恤之所以訓民也訓教也教相救恤也君盍請

衛君以示親於諸侯且以動晉（動發晉侯之志）夫晉新得諸侯（新爲伯也）使亦曰魯不棄其親其亦不可以惡（不可以惡亦不可以惡魯也）公說行王二十瑴乃免衛侯（雙玉曰瑴傳曰納玉於王及晉侯皆十瑴王許之）自是晉聘於魯加於諸侯一等（貴其義也）爵同則厚其好貨（爵與魯同者特厚其好貨）衛侯聞其臧文仲之爲也使納賂焉辭曰外臣之言不越境不敢及君（言臣不外交也）

晉文公解曹地以分諸侯（解削也晉文公誅無禮曹人不服伐而執其君削其地以分諸侯事在魯僖三十一年取濟西之田）僖公使臧文仲往宿於重館（重魯地館候館也周禮五十里有市市有候館）重館人告曰晉始伯而欲固諸侯（人守館之隸也固猶安也）故解有罪之地以分諸侯（有罪謂不禮文

分觀駢魯也諸侯莫不望分而欲親晉皆將爭先晉不以故班班次也亦必親先者吾子不可以不速行魯之班長而又先長猶尊也先先至也諸侯其誰望之誰致望與魯為比也若少安恐無及也從之獲地於諸侯為多反既復命為之請曰地之多也重館人之力也臣聞之曰善有章雖賤賞也章著也惡有釁雖貴罰也釁孔也今一言而辟境其章大矣辟開也請賞之乃出而爵之出出之於隸爵爵為大夫

海鳥曰爰居止於魯東門之外二日爰居雜縣也東門城東門也臧文仲使國人祭之文仲不知以為神也展禽曰越哉臧孫之為政也越迂也言其迂闊不知政要夫祀國之大節也節制也而節

政之所成也言節所以成政故愼制祀以爲國典典法也今無故而加典非政之宜也加益也謂以祭鳥益國法也夫聖王之制祀也法施於民則祀之謂五帝殷契周弃也以死勤事則祀之殷冥水死棄山死是也以勞定國則祀之虞幕夏杼殷上甲微周高圉大王也能禦大災則祀之夏禹是也能扞大患則祀之殷湯周武是也非是族也不在祀典族類也昔烈山氏之有天下也烈山氏炎帝之號也起於烈山祭法以烈山爲厲山其子曰柱能殖百穀百蔬柱爲后稷自夏以上祀之草實曰蓏夏之興也周棄繼之故祀以爲稷夏之興謂禹也棄能繼柱之功自商以來祀之共工氏之伯九有也共工氏伯者在戲農之間有域也其子曰后土能平九土其子共工之裔子句龍也佐黃帝爲土官九土九州

之土也后君也使君土官故曰后土故祀以爲社社后土之神也黃帝能成命
百物以明民共財黃帝少典之裔子帝軒轅也命名也顓頊能脩之顓頊
黃帝之孫昌意之子帝高陽也能脩脩黃帝之功帝嚳能序三辰以固民固安
也帝嚳黃帝之曾孫玄囂之孫蟜極之子帝高辛也三辰日月星也謂能次序三辰以治曆明時教民稼
穡以安之堯能單均刑法以儀民堯帝嚳之庶子陶唐氏放勛也單盡也均平也
儀善也舜勤民事而野死舜顓頊之後六世有虞帝重華也野死謂征有苗死於蒼
梧之野鯀鄣洪水而殛死殛誅也鯀顓頊之後禹之父也堯使治水鄣防百川績用
不成堯用殛之于羽山禹爲天子而郊之取其勤事而死禹能以德脩鯀之功鯀功
雖不成禹亦有所因故曰脩鯀之功契爲司徒而民輯契殷之祖爲堯司徒能敬敷五
教輯和也冥勤其官而水死冥契後六世孫根圉之子也爲夏水官勤於其職而死於

水湯以寬治民而除其邪〔湯冥後九世主癸之子爲夏諸侯以寬得民除其邪〕謂放桀打大患也稷勤百穀而山死〔稷周棄也勤播百穀死於黑水之山毛詩傳云〕文王以文昭〔文王演易又有文德周語曰文王質文〕武王去民之穢〔穢謂紂也〕故有虞氏禘黃帝而祖顓頊郊堯而宗舜〔賈侍中云有虞氏舜後在夏殷爲二王後故有禘郊宗祖之禮也昭謂此上四者謂祭天以配食也祭昊天於圜丘曰禘祭五帝於明堂曰祖宗祭上帝於南郊曰郊有虞氏出自黃帝顓頊之後故禘黃帝而祖顓頊舜受禪於堯故郊堯禮祭法有虞氏郊嚳而宗堯與此異者舜在時則宗堯舜崩而子孫宗舜故郊堯耳〕夏后氏禘黃帝而祖顓頊郊鯀而宗禹〔虞夏俱黃帝顓頊之後也故禘祖之禮同虞以上上德夏以下親親故夏郊鯀也〕商人禘舜而祖契郊冥而宗湯〔舜當爲嚳字之誤也禮祭法曰商人禘嚳嚳契人商之先故禘之後鄭司農云商人宜郊契也〕周

人禘嚳而郊稷（嚳稷之父稷周始祖也）祖文王而宗武王（此與孝經異者商家祖契周公初時亦祖后稷而宗文王至武王雖承文王之業有伐紂定天下之功其廟不可以毁故先推后稷以配天而後更祖文王而宗武王）幕能帥顓頊者也有虞氏報焉（幕舜之後虞思也爲夏諸侯帥循也顓頊有虞氏之祖也報報德之祭也）杼能帥禹者也夏后氏報焉（杼禹後七世少康之子季杼也能與夏道者）上甲微能帥契者也商人報焉（上甲微契後八世湯之先也）高圉大王能帥稷者也周人報焉（高圉后稷後十世公非之子也大王高圉之曾孫古公亶父也）凡禘郊宗祖報此五者國之典祀也（典法也）加之以社稷山川之神皆有功烈於民者也及前哲令德之人所以爲明質也（質信也以其有德於民而祭之所以信之於民心）及天之三辰

民所以瞻仰也及地之五行所以生殖也殖長也五行五祀金木水火土及九州名山川澤所以出財用也謂九州之中名山川澤也非是不在祀典今海鳥至己不知而祀之以爲國典難以爲仁且知矣夫仁者講功講論也仁者心平故可論功也而知者處物處名也無功而祀之非仁也言鳥無功不知而不問非知也今茲海其有災乎夫廣川之鳥獸恒知而避其災也是歲也海多大風冬煖爰居之所避也文仲聞柳下季之言柳下展禽之邑季字也曰信吾過也季子之言不可不法也使書以爲三筴筴簡書也三筴三卿卿一通謂司馬司徒司空也

文公欲弛孟文子之宅文公魯僖公之子文公興也弛毁也孟文子魯大夫公孫

敖之子文伯穀也宅有司所居公欲毀之以益宮使謂之曰吾欲利子於外之寬者於外寬地以利子也對曰夫位政之建也建立也此位謂爵也言爵所以立政事署位之表也署者位之表識也車服表之章也車服貴賤有等所以自章別也宅章之次也宅有章服者之次舍也祿次之食也居次舍者之所食也君議五者以建政爲不易之故也五謂位署服宅祿也有其位則治其官服其章居其次食其祿也君議五者以立政事爲不可改易今有司來命易臣之署與其車服而曰將易而次爲寬利也下而而汝也爲欲寬利汝也夫署所以朝夕虔君命也言朝夕者不宜遠也臣立先臣之署服其車服爲利故而易其次先臣父祖之官是辱君命也不敢聞命言臣不守先臣之職而欲寬利則是辱命之臣也若罪也則

請納祿與車服而違署納歸也祿田邑也違去也若臣有罪則請歸祿與車服而去其官也唯里人之所命次里人里宰也有罪去位則當受舍於里宰公弗取臧文仲聞之曰孟孫善守矣善守善守職也其可以蓋穆伯而守其後於魯乎穆伯文子之父公孫敖也淫乎莒出奔而死於齊今文子守官不失禮故可以掩蓋其父之惡守其後嗣也公欲弛郈敬子之宅亦如之公文公也郈敬子魯大夫郈惠伯之後玄孫敬伯同也亦如之者亦謂之欲利子於外之寬地對曰先臣惠伯以命於司里言先臣惠伯受命於司里居此宅也嘗禘烝享之所致君胙者有數矣秋祭曰嘗夏祭曰禘冬祭曰烝春祭曰享享獻物也賈唐二君云臣祭致肉於君謂之致胙昭謂此私祭而致肉非所以為辭也致君胙者謂君祭祀賜胙臣下掌致之也有數有世數也出入受事之幣以致君命者亦有數矣

出入謂受使出境入國奉聘幣以致君命者亦於此宅世數矣今命臣更次於外次舍
也外外里也爲有司之以班命事也無乃違乎違遠也言有司以任
次命職事於臣臣在外次無乃違遠而不便乎請從司徒以班從次公亦弗
取司徒掌里宰之政比夫家衆寡之官也敬子自以有罪君欲黜之故請從司徒徙里舍也
夏父弗忌爲宗弗忌魯大夫夏父展之後也宗宗伯掌國祭祀之禮烝將躋僖
公躋升也賈侍中云烝進也謂夏父弗忌進言於公將升僖公於閔公上也唐尚書云烝祭也昭謂此
魯文公三年喪畢祫祭先君於太廟升羣廟之主序昭穆之時也經曰八月丁卯大事于太廟躋僖公是
也僖閔之兄繼閔而立凡祭秋曰嘗冬曰烝此八月而言烝用烝禮也凡四時之祭烝爲備傳曰大事者
祫祭也毀廟之主陳于太祖未毀廟之主皆升合食于太祖躋僖公逆祀也逆祀者先禰而後祖也宗
有司曰非昭穆也宗有司宗官司事臣也非昭穆謂非昭穆之次也父爲昭子爲穆僖

爲閔臣臣子一例而升閔上故曰非昭穆也曰我爲宗伯明者爲昭其次爲穆何常之有明言僖有明德當爲昭閔次之當爲穆也有司曰夫宗廟之有昭穆也以次世之長幼而等胄之親疏也長幼先後也等齊也胄裔也夫祀昭孝也昭明也明孝道也各致齊敬於其皇祖昭孝之至也皇大也故工史書世工瞽師官也史太史也世世次先後也工誦其德史書其言宗祝書昭穆宗宗伯祝太祝也宗掌其禮祝掌其位猶恐其踰也今將先明而後祖以僖爲明而升之是先禰而後祖自玄王以及主癸莫若湯玄王契也主癸湯父也自稷以及王季莫若文武稷棄也王季文王父商周之烝也未嘗躋湯與文武爲踰也不使相踰魯未若商周而改其常無乃不可乎弗聽遂

躋之展禽曰夏父弗忌必有殃夫宗有司之言順矣僖又未有明焉（未有明德）犯順不祥以逆訓民亦不祥易神之班亦不祥不明而躋之亦不祥犯鬼道二（二易神之班躋不明也）犯人道二（犯順以逆訓民也）能無殃乎侍者曰若有殃焉在抑刑戮也其夭札也（不終曰夭疫死曰札唐云未名曰夭失之矣）曰未可知也若血氣強固將壽寵得沒（壽寵老壽而保寵也沒終也）雖壽而沒不爲無殃（必以殃終）既其葬也焚煙徹于上（已葬而火焚其棺槨也徹達也）

莒太子僕殺紀公（紀公生僕及季佗既立僕又愛季佗而黜僕僕故殺紀公也）以其寶來奔（寶玉也來奔奔魯也或有魯字非也此魯語不當言魯）宣公使僕人以書命季文子（宣公文公之子宣公倭也命告也僕人官名文子魯正卿季孫行父）曰

夫莒太子不憚以吾故殺其君而以寶來其愛我甚矣（憚難也）爲我予之邑今日必授無逆命矣（授予也）里革遇之而更其書（里革魯太史克也遇僕人見公書以太子殺父大逆故更之）曰夫莒太子殺其君而竊其寶來不識窮固又求自邇（固陋也邇近也）爲我流之於夷（夷東夷也）今日必通無逆命矣（今日必通疾之之言）明日有司復命（有司司寇復反也文子得書使司寇出之肓明日反命於公也）公詰之（詰問僕人以違命意）僕人以里革對（對以里革所更也）公執之（執里革也）曰違君命者女亦聞之乎對曰臣以死奮筆奚啻其聞之也（言所以觸死奮筆而更公命者不欲傷君德耳奚何也何啻言所聞非一也）臣聞之曰毀則者爲賊（則法也）掩賊者爲藏（掩匿也）竊寶

者爲軌亂在內爲軌謂以子盜父用軌之財者爲姦財王也使君爲藏姦者不可不去也臣違君命者亦不可不殺也公曰寡人實貪非子之罪也乃舍之

宣公夏濫於泗淵濫漬也漬罟於泗水之淵以取魚也泗在魯城北又曰南門里革斷其罟而棄之罟網也曰古者大寒降土蟄發降下也寒氣初下謂季冬建丑之月大寒之後也土蟄發謂孟春建寅之月蟄始震也月令孟春蟄蟲始震魚上水獺祭魚水虞於是乎講罛罶取名魚登川禽而嘗之寢廟行諸國人助宣氣也水虞漁師也掌川澤之禁令講習也罛魚網也罶笱也名魚大魚也川禽鼈蜃之屬諸之也是時陽氣起魚陟負冰故令國人取之所以助宣氣也月令季冬始漁乃嘗魚先薦寢廟唐云孟春誤矣鳥獸孕水蟲成孕懷子也此謂春時獸虞於

是乎禁罝羅𥵹魚鱉以爲夏犒獸虞掌鳥獸之禁令罝兔罟羅鳥罟也禁禁不得施也𥵹擨也犒乾也夏不得取故於此時擨刺魚鱉以爲夏儲助生阜也阜長也鳥獸方孕故取魚鱉黿助生物也鳥獸成水蟲孕水虞於是乎禁罝麗設穽鄂罝當爲罜罜麗小網也穽陷也鄂柞格所以誤獸也謂立夏鳥獸已成水蟲懷孕之時禁魚鱉之網設取獸之物也以實廟庖畜功用也以獸實宗廟庖廚也而長魚鱉畜四時功足國財用也且夫山不槎蘖槎斫也以株生曰蘖澤不伐夭艸木未成曰禾魚禁鯤鮞鯤魚子也鮞未成魚也獸長麑䴠鹿子曰麑麋子曰䴠鳥翼鷇卵翼成也生哺曰鷇未孚曰卵蟲舍蚳蝝蚳螘子也可以爲醢蝝復陶也可食舍不取也蕃庶物也古之訓也蕃息也今魚方別孕不教魚長又行網罟貪無藝也別別於雄而懷子也藝極也公聞之曰吾過

而里革匡我不亦善乎是良罟也爲我得法良善也有司藏之使吾無忘諗言見此罟則不忘里革之言也諗告也師存侍師樂師存名也曰藏罟不如寘里革於側之不忘也寘置也

子叔聲伯如晉謝季文子子叔聲伯魯大夫宣公弟叔肸之子公孫嬰齊也謝晉季文子者魯叔孫僑如欲去季氏譖季文子於晉晉人執之郤犫之妻聲伯之外妹也故魯成公使聲伯如晉謝之且請之事在魯成十六年郤犫欲與之邑弗受也郤犫晉卿苦成叔也以妻故親聲伯故欲爲請邑以予之歸鮑國謂之曰子何辭苦成叔之邑欲信讓邪抑知其不可乎鮑國鮑叔牙之玄孫鮑文子也去齊適魯爲施孝叔臣對曰吾聞之不厚其棟不能任重厚大也任勝也重莫如國棟莫如德言國至重非德不任國棟夫苦成叔家欲任兩

國而無大德任負荷也兩國晉魯也其不存也亡無日矣譬之如疾余恐易焉疾疫癘也苦成氏有三亡少德而多寵位下而欲上政位爲下卿而欲專國政無大功而欲大祿皆怨府也怨之所聚故曰府其君驕而多私其君謂厲公也多私多嬖臣也勝敵而歸必立新家勝敵敗楚也大夫稱家立新家謂立所幸胥童之屬爲大夫立新家不因民不能去舊不因民之所惡不能去舊卿也因民非多怨民無所始言郤氏多怨民所始伐也爲怨三府可謂多矣三謂少德而多寵位下而欲上政無大功而欲大祿也其身之不能定焉能予人邑鮑國曰我信不若子若鮑氏有釁吾不圖矣釁兆也言鮑氏若有禍兆吾不能豫圖之今子圖遠以讓邑必常立矣

晉人殺厲公晉人晉欒書中行偃也邊人以告邊人疆埸之司成公在朝成公魯宣公之子成公黑肱也公曰臣殺其君誰之過也大夫莫對里革曰君之過也夫君人者其威大矣君天也故其威大矣失威而至於殺其過多矣過不積不至於殺且夫君也者將牧民而正其邪者也若君縱私回而棄民事回邪也民旁有慝無由省之慝惡也省察也益邪多矣若以邪臨民陷而不振陷墜也振救也用善不肯專則不能使至於殄滅而莫之恤也將安用之安用君也桀奔南巢南巢揚州地巢伯之國也今廬江居巢縣是也紂踣于京踣斃也京殷京師也厲流于彘厲周厲王彘晉地幽滅于戲幽幽王為西戎所殺戲戲山在西周皆是術也術道也皆失威多過之道夫

君也者民之川澤也行而從之美惡皆君之由民何能爲焉川澤者以君諭川澤民諭魚也從之者魚從川之美惡以爲肥瘠

季文子相宣成無衣帛之妾無食粟之馬仲孫它諫仲孫它魯孟獻子之子子服它也曰子爲魯上卿相二君矣妾不衣帛馬不食粟人其以子爲愛且不華國乎愛吝也華榮華也文子曰吾亦願之願華侈也然吾觀國人其父兄之食麤而衣惡者猶多矣吾是以不敢人之父兄食麤衣惡而我美妾與馬無乃非相人者乎且吾聞以德榮爲國華以德榮顯者可以爲國光華不聞以妾與馬文子以告孟獻子獻子它之父仲孫蔑也獻子囚之七日囚拘也自是子服之妾

衣不過七升之布子服卽它也八十縷爲升馬餼不過稂莠餼秣也稂童稂也莠草似稷而無實文子聞之曰過而能改者民之上也使爲上大夫

魯語上第四　國語

[illegible]

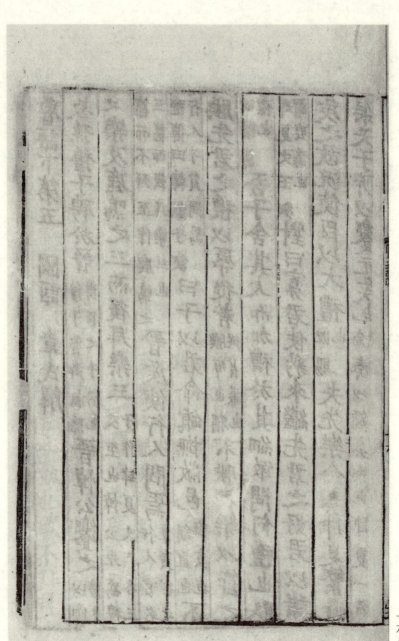

魯語下第五　國語　韋氏解

叔孫穆子聘於晉 穆子魯卿叔孫得臣之子豹也 晉悼公饗之 以饗禮見之 樂及鹿鳴之三而後拜樂三 及至也悼公先爲穆子作肆夏文王各三篇而不拜至作鹿鳴之三篇而後拜樂三也 晉侯使行人問焉 行人官名掌賓客之禮傳曰韓獻子使行人子負問焉 曰子以君命鎮撫敝邑 鎮重也撫安也 不腆先君之禮以辱從者 腆厚也稱從者謙也 不腆之樂以節之 以樂節禮也 吾子舍其大而加禮於其細敢問何禮也 大謂肆夏文王細謂鹿鳴也 對曰寡君使豹來繼先君之好君以諸侯之故況使臣以大禮 況賜也 夫先樂金奏肆夏繁遏渠天子所以饗元侯也 金奏以鍾奏樂也肆夏一名樊部夏一名遏納夏一名渠

此三夏曲也禮有九夏周禮鍾師掌以鍾鼓奏九夏元侯牧伯也鄭後司農云九夏皆篇名頌之類也載在樂章樂崩亦從而云是以頌不能具夫歌文王大明緜則兩君相見之樂也文王大明緜大雅之首文王之三也此三篇皆美文王武王有聖德天所輔賘其德應符驗著見於天乃天命非人力也周公欲昭先王之德於天下故兩君相見得以爲樂也皆昭令德以合好也皆非使臣之所敢聞也臣以爲肄業及之故不敢拜肄習也以爲樂人自習修其業而及之故不敢拜今伶簫咏歌及鹿鳴之三伶伶人樂官也簫樂器編管爲之言樂人以簫作此三篇之聲與歌者相應也詩云簫管備舉君之所以況使臣臣敢不拜況夫鹿鳴君之所以嘉先君之好也敢不拜嘉嘉善也鹿鳴曰我有嘉賓德音孔昭是爲嘉善先君之好也四牡君之所以章使臣之勤也敢不拜章

四牡采勞使臣之樂也章箸也言臣奉命勞勤於外述敘其情以歌樂之所以箸其勤勞也皇皇者華君教使臣曰每懷靡及皇皇者華君遣使臣之樂也皇皇猶煌煌也懷私爲每懷靡無也言臣奉使當榮顯其君如華之色煌煌然既受命當思在公每人人懷其私於事將無所及諏謀度詢必咨於周敢不拜教此六者皆君之所以教臣也訪問於善爲咨忠信爲周言諏謀度詢必當咨之於忠信之人臣聞之曰懷和爲每懷鄭後司農云和當爲私咨才爲諏才當爲事傳曰咨事爲諏咨事爲謀事當爲難傳曰咨難爲謀咨義爲度咨禮義爲度度亦謀也咨親爲詢詢親戚之謀忠信爲周言當咨之於忠信之人也詩云周爰咨詢君況使臣以大禮重之以六德敢不重拜六德謂諏也謀也度也詢也咨也周也季武子爲三軍爲作也武子魯卿季文子之子季孫夙也周禮天子六軍諸侯大國三軍

魯伯禽之封舊有三軍其後削弱二軍而已武子欲專公室故益中軍以爲三三家各征其一事在魯襄十一年叔孫穆子曰不可天子作師公帥之以征不德師謂六軍之衆也公謂諸侯爲王卿士者也周禮軍將皆命卿詩云周公東征周公時爲二伯而東征則亦上公爲元帥也元侯作師卿帥之以承天子元侯大國之君也師三軍之衆也大國三卿皆命於天子承天子謂從王師征不義也孔子曰天下有道則禮樂征伐自天子出諸侯有卿無軍帥教衛以贊元侯諸侯謂次國之君也有卿有命卿也二卿命於天子一卿命於其君無軍無三軍也若元侯不事則令卿帥其所教武衛之士以佐元侯禮所謂次國二軍小國一軍謂以賦出軍從征伐也贊佐也自伯子男有大夫無卿無卿卿無命卿也王制曰小國二卿皆命於其君帥賦以從諸侯賦國中出兵車甲士以從大國諸侯也是以上能征下下無姦慝征正也慝惡也今我小侯

也（言小矦者削弱之日久矣）處大國之間（大國齊楚也）繕貢賦以共從者猶懼有討（猶懼以不給見誅討也）若爲元矦之所（之所謂作三軍元矦所爲）以怒大國無乃不可乎弗從遂作中軍（言中者明已有上下軍也）自是齊楚代討於魯（代更也）襄昭皆如楚（襄襄公昭昭公也如楚朝事楚也事在襄二十九年昭七年）

諸矦伐秦及涇莫濟（及至也涇水名也濟度也魯襄十一年晉悼公伐鄭秦人伐晉以救鄭十四年晉使六卿帥諸矦之大夫伐秦至涇水無肯先渡者）晉叔嚮見叔孫穆子曰諸矦謂秦不恭而討之及涇而止於秦何益（何益於伐秦之事）穆子曰豹之業及匏有苦葉矣不知其它（業事也匏有苦葉詩邶風篇名也其詩曰匏有苦葉濟有深涉深則厲淺則揭言其必濟不知其它也）

叔嚮退，召舟虞與司馬（舟虞掌舟，司馬掌兵）曰：夫苦匏不材於人，共濟而已（材讀若裁也。不裁於人，言不可食也。共濟而已，佩匏可以度水也）。魯叔孫賦匏有苦葉，必將涉矣（詩以言志也）。具舟除隧，不共有法（隧，道也。共，具也。舟虞具舟，司馬除道。法，刑也）。是行也，魯人以莒人先濟，諸侯從之（諸侯，諸侯之大夫也。以，用也。能東西之曰以）。

襄公如楚，及漢，聞康王卒，欲還（襄公，魯成公之子襄公午也。如楚者，以宋之盟朝于楚也。漢，水名。康王，楚恭王之子康王昭也）。叔仲昭伯曰：君之來也，非爲一人也（叔仲昭伯，魯大夫叔仲惠伯之孫叔仲帶也。一人，謂康王也），爲其名與其衆也（名，謂爲大國有盟主之名也。衆，略地多，兵甲衆也）。今王死，其名未改，其衆未敗，何爲還？諸大夫皆欲還。子服惠伯曰：不知所爲姑從君乎惠伯魯大夫仲孫它之子子服椒也姑且也叔仲曰子之來也非欲安身也爲國家之利也故不憚勤遠而聽於楚憚難也非義楚也畏其名與衆也義楚非以楚有義而往也夫義人者固慶其喜而弔其憂況畏而服焉慶猶賀也喜猶福也聞畏而往聞喪而還茍芊姓實嗣其誰代之任喪芊楚姓也嗣嗣世也任當也誰當代之當喪爲主者乎言必自當之故不可不往弔也王大子又長矣執政未改執政令尹司馬也改易也予爲先君來死而去之其誰曰不如先君言我爲楚先君故來聞死而去之後嗣臣子誰肯自謂德不如先君者乎將爲喪舉聞喪而還其誰曰非侮也舉動也如在國聞楚有喪將爲之舉動而往況巳至漢聞喪而還其誰言魯不輕侮之也事其君而任其政其

誰由己貳任當也由從也言楚臣方事其君而當其政其誰肯從己時而使諸矦有攜貳者乎求說其侮而亟於前之人其讎不滋大乎說猶除也滋益也亟疾也言楚君求除其輕侮己者將急疾於前之人此讎不益大乎說侮不懦執政不貳帥大讎以憚小國其誰云待之懦弱也憚難也言楚人欲除其侮慢之恥不懦弱其執政之臣無二心以楚大讎爲魯作難其誰能待之待猶禦也若從君而走患則不如違君以辟難走之也且夫君子計成而後行二三子計乎有禦楚之術而有守國之備乎則可也可可還也若未有不如往也乃遂行反及方城聞季武子襲卞方城楚北山卞魯邑也季武子襲之以自予公欲還出楚師以伐魯伐季氏也言魯者季氏專魯國榮成伯曰不可成伯魯大夫聲伯之子名欒君之

於臣其威大矣不能令於國而恃諸侯諸侯其誰暱之 暱親也 若得楚師以伐魯魯既不違夙之取卞也必用命焉守必固矣 夙武子名也言夙取卞時魯人不違而從之是爲聽用其命必同心而守故言固矣 若楚之克魯 克勝也 諸姬不獲闚焉而況君乎彼無亦置其同類以服東夷而大攘諸夏將天下是王而何德於君其予君也 無亦亦也同類同姓也攘卻也言楚亦將自置其同姓於魯以取天下不予君也 若不克魯君以蠻夷伐之而又求入焉必不獲矣不如予之 予之以卞子武子也 夙之事君也不敢不悛 悛改也 醉而怒醒而喜庸何傷 庸用也言公欲伐魯若人醉而怒令止若醒而喜也用何傷乎 君其入也乃歸

襄公在楚季武子取卞使季冶逆季冶魯大夫季氏之族子冶也逆迎也追而子之璽書璽印也古者大夫之印亦稱璽璽書璽封書也以告曰卞人將叛臣討之既得之矣此璽書之辭也公未言榮成子曰恐公怒故先言也子股肱魯國社稷之事子實制之唯子所利何必卞利猶便也卞有罪而子征之子之隸也又何謁焉隸役也謁告也子冶歸致祿而不出致歸也歸祿還采邑也傳曰公冶致其邑曰使予欺君謂予能也欺謂璽書言卞人將叛也能賢能也能而欺其君敢享其祿而立其朝乎享食也虢之會諸侯之大夫尋宋之盟也在魯昭元年楚公子圍二人執戈先焉楚公子圍恭王之庶子靈王熊虔也時為令尹先謂使二人執戈在前導也蔡公孫歸

生與鄭罕虎見叔孫穆子歸生蔡大師子朝之子子家也罕虎鄭大夫子罕之孫子展之子子皮也穆子魯卿叔孫豹也穆子曰楚公子甚美不大夫矣美謂服飾盛也抑君也似君也鄭子皮曰有執戈之前吾惑之惑疑怪也蔡子家曰楚大國也公子圍其令尹也有執戈之前不亦可乎穆子曰不然天子有虎賁習武訓也訓教也虎賁掌先後王而趨舍則守王閑在國則守宮門所以習武教也諸侯有旅賁禦灾害也禦禁也旅賁掌執戈盾夾車而趨車止則持輪所以備非常禁灾害也大夫有貳車備承事也貳副也承奉也事使也士有陪乘告奔走也陪猶重也奔走使令也今大夫而設諸侯之服有其心矣有篡國心也若無其心而敢設服以見諸侯之大夫乎將不入矣

若不見討必爲篡不復入爲大夫也夫服心之文也言心所好身必服之如龜焉灼其中必文於外若楚公子不爲君必死不合諸侯矣不復爲大夫以會諸侯也公子圍反殺郟敖而代之郟敖楚康王之子麇麇有疾圍縊而殺之葬之于郟謂之郟敖

虢之會諸侯之大夫尋盟未退尋宋之盟也季武子伐莒取鄆鄆莒邑莒人告于會楚人將以叔孫穆子爲戮楚人令尹圍也以魯背盟取鄆故欲戮之晉樂王鮒求貨於穆子樂王鮒晉大夫樂桓子曰吾爲子請於楚穆子不予梁其踁謂穆子曰有貨以衛身也出貨而可以免子何愛焉梁其踁穆子家臣衛營也穆子曰非汝所知也承君命以會大事大事盟也而國有

罪我以貨私免是我會吾私也苟如是則又可以出貨而成私欲乎苟誠也誠復有如此事者則當復以私貨求免而成私欲私欲成則公義廢矣雖可以免吾其若諸侯之事何夫必將或循之曰諸侯之卿有然者故也必將有循效我者言諸侯之卿嘗有以貨私免者則我求安身而爲諸侯法矣貨免之法君子是以患作患作患所作不得中以亂事也作而不衷將或導之衷中也是昭其不衷也余非愛貨惡不衷也欲殺身以成義不欲求生以害道且罪非我之由由武子也爲戮何害何害於義楚人乃赦之穆子歸武子勞之曰中不出日中旦至日中也穆子怨其背盟伐莒故不出見之其人曰可以出矣其人穆子家臣曾阜也穆子曰吾不難爲戮養吾棟也武子

正卿也是爲國棟言己爲戮魯誅盡矣故曰養吾棟夫棟折而榱崩吾懼壓焉壓笮也言季氏亡則叔孫氏亦必亡故曰雖死於外而庇宗於內可也庇覆也今既免大恥而不忍小忿可以爲能乎乃出見之

平丘之會晉昭公使叔嚮辭昭公弗與盟晉昭公晉平公之子昭公夷也魯昭十年季平子伐莒取郠莒人愬之於晉十三年晉將討魯會于平丘使叔嚮辭魯昭公不與之盟子服惠伯曰晉信蠻夷而棄兄弟蠻夷莒也兄弟魯也其執政貳也執政之臣有二心於莒而助之也貳必失諸侯豈唯魯然言不獨失魯也夫失其政者必毒於人魯懼及焉必加毒於人不可以不恭必使上卿從之從至晉謝也季平子曰然則意如乎平子季武子之孫悼子之子意如也時爲上卿若我往晉必患我誰爲

之貳患謂見執若如也貳副也子服惠伯曰椒既言之矣敢逃難
乎椒請從椒惠伯名晉人執平子子服惠伯見韓宣子宣子
晉正卿韓獻子之子起也曰夫盟信之要也要猶結也晉爲盟主是主
信也若盟而棄魯侯信抑闕矣闕缺也昔欒氏之亂齊
人閒晉之禍伐取朝歌閒候也欒氏晉大夫欒盈也獲罪奔楚自楚奔齊魯襄二
十三年齊莊公納盈不克秋伐晉取朝歌朝歌晉邑我先君襄公不敢寧處使
叔孫豹悉帥弊賦賦丘賦也踦跂畢行無有處人踦跂跰蹇也
以從軍吏次於雝俞次舍也雝俞晉地與邯鄲勝擊齊之左
邯鄲勝晉大夫趙旃之子須子勝也食采邯鄲左左軍也掎止晏萊焉從後曰掎止獲也晏
萊齊大夫齊師退而後敢還非以求遠也非以求遠功也以魯之

密邇於齊而又小國也（密，比也。邇，近也。）齊朝駕則夕極於魯國，（極，至也。）不敢憚其患而與晉共其憂，亦曰庶幾有益於魯國乎。（益謂得晉之助也。）今信蠻夷而棄之，夫諸侯之勉於君者將安勸矣？若棄魯而苟固諸侯，羣臣敢憚戮乎？諸侯之事晉者，魯為勉矣。若以蠻夷之故棄之，其無乃得蠻夷而失諸侯之信乎？子計其利者，小國共命。（共，敬從也。）宣子說，乃歸平子。

季桓子穿井，獲如土缶，其中有羊焉。（桓子，魯正卿，季平子之子斯也。或云得土如瓦缶狀，中有土羊。昭謂羊生羊也，故謂之怪。）使問之仲尼曰：吾穿井而獲狗，何也？（獲羊而言狗者，以孔子博物測之也。）對曰：以丘之所聞，羊也。丘聞之：木石之怪曰夔、蝄蜽，（木石謂山也。或云夔一足，越人謂之山繅。）

或作犪富陽有之人面喉身能言或云獨足蝄蜽山精好斆人聲而迷惑人也水之怪曰龍
罔象土之怪曰墳羊龍神獸也非所常見故曰怪或云罔象食人一名沐腫唐云墳
羊雌雄不成者
季康子問於公父文伯之母康子魯正卿季悼子曾孫桓子之子季孫肥也
文伯魯大夫季悼子之孫公父穆伯之子公父歜也母穆伯之妻敬姜也曰主亦有以語
肥也大夫稱主妻亦如之語教誡也對曰吾能老而已何以語子康
子曰雖然肥願有聞於主覬得一言可行者對曰吾聞之先
姑夫之母曰姑歿曰先姑曰君子能勞後世有繼能勞能自卑勞貴而不驕
也有繼子孫不廢也子夏聞之曰善哉商聞之曰古之嫁者不
及舅姑謂之不幸夫婦學於舅姑者也

公父文伯飲南宮敬叔酒敬叔魯大夫孟僖子之子懿子之弟南宮説也以露睹父爲客睹父魯大夫客上客也禮飲尊一人以爲客羞鼈焉小羞進也睹父怒怒鼈小也相延食鼈延進也衆賓相進以食鼈辭曰將使鼈長而後食之遂出此睹父詞文伯之母聞之怒曰吾聞之先子先子先舅季悼子也曰祭養尸饗養上賓言祭祀之禮尊養尸饗宴之禮養上賓也鼈於何有於何有猶何禮有鼈也而使夫人怒也遂逐之五日魯大夫辭而復之辭請也

公父文伯之母如季氏如之也康子在其朝自其外朝也與之言弗應從之及寢門弗應而入入康子之家康子辭於朝而入見辭其家臣入見敬姜曰肥也不得聞命無乃罪乎得無

有罪乎曰子弗聞乎天子及諸侯合民事於外朝言與百官考合民事於外朝也合神事於內朝神事祭祀也內朝在路門內自卿以下合官職於外朝外朝君之公朝合家事於內朝家大夫也內朝家朝也寢門之內婦人治其業焉上下同之寢門正室之門上下天子以下也夫外朝子將業君之官職焉內朝子將庀季氏之政焉庀治也皆非吾所敢言也

公父文伯退朝朝其母其母方績文伯曰以歜之家而主猶績言家有寵不當績也懼干季孫之怒也季孫康子也位尊又爲大宗其以歜爲不能事主乎其母歎曰魯其亡乎使僮子備官而未之聞邪僮僮蒙不達也言已居官而未聞道居吾語女居坐

也昔聖王之處民也擇瘠土而處之墝确爲瘠勞其民而
用之故長王天下瘠土利薄又勞而用之使不淫逸不淫逸則向義故長王天下也
夫民勞則思思則善心生民勞於事則思儉約故善心生逸則淫淫
則忘善忘善則惡心生沃土之民不材淫也沃肥美也不材
器能少也瘠土之民莫不嚮義勞也善心生故嚮義也是故天子
大采朝日與三公九卿祖識地德禮天子以春分朝日示有尊也虞說
云大采衮織也祖習也識知也地德所以廣生昭謂禮玉藻天子玄冕以朝日玄冕冕服之下則大采非
衮織也周禮王搢大圭執鎮圭藻五采五就以朝日則大采謂此也言天子與公卿因朝日以脩陽政而
習地德因夕月以治陰教而糺天刑日照晝月照夜各因其明以脩其事也日中考政與
百官之政事師尹惟旅牧相宣序民事宣徧也序次也三君云師

尹大夫官也掌以美詔王惟陳也旅衆士也牧州牧也相國相也皆百官政事之所及也一曰師尹公也詩曰赫赫師尹少采夕月與太史司載糾虔天刑夕月以秋分糾共也虔敬也刑法也或云少采黼衣也昭謂朝日以五采則夕月其三采也載天文也司天文謂馮相氏保章氏與太史相儷偶也此因夕月而共敬觀天法考行度以知妖祥也日入監九御使潔奉禘郊之粢盛監視也九御九嬪之官主粢盛祭服者而後即安即就也諸侯朝脩天子之業命業事也命令也晝考其國職夕省其典刑典常也刑法也夜儆百工使無慆淫而後即安儆戒也工官也慆慢也卿大夫朝考其職在公之官職晝講其庶政夕序其業序次也夜庀其家事而後即安庀治也士朝而受業受事於朝晝而講貫貫習也夕而習復復覆也夜而計過無憾而

後即安憾恨也凡此者先公後私之義自庶人以下明而動晦而休
無日以怠晦冥也王后親織玄紞說云紞冠之垂前後者昭謂紞所以縣瑱
當耳者公侯之夫人加之以紘綖既織紞又加之以紘綖也冕曰紘紘纓之
無緌者也從下而上不結綖冕上之覆也卿之內子為大帶卿之適妻曰內子大帶緇
帶也命婦成祭服命婦大夫之妻也祭服玄衣纁裳列士之妻加之以
朝服列士元士也既成祭服又加之以朝服也朝服天子之士皮弁素積諸侯之士玄端委貌自
庶士以下皆衣其夫庶士下士也下至庶人社而賦事烝而獻
功社春分祭社也事農桑之屬也冬祭曰烝烝而獻五穀布帛之功也男女效績愆則
有辟古之制也績功也辟罪也君子勞心小人勞力先王之
訓也自上以下誰敢淫心舍力今我寡也爾又在下位

下位下大夫也朝夕處事猶恐忘先人之業處事處身於作事也況有怠惰其何以避辟上言懈則有辟故言何以避辟吾冀而朝夕脩我曰必無廢先人冀望也而汝也脩儆也爾今曰胡不自安欲使我不績而自安以是承君之官余懼穆伯之絕祀也承奉也以是怠惰之心奉君官職無以避辟將見誅絕也仲尼聞之曰弟子志之志識也季氏之婦不淫矣

公父文伯之母季康子之從祖叔母也祖父昆弟之妻康子往焉闔門與之言闔闢也門寢門也皆不踰閾閾門限也皆二人也敬姜不踰閾而出康子不踰閾而入傳曰婦人送迎不出門見兄弟不踰閾是也祭悼子康子與焉悼子穆伯之父敬姜先舅也與與祭也酢不受徹俎不宴禮祭主人獻賓賓酢主人不受敬姜不親受也祭畢徹俎又不與康子宴飲宗不具不繹繹又祭也唐尚

書云祭之明日也昭謂天子諸侯曰繹以祭之明日卿大夫曰賓尸與祭同日此言繹者通言之也賈侍中云宗宗臣主祭祀之禮不具謂宗臣不具在則敬姜不與繹也繹不盡飫則退說云飫宴安私飲也昭謂立曰飫坐曰宴言宗具則與繹繹畢而飲不盡飫禮而退恐有醉飽之失皆所以遠嫌也仲尼聞之以爲別於男女之禮矣

公父文伯之母欲室文伯室妻也饗其宗老家臣稱老宗宗人主禮樂者也楚語曰屈到嗜芰有疾屬其宗老曰祭我必以芰而爲賦綠衣之三章綠衣詩邶風也其三章曰我思古人實獲我心以言古之賢人正其室家之道我心所善也老請守龜卜室之族守龜卜人也族姓也師亥聞之師亥魯樂師之賢者曰善哉男女之饗不及宗臣賈侍中云男女之饗謂宴相饗食之禮不及宗臣昭謂即上章所謂徹俎不宴是也宗室之謀不過宗人虞唐云不過宗人則不與他姓議親

親也昭謂比宗人則上宗臣也亦用同姓若漢宗正用諸劉矣凡時男女之饗不及宗臣至於謀宗室之事則不過宗臣故歜姜欲室文伯而饗其宗老賦詩以成之也謀而不犯微而昭矣不犯不犯禮也微而昭詩以合意也詩所以合意歌所以詠詩也今詩以合室歌以詠之度於法矣合成也

公父文伯卒其母戒其妾曰吾聞之好内女死之好外士死之今吾子夭死吾惡其以好内聞也二三婦之辱共先祀者辱自屈辱共奉先人之祀者請無瘠色毁瘠之色無洵涕無聲涕出爲洵涕也無掐膺掐叩也膺胷也無憂容有降服無加服輕於禮爲降重於禮爲加從禮而靜是昭吾子也仲尼聞之曰女知莫如婦男知莫如夫言處女之知不如婦童男之知不如丈夫公父氏

之婦知也夫公父季氏之別也知也夫者凡婦人之情愛其子欲令妻妾思慕而已今敬姜乃反割抑欲以明德此丈夫之知故曰知也夫欲明其子之令德也

公父文伯之母朝哭穆伯而莫哭文伯哭謂既練之後哀至之哭也此夫子之喪哭不相及終言之耳禮寡婦不夜哭遠情欲也仲尼聞之曰季氏之婦可謂知禮矣愛而無私上下有章上下有章夫朝子莫也

吳伐越墮會稽會稽山名墮壞也吳王夫差敗越於夫椒越王句踐棲於會稽吳圍而壞之在魯哀元年獲骨焉節專車骨一節其長專車專擅也吳子使來好聘吳子夫差也好聘脩舊好也且問之仲尼曰無以吾命賓發幣於大夫及仲尼仲尼爵之發所賫幣於魯大夫次及仲尼也爵之飲之酒也既徹俎而宴獻酢禮畢徹俎而宴飲也客執骨而問因折俎之骨執以問之曰

敢問骨何爲大凡骨何者爲大仲尼曰丘聞之昔禹致羣神
於會稽之山羣神謂主山川之君爲羣神之主故謂之神防風氏後至禹
殺而戮之防風汪芒氏之君名也違命後至故禹殺之陳尸爲戮其骨節專車
此爲大矣客曰敢問誰守爲神仲尼曰山川之靈足
以紀綱天下者其守爲神山川之守主爲山川設者也足以紀綱天下謂名山
大川能興雲致雨以利天下也社稷之守爲公侯封國立社稷而令守之是謂公侯也
皆屬於王者客曰防風氏何守也仲尼曰汪芒氏之
君也汪芒長翟之國名守封隅之山者也封封山隅隅山在今吳郡永安縣
爲漆姓漆姓汪芒氏之姓也在虞夏商爲汪芒氏於周爲長翟
周世其國北遷爲長翟也今爲大人今孔子時客曰人長之極幾何仲

尼曰僬僥氏長三尺短之至也（僬僥西南蠻之別名）長者不過十之數之極也（十之三丈則防風氏也）

仲尼在陳有隼集于陳侯之庭而死楛矢貫之石砮其長尺有咫（隼鷙鳥今之鶚也楛木名砮鏃也以石爲之八寸曰咫楛矢貫之墜而死也）陳惠公使人以隼如仲尼之館問之（惠公陳哀公之孫悼太子之子吳也館仲尼所舍）仲尼曰隼之來也遠矣此肅慎氏之矢也（肅慎北夷之國故隼來遠矣傳曰肅慎燕亳吾北土也）昔武王克商通道于九夷百蠻（九夷東夷九國百蠻蠻有百邑也）使各以其方賄來貢（方賄各以所居之方所出貨賄爲貢也）使無忘職業於是肅慎氏貢楛矢石砮其長尺有咫先王欲昭其令德之致遠也以示後

人使永監焉（監視也）故銘其栝曰肅慎氏之貢矢（刻曰銘栝箭羽之間也）以分大姬配虞胡公而封諸陳（分予也大姬武王元女胡公舜後虞遏父之子胡滿也諸之也）古者分同姓以珍玉展親也（展重也王謂若夏后氏之璜）分異姓以遠方之職貢使無忘服也故分陳以肅慎氏之貢（陳嬀姓也）君若使有司求諸故府其可得也（故府舊府也）使求得之金櫝如之（櫝櫃也金以金帶其外也如之如孔子之言也）

齊閭丘來盟（閭丘齊大夫閭丘明也初齊悼公在魯取季康子之妹及即位而逆之季魴侯通焉女言其情不敢予也齊侯怒伐魯魯與齊平齊使閭丘明來盟公在魯哀八年也）子服景伯戒宰人曰陷而入於恭（景伯魯大夫子服惠伯之孫昭伯之子子服何也宰

人吏人也陷猶失過也如有失過寧近於恭也閔馬父笑景伯問之馬父魯大夫也對曰笑吾子之大滿也滿驕滿也昔正考父校商之名頌十二篇於周大師以那爲首正考父宋大夫孔子之先也名頌頌之美者也大師樂官之長掌教詩樂毛詩敘曰微子至于戴公其間禮樂廢壞有正考父者得商頌十二篇於周之大師以那爲首鄭司農云自考父至孔子又亡其七篇故餘五耳其輯之亂輯成也凡作篇章義既成撮其大要以爲亂辭詩者歌也所以節舞者也如今三節舞矣曲終乃更變章亂節故謂之亂也曰自古在昔先民有作溫恭朝夕執事有恪恪敬也先王稱之曰自古古曰在昔昔曰先民所作言先聖人行此恭敬之道久矣不敢言創之於己乃云受之於先古也先聖王之傳恭猶不敢專稱曰自古古曰在昔昔曰先民此其下敢專也今吾子之戒吏人曰陷而入於恭

其滿之甚也驕爲滿恭爲謙周恭王能庇昭穆之闕而爲恭庇覆也恭王周昭王之孫穆王之子也昭王南征而不反穆王欲肆其心皆有闕失言恭王能庇覆之故爲恭也楚恭王能知其過而爲恭恭王楚莊王之子也知其過者有疾召大夫曰不穀不德覆亡楚國之師若没請爲靈若厲子囊曰君實恭可不謂恭乎大夫從之今吾子之教官寮唐云同官曰寮昭謂此景伯之屬下寮耳非同官之寮也同官謂位同者也詩云我雖異事及爾同寮曰陷而後恭道將何爲失道尚爲恭如其得道將何爲乎

季康子欲以田賦田賦以田出賦也賈侍中云田一井也周制十六井賦戎馬一匹牛三頭一井之田而欲出十六井之賦也昭謂此數甚多似非也下雖云收田一井凡數從夫井起故云井耳使冉有訪諸仲尼冉有孔子弟子冉求也爲季氏宰康子欲加賦使訪之也仲尼不對以其非制也私於冉有曰求來汝不聞乎先王制

土藉田以力而砥其遠邇制土制其肥磽以爲差也藉田謂稅也以力謂三十者受田百畝二十者受五十畝六十還田也砥平也平遠近遠近有差也周禮近郊十一遠郊二十而三甸稍縣都皆無過十二也賦里以入而量其有無里廛也謂商賈所居之區域也以入計其利入多少而量其財業有無以爲差也周禮國宅無征園廛二十而一漆林二十而五任力以夫而議其老幼力謂徭役以夫以夫家爲數也議其老幼老幼則有復除也於是乎有鰥寡孤疾又議其鰥寡孤疾而不役也疾廢疾也有軍旅之出則徵之無則已徵徵鰥寡孤疾之賦也已止也無軍旅之出則止不賦其歲收田一井出稯禾秉芻缶米不是過也其歲有軍旅之歲也缶庾也聘禮曰十六斗曰庾十庾曰秉秉一百六十斗也四秉曰筥十筥曰稯稯六百四十斛也先王以爲足足供用也若子季孫欲其法也則有周公之藉矣

藉田之法周公所制也若欲犯法則苟而賦又何訪焉苟苟且也時康子不聽魯哀十二年春卒用田賦

魯語下第五　國語

[illegible]天下[illegible]

九合諸侯[illegible]民弗[illegible]

[illegible]管夷吾[illegible]

[illegible]也若以治國家[illegible]國之利也[illegible]國之所治國家

[illegible]

[illegible]

[illegible]

[illegible]

[illegible]自[illegible]及于[illegible]

[illegible]第六　國語[illegible]

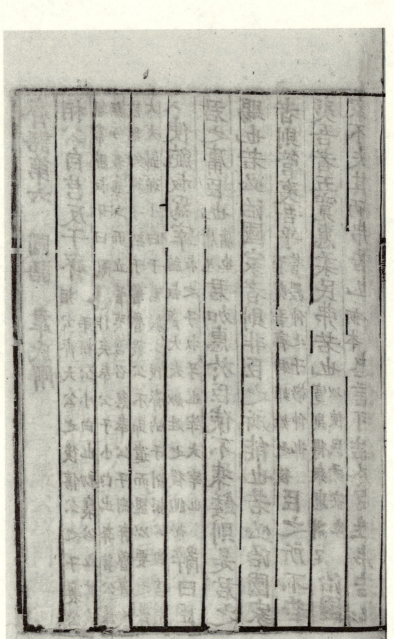